Sadko G. Solinski · ABC des Freizeitreitens

INHALTSVERZEICHNIS

(Das Inhaltsverzeichnis der Bilder finden Sie auf der nächsten Seite)

VERZEICHNIS DER ABBILDUNGEN

WIDMUNG

Diese Arbeit sei jenen unter meinen Schülerinnen und Schülern ge-
widmet, die in Malibaud oder im heimischen Stall im Lauf der Jahre das
Wichtigste im Umgang mit Pferden gelernt haben, nämlich das Sehen,
Unterscheiden, Erfahren und Verstehen, was Pferde in Wirklichkeit
sind, und die sich deshalb endgültig der Pferdegymnastik (anstatt der
Pferdedressur) verschrieben haben. Im Namen der Pferde – vor allem
ihrer eigenen und meiner – danke ich ihnen sehr herzlich dafür.

Nicht weniger herzlich danke ich auch meinen Gästen, Freunden und
Bekannten, die mir auf die eine oder andere Weise geholfen haben, die
nun vorliegende Arbeit zu einem guten Ende zu führen.
Da sie zu zahlreich sind, um alle namentlich erwähnt zu werden,
danke ich als ihren Stellvertretern vor allem Frau Dr. Laurence Ogel
und ihrem Archäologen-Team vom "Musée Régional de Préhistoire" in
Orgnac-L'Aven (Département Ardèche, Frankreich) für ihre tatkräftige
Hilfe und ihre Kontaktvermittlung zu den verschiedenen Spezialisten un-
ter den Prähistorikern; Madame Hélène Rathelot, ihrem Mann und ihrer
Schwägerin für den Zugang zu ihrem Sahara-Archiv und zu ihren
Fotografien; meinen "Gewährsleuten" unter den Berbern und Berber-
kennern für ihre ausführlichen Informationen, und nicht zuletzt Frau
Josephine Jacksch in Hütten (Schweiz) für ihre detailgenauen
Nachzeichnungen und Herrn Dr. h.c. mult. W. Georg Olms vom Olms
Verlag in Hildesheim (BRD) für seine geduldige und ausdauernde
Anteilnahme am Entstehen dieses Buches.

Mas du Malibaud
F 30430 BARJAC

Sadko G. Solinski

VORWORT

Etwa zu der Zeit, in der diese Arbeit erscheinen soll, werde ich mein dreiundfünfzigstes Jubiläum im Sattel feiern und dabei vor allem der einigen Dutzend Pferde gedenken, die mir in diesem halben Jahrhundert mit unendlich viel Nachsicht und Geduld gezeigt haben, was Pferde sind oder werden, wenn man in einer noch naturbelassenen Gegend eng mit ihnen zusammenlebt und sich aufrichtig bemüht, sie von ihrer Seite her zu verstehen und entsprechend "pferdegemäß" auszubilden.

Mein Staunen, die Freude und Dankbarkeit für das, was mich meine eigenen, wie auch viele fremde Pferde alles gelehrt haben, schlugen oft so hohe Wellen, daß ich ganz einfach zu Papier und Stift greifen mußte, um meine Erlebnisse und Erfahrungen, ihre mögliche Bedeutung und die Schlüsse daraus mit meinen Freunden, Kollegen, Lehrern und Reitgästen zu teilen oder zu diskutieren.

So entstanden auch meine ersten Arbeiten, wie die über die Camargue, über das Wanderreiten und schließlich diese Serie, die 1983 mit "Reiter Reiten Reiterei" begann und über das "Gymnasium des Freizeitpferdes" zu der nun vorliegenden Arbeit führt, welche die Serie abschließt.

Habe ich in "Reiter Reiten Reiterei" aufzuzeigen versucht, was aus der einst so großartigen Reitkunst der Alten Berber geworden ist, so ging es im "Gymnasium" vor allem darum, den praktischen Weg "zurück zur Natur des Pferdes" (Moser) zu weisen, wie er in Südwesteuropa eben gerade noch beschritten wird.

Naturgemäß führten beide Arbeiten bei nicht wenigen Lesern zu Mißverständnissen, da es unter den mitteleuropäischen Reitern offenbar noch immer viele Intellektuelle gibt, die glauben, beim Umgang mit Pferden, beim Ausbilden und Reiten gehe es vornehmlich um Theorien und um das Umsetzen von Theorien in die reiterliche Praxis. Daß indessen theoretisches Wissen nicht gleich Können ist und Könnenwollen noch lange nicht heißt, daß man zuvor auch zu lernen bereit ist - das vermögen intellektuelle Nur-Theoretiker und Reittechnokraten anscheinend einfach nicht einzusehen und wollen es auch nicht.

Und dennoch geht es nach wie vor dem weitaus größten Teil nicht nur meiner Gäste, sondern sämtlicher Freizeitreiter in Europa vor allem um das Wohlergehen ihrer Pferde, um ihr eigenes, tiefgreifendes Verstehen ihrer Pferde und nicht um Wortklaubereien, private Neudefinitionen von Fachausdrücken oder um die Bemäntelung tierquälerischer Maßnahmen mit der Behauptung, so werde es eben gemacht.

Für sie beruht der Umgang mit dem Pferd, wie einst für die Ur-
Iberer und die Alten Berber, für Meister Pignatelli in Neapel, La
Guérinière in Paris, den Marquis de Marialva in Lissabon und Meister
Oliveira in Avessada, vor allem auf alltäglichen, praktischen Erfah-
rungen mit ihren Pferden, d.h. weder auf Reittricks, noch auf ideo-
logisch untermauerten Reittechniken, noch auf Weisungen aus der
"H.Dv.12", noch sonst eines militärischen Dienstreglements, das mit
zur Abschaffung der Kavallerie beigetragen hat.

Im Umgang mit ihren Pferden schulen und fördern sie ihre eigene
Erfahrungsfähigkeit. Sie lernen so, am Leben ihrer Pferde aktiv teilzunehmen, ihre Pferde zu erleben, anstatt ständig nur zu be- und ver-
urteilen. Kurz, sie folgen nun schon seit geraumer Zeit dem Weg der
Erfahrungen der Ur-Iberer und Alten Berber zum Pferd, zum wahrhaft
"pferdegemäßen Umgang" mit ihm und zur "pferdegemäßen Pferdegymnastik" - anstatt Dressur - auch unter dem Sattel.

Für mich als Verfasser dieser neuen Arbeit bedeutet dies, daß ich
hier nicht nur aufzeigen werde, was die Ur-Iberer, Alten Berber und
ihre Nachfahren alles entdeckt und weiterentwickelt haben - das steht
zudem im dritten Teil dieser Arbeit von den großen Reitmeistern der
Vergangenheit definiert und zusammengefaßt -, sondern überdies wie,
aus welchen Gründen und wie weit sie dem Weg der *Erfahrung* zum
Pferd gefolgt sind und nicht dem der meisten modernen Reiter, d.h.
nicht dem der egozentrischen, kommerziellen oder militärisch-sport-
lichen Zweckmäßigkeiten.

Der geneigte Leser sehe mir deshalb bitte nach, wenn ich in dieser
dritten Arbeit über das pferdegemäße Reiten weniger Lehrsätze und
Lehrmeinungen ausbreite, als Geschichte und Geschichten erzähle;
Ereignisse, Begebenheiten und Anekdoten aus ferner Vorvergangenheit,
die heute endlich lückenlos als wissenschaftlich überprüft, untermauert
und bewiesen oder mindestens als "wissenschaftlich gestützt" gelten.

Denn: studieren wir unseren Pferden gegenüber nicht Reitideologien!
Überfrachten wir unser Gedächtnis nicht mit Wissen! Vertiefen wir uns
statt dessen in die Erfahrungen, die die feinsten und größten Reiter der
Geschichte mit ihren Pferden gemacht haben. Versuchen wir, diese
nachzuvollziehen und beschreiten wir so den Weg, den das Pferd uns
selber weist, d.h. den einzigen wahrhaft "pferdegemäßen" Weg:

"Ire viam quam monstrat equus"!

1. Teil

Die Kulturgeschichte
der
Mensch-Pferd-Beziehung

EINFÜHRUNG

An einem sonnigklaren frühen Morgen, Mitte Dezember 1957, schlenderten mein Bruder und ich über einen jener hochgelegenen, terrassenartigen Plätze über der Felsenstadt Gibraltar in Andalusien, von denen aus die kaum weiter als zwanzig Kilometer Vogelflug entfernte Punta Almina der nordafrikanischen Küste zu sehen ist.

Als wir die steinerne Balustrade auf der Südseite der Terrasse erreichten, entfuhr meinem Bruder: "Ein Katzensprung!" und mir: "Na, mindestens der eines Military-Pferdes!".

Hinter uns kicherte jemand vernehmlich. Wir drehten uns um und standen einem wohlgenährten Mittfünfziger gegenüber, der sich sogleich in vorbildlichem Englisch entschuldigte: "Excuse me please; Sie wissen wohl gar nicht, wie recht Sie mit ihrer Bemerkung haben! Etwas weiter drüben", er zeigte nach Westen auf die uns gegenüber vorgelagerte spanische Küste, "dort, von Tarifa aus, wurden schon im vierten und dritten Jahrtausend vor Christus regelmäßig Menschen, Güter und Pferde auf riesigen Flößen nach Nordafrika übergesetzt!"

"Was, auch Pferde?" fragte ich erstaunt.

"Ja, vor allem Pferde – und das heute vor fünftausend Jahren!"

"Ist das archäologisch belegt oder nur eine Arbeitshypothese?"

Jäh wurde der bisher eher phlegmatisch wirkende ehemalige englische Offizier, der, wie ich später erfuhr, hier seit einigen Jahren seine Pension genoß, munter und gesprächig und warf mit – nach meiner damaligen Auffassung – hippologischen und historischen Sensationen nur so um sich.

Ich zückte mein Notizbuch und einen Stift und bat ihn, schön langsam und der Reihe nach mit seinen Angaben nochmals von vorne zu beginnen: "Wer gräbt hier was aus? Wer zeichnet dafür verantwortlich? In welchen Fachzeitschriften wurden die Ergebnisse bisher veröffentlicht?"

Der Pensionär blieb nicht die geringste Antwort schuldig und erklärte dies damit, daß er, als einer der engsten Freunde des Ausgrabungsleiters, die Öffentlichkeitsarbeit für die Archäologen übernommen habe. Er begleitete uns schließlich bis zur Grenze und zum Wagen meines Bruders zurück, wo wir uns für den nächsten Morgen um elf Uhr auf dem Ausgrabungsgelände der hispano-englischen Archäologengruppe zwischen Algeciras und Tarifa verabredeten.

Am folgenden Tag brachte mich mein Bruder von Algeciras aus rechtzeitig zu dem Treffpunkt, an dem der Engländer bereits in einem

alten Militärjeep auf mich wartete, und holte mich hier bei Sonnenuntergang auch wieder ab. In der Zwischenzeit folgten der pensionierte
Offizier und ich im Jeep Pisten, die kaum als solche erkennbar waren,
und Gräben, in deren Grund alle paar Meter morsche Pfahlstumpfreste
oder mit Steinen ausgeschlagene Pfahllöcher unendlich sorgfältig freigelegt waren.

In einem Dickicht aus Korkeichen, Ginster und Unterholz stießen wir
um die Mittagszeit auf einen Militärlastwagen und etwas davon entfernt
auf eine muntere Gruppe englischer und spanischer Studenten, die den
Graben weiterführten, dem wir bisher gefolgt waren. Hier wurde ich
dem Ausgrabungsleiter als ein deutschschreibender Journalist mit archäologischen und hippologischen Interessen vorgestellt und erfuhr
endlich, was die Pfahlstumpffunde bedeuteten.

Nach der Aussage des englischen Professors, der die Ausgrabungen
leitete, stellten die zehn oder zwölf geradlinigen Pfahlstumpfreihen die
letzten Überreste einer äußerst stabilen, trichterförmigen Umzäunung
dar, die Jahrtausende vor Christus ein ungefähr gleichseitiges Dreieck
mit einer äußeren Begrenzung von rund zwölf Kilometern gebildet und
mit hoher Wahrscheinlichkeit vor allem dem Einfangen und Zähmen bis
zur Halfterung von Wildpferden gedient hatte, die dann mit Flößen über
die Meerenge von Gibraltar transportiert wurden. Die Südspitze dieses
Riesenkorrals reichte ursprünglich bis zum Meer, und dort bis zu Pfahl-
bauten, deren Spuren und Reste ausschließlich als Floßlandeplätze
sinnvoll zu deuten sind.

Von diesem Floßanlegeplatz aus, wurde mir erklärt, sei bereits im
vierten Jahrtausend vor Christus ein reger und regelmäßiger Floßverkehr eingerichtet gewesen, der bei Flut im Atlantik die Strömung von
Tarifa zur Punta Almina und bei Ebbe jene aus dem Mittelmeer von
Ceuta nach Tarifa sowohl für den Personen- als auch für den Güterverkehr genutzt habe. Und während der letzten drei Jahrtausende v.
Chr. sollten hier sogar ganze Pferdeherden im Herbst zur Überwin-
terung nach Nordafrika und im Frühling auf die Iberische Halbinsel
zurückgebracht worden sein. Selbst Hannibal habe 220 v. Chr. seine
gesamte Armee einschließlich einhundert Kriegselefanten nur auf diese
Weise und nur dank dieses Floßanlegeplatzes aus Nordafrika nach
Andalusien gebracht.

Ob der Vorsicht, mit welcher der Ausgrabungsleiter Daten nannte,
etwas erstaunt, fragte ich, ob das Alter der angekohlten Pfahlstümpfe
noch nicht mit der damals eben neu entdeckten Carbon-14-Methode
bestimmt worden sei. Der Professor schüttelte bekümmert den Kopf:

"Wir verstehen das auch nicht! An der Methode ist wohl noch einiges faul! Die Datierungen des Floßanlegeplatzes verweisen größtenteils auf das sechste und fünfte Jahrtausend vor Christus, also auf historisch nicht zu untermauernde, viel zu frühe Zeiten!"

Auf der Rückfahrt zum Südende des Korrals, an einem der acht oder neun Quergräben entlang, die zur westlichen Dreiecksseite führten, faßte mein Begleiter kurz zusammen, wie die Wildpferde hier, den Archäologen zufolge, von Querzaun zu Querzaun bis in die feuchte Senke in der Südspitze des Dreiecks getrieben wurden, und fügte seinen Ausführungen hinzu:

"Die Pferdeleute, die sich hier mit der geduldigen, zwanglosen Zähmung jedes einzelnen Wildpferdes bei Flötenmusik und beruhigenden Gesängen beschäftigt haben, waren übrigens nicht Männer aus der hiesigen Gegend, sondern Berber, die für diesen Zweck in Nordafrika angeheuert worden waren. Sie durften sich für die Zähmung einer ganzen Pferdeherde bis zu sechs Monate Zeit nehmen und fuhren in der Regel mit 'ihrer Herde' zusammen auch selber wieder nach Nordafrika zurück!"

"Woher wissen Sie, daß diese Leute tatsächlich Berber waren?"

"Aus Schmuck- und Flötenfunden und von Tafeln mit Ritzzeichnungen und Ornamenten... Letztlich ist das aber auch egal, denn ursprünglich stammen die Berber ja ebenfalls von der Iberischen Halbinsel!"

"Langsam, langsam! Inwiefern lassen sich die Berber ursprünglich als Iberer bezeichnen?"

"Nordafrika wurde mindestens zwei Jahrtausende lang ausschließlich und während dreitausend Jahren vor allem von der Iberischen Halbinsel aus bevölkert!"

Mein Begleiter stockte kurz und fuhr dann fort:"An sich - da haben Sie recht - sollte ich dazu nichts aussagen, denn die Besiedelung Nordafrikas - erwiesenermaßen mit hellhäutigen, oft sogar blauäugigen und hellhaarigen Nachfahren der Magdalenier von hier aus noch im Mesolithikum (im Mittelmeerraum 10. bis 6. Jahrtausend v. Chr. - SGS) - gilt, wie unsere Carbon-14-Datierungen, unter seriösen Wissenschaftlern als 'noch nicht bewiesen'!"

Er kicherte vor sich hin. "Sie kriegen deswegen zwar alle Magengeschwüre. Aber lieber das, als der Erste sein, der zu publizieren wagt, was längst in aller Munde ist; nämlich, daß die später sogenannten Berber über viertausend Jahre lang als ein ununterbrochen strömender Menschenfluß hier, von der Südspitze der Iberischen Halbinsel aus, auf Flößen nach Nordafrika übersetzten.

Selbstverständlich kamen nicht alle heil dort an. Bei plötzlichen Wetterumschlägen, Stürmen und Strömungsänderungen wurden oft genug Flöße - vor allem auf der Fahrt von Ceuta nach Tarifa - in den Atlantik hinaus getrieben, was sowohl die Besiedelung der Kanarischen Inseln mit Berbern, als auch deren sprichwörtliche Wasserscheu in den Entdeckungsberichten der ersten Europäer erklärt."

Unseren Jeepausflug beendend, versprach mein Begleiter, mich über sämtliche Ausgrabungsergebnisse sowie über alle englischen und spanischen Veröffentlichungen zum Floß- und Pferdeverkehr zwischen Andalusien und Nordafrika auf dem laufenden zu halten, wofür ich mich mit populärwissenschaftlichen Artikeln in deutschsprachigen Zeitschriften erkenntlich zeigen wollte. Doch abgesehen von zwei belanglosen Briefen und einem Bericht über den Abbruch der hispano-britischen Ausgrabungen bei Tarifa wegen politischer Uneinigkeiten zwischen General Franco und den Engländern, erhielt ich in der Folge keine Informationen mehr von ihm.

Aber meine Neugier war ein für alle Male geweckt. Woher, fragte ich mich, stammten die Berberpferde in Wirklichkeit; gab es in Nordafrika vor dem Neolithikum doch keinerlei Equiden! Und woher hatten die Reiter der Berber selbst noch zu Herodots (5. Jh. v. Chr.) und zu Xenophons (4. Jh. v. Chr.) Zeiten ihren Reitertakt, ihre Erfahrung und ihr Gefühl im Umgang mit Pferden und ihren Ruhm, der damaligen Welt feinste und beste Reiter zu sein?

☆ ☆ ☆

Im Anschluß an die Spanienreise begann ich eine fünfjährige Kampfstierhirten- und Zureiterlehre in der südfranzösischen Camargue und wunderte mich anfänglich ununterbrochen über die so grundsätzlich anderen Reaktionen und Antworten der Camargue-Pferde auf meine in Deutschland und in der Schweiz erlernten dressurreiterlichen Hilfen.

Selbstverständlich erklärte ich mir dies am Anfang nur damit, daß die Pferde hier für die Arbeit mit den Kampfstieren auch ganz anders zugeritten und ausgebildet worden waren. Nur, weshalb reagierten dann die noch völlig rohen Junghengste, die ich hier anzureiten hatte, womöglich noch explosiver auf meine Dressurhilfen, als die "nur anders zugerittenen"?

Fragte ich meine Lehrmeister nach den Gründen, weshalb sich die Junghengste unter mir, der ich damals bereits seit über zehn Jahren

ritt, Dressur-, Spring- und Military-Prüfungen bestritten und eben meinen Militärdienst in der Schweizer Kavallerie beendet hatte, jeweils die Seele aus dem Leib bockten, dabei stiegen und sich oft überschlugen, so hieß es in der Regel recht lakonisch: "Gute Camargue-Pferde lassen sich eben nur gymnastizieren, somit weder dressieren, noch mit Dressurhilfen vergewaltigen! Vergiß alles, was du reiterlich je gelernt und dir anerzogen hast. Laß dann endlich einmal deine Rückenmuskeln los, laß dein Becken nach hinten kippen, öffne deine Oberschenkel, laß die Beine hängen und die Zügel los, dann werden dich unsere Pferde sowenig beuteln wie junge Berberhengste, Andalusier und Lusitanos, deren Vollbrüder sie ja nun einmal seit jeher sind!"
"Was, Vollbrüder auch der Berber und der Andalusier?"
"Na klar, stammen sie doch, wie alle südwesteuropäischen Pferde, ausschließlich von Solutré-Pferden ab! Und die leben - wie die Höhlenbilder in den Pyrenäen beweisen - seit ewiger Zeit eng mit dem Menschen zusammen. Man braucht sie tatsächlich nur in Ruhe zu lassen, also weder mit dem Sitz, noch mit dem Kreuz, den Schenkeln oder der Hand zu behindern oder zu belästigen, um sie locker zu gymnastizieren und ihre Mitarbeit beim Umgang mit den Stieren 'geschenkt' zu erhalten."
"Und wie weiß ich, wie sie im Einzelnen zu gymnastizieren sind?"
"Das zeigen sie dir, wenn du sie richtig an der Hand arbeitest, richtig longierst und später richtig losgelassen reitest!"
"Aber wie weiß ich, was 'richtig' heißt?"
"Du sollst nicht wissen, sondern fühlen lernen, und das bringen dir wiederum die Gruppen- und Herdenchefs draußen auf der Steppe bei, wenn sie die Junghengste gymnastizieren! Schau ihnen in jeder freien Minute zu! Dort lernst du bei weitem am meisten für deinen eigenen pferdegemäßen Umgang mit Pferden, wie für dein eigenes Reiten."

Die Frage, inwiefern reine Camargue-Pferde mit reinen Berberpferden, Andalusiern und Lusitanos ebenso eng verwandt seien, wie mit Mérens-Pferden, Pottoks, Landais und mit den Asturconen, Tieldonen und Sorraias der iberischen Halbinsel, ließ mir in der Folge keine Ruhe mehr.
In der Camargue selber machte man sich einen Spaß daraus, diese Frage jedes Jahr erneut von der staatlichen Körkommission beantworten zu lassen. Dazu stellten die Pferdezüchter teils Junghengste aus reinen Berberstuten und Camargue-Beschälern, teils reine Berberhengste, die im Mutterleib nach Frankreich gelangt waren, wie selbstverständlich bei der Prämierung der "besten Camargue-Hengste ihres Jahrganges" vor.

Solange es sich dabei um Schimmel handelte, die nicht allzu groß und mächtig zu werden versprachen, wurden sie in der Regel mitprämiert, ohne daß die Körkommission einen Unterschied bemängelte.

Meine beiden Lehrmeister, die auch unabhängig voneinander dafür bekannt waren, daß sie das Prinzip der Rasseneinheit der Kampfstiere wie der Camargue-Pferde geradezu leidenschaftlich vertraten, machten bei reinen Bergberbern Ausnahmen und benutzten, wenn auch sehr vorsichtig, ebenfalls Atlas-Schimmel zur Blutauffrischung in ihren Pferdeherden.

Fernand Ferraud behauptete jedenfalls am Ende meiner Lehrzeit einmal, selbst die Ursprünge der erwiesenermaßen ältesten Camargue-Traditionen im tiergemäßen Umgang sowohl mit den Stieren als auch mit den Pferden seien in Nordafrika zu suchen und "dort nicht bei den Arabern, sondern bei den Alten Berbern; ja, wohl sogar in zweifacher Hinsicht!"

"Inwiefern in zweifacher Hinsicht?"

"Zum einen sind wir Camargue-Leute, Occitanier, Südwestfranzosen, Katalonier, Andalusier, Portugiesen und Berber doch alle Nachfahren der gleichen Solutré-Menschen und der gleichen Magdalenier! Zum anderen stationierte Hannibal, der größte Berber-Führer aller Zeiten, ein Drittel seines Heeres zur Rückendeckung im unteren Rhônetal, bevor er 218 v. Chr. in Norditalien einfiel und dort die Römer schlug. Mehrere Hundert reiner Berberhengste gingen dieser Reservearmee dadurch verloren, daß sie aus dem Winterquartier ausbrachen und an der Rhône entlang bis in die Camargue fanden. Andere "desertierten" mit ihren Reitern zusammen hier ins Delta, wo sich die Berber-Krieger sogleich Teile der wilden Kampfstierherden aneigneten und in der Folge die Bewohner der umliegenden Städte mit Rindfleisch versorgten. Jaja, du hörst richtig; die ersten Manadiers der Camargue waren, wie die ersten Stierkämpfer hier, Berber-Krieger aus Hannibals Heer! Und sie begründeten sowohl die nur aus der Ferne überwachte Zucht unserer Kampfstiere als auch die der Camargue-Pferde!"

Bewährte sich die Blutauffrischung der Camargue-Pferde mit dem Blut reiner Atlasberber bis in die fünfziger und sechziger Jahre unseres Jahrhunderts auch beim Umgang mit den Kampfstieren, so erwies sich das Einkreuzen des Blutes jener, kurz "Araber" genannten, nord-afrikanischen Araboberber, die damals jeden Mittwoch als Schlacht-pferde aus Schiffsbäuchen in Marseille angelandet wurden, als um so nachteiliger.

Tatsächlich befanden sich reine Atlasberber nur äußerst selten mit unter den Schlachtpferden. Deshalb kauften die Gardians und kleineren Pferdezüchter nach und nach vor allem besonders hübsche Araboberber mit nicht selten sogar einem französischen Blutanteil auf – und wunderten sich ein paar Jahre später prompt, daß sie auf deren nerviger Nachzucht weder Arbeit als Gardians im Delta fanden, noch ihre Junghengste an Stierherdenbesitzer in der Camargue verkaufen konnten. Allein als Show-, Sport- und Wanderpferde bewährten sich die Araboberber, wenn auch nur selten ideal, da den besseren Hengsten unter ihnen mit der üblichen modernen Dressur- und Sportreiterei ebensowenig pferdegemäß beizukommen ist, wie reinen Atlasberbern, den meisten iberischen und den reinen Camargue-Pferden.

☆ ☆ ☆

Die Fragen, die mir damals unter den Nägeln brannten und derentwegen ich die Gardianlehre in der Camargue auch mit begonnen hatte, erwiesen sich nach den fünf Jahren Lehrzeit einerseits als zahlreicher und andererseits als drängender denn je zuvor.

Daß sich die südwesteuropäischen und die Berber-Pferderassen von den nordwest- und mitteleuropäischen grundlegend, sowohl morphologisch als auch psychisch, in ihren körperlichen Reaktionen, wie in ihrem Verhalten unterschieden, hatten sie mir in der Camargue, in Spanien und in Portugal bewiesen.

Daß mich die Erklärung ihres Andersseins zum Ursprung der Unterschiede und sogar zu der so ganz anderen Beziehung zwischen den Pferden, den Kampfstieren und den in ihrer Mentalität und Psyche ebenso grundlegend anders gearteten und anders veranlagten Menschen Südwesteuropas führen würde, hatte ich indessen nicht erwartet.

Wie, zu welchem Zweck, wo und wann hatte der Südwesteuropäer begonnen, sich mit Wildrindern und Wildpferden so nahtlos zu identifizieren, daß sie ihn in ihre Herden aufnahmen, integrierten und von da an in einer echten Symbiose mit ihm zusammenlebten, wie zu meiner Zeit in der Camargue noch manche Herden mit den herdeneigenen alten Gardians?

Und wie, weshalb, wo und wann waren aus den Pferden und Stieren die großen Menschenlehrer hervorgegangen, die die Südwesteuropäer noch während meiner Lehrzeit in ihnen sahen, verehrten und feierten?

Nach dem Abschluß meiner Lehre weilte ich als Journalist zweieinhalb Jahre lang in Deutschland und in England und versuchte hier, alle mir zur Verfügung stehenden Möglichkeiten auszuschöpfen, um mit meinen Nachforschungen weiterzukommen. (Dabei entstanden die beiden Arbeiten, die später unter den Titeln "Reiter der Camargue" und "Abenteuer Camargue" erschienen.) Aber beim bloßen Theoretisieren - war es auch in Hörsälen und Büros von Wissenschaftlern - wurde für das Verständnis der südwesteuropäischen Pferde, Rinder und Menschen kaum etwas leichter faß- oder greifbar, noch plausibler oder einleuchtender.

Deswegen entschloß ich mich, in die Provence zurückzukehren um hier beim täglichen Umgang mit authentischen Nachkommen der Solutré-Pferde weiter zu recherchieren.

Wer oder was hatte hier wen oder was, wo und wann geformt oder ausgebildet und zu dem gemacht, was in der Folge daraus geworden ist? In welchem Umfang hatte die Landschaft die Wildrinder und Wildpferde, ihre Herden und ihr Zusammenleben mitgestaltet und hatten die Rinder und Pferde den Menschen "erzogen" und schließlich einen Reiter und Ritter aus ihm gemacht? Und wie und weswegen hatten diese absolut "wohlwollende" gegenseitige Hochachtung und Liebe (span.: "afición"), diese vor allem affektive Zusammenarbeit und dieses gegenseitige mehr und mehr Voneinander-lernen-wollen bei Mensch und Tier bis in unser Jahrhundert überlebt?

Kurz, weshalb war die Pferde-, Reit- und Stierkultur in Südwesteuropa noch immer - wenn auch leider nur lokal und "eben gerade noch" - lebendiger Alltag, und warum hatte es etwas Vergleichbares in Mitteleuropa nie gegeben?

Hing der echte "pferdegemäße Umgang mit Pferden" (nicht der, mit dem in gewissen Pferdezeitschriften schlimmste Dressurmaßnahmen beschönigt werden) tatsächlich mit der praktischen Eingliederung der Vaqueros, Campinos und Gardians in ihre Herden zusammen?

Ja, war ohne die praktische Zusammenarbeit von Stier, Pferd und Mensch, auf der Steppe wie in der Arena, und ohne ihr körpernahes Zusammenleben draußen, jenes gegenseitig sich durchdringende Verstehen überhaupt möglich oder auch nur denkbar, das beispielsweise auch das Pferde-, Reit- und Kunstverständnis des großen portugiesischen Meisters Nuño Oliveira geprägt hat und einen Teil seines reiterlichen Taktgefühls und seines reiterlichen Genies ausmachte?

Kurz nach meiner Rückkehr nach Südfrankreich übernahm einer meiner Bekannten aus der Camargue den Hof seiner Großeltern, nur etwa fünfzig Kilometer nördlich meines eigenen neuen Wohnsitzes in der Hochprovence, und baute ihn zu einem Wanderreiterhotel um. Auch er hatte damals schon vier junge nordafrikanische Araboberber in Marseille erstanden und bat mich, sie für ihn und seine späteren Hotelgäste anzureiten und auszubilden.

Wochenlang hielt ich mich öfter und länger auf seinem Hof auf als bei mir zu Hause. Von Anfang an stand mir ein recht brauchbarer Paddock zum Spazierenführen, Longieren und Anreiten der vier Hengste zur Verfügung. Hier und auf den bald täglich weiteren Ausritten durch die Hochprovence wunderte ich mich nun fortwährend über die Selbstverständlichkeit, ja offenbare Freude und Eigeninitiative, mit der sich die vier Pferde gymnastisch schulen und ausbilden ließen, und über ihren ebenso offenbaren Widerwillen, dressurmäßig auch nur vorsichtig und leise angepackt zu werden, wie es mit Rücksicht auf die Reitweise der künftigen Hotelgäste von mir erwartet wurde.

Der Abschluß meiner Zureitertätigkeit stand bevor. Aus dem Hof war inzwischen ein zwar rustikales, aber um so gemütlicheres Hotel mit Stallungen, großzügigen Weiden und kurzweiligen Ausreitmöglichkeiten geworden. Da sagte sein Besitzer eines Abends unvermittelt: "Am Donnerstag fahren wir nach Marseille und holen uns noch acht Hengste für den Reitbetrieb!"

So kam es, daß ich mich zwei Tage später zum ersten Mal in dem beinahe schon legendären Schlachtpferdedepot in Marseille mitten unter zweitausendzweihundert Araboberbern wiederfand und mir nicht erklären konnte, wie man so makellose, elegante, dazu äußerst gut erzogene Junghengste als Schlachtpferde zu verkaufen wagte. Der Hotelbesitzer boxte mich in die Rippen: "Keine Sentimentalitäten! Suche mir lieber die acht besten Wanderpferde aus dem Haufen, los!"

Wir standen in der Mitte eines riesigen Innenhofes, den dreiseitig ein krankenhaus- oder klosterähnliches leerstehendes Gebäude umgab. Rund um uns herum saßen, lagen und dösten "Araber" - genauer Algerier und Tunesier - auf dem Boden und hielten bis zu zehn aneinandergebundene Junghengste an einem einzigen Strickende fest.

Mein Bekannter verhandelte mit dem Pförtner des Krankenhausareals. Ich ging derweil von Pferdegruppe zu Pferdegruppe, besah mir hier einen Hengst etwas eingehender, fand dort einen elegant, aber viel zu schmal und überzeugte mich endlich selber von dem, was man in der Camargue an den Araboberbern vor allem bemängelt hatte, nämlich, daß Stier-, Schul- und Wanderpferde wesentlich mehr Fundament, Kürze und Breite der Lenden und im Ganzen mehr Mächtigkeit brauchten, als diese ausgesprochenen "Schönlinge" hier je zu bieten hätten.

Plötzlich streifte mein Blick vier Grauschimmel, die aus der Masse der übrigen Pferde nicht nur ihrer Farbe wegen hervorstachen. Sie waren größer, gröber und breiter als der Durchschnitt der Braunen, Füchse und Rappen; kürzer, eckiger oder knochiger gebaut, hatten kräftige Beine mit breiteren Hufen, trugen kurze, mächtige Hälse mit schwereren Schädeln, mächtigen Ganaschen und leichten Ramsnasen. Ein junger, schlanker Hüne, barfuß, in löchrigen Bluejeans, einem offenen, ehemals weißen Hemd und einem blauen Turban, dessen Ende ihm über die linke Schulter hing, stand ihnen gegenüber und ignorierte ostentativ, daß ich mich von den vier Dunkelschimmeln einfach nicht losreißen konnte.

Da holten mich mein Bekannter und der Pförtner überlaut redend ein. Ich stieß den Hotelbesitzer an: "Voilà vier Pferde für deinen Betrieb!"

"Bist du verrückt? Ich will nicht häßliche Klepper, sondern die besten Wanderpferde, die es hier gibt!"

"Das sind sie!" erwiderte ich, während der Pförtner eifrig nickend seine Freude an unserem Disput zu haben schien. Dann packte er meinen Bekannten am Hemdärmel und zog ihn zu einer Gruppe tatsächlich etwas runderer Araboberber weiter, die der Hotelbesitzer sogleich geschlossen aufkaufte.

Diese acht Araboberber mit einem kleinen französischen Blutanteil zeigten sich schon bei der Arbeit an der Hand, beim Longiert- und Angerittenwerden als intelligenter, ausgeglichener und morphologisch von besserer Qualität, als ich befürchtet hatte; Traumpferde wurden sie indessen nie. Dafür ließen mir die vier Eisenschimmel, die ich in Marseille gesehen hatte, keine Ruhe mehr.

Drei oder vier Wochen später fuhr ich eines Morgens auf eigene Faust nach Marseille und dort zu dem improvisierten Schlachtpferdedepot. Vor dem mächtigen Eingangstor begegnete ich dem Pförtner, der mich sogar wiederzuerkennen schien: "Du bist doch der Kerl, der es auf reine Atlasberber abgesehen hat! Du hast Glück, le Touareg ist auch diesmal wieder mit dabei!"

Endlich stand ich wieder vor drei Grauschimmeln, vor anderen als beim letzten Mal, noch ebenmäßigeren, runderen, noch schöneren und mächtigeren, wie mir schien, und der junge Hüne mit dem blauen Turban beachtete mich wieder nicht. Eineinhalb oder zwei Stunden lang strich ich, in den Anblick der drei Schimmel versunken, um sie herum. Dabei stieß ich unvermittelt mit dem Turbanträger zusammen und mir entfuhr: "Welche Schande, solche Pferde schlachten zu lassen!"

Nachdenklich, aber aufmerksam wandte mir der junge Mann sein Gesicht zu und sagte in einem auffallend reinen Französisch: "Ich weiß die Hengste lieber tot und aufgefressen, als jahrelang unter dem Sattel irgendeines Herrenreiters, der noch nicht einmal erahnt, weder worauf er thront, noch wie mit Pferden solchen Kalibers umzugehen ist!"
"Wieso?", fragte ich,"kann man damit nicht 'normal' umgehen?"
"Doch, normal ja; nur nicht mit den Gewalt- und Zwangsmaßnahmen, die ihr Dressurhilfen nennt!"
"Also gymnastizierend anstatt dressierend, wie in der Camargue?"
Sichtlich überrascht trat der Hüne einen Schritt näher: "Woher weißt du das? Hier pflegt man normalerweise doch genauso an den Pferden vorbei zu reiten, wie man am Leben vorbei lebt!"
"Ich hab' in der Camargue eine Zureiterlehre gemacht!"
"Tiens, tiens! Ja, du scheinst tatsächlich einen Blick für Pferde zu haben, sonst wärst du kaum zwei Stunden lang um meine Grauen da herumgeschlichen, die sonst - außer Schlächtern - niemand beachtet."
Inzwischen war der Turbanträger, der wohl nur unwesentlich jünger war als ich selber, an den uns am nächsten stehenden Schimmel herangetreten, griff nach dem frei auf den Boden herabhängenden Halfterstrick, sprang mit einem Satz auf den Pferderücken und nutzte dabei den Schwung seines rechten Beines, um es unter dem Halfterstrick hindurch, über den Mähnenkamm hinweg, zurück auf die linke Pferdeseite zu bringen. Sowie er sich in diesem "Seit- oder Damensitz" entspannte, trabte der Junghengst aus dem Stehen munter an, bog eng nach links auf einen Zirkel um die beiden anderen Hengste und mich herum ab und versammelte sich dabei recht deutlich.
Daraufhin legten sein Reiter und er zwei sich genau gegenüberliegende Volten in jede Zirkelrunde und wechselten jeweils die Hand, wobei der Reiter präzis in der Zirkelmitte stets beide Schenkel elegant unter dem Halfterstrick hindurch auf die andere Pferdeseite schwang.
Endlich hielten sie aus einem sehr gemessenen, kurzen Trab abrupt an und trabten sogleich in genau dem gleichen Takt aus dem Stehen wieder an. Weder beim Einschwenken zu den Volten oder Wechseln, noch zum abrupten Anhalten, straffte sich der Halfterstrick auch nur andeutungsweise. Im Gegenteil, bei jedem Umsitzen auf die andere Hand des Pferdes "warf" der Reiter den links geführten einzigen "Zügel" geradezu "weg", um mit seinen langen Beinen leichter unter dem Halfterstrick hindurch auf die andere Pferdeseite zu gelangen und daraufhin von neuem lockere Anlehnung zum Halfter zu gewinnen.

Dann stand er unversehens wieder neben mir und entschuldigte sich, daß er mir "auf einem noch nicht einmal angymnastizierten Pferd" auch nichts Überzeugendes zeigen könne.

Ich überfiel ihn mit hundert Fragen, die er anfangs nur zögernd und einsilbig, dann nach und nach ausführlicher beantwortete. Glaubte er, sich nicht genau genug auszudrücken, oder schämte er sich, einen französischen Fachausdruck nicht zu beherrschen, so sprang er immer wieder kurz entschlossen auf einen seiner Hengste und führte mir im Seitsitz oder im Spreizsitz vor, was er meinte, indem er bedauerte: "Es lohnt sich nicht, Junghengste für den Schlachthof anzugymnastizieren und anzureiten! Zu Hause, auf unseren Reit- und Zuchthengsten, könnte ich dir alles viel genauer zeigen"!

Im Verlauf dieses und des nächsten Jahres fuhr ich insgesamt wohl noch sechs oder sieben Male nach Marseille; nun aber stets zu lange zuvor oder sehr kurzfristig telefonisch vereinbarten Rendezvous mit meinem neuen Freund und seinen Pferden oder solchen, die er, als einziges Mitglied seines Clans, das französisch sprach, für befreundete Züchter desselben Berber-Stammes regelmäßig über das Mittelmeer begleitete.

Idriss Ait Tarik oder Tarek, der in Marseille nur "le Touareg" genannt wurde, war "offiziell Marokkaner", lebte aber "so weit oben im Atlas, daß dort niemand weiß, ob er sich auf der marokkanischen oder auf der algerischen Seite der Grenze befindet". Sein Clan gehöre zum Stamm der Tuareg, erwähnte er einmal beiläufig, ziehe das ganze Jahr über mit den Pferden von Weide zu Weide und züchte die blutreinsten Atlasberber, die es in Nordafrika noch gäbe.

Auf meine - zugegeben dumme - Frage hin, wodurch sich die blutreinen Bergberber von der Masse der wildverkreuzten Araboberber vor allem unterschieden, spuckte Idriss auf den Boden und knurrte: "Reine Atlasberber sind, wie die blutreinsten Cartujanos, Lusitanos und Camargue-Pferde ausschließlich Schimmel - Atlas-Schimmel, wenn du es genau wissen willst!"

Idriss war der Sohn und Enkel zweier Clan-Oberhäupter, die auch auf Stammesebene hohe Ämter innegehabt hatten. Sein Vater war als Offizier der französischen Spahi-Truppe kurz vor Kriegsende gefallen, so daß ihn sein Großvater erzogen und sowohl in marokkanische als auch in algerische Schulen geschickt hatte. "Sein Ziel war, mich in Paris Ethnologie studieren zu lassen, bevor der eben noch authentischste Berberstamm schlechthin, der der Tuaregs, endgültig ausgestorben und

unsere Traditionen für alle Zeiten vergessen und verloren sein würden!"
"Was, du bist Ethnologe?"
Er schüttelte den Kopf: "Zwar habe ich tatsächlich fünf Semester Ethnologie studiert, bin aber gerade noch rechtzeitig hinter den Widerspruch gekommen, der bei euch alle Wissenschaften kennzeichnet..."
"Und welcher ist das?"
"Der zwischen dem Anspruch, intellektuell verstehen zu wollen, und der menschlichen Erfahrung! In Paris wurde zwar lauthals beklagt, daß ein Ethnologe die alltäglichen Erfahrungen der von ihm studierten Menschen nie aus deren Warte nachvollziehen oder auch nur objektiv erfassen könne. Aber als ich dann vorschlug, die Traditionen der Berber von innen heraus zu beschreiben, hieß es prompt, dazu fehle mir als Tuareg der Abstand zu den Berbern und damit die 'Wissenschaftlichkeit'!"
Dieses Gespräch zitiere ich so ausführlich, um deutlich zu machen, daß Idriss, der barfußgehende Berber aus dem Atlas, mein wichtigster und umfassendster Informant über die Tuaregs und ihre Zucht blutreinster Berberpferde, weder ein "Primitivling" noch ein "Spinner", sondern letztlich das war, was man in Mitteleuropa einen "Intellektuellen" nennt, selbst wenn er sich – im Unterschied zu den meisten europäischen Technokraten – der Nachteile, Grenzen und Gefahren der sogenannten Wissenschaftlichkeit bewußt war.
Jedenfalls lebten, seiner Aussage nach, im Jahre 1966 nur noch wenige Tuareg-Familien und -Clane als Vollnomaden ausschließlich von der Zucht blutreiner Berber-Pferde. "Die meisten", führte er aus, "haben sich im Lauf der letzten zweitausend Jahre seßhaft machen lassen. Und andere, die zwar Nomaden geblieben sind, wie wir, züchten heute nur noch oder vor allem Kamele oder handeln mit Kamelen, Rindern und Pferden!"
"Auch mit reinen Berber-Pferden, wie den eueren?"
"Nein! Nur mit dem üblichen Araber-Gott-weiß-was-Verschnitt! Das Monopol für den Handel mit blutreinen Atlasberbern teilen wir uns" – er grinste verlegen – "mit dem marokkanischen König. Weißt du, unter allen eben gerade noch blutreinen Berber Menschenfamilien – sei es im Maghreb, im Djouf, in Tassilien, im Tibesti oder Sudan – überall halten heute nur noch die 'Seigneurs' (die Herren, der Adel – SGS) weiter an den alten Traditionen fest; an der alten Berber Religion und Sprache ebenso wie an der Zucht ausschließlich reiner Berber Schimmel. Deshalb gibt es auch nur noch wenige Hunderte davon..."

Zeichnung 1: Berber Reiter im Seitsitz nach einer Felsgravur aus dem 4. oder
3. Jahrtausend vor Christus (nach Henri Lhote)

"Aber du verkaufst welche an französische Schlächter!"
"Nur wenn mein Clan dringend Bargeld braucht und über die üblichen Tauschwege keines aufzutreiben ist... Aber dafür gymnastizieren wir die anderen Hengste um so sorgfältiger und bilden sie dabei im Seitsitz oder Spreizsitz bis in die höchsten Höhen dessen aus, wozu jeder einzelne körperlich-gymnastisch und psychisch überhaupt fähig ist."
"Also reitet ihr ebenfalls Hohe Schule?"
"Nein! Wir streben lediglich vollkommen lockere Bewegungsfolgen in der jeweils genau entsprechenden Gleichgewichtshaltung des Pferdes an. Das Ziel dabei ist seit jeher ein nahezu nur erzieherisches; nämlich des Pferdes entspannte Munterkeit, Mitarbeit und Ausdauer, somit die Förderung vor allem seiner Lebensfreude - weder die seiner 'Gehorsamkeit' genannten Unterwürfigkeit, noch die seiner Resignation!"
"Und das alles schafft ihr allein im Seitsitz?"
"Er ist der einfachste, den es gibt! Er stört weder, noch behindert er das Pferd in seinen Bewegungen und läßt den Reiter nur in Tagen hinter den richtigen Einsatz seines Schwerpunktes gelangen..."
"Und wie habt ihr den entdeckt?"
"Wohl durch das 'Auf-die-Seite-des-Pferdes-Treten', ständiges Ausprobieren und durch die Reaktionen der Junghengste daraufhin!"

Genau die gleiche Antwort hatte ich auf ähnliche Fragen hin auch während meiner Gardianlehre in der Camargue oft genug zu hören bekommen und muß daher Idriss ziemlich entgeistert angesehen haben. Jedenfalls begann er zu diesem Zeitpunkt, mir nach und nach die Geschichte der Berber zu schildern; die ihrer Einwanderung in Nordafrika ebenso wie die ihres Zusammenlebens mit der dortigen Urbevölkerung und die ihrer Übernahme der Pferde von der iberischen Halbinsel, so daß ich in der Folge bei jeder unserer Begegnungen jeweils ein ganzes Heft mit Informationen, Zitaten, Anmerkungen und sogar mit Literaturhinweisen für die Überprüfung seiner Aussagen zu füllen bekam. (Vgl.: 1. Teil dieser Arbeit)

☆ ☆ ☆

Zu einer ersten Überprüfung seiner Darstellungen kam es noch in diesem Herbst 1966 auf verblüffende Art und Weise.
Damals beritt ich weiterhin die zwölf Araboberber des Reiterhotels in der Hochprovence und hatte mich drängen lassen, interessierten Stammgästen zu zeigen, daß und wie sie mit diesen Hengsten wesentlich

leichter und einfacher zurechtkamen, wenn sie auf ihre Reitschulmethoden und -tricks verzichteten und statt dessen versuchten, die Pferdebewegungen nicht mehr zu behindern.

Dabei war meine weitaus sensibelste und geschickteste "Schülerin" eine kanadische Halbindianerin, Tochter eines frankokanadischen Ethnologen, selber ebenfalls Doktor der Ethnologie und seit einigen Jahren die Gattin eines Arztes in Avignon.

Sie ritt nahezu von Anfang an mit und ohne Sattel so vollkommen locker und losgelassen, daß ich sie auf Ausritten jederzeit auf unter anderen Reitern nervös oder zickig werdende, d.h. allzu mißverständlich gerittene Pferde umsetzen konnte.

Einmal, es war auf einem zwei- oder dreitägigen Wanderritt, bemerkte ich nach einem solchen notwendig gewordenen Umsetzen eines Reiters zu ihr umgewandt, so einfühlsam, locker und selbstverständlich, wie sie selbst "durchdrehende" Pferde nur in Sekunden wieder ruhig reite, gehöre sie eigentlich in einen Clan Pferde züchtender und ausbildender Tuaregs. Sichtlich überrascht, gab sie augenblicklich zurück: "Lieber nicht, sonst käme ich ja gar nicht mehr aufs Pferd!"
"Warum nicht?"
"Berberfrauen dürfen sich nicht einmal in die Nähe von Pferden wagen, geschweige denn einen Hengst auch nur kurz berühren!"

So erfuhr ich nicht nur, daß sich meine kanadische "Schülerin" auch beruflich mit den Berbern und ihren Traditionen befaßte, "weil ihr tragisches Schicksal bis in alle Einzelheiten mit dem der nord- und südamerikanischen Indianer übereinstimmt", sondern zudem, daß sie und Idriss zwei Semester lang die Vorlesungen desselben weltbekannten Ethnologen in Paris gehört hatten.

Einige Monate später legte ich ihr deshalb sämtliche Informationen vor, die ich während der Gespräche mit Idriss aufgezeichnet hatte. Sie schickte sie mir schon bald mit der Bemerkung zurück: "Ethnologisch, historisch und hippologisch ist daran, soweit ich das beurteilen kann, nicht die kleinste Kleinigkeit auszusetzen. Im Gegenteil! Sie verfügen damit über das Rohmaterial für eine epochemachende Arbeit. Trotzdem werden Sie enorme Schwierigkeiten bekommen, wenn Sie sie überhaupt publizieren können. Denn erstens sind Sie kein anerkannter Ethnologe, und zweitens schweigt heute auch die Wissenschaft stets die Völker und Kulturen tot, für deren Untergang sie sich mit verantwortlich fühlt."

Wie berechtigt diese Warnung war, erfuhr ich ein erstes Mal, als ich begann, in Buchhandlungen, Stadt- und Universitätsbibliotheken Aufsätze, Arbeiten und Bücher anzufordern, die mir erlauben sollten, die Aussagen Idriss' und der Kanadierin zu überprüfen, einzuordnen und auszuwerten.

Tatsächlich dauerte es sechsundzwanzig Jahre, bis ich die letzten Bestätigungen aus der Archäologie, Ethnologie, Linguistik und Vergleichenden Religionswissenschaft erhielt, denen zufolge Idriss als Ethnologe und Kulturhistoriker seines eigenen Volkes damals nicht nur nie übertrieben, beschönigt oder geflunkert hatte, sondern in Wirklichkeit der anerkannten Berberforschung um mindestens zwei bis drei Jahrzehnte voraus war.

So ist offiziell erst seit kurzer Zeit auch "wissenschaftlich hieb- und stichfest untermauert", was ich teils schon 1957 bei Tarifa in Andalusien, dann während meiner Gardianlehre in der Camargue und schließlich 1966/67 dank Idriss und der kanadischen Ethnologin über die Berber Bevölkerung in Nordafrika, die reinen Berber-Pferde und die ersten und ältesten beiden Reit- und Betrachtungsweisen der Pferde in Erfahrung bringen konnte; nämlich die Erkenntnisse über die sogenannte "hippozentrische Einstellung", die den Berbern für die Ausbildung ihrer Junghengste den Seitsitz nahelegte, und über den "egozentrischen Umgang mit dem Pferd", der allen übrigen angeblich "ersten Reitervölkern" den Spreizsitz aufzwang.

Etwas genauer ausgedrückt, war es tatsächlich das "hippozentrische Weltbild" oder die "equizentrische Metaphysik", d.h. ihre innere Beziehung zur gesamten Umwelt, die die Berber draußen auf der Steppe die Bewegungsfolgen ihrer Pferde in vollkommenem Gleichgewicht nicht nur bestaunen, sondern mit nahezu religiöser Inbrunst als einen Ausdruck der Vollkommenheit schlechthin verehren und feiern ließ. Und da diese Erscheinung "metaphysischer" (= überirdischer) Vollkommenheit auch reiterlich weder gestört, noch behindert werden durfte, suchten sie so lange weiter, bis sie die das Berber-Pferd am wenigsten behindernde Sitz- und Reitweise entdeckt, durch Übung vervollkommnet und selber Ausdauer darin gewonnen hatten.

Daß die Berber so den Seitsitz entdeckt und über dreitausend Jahre lang, d.h. bis in die Römerzeit hinein beibehalten, ja sogar auf die iberische Halbinsel exportiert haben, beweist letztlich weniger die Vorzüge dieses sattellosen Reitsitzes dem üblichen Spreizsitz gegenüber, als die Überlegenheit der "equizentrischen" Lebenseinstellung, Rücksichtnahme und Umgangsweise mit Pferden.

Das wiederum haben sämtliche ernstzunehmenden großen Reitmeister der Vergangenheit – von Xenophon bis zu Nuño Oliveira – nicht nur anerkannt, sondern auch genutzt, um ihre eigenen Erkenntnisse dessen, was "pferdegemäß" ist, d.h. was den Pferden durch und durch entspricht, immer wieder in Frage zu stellen, zu korrigieren und zu vervollkommnen.

Ja, letztlich läßt sich unvoreingenommen die wahre "Größe" der europäischen sogenannten "Alten Reitmeister" heute praktisch nur noch an diesen, ihren durch und durch "pferdegemäßen" Maßnahmen und Umgangsformen ablesen und beurteilen. In der Regel haben sie diese äußerst selten selber erfunden, dafür um so häufiger mittelbar oder unmittelbar von den Alten Berbern übernommen.

Selbstverständlich schlichen sich aus diesem Grund oft auch Widersprüche in ihre Aussagen und Schriften ein. Meistens handelt es sich dabei aber nur um diesen einen grundlegenden Widerspruch, nämlich um den in der Antwort auf die Frage: Haben sie sich mit der Berber-Reitkultur befaßt und sind sie selber "auf die Seite der Pferde getreten", oder haben sie bei ihren Lehrern, Vorgängern oder Vorbildern nur abgeschrieben, um "equizentrische Kultur" vorzutäuschen und um sich in Wirklichkeit weiter mit ihrer persönlichen Art des "Dressierens" an den Pferden zu vergehen (wie es im deutschen Sprachraum eben Mode geworden zu sein scheint)?

Ich, für meinen Teil, kann hier nur meine eigenen Erfahrungen beschreiben, denen zufolge sich sämtliche blutreinen Atlasberber, die ich, teils dank Idriss' Vermittlung, von der Mitte der sechziger Jahre an geritten, teils beritten und ausgebildet, teils nur weitergymnastiziert habe, als "Traumpferde" allein schon dadurch erwiesen, daß sie stets nahezu "fertig durchgymnastiziert" erstmals an die Longe oder unter den Sattel kamen und so von Anfang an vollkommen losgelassen in Gleichgewichtshaltungen gingen, die sich anders erzogene Pferde, wenn überhaupt, oft erst Jahre später erschließen.

Nutzte ich sowohl ihre Losgelassenheit, als auch ihr traumhaftes Gleichgewicht, ohne sie aktiv zu reiten, so boten sie jeweils alles an, was in der Hohen Schule gefordert werden kann (Biegung, Hankenbeugung, lockere Anlehnung, Versammlung).

Griff ich hingegen in ihre Bewegungen ein, indem ich beispielsweise mein "Kreuz anspannte", das Becken in die Vertikale aufrichtete und die Oberschenkel schloß oder auch nur leise an den Zügeln rührte, so explodierten sie in der Regel, noch bevor ich meine Absicht ausgeführt hatte, stiegen vehement, warfen sich auf die Hand, gingen wild pullend durch oder machten unvorhersehbare Seiten- oder Bocksprünge. Mit den üblichen "Dressurhilfen" war ihnen jedenfalls nicht weiter beizukommen.

Endlich entdeckte ich so auch unter meinem eigenen Sattel, was ich seit damals nahezu zehn Jahren sowohl in der Camargue, als auch in Spanien und Portugal und selbst von Idriss immer wieder vernommen hatte; nämlich daß nicht nur alle reinblütigen Atlasberber und Araber aus Nordafrika, sondern zudem auch die meisten typischen Hispanoaraber, Hispanoberber, Cartujanos, Andalusier, Lusitanos, Camargue-Pferde und Camargue-Berber wesentlich problemloser, leichter und schneller nach der zwanglos sanften Berber-Pferdegymnastizierungs- und -ausbildungsmethode zu erziehen, anzulongieren, anzureiten und auszubilden sind als mit jeder anderen Methode.

Hier in Südwesteuropa, das heißt sowohl in Spanien und Portugal als auch in Südfrankreich, schätzen die Stier- und Pferdeleute die Berber Umgangsweise in ihrer eigenen Tradition indessen vor allem, "weil sie auch von einfachen Leuten, die noch über Einfühlungsvermögen in Pferde, Instinkt, Bescheidenheit und Achtsamkeit verfügen, einfach, schnell und umfassend zu erlernen ist, ohne daß sie deswegen große Reiter zu sein oder werden zu wollen brauchen."

☆ ☆ ☆

Nochmals zehn Jahre später, 1974, zog ich aus der Provence hierher in den "Vivarais", d.h. nach Occitanien, um und eröffnete einen Wanderreitbetrieb. Da es zu diesem Zeitpunkt in Marseille längst keine reinen Bergberber mehr zu kaufen gab, erwarb ich Camargue-Pferde-Kreuzungen – teils mit reinem Bergberberblutanteil –, die ich nach der zwanglos sanften Berbermethode angymnastizierte, anritt und monatelang trainierte, bevor ich mit Gästen auf die ersten Wanderritte ging (vgl.: Solinski, "Das Gymnasium des Freizeitpferdes", Hildesheim 1991/96).

Die Spreu schied sich sogleich vom Weizen! Wer hier als "zünftiger Reiter", "Fortgeschrittener" oder "ehemaliger Turnierreiter" auftrat und ritt, handelte sich bei meinen Pferden sogleich Schwierigkeiten, Mißverständnisse und Ungehorsamsbeweise ein, derer ich sie gar nicht für fähig hielt. Wer hingegen einsah, daß er hier mit Tieren umging, die grundsätzlich anders geartet, anders gehalten, anders erzogen und anders ausgebildet, nämlich gymnastiziert anstatt dressiert worden waren; kurz, wer hier auch nur einmal versuchte, sich in die Pferde einzufühlen und sie sich unter dem Sattel selber ausbalancieren ließ, behauptete am Ende des Rittes regelmäßig: "Daß Pferde fähig sind, tage- und wochenlang so leicht, wendig, munter und sicher durch so schwieriges Gelände zu wandern, ohne jemals sichtlich zu ermüden, hätte ich nicht einmal im Traum anzunehmen gewagt!"

Meine Pferde und ich lernten auf diesen ersten größeren Ritten eine Gegend Südfrankreichs kennen, von der ich damals bereits wußte, daß sie die Wiege und der Urlebensraum der sogenannten "Solutré-Pferde" war, das heißt der Stammeltern sämtlicher südwesteuropäischer Pferderassen, wie auch des reinen Berber-Pferdes. Aber bis dahin war dieses Wissen nur abstrakt und reine Theorie ohne erfahrbare Beweise geblieben.

Nach und nach, und je weiter uns die Ritte vor allem nach Südwesten führten, entwickelten sowohl meine Pferde als auch ich eine wahre Leidenschaft für die Entdeckung immer neuer Landschaften, neuer geologisch-botanischer und botanisch-zoologischer Zusammenhänge, deren Stichhaltigkeit wir in der Folge auch immer wieder auf die Probe stellen konnten.

Schließlich lernte ich dank intensiver geologischer, botanischer, zoologischer, prähistorischer und ethnologischer Studien hier eine ganze Reihe aufgeschlossener Berufswissenschaftler kennen, die sich, obgleich sie aus den verschiedensten Sachgebieten stammten, für meine Arbeiten über die gemischten Großwildherden 30.000 Jahre vor unserer Zeitrechnung interessierten. Nur der allerletzte schlüssige Beweis für die Richtigkeit meiner Hypothesen, meinten sie, fehle leider noch.

Aber, "wie der Zufall so will", entdeckten Jean-Marie Chauvet, Eliette Brunel-Deschamps und Christian Hillaire, drei Höhlenforscher "vom Fach", im Dezember 1994 die Kultgrotte "Combe d'Arc", die jetzt "Grotte Chauvet" heißt, in der Nähe von Vallon-Pont-d'Arc, das heißt nur fünfzehn Vogelflugkilometer von Malibaud, meinem Wohnsitz, entfernt. Und die Auswertung der ältesten bisher bekannten Höhlenzeichnungen und -bilder liefert seither Beweis über Beweis für die Richtigkeit der Hypothese von der Lebensgemeinschaft großer gemischter Herden in unserer Region, zu denen vor rund 30.000 Jahren auch schon der Mensch gehörte... so extravagant sich diese Behauptung auf Anhieb auch ausnehmen mag.

Mit der vorliegenden Arbeit möchte ich somit versuchen, gleich drei hochgesteckte Ziele zu erreichen, nämlich

1.) aufzeigen, was es bedeutet, mit Pferden und Rindern lebenslang so eng zusammenzuleben, daß die Tiere für aufmerksame Menschen nicht nur zu Lebenslehrern werden, sondern ihnen unmittelbar auch zeigen und verraten, wie sie mit ihnen richtig umzugehen haben, und wie sie, im Fall des Pferdes, immer wieder Gelegenheiten erhalten, von ihm das Gymnastizieren, gymnastizierende Ausbilden und sogar das Reiten als reine Pferdegymnastik zu erlernen,

2.) den Nachweis und die Begründung dafür erbringen, daß und weswegen die südwesteuropäischen Pferderassen und die reinen Atlasberber alle ausschließlich von zwei oder drei verschiedenen Solutré-Pferderassen abstammen und sich allein schon deswegen, sowohl psychisch als auch körperlich, grundlegend von allen anderen Pferderassen dieser Welt unterscheiden und entsprechend anders auch gehalten, erzogen und ausgebildet werden wollen,

3.) deutlich machen, daß die Wildrinder und Wildpferde Südwesteuropas tatsächlich die Lebens- und Reitlehrer und so die eigentlichen Schöpfer der iberischen, wie der Berber Reitkulturen waren, aus der sich schließlich der Humanismus ebenso wie das Reiter- und Rittertum im Dienst einer höheren Aufgabe entwickelt haben.

Um Nichtspezialisten der Vor- und Frühgeschichte die Übersicht über die Zeiten, Kulturen, Zeugnisse und Ereignisse im Zusammenhang mit der Evolution der Pferdeherden, ihrer Heger und Darsteller in den Kulthöhlen und deren Beziehungen zum einzelnen Pferd zu erleichtern, stelle ich den vor allem geschichtlichen Kapiteln Zeittafeln voraus, deren Datierungen in den meisten Fällen im Frühling 1995 von drei Universitäten dank der Carbon-14-Methode neu bestimmt wurden und die somit dem allerneuesten Stand der offiziellen Forschung entsprechen.

☆ ☆ ☆

Zeichnung 2
Rift-Valley; die "Wiege der Menschheit" in Nordostafrika, aus der sowohl der
Homo habilis und der Homo erectus als auch die späteren Neandertaler und
Sapiens-sapiens-Menschen, unsere Vorfahren, stammen und deren mutmaßliche
Wanderwege nach Südeuropa, Eurasien und Nordwestafrika

ZEITTAFEL I :   DIE VOR– UND FRÜHGESCHICHTE WESTEUROPAS

Vor 15 Milliarden Jahren	geht aus dem sog. "Urknall" oder "Big Bang" der uns heute bekannte Weltraum hervor. (Das Echo des Urknalls läßt sich mit Radioteleskopen eben gerade noch nachweisen)
Vor 5 Milliarden Jahren	entsteht langsam unser Sonnensystem
Vor 4.6 Milliarden Jahren	bildet sich durch Abkühlung unsere Erdkugel heraus
Vor 1 Milliarde Jahren	keimt das Leben im Meer; Algen, Amöben, Einzeller
Vor 500 Millionen Jahren	treten Quallen, Würmer, Seesterne, Arm– und Kopffüßler im Meer auf
Vor 400 Millionen Jahren	bevölkern vor allem Fische (= Wirbeltiere) die Meere
Vor 320 Millionen Jahren	Variscischer Erdfaltungszyklus in Spanien, Frankreich, Deutschland Erste Landpflanzen: Nacktfarne, Pilze, dann Farne, Schachtelhalme
Vor 200 Millionen Jahren	treten die Saurier auf, nacktsamige Nadelhölzer und Palmfarne
Vor 70 Millionen Jahren Känozoikum (= Erd–Neuzeit)	Beginn des Känozoikums und der Ausbreitung der Säugetiere. Die Ahnen der Pferdefamilie treten etwas später auf. Ihre Entwicklung findet jedoch in diesem Erdzeitalter statt (G.G. Simpson, Berlin 1977)
Vor 65 Millionen Jahren	sterben die Saurier aus; Vögel und die Säugetiere lösen sie ab
Vor 60 Millionen Jahren bis vor 10 Millionen Jahren	Alpidischer Erdfaltungszyklus: Entstehung der heutigen Hochgebirge. Starker Vulkanismus. Durch Scheidung von Kontinenten und Tiefsee entsteht das heutige Erdbild. An den Polen herrscht gemäßigtes, in Europa warmes Klima (Stein). Es bilden sich Süßwasserfische, Insekten, Huftiere und Affen heraus, sowie Laubbäume und Palmen.

Vor 50 Millionen Jahren Beginn des Eozäns	Im Eozän erscheint der Urahne der Pferde, der Eohippus, mit einem Stockmaß zwischen 25 und 50 cm, drei Zehen anstelle des Hufes und als Laub– anstatt Grasfresser sowohl in Europa als auch in Nordamerika
Vor 25 Millionen Jahren Beginn des Miozäns	Im Miozän lebt der Merychippus in Nordamerika. Er ist von doppelter Eohippus–Größe, bereits ein Grasfresser (anstatt Laubfresser, wie der Eohippus), besitzt aber immer noch drei Zehen anstelle der einzelnen Hufe
Vor 15 Millionen Jahren	lebt in Afrika der "Proconsul", der gemeinsame Ahne der Schimpansen und Gorillas (im Westen des Rifts), und der Hominiden (im Osten des Rifts)
Vor 3 Millionen Jahren Beginn des Pleistozäns	Im Pleistozän tritt das Pferd sowohl in Nordamerika als auch in Europa in einer seiner heutigen Morphologie vergleichbaren Form auf, behält aber die Neigung bei, sich durch ständige Anpassungsprozesse an seine direkte Umwelt fortwährend körperlich wie psychisch zu verändern
Vor 2.5 Millionen Jahren	erscheinen Boviden und Equiden, d.h. Wildrinder und Wildpferde gemeinsam in Mitteleuropa
Vor 2.4 Millionen Jahren	tritt erstmals der "Homo habilis" als Zweibeiner in Afrika auf und lernt, erst nur Steinwerkzeug zu benutzen, dann auch selber herzustellen (Gehirnvolumen bis 600 ccm)
Vor 1.7 Millionen Jahren	erscheint in der gleichen Region Ostafrikas der "Homo erectus", der "aufrechtgehende Mensch", mit einem Gehirnvolumen von 900 bis 1200 ccm

Vor 1.5 Millionen Jahren Acheuléen	Der Homo erectus war ein großer Wanderer, wurden seine Aufenthalte doch selbst in Westeuropa nachgewiesen, nämlich sowohl in Saint-Acheul bei Amiens in Nordwestfrankreich, als auch bei Heidelberg in Westdeutschland (hier als "Homo erectus heidelbergensis")
Vor 1 Million Jahren	breitet sich die Herstellungstechnik sowohl von Faust- als auch von Breitkeilen (= Definition des Acheuléens) von Süden nach Norden aus
Vor 500.000 Jahren	entdeckt der Homo erectus, wie man Feuer macht und unterhält (zuerst in China)
Vor 480.000 Jahren	wandert ein letzter großer Strom Wildpferde aus Nordamerika über Sibirien nach Westeuropa ein. Sie gehören zum Typ des Equus ferus (Nobis). Teils werden sie von Auerochsen, teils von Wisenten und anderem Großwild begleitet, mit denen sie lose gemischte Herden bilden. Ende der 1. Zwischeneiszeit (Günz/Mindel), Beginn der 2. Eiszeit
Vor 450.000 Jahren Altpaläolithikum Frühe Altsteinzeit	leben am Nordostrand der Pyrenäen die "Menschen von Tautavel", deren Vorfahren über den Balkan und die Alpensüdseite nach Südwesteuropa eingewandert waren und deren Nachfahren sich von hier aus bis nach Mitteleuropa ausbreiten. Sie gehören dem Typ des Homo erectus an und zählen damit zu den ältesten Europäern, deren Überreste bisher ausgegraben wurden. Sie waren Jäger und Nomaden und erlegten, nur mit zugespitzten Pfählen bewaffnet, Wölfe, Wisente, Pferde und Hirsche.

Vor 430.000 Jahren	Ende der 2. Eiszeit (Mindel) und Beginn der 2. Zwischeneiszeit
Vor 400.000 Jahren	entdeckt auch der Südwesteuropäer das Feuer und seine Vorteile
Vor 350.000 Jahren	lebt ein Homo erectus, der dem von Tautavel sehr ähnlich ist, in Orgnac, zwischen den Schluchten der Ardèche und der Cèze in Südfrankreich (in meiner unmittelbaren Nachbarschaft). Er nutzt das Feuer und jagt Auerochsen, Pferde, Hirsche, Nashörner. Er beschlägt Feuersteine aus Flüssen so mit anderen Steinen, daß sie ihm als Werkzeuge nutzbar werden
Vor 150.000 Jahren	lebt in Deutschland der Homo steinheimensis mitten in der 3. Zwischeneiszeit (Riß/Würm) und wird so vielleicht zum Stammvater des Neandertalers oder des viel späteren Homo sapiens von Cro-Magnon, des ersten sogenannten "modernen Menschen", unseres Ahnen.
Vor 120.000 Jahren	beginnt er seine Feuerstein- und Basalt-Abschläge immer genauer vorauszuplanen und entsprechend zu vervollkommnen (Levallois-Technik)
Vor 100.000 bis ungefähr vor 35.000 Jahren Moustérien	tritt der Neandertaler in Südwesteuropa auf und begründet die Kultur des "Moustériens", wie hier zahlreiche Schaber- und Nukleiden-Funde beweisen. Der Homo sapiens neanderthalensis mit einem Gehirnvolumen bis zu 1400 ccm, begräbt bereits seine Toten und gibt ihnen Werkzeuge, Tiere und Blumen mit auf die Reise in die andere Welt.

Dokumentation: Regionalmuseum der Vorgeschichte in Orgnac-l'Aven
Direction Régionale des Affaires Culturelles in Lyon

1. Kapitel
VON PFERDEN, RINDERN UND MENSCHEN IN DER ALTSTEINZEIT

Einer großen Zahl fremder wie eigener Recherchen und Forschungs-
ergebnisse im Umfeld der Pferde und des Reitens zufolge, hängt der
traditionelle menschliche Umgang mit dem Pferd nicht nur unmittelbar
mit der Kultur und psychischen Reife (= Mentalität) der einzelnen Gesellschaften zusammen, somit nicht nur mit der affektiven Beziehung
der Menschen zum Pferd und zu seinen Belangen, sondern zudem auch
mit der Abstammung der Pferde, dem Grad ihrer "Naturbelassenheit"
oder Domestikation, ja sogar mit der Morphologie (Größe, Breite,
Kürze) der Tiere als Merkmale der einzelnen Pferderassen.
Aber die "Pferderassen", im heutigen Sinn des Wortes (z.B. Andalusier, Camargue-Pferde, Cartujanos, Berber, Garraños, Lusitanos,
Mérens, Pottoks, Sorraias usf.), haben sich in Wirklichkeit erst gegen
Ende der Mittleren Altsteinzeit, also vor rund 30.000 Jahren, und nur
sehr allmählich voneinander zu unterscheiden begonnen; eigenartiger-
weise etwa zur gleichen Zeit, in der der erste sogenannte "moderne
Mensch", d.h. der "Homo sapiens sapiens" oder "Mensch von Cro-
Magnon", in Westeuropa auftrat.
Der Pferdefreunde und Reiter passionierendste Teil der Weltge-
schichte beginnt indessen bereits vor rund 480.000 Jahren; nämlich "in
der Mitte des Pleistozäns" (Eiszeitalter) mit der - wohl letzten - großen
Einwanderung "der ersten authentischen Wildpferde der Familie
'Equus'" aus Nordamerika über die vereiste Beringstraße und Sibirien
nach Mittel- und Westeuropa (Prof. Dr. G. Nobis von der Universität
Köln).
Überreste dieser Pferde wurden in Mosbach und in Mauer bei Hei-
delberg gefunden. Sie besaßen zwischen 155 und 160 cm Stockmaß und
waren beispielsweise den heutigen süddeutschen Pferden äußerlich
bereits vergleichbar. Zudem lebten sie damals, d.h. zu Beginn der 2.
Eiszeit (= Mindel), auch klimatisch unter Bedingungen, die sich mit den
unseren, heutigen, vergleichen lassen.
Erst die zunehmende Vergletscherung Mitteleuropas im Mindel hat
"eine Trennung der westlichen von den östlichen Regionen ausgelöst,
welche die Wildpferde im Westen isolierte. Dadurch, daß jede Tierart
ein Minimum an Lebensraum benötigt, wurden die Lebensbedingungen
in dieser (westlichen) Schutzzone immer schwieriger; vor allem für die
großen Säugetiere, wie die Wildpferde, wurde der Kampf ums Überleben immer härter" (Prof. Dr. G. Nobis in "Informations de Médecine

Vétérinaire" Paris 3/74 und "Reiter Reiten Reiterei" Olms, Hildesheim 1983/93/97 - Rückübersetzungen SGS).

Die endlosen Ausweichmärsche der Pferdeherden von Sibirien nach Westen und Südwesten, die immer länger andauernden Kälteeinbrüche mit immer kargerem Futter im Herbst, Winter und Vorfrühling und die Isolierung der einzelnen Herdenverbände voneinander, haben indessen dazu geführt, den Pferden ihre spätere Form, Eigenart und Größe zu verleihen.

"Dazu kamen Mutationen und die natürliche Auslese, welche Anpassungsprozesse in Gang setzten, die ihrerseits den Beginn der subspezifischen (auf der Ebene nicht mehr der Art, sondern der einzelnen Herden und in deren Lebensräumen stattfindender) Differenzierungen charakterisieren. So wurde beispielsweise das Pferd von Achenheim (ursprünglich von gleicher Größe wie das Mosbach-Pferd) allmählich kleiner und führte zur Entwicklung des sogenannten 'Pferdes von Remagen', dessen Widerristhöhe zwischen 141 und 145,5 cm lag" (Prof. Dr. G. Nobis, zitiert in "Reiter Reiten Reiterei" (= "RRR"), Hildesheim 1983/93/97, S. 81).

Professor Nobis gab diesem ersten, mit dem heutigen Freizeitpferd durchaus vergleichbaren, europäischen Urwildpferd den schon 1785 von Boddaert eingeführten Namen "Equus ferus" und sah in ihm den Stammvater sowohl des Tarpans oder "Equus ferus gmelini" in Zentral- und Südrußland als auch des Przewalski-Pferdes oder "Equus ferus przewalskii" in Osteuropa und in der Mongolei und des späteren Solutré-Pferdes "Equus ferus solutréensis" in Südwesteuropa.

Diese Dreiteilung der Ferus-Nachkommen wird heute international von den meisten Paläontologen, Archäologen, Prähistorikern und Zoologen akzeptiert, selbst wenn sie das eigentliche Solutré-Pferd erst ab etwa 30.000 v. Chr. als ein solches bezeichnen.

In dieser Arbeit werde ich mich vor allem und später ausschließlich mit diesem Equus ferus solutréensis und mit seinen unmittelbaren Nachfahren, dem Andalusier, Berber, Camargue-Pferd, Lusitano, Mérens, Pottok und Sorraia beschäftigen. Doch ganz soweit sind wir noch nicht.

Im Augenblick haben wir es lediglich mit dem weniger differenzierten und spezialisierten Equus caballus ferus zu tun, den die 2. Eiszeit veranlaßte, der Sonnenwärme folgend immer weiter nach Südwesten zu wandern. Dabei trafen die Ferusherden auf solche aus Urwildrindern (Bos taurus primigenius), denen sich bereits eine Vielzahl anderer Tiere angeschlossen hatte: Wisente (Bison bonasus), Mammuts, zwei verschiedene Nashörnerarten, zwei Hirscharten, Steinböcke, Rentiere usw. Wo immer es die Ebenen zuließen, konnten so dank kurz- oder langfristiger loser Zusammenschlüsse Riesenherden aus unterschiedlichsten Tierarten entstehen, wenn die sogenannten "Huftiere" in der Regel auch eher unter sich blieben.

In den Riesenherden nahm jeweils jede einzelne Huftierart, je nach ihrer Veranlagung und "Nervosität", ihre spezifischen Aufgaben für das Gemeinwohl aller wahr. Die Pferde wurden so "Fernwächter" und sicherten pausenlos in die Weite, ähnlich wie die Hirsche sich vor allem um den unmittelbaren Umkreis der Gesamtherde kümmerten. Ihr oder der Pferde Erschrecken steckte jeweils augenblicklich alle anderen Tiere an, worauf sich die Bullen unter den Auerochsen, Moschusochsen und Wisenten sogleich zu Abwehrfronten formierten, um den Rentieren, Hirschen und Pferden eine vorzeitige und vielleicht unnötige Flucht zu ersparen und dem eigenen Nachwuchs zu erlauben, bei den Kühen Schutz zu suchen.

Wie weit solche lose gemischten Herden ihr Zusammenspiel (= Symbiose) vervollkommnen können, sieht man heute noch hin und wieder in Dokumentarfilmen, die sich mit den Mischherden auf den Savannen Afrikas beschäftigen. Hier führt die Symbiose zwischen den Zebras, Büffeln, Antilopen, Gnus und anderen Herdentieren anscheinend noch immer regelmäßig dazu, daß selbst jagende Löwinnen zum beutelosen Abziehen gezwungen werden.

Die 2. oder Mindel-Eiszeit dauerte von 480.000 bis 430.000 Jahre vor unserer Zeitrechnung, somit rund 50.000 Jahre, und mündete in die 2. Warmzeit (auch Mindel-Riß-Zwischeneiszeit genannt), die von vor 430.000 bis 240.000 Jahren, also ihrerseits 190.000 Jahre währte. Vor 240.000 Jahren begann die 3. oder Riß-Eiszeit. Sie vergletscherte Nord- und Mitteleuropa im Laufe von 60.000 Jahren und isolierte so von neuem die östlichen von den südlichen und westlichen Herden.

Auf sie folgte die 3. oder Riß-Würm-Warmzeit, die ganz Europa subtropisches Klima bescherte und mit dem subtropischen Pflanzenbestand auch eine entsprechende Fauna mit Löwen, Panthern und Hyänen. Strebten die losen Riesenherden während der Eiszeiten von Nordosten nach Südwesten, so wanderten sie in den Warmzeiten oft wieder nach Nordosten zurück.

Wie erwähnt, dauerte die 2. oder Mindel-Riß-Warmzeit beinahe 200.000 Jahre und erlaubte so nicht nur Urelefanten, Nashörnern, Löwen, Panthern, Hyänen, Wölfen, Wildschweinen und anderen Tieren,

Zeichnung 3: Die Einwanderung der Wildherden nach Südwesteuropa in der Mindel-Riß-Zwischeneiszeit vor rund 400.000 Jahren

sich in Westeuropa von Norden bis in den tiefen Süden, beispielsweise des Deltas des Guadalquivirs in Andalusien, auszubreiten und festzusetzen, sondern überdies dem damaligen Menschen, dem sogenannten "Homo erectus", aus Afrika über Kleinasien, den Balkan und die Alpensüdseite nach Südwesteuropa einzuwandern. (Zwischen Nordafrika und Südwesteuropa hat es eine Landbrücke nie gegeben; das ließ die Plattentektonik nicht zu.)

Ob der Homo erectus, dessen Überreste, Werkzeuge und Speiseabfälle Professor Henry de Lumley während dreißigjähriger Ausgrabungen in Tautavel, am Nordostrand der Pyrenäen, freigelegt, gesichtet und ausgewertet hat, tatsächlich der erste und älteste Europäer war oder ob ihm auch hier, bei uns, ein "Homo habilis" vorausging wie in Afrika, steht im Augenblick noch nicht fest. Gewißheit herrscht heute allein über die Lebensweise und das Alter des Homo erectus von Tautavel, der hier vor 450.000 Jahren bis in die Mindel-Riß-Warmzeit hinein lebte, jagte und sich vermehrte, obgleich ihm das Feuer und der Umgang damit noch unbekannt waren.

Der "Homo erectus", d.h. der "aufrecht gehende Mensch" von Tautavel war Jäger und Nomade, wohnte in Hütten aus Zweigen und Ästen und in Grotten und Höhlen an wechselnden Siedlungsplätzen. In der Regel schloß er sich mit anderen Jägern und deren Familien zu Gruppen oder Clanen von bis um zwanzig Personen zusammen und folgte den großen gemischten Huftierherden im Frühling von Südwesten nach Nordosten; im Herbst von Nordosten nach Südwesten zurück. Den Winter über suchte er Schutz in Höhlen und Grotten in Meeresnähe und lebte hier vor allem von Kleinwild wie Hasen, Biber, Fischotter und Rebhühnern.

Mit einfachen, zugespitzten Pfählen bewaffnet, jagte und verjagte er oft so gefährliche Tiere wie Wölfe, Höhlenbären, Höhlenlöwen, Wisente, Wildpferde, Moschusochsen, Hirsche, Muffelwild und Nashörner. Mit grobem Werkzeug aus Feuerstein, Achat, Jaspis und Quarz enthäutete und zerlegte er seine Beute und teilte sie mit den anderen Clanmitgliedern. Mit schweren Kieseln aus dèn Flüssen brach er die Knochen des erlegten Wilds und gelangte so an das Knochenmark, wohl seine wichtigste Fettquelle (H. de Lumley, C. Roland in "Die Vorgeschichte" MSM-Verlag F 65500 Vic-en-Bigorre 1995).

Die Jägernomaden von Tautavel sind, wie die etwas späteren von Orgnac, hier in meiner Wohngegend, für uns Pferdefreunde aus drei Gründen interessant:

Zeichnung 4
Eine "gemischte Großwildherde" im Bruchgraben am südöstlichen Cévennen-
rand zur Zeit des Aurignaciens

1.) weil sie den weitaus größten Teil des Jahres über mit den Huftierherden, die sie bejagten, mehr oder weniger eng zusammenlebten, um
sie weder aus den Augen, noch aus dem Gefühl zu verlieren,
2.) weil sie dabei für die Wildherden aber die gleiche oder eine ähnliche
Rolle spielten wie die Löwen, Panther und Hyänen, also als Herdenfeinde
auftraten, und
3.) weil sie ihre Jagdgebiete, Jagdrouten und Jagdzeiten notgedrungen
dennoch von den Huftierherden auswählen und bestimmen ließen.

Das heißt, obwohl für die Jägernomaden von Tautavel und Orgnac
die Huftierherden psychisch und affektiv wohl kaum mehr als die bedeutendste Nahrungsquelle darstellten, unterwarfen sie sich sowohl deren Wandertrieb als auch deren Marschrichtung und legten sich dabei
auch immer wieder mit Löwen und Wölfen an, die es auf die gleichen
Wildrinder abgesehen hatten wie sie selber. Unabsichtlich warnten und
verteidigten sie so die Huftierherde, die sich inzwischen auf die Abwehr
der Gefahr einstellen konnte.

Vor rund 350.000 Jahren lebte und jagte so in der nächsten Umgebung des Mas du Malibaud, meines Hofes, der "aufrechte Mensch von
Orgnac", ein naher Verwandter des "Menschen von Tautavel", der
seinerseits bereits das Feuer, seine Erzeugung, seinen Unterhalt und
seine Verwendung kannte. Er jagte hier – anscheinend sogar auf meinen
heutigen Pferdeweiden – zwischen 350.000 und 100.000 Jahren vor
unserer Zeitrechnung Wildrinder, d.h. Auer- und Moschusochsen,
Wildpferde, den Riesenhirsch, das Merck'sche Nashorn, vorerst jedoch
kaum Fleischfresser wie Löwen, Tiger und Wölfe.

Mein hiesiger Wohnsitz liegt mitten in einer zehn Kilometer breiten
und vierzig Kilometer langen, leicht gewellten Ebene, d.h. geologisch
ausgedrückt, mitten in einem Bruchgraben, der sich vom Südufer des
Ardèche-Flusses bei Vallon-Pont-d'Arc, dem Cévennen-Rand entlang,
ziemlich genau von Nordosten nach Südwesten hinzieht. Er diente hier,
an der Grenze zwischen den heutigen Départements Gard und Ardèche,
seit jeher großen gemischten Huftierherden teils als Winterquartier,
teils als Durchgang zu den Ebenen der Camargue und der Pyrenäen-
nordostseite.

Hier war deswegen niemand erstaunt, als dank der Entdeckung der
Kulthöhle "Combe d'Arc/Chauvet" im Dezember 1994 unsere Ebene und
Region ein weiteres Mal als die Gegend durch die Weltpresse ging,
welche "die ältesten bisher bekannten Kunstwerke der Menschheit"
birgt. Mein Nachbar, ein hier seit Generationen ansässiger Bauer,
kommentierte den Zeitungsbericht, die "Grotte Chauvet" enthalte

Zeichnungen und Bilder von über dreihundert Herdentieren dreizehn verschiedener Arten lakonisch mit den Worten: "Na und; früher waren es jeden Sommer zehn- und hundertmal mehr!" (Hierauf wird im 2. Kapitel zurückzukommen sein!)

Verweilen wir noch etwas beim Homo erectus von Orgnac, beim unmittelbaren Nachfahren des Menschen von Tautavel, der, wie dieser, im Durchschnitt um 165 cm groß war und 1150 ccm Gehirnvolumen, einen verhältnismäßig flachen, tiefen Schädel mit wenig Kinn, einer fliehenden Stirn und hervorstehenden Augenbögen besaß.

Auch in den Jägerclanen der Menschen von Orgnac starb rund die Hälfte der Kinder vor dem 9. Lebensjahr. Die meisten erwachsenen Jäger wurden kaum je älter als zwanzig bis fünfundzwanzig Jahre, kamen sie doch entweder auf der Jagd um oder starben an den Folgen der Jagdunfälle wenig später. Jedenfalls erreichte jeweils nur einer von zwanzig Erwachsenen "das außergewöhnlich hohe Alter von vierzig Jahren" (Henry de Lumley). Ihre Toten bestatteten sie indessen noch nicht, sondern pflegten ihre Knochen zu zerschlagen... um an das Mark zu gelangen, oder weil "Staub zu Staub" gehört..?

Was die Techniken anbelangt, derer sich der Homo erectus bediente, so scheint sein gesamtes Dasein vordringlich auf die Wildrinderjagd ausgerichtet gewesen zu sein. Er jagte im Kollektiv und kombinierte das Fallenstellen mit Treibjagden und Kämpfen einzelner Männer gegen einzelne Tiere und ganzer Männergruppen gegen Riesentiere, wie beispielsweise den Höhlenbären. Nur der Fischfang blieb ihm sonderbarerweise selbst in seinen Winterquartieren in Meeresnähe noch lange unbekannt.

Seine Steinbearbeitungstechnik beschränkte sich auf das Auseinanderschlagen oder oberflächliche Verformen von spaltbaren Steinen, die die Jäger von Orgnac in den Flüssen Ardèche und Cèze und im Chassezac fanden (= Calcedone, Feuerstein, Quarz, Basalt) und mit harten Kalksteinen entweder einseitig (= "Choppers") oder bereits doppelseitig zu "Faustkeilen" ausarbeiteten (Acheuléen- bis Levalloisien-Techniken).

Hier zwingt sich nun ein Sprung in die Nomenklatur der Paläontologie, also in die Benennungsweise der einzelnen Zivilisationen, Kulturen und Techniken auf!

Bezeichneten die Früh- und Vorgeschichtler nämlich die ersten, sich vom Affen deutlich unterscheidenden Frühmenschen ihrem Typus gemäß lateinisch, als "Homo habilis", "Homo erectus", "Homo sapiens" usf., so kompliziert sich die Namensverleihung bereits mit dem Neandertaler, dem sogenannten "Homo sapiens neandertalensis", und mit dessen etwas späterem Zeitgenossen, dem "Homo sapiens sapiens", dem Menschen von Cro-Magnon, d.h. mit dem Stammvater des modernen Menschen. Denn alle diese Frühmenschen besaßen eigene, oft sogar mehrere verschiedene Steinbearbeitungstechniken, aus denen sie wiederum regelrechte Kulturen entwickelten, die ihrerseits ebenfalls namentlich differenziert werden wollten.

Blieb so der Siedlungsplatz in der Doline von Orgnac-l'Aven mit Unterbrechungen tatsächlich rund 200.000 Jahre lang bewohnt, und weisen die Ausgrabungsschichten auch einen sehr regelmäßigen Übergang von der Acheuléen- zur Levalloisien-Technik (350.000 – 120.000 Jahre) und von dieser über das Prämoustérien zum eigentlichen Moustérien (120.000 bis 35.000 Jahre vor unserer Zeitrechnung) auf, so verraten diese Namen wohl nur Spezialisten, daß der Homo erectus hier vor rund 120.000 Jahren sein Jagdrevier und Wohnquartier dem Neandertaler überließ oder überlassen mußte.

Tatsächlich stellt das Moustérien eine typische südwesteuropäische "Neandertaler-Kultur" dar, obwohl es in Wirklichkeit nur auf einer Kombination der Faustkeil- mit der Abschlagtechnik beruht, welche Techniken ihrerseits beide typischen "Homo erectus - Kulturen" entstammen (dem Acheuléen und dem Levalloisien).

Benannt wurden die verschiedenen Kulturen früher in der Regel nach dem reichhaltigsten, stilreinsten oder typischsten Fundort, z.B. das Acheuléen nach Funden bei St. Acheul bei Amiens in Nordfrankreich und das Moustérien nach jenen bei Le Moustier im berühmten Tal der Vézère, in der Dordogne in Südwestfrankreich.

Wer waren nun die "Neandertaler", die ihren Namen dem deutschen Neandertal bei Düsseldorf verdanken, wo die ersten Überreste dieses Menschentyps 1856 ausgegraben wurden?

Wie erwähnt, tauchte der Homo sapiens neandertalensis am Ende der 3. Zwischeneiszeit Riß-Würm und zu Beginn der 4. Würm-Eiszeit in Südwesteuropa auf, somit vor rund 120.000 Jahren. Wie schon sein Vorgänger hier, der Homo erectus, wanderte auch er von Afrika aus über den Vorderen Orient und den Balkan nach Nordwesten und/oder setzte - wie, worauf, womit? - über die Meerenge von Gibraltar, die damals noch viel breiter gewesen sein dürfte.

Wie wir uns den südwesteuropäischen Neandertaler vorzustellen haben, hat der Forschungsdirektor des C.N.R.S., Jean-Louis Roudil, in seiner äußerst reich dokumentierten Monographie über die "Préhistoire de l'Ardèche" (C.D.C. de l'Ardèche, F 07600 Privas 1995) wie folgt beschrieben:

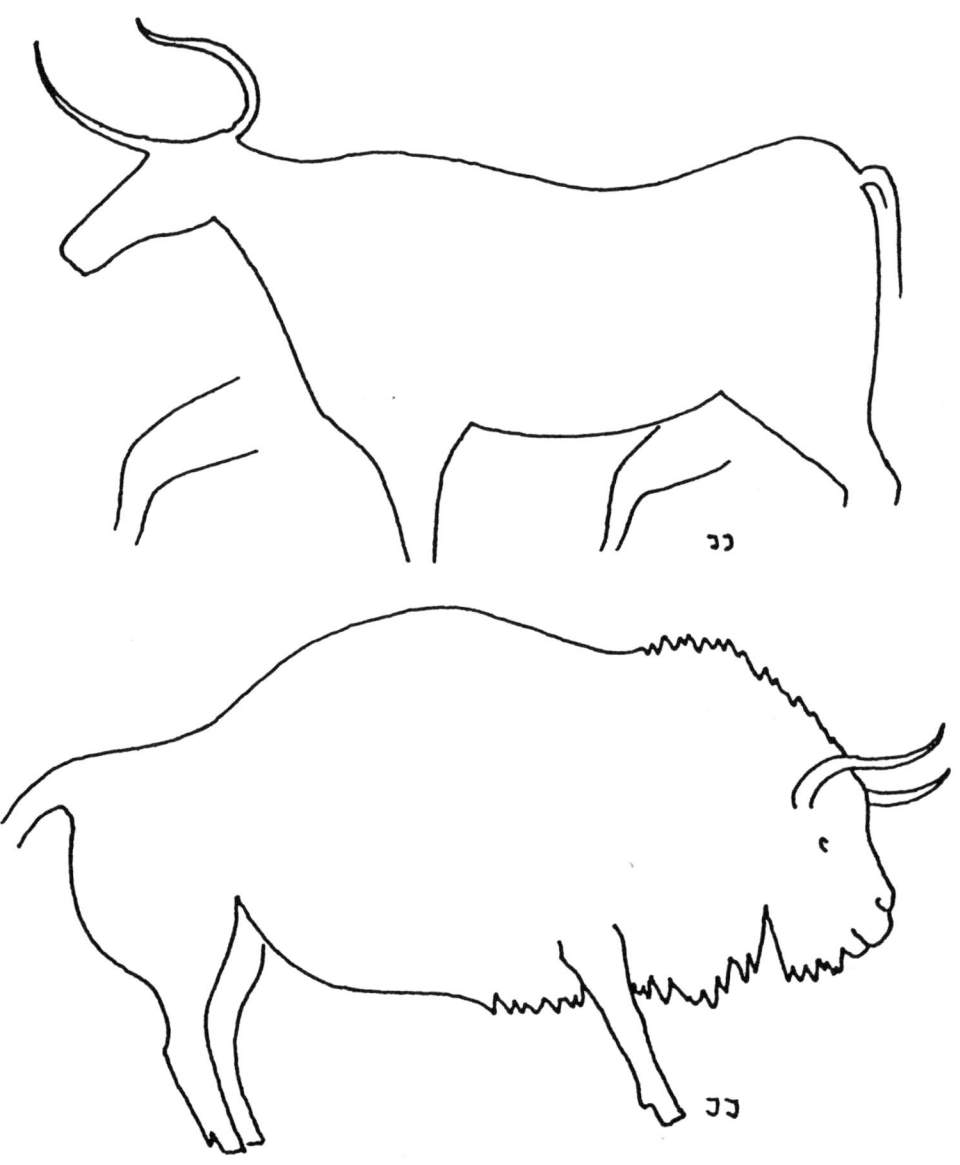

Zeichnung 5 oben: ein Auerochse aus Bidon (Ardèche) und dem Solutréen
unten: ein Wisent oder Bison aus Niaux (Pyrenäen), Spätsolutréen

"Die Neandertaler besitzen ein robustes Skelett mit starken Knochen, einem flachen Schädel mit großen Augenhöhlen, die von dicken Augenbrauenwülsten überlagert sind, und ein fliehendes Kinn. Ihr Gehirnvolumen ist dem des modernen Menschen vergleichbar" (= 1400 ccm - SGS).

"Die (wichtigsten) Jagdtiere der Mousterianer sind große Säugetiere: Bison, Pferd, Hirsch, Steinbock, welche gleichzeitig Fleisch und verschiedene Gebrauchsgegenstände liefern (Sehnen, Häute, Knochensplitter). Die Neandertaler hatten ihre Wohngrotten häufig zuerst einmal Bären und großen Raubkatzen streitig zu machen und teilten dann die Überreste ihrer Jagdbeute mit Wölfen und Hyänen".

"Während des größeren Teils dieser achtzig Jahrtausende (des Aufenthaltes der Neandertaler in unserer Gegend - SGS) herrschte hier ein rauhes Eiszeitklima, das die Menschen zwang, Schutz in der wärmeren Tiefe unter natürlichen Felsdächern zu suchen, welchen ihnen die Höhlen und Grotten (vor allem der Ardèche-Schlucht mit ihrem warmen Mikroklima - L. Ogel) gewährten".

"Den Neandertalern verdanken wir das Übertreten einer Entwicklungsschwelle der Menschheit von höchster kultureller Bedeutung. Tatsächlich sind sie die ersten unter unseren Vorfahren, die ihre Toten bestattet haben. Diese 'Erfindung' zeugt von einer Bewußtseinsstufe, die den Menschen erstmals eindeutig vom Tier abhebt, und sogar von einem ersten Funken Religiosität" (J.L. Roudil).

Das Gebiet zwischen den Flüssen Chassezac, Ardèche und Cèze, die hier in meiner nächsten Umgebung alle in West-Ost-Richtung fließen und somit nach Süden exponierte höhlenreiche Steilwände aus kalkigem Karstgestein besitzen, birgt neben der Uralt-Siedlung Orgnac III eine ganze Reihe Felsdächer, Höhlen und Grotten, unter und in denen sich Aufenthalte von Neandertalern auch über längere Zeiträume nachweisen lassen. Als Beispiel hierfür sei kurz der Tierzerlegungsplatz "l'Abri des Pêcheurs" in Berrias-Casteljau erwähnt, dessen älteste Ausgrabungsschicht bis vor 50.000 Jahre zurückverweist.

Dieser Wohnplatz, der seines Knochenfundreichtums wegen auch als ein "Atelier de Boucherie" angesehen wird, wurde archäologisch von 1974 bis 1987 ausgewertet und im Regionalmuseum für Vorgeschichte von Orgnac-l'Aven originalgetreu nachgebildet. Er bot zuerst dem Neandertaler und später dem Menschen von Cro-Magnon Wohnung, Arbeitsplatz und Schutz auf Jagd- und Fischzügen, liegt er doch nahe am Ufer des Chassezac.

Den hier ausgegrabenen Knochenresten zufolge jagte und verzehrte der Neandertaler in unserer Region nicht, wie noch sein Vorgänger hier, der aufrechte Mensch von Orgnac, vor allem Auerochsen und Wisente, sondern Steinböcke, Hirsche, Wildpferde, Rentiere, ja sogar Wölfe und andere fleischfressende Höhlentiere. (Eine jüngere Schicht weist diesen Wohnplatz auch als eine zeitweilige Unterkunft teils hier längst ausgestorbener Fleischfresser aus: Bären, Löwen, Hyänen, Panther, Wölfe, Wildhunde, Füchse und Adler. - Dr. L. Ogel, Konservatorin des Regionalmuseums für Vorgeschichte in F 07150 Orgnac)

Zu dieser Zeit, d.h. im vierten Jahrzehntausend vor unserer Zeitrechnung, ereignete sich mitten in der Würm-Eiszeit ein Wärmeeinbruch, der das Klima mindestens hier, in unserer Gegend, etwas angenehmer, wenn auch feuchter gestaltete und so die großen gemischten Herden zum Verweilen einlud.

Den letzten Neandertalern und den ersten eben auftauchenden Cro-Magnon-Menschen, die hier in der Folge einige Jahrtausende lang zusammenlebten, wird es somit kaum an Rinder- und Pferdefleisch gemangelt haben. Weshalb nützten sie diese einmalige Gelegenheit nur so bescheiden und nicht bis zur Neige aus? Schmeckte das Rentier- und Steinbockfleisch etwa besser, war es leichter zu erjagen oder unterlagen die Wildrinder und Wildpferde bereits einem gewissen Tabu? (Auch auf diese Frage werden wir später ausführlicher zurückzukommen haben!)

Wie neueste Ausgrabungen im Nahen Osten - vor allem in Israel - beweisen, lebte dort bereits vor über 80.000 Jahren ein erster Homo sapiens sapiens mit Neandertalern zusammen; auch hier, wie bei uns später, ohne sich mit ihm zu vermischen. Diesen an sich kaum zu erklärenden Sachverhalt erhellt im Augenblick die Mikrobiologie, die so endlich ebenfalls Eingang in die Paläontologie findet und die uns hoffentlich schon bald neue genetische Erkenntnisse auch über die Urwildpferde liefern wird.

Weshalb also hat sich der Neandertaler weder vor 120.000 Jahren mit dem Homo erectus noch vor 80.000 Jahren mit dem Homo sapiens sapiens weder im Vorderen Orient noch in Südwesteuropa vermischt? Dank der Mikrobiologie wissen wir heute, daß diese Tatsache den gleichen Grund hatte wie die Unfruchtbarkeit der Maultiere und Maulesel, die genetisch zwei zu unterschiedlichen Ästen des Equidenstammes angehören. Tatsächlich scheinen auch die Neandertaler einer von der unseren genetisch zu weit entfernten Menschenfamilie bis in den Tod treu geblieben zu sein.

Jean-Louis Roudil beschreibt als Wissenschaftler die Zeit des Zusammenlebens von Neandertalern und Cro-Magnon-Menschen hier, in Südfrankreich, wie folgt:

"Die Jüngere Altsteinzeit begann vor 35.000 Jahren mit dem Niedergang der Moustérien-Kultur, dauerte rund 25.000 Jahre und endete mit dem Sicheinstellen des gegenwärtigen Wärmeklimas rund 10.000 Jahre vor unserer Zeitrechnung".

"Sie ist die Epoche, in der hier in Europa der Homo sapiens sapiens den Neandertaler zu ersetzen beginnt, der seinerseits allmählich ausstirbt".

"Im Gebiet der Ardèche unterscheidet man zwischen der Moustérien-Kultur und dem Beginn der Mittelsteinzeit vier hauptsächliche Kulturstufen: das Aurignacien, das Gravettien, das Solutréen und das Magdalénien (alle vier sind typische Cro-Magnon-, also sapiens-sapiens- Kulturen - SGS)".

"Während mehr als 20.000 Jahren bestimmten sie die Welt der Jäger, die sich (je länger, desto "nahtloser" - SGS) dem Großwild (und seinem Verhalten - SGS) anzupassen versuchten: dem Mammut, Nashorn, Rentier, Wildpferd, Auerochsen, Wisent. Besonders die (Solutréer und) Magdalenier führten die Anpassung ihrer verschiedenen Vorgehensweisen *im Dienst der Erhaltung des Wildes* zu ihrem Höhepunkt" (J.L. Roudil: "Préhistoire de l'Ardèche", CDCA Privas 1995).

War somit der erste Homo sapiens sapiens Europas vor 32.000 Jahren tatsächlich bereits eher ein Heger als ein Jäger, also mehr auf die Erhaltung der Wildherden erpicht als auf reiche Beute?

Die Felsbilder in der eben erst entdeckten Kultgrotte "Combe d'Arc" oder "Grotte Chauvet" bei Vallon-Pont-d'Arc und in verschiedenen anderen Höhlen der Ardèche-Schlucht geben endlich Auskunft auch über diese uns Reitern, Pferde- und Umweltfreunden unter den Nägeln brennende Frage.

☆ ☆ ☆

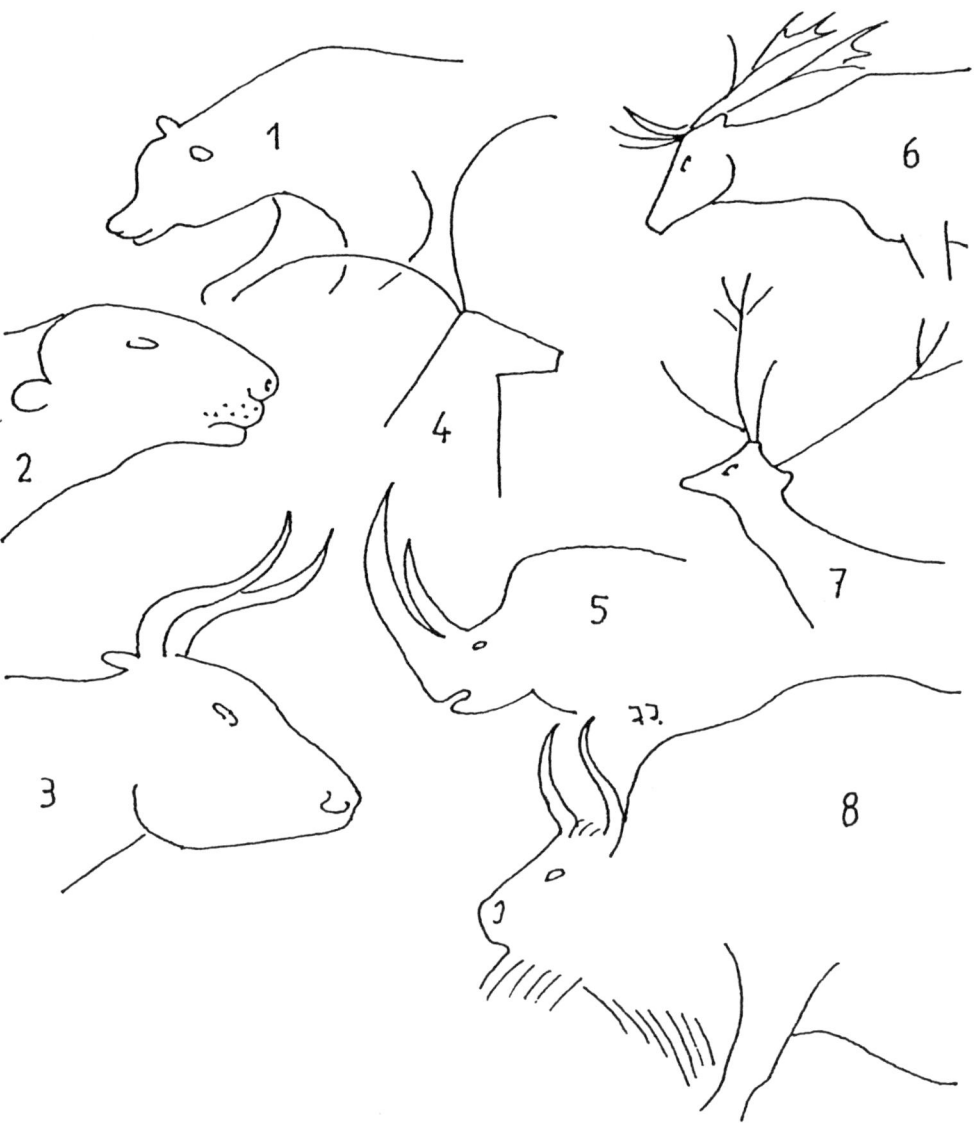

Zeichnung 6 : Das jagdbare Großwild der Ardèche in der Altsteinzeit nach Darstellungen aus verschiedenen Kultgrotten
1) Höhlenbär   2) Höhlenlöwe 3) Auerochse 4) Steinbock   5)   Nashorn
6) Riesenhirsch   7) Rentier   8) Wisent (= Bison)

ZEITTAFEL II: DIE VOR- UND FRÜHGESCHICHTE SÜDWESTEUROPAS

Vor 85.000 Jahren	leben im Nahen Osten (Israel) der Homo sapiens neandertalensis und der Homo sapiens sapiens in naher Nachbarschaft zusammen.
Moustérien	In Südwesteuropa jagt vorerst allein der Neandertaler Wisente, Auerochsen, Pferde, Hirsche und Steinböcke.
4. oder Würm-Eiszeit	Das rauhe Klima wechselt zwischen kalten und etwas weniger kalten Perioden (ungefähr in 22.000-Jahre-Rhythmen).
Vor 43.000 Jahren	herrscht zwischen den Schluchten der Ardèche und der Cèze in Südfrankreich eine Kälteperiode, während der die Neandertaler von kleineren Tieren leben: Hasen, Bibern, Füchsen, Muffelwild. (Funde in Néron bei Soyons und Ranc de l'Arc bei Lagorce.) Wo halten sich die Wildrinder- und Pferdeherden auf?
Vor 38.000 Jahren	endet die Mittlere und beginnt die Jüngere Altsteinzeit, die rund 28.000 Jahre dauert. Der Neandertaler beginnt, in Südwesteuropa auszusterben.
Jüngere Altsteinzeit	Der erste "Homo sapiens sapiens", auch "Homme de Cro-Magnon" oder "erster moderner Mensch" genannt, wandert aus dem Nahen Osten nach Südwesteuropa ein. Wovor floh er? Oder folgte er nur der täglichen Sonnenbahn von Osten nach Westen?
Vor 33.000 Jahren Aurignacien	begründet der "Mensch von Cro-Magnon" seine erste Kultur, das Aurignacien, in Südfrankreich, das in der Kultgrotte "Chauvet" bei Vallon-Pont-d'Arc als 32.410 (+/-720) Jahre alt datiert wurde (Kultusministerium, Paris, Frühsommer 1995).

31.000 – 26.000 v. Chr. Aurignacien (Perigordien)	Umfaßt die Aurignacien-Kultur vor allem Gravuren, Ritz-, Kohlezeichnungen und Malereien von Symbolen, so sind für das Perigordien in Mitteleuropa die sog. "Venus-Figuren" aus Stein, Tonerde und Elfenbein typisch, die in Südfrankreich seltener sind, obwohl auch hier solche vorkamen.
26.000 – 23.000 v. Chr. Gravettien	Die Gravettien-Kultur ist in der Ardèche in der "Grotte du Marronnier" und im "Abri des Pêcheurs" mit Klingenwerkzeug, und in den Grotten "Chauvet" und "Cosquer" (bei Marseille) mit Zeichnungen und Malereien vertreten. Ihre Tierwelt umfaßt viele Vertreter der sog. Kältefauna: Höhlenlöwen, Mammuts, Nashörner, Rentiere, Pferde, Wölfe, Auerochsen, Steinböcke, Polarfüchse.
23.000 – 15.500 v. Chr. Solutréen	Dem Gravettien folgt in Südwesteuropa das Solutréen, das dem Solutré-Pferd (Equus ferus solutréensis) ebenso den Namen gab wie dem damaligen Bewohner unserer Region, dem Solutréer. Hier, in der Süd-Ardèche, zeugen die Zeichnungen und Bilder in den Höhlen Chabot, Oulen, Ebbou, Chauvet von seinem Harmoniebedürfnis.
17.500 – 10.000 v. Chr. Magdalenien	Die dank der Kulthöhlen von Altamira in Nordspanien, Lascaux und Niaux in Südwestfrankreich berühmte Magdalenier-Kultur ist in der Ardèche mit einem Teil der Bilder in Ebbou und in der Höhle des Colombiers mit verschiedenen Tierdarstellungen wie Wisenten, Hirschen und Steinböcken vertreten.
10.000 v. Chr. Epipaläolithikum, bzw. Mesolithikum	Ende der Altsteinzeit. Beginn der Mittelsteinzeit.

2. Kapitel
DAS PARADIES DER ERDE...

Das Paradies der Erde liegt – gewissen Sprüchereimern zufolge – auf dem Rücken der Pferde, aber nicht nur dort... Den Weisheitsbüchern und mythologischen Überlieferungen der Ägypter, Chinesen, Inder, Juden, Christen, Moslems, Azteken und Mayas zufolge, war es ein Ort, an dem "Milch und Honig floß", und ein "Garten", in dem die ersten Menschen noch mit Wildtieren, auch mit sogenannten Raubtieren, wie Löwen, Jaguaren und Adlern so eng zusammenlebten, daß ihre Kinder und Enkel später von diesen Tieren mit abzustammen glaubten.

Im Gefolge Carl Gustav Jungs entschieden dann die Tiefenpsychologen, daß es sich beim Paradies nicht um einen konkreten Ort oder ein geographisches Gebiet gehandelt habe, sondern um eine Epoche innerhalb der menschlichen Evolution; beziehungsweise um eine "archaische Schicht" der menschlichen Psyche.
Tatsächlich definiert sich das Paradies heute, vor allem angesichts der neuesten Erkenntnisse der Paläontologie und der "vorgeschichtlichen Ethnologie", als eine Zeit, in der der Homo sapiens sapiens, wie angedeutet, nicht nur als Jäger mit den Wildtierherden eng zusammengelebt hat, sondern sich als voll in diese aufgenommen erweist.
Seine Fähigkeit, aus alltäglichen konkreten Erfahrungen zu lernen, indem er sie spontan ernst nahm und seine Gewohnheiten entsprechend änderte, eine Fähigkeit, die er teils vererbt erhalten hat, teils sich selber mühsam aneignen mußte, unterschied sich damals nur wenig von jener, derer sich auch die Wildtiere bedienten. Ohne sich dessen deutlich bewußt zu werden, zog der Steinzeitmensch lediglich andere, neue, oft kühnere Schlüsse aus den praktischen Erfahrungen, sah so Gefahren für sich und die Herden früher oder eindrücklicher voraus und handelte entsprechend unmittelbar vorsichtiger, wirksamer vor allem zum Gemeinwohl.
So lernten die Herden nach und nach, die Jägerclane nicht nur zu tolerieren, sondern sogar zu schätzen oder mindestens für so nützlich zu erachten, daß sie sie mit in ihre Herdenverbände aufnahmen. Die Jäger durften dafür das Folgewild der großen Herden (Rentiere, Hirsche, Mufflons, Steinböcke, Wölfe, Füchse usw.) bejagen und hin und wieder sogar einen Störenfried oder Verunfallten unter den Auerochsen, Wisenten und Wildpferden erlegen, ohne daß sich die anderen Herdentiere deswegen bedroht fühlten und sich aufregten.

Ja, griffen schließlich einmal Nashörner, Löwen, Bären oder ganze Wolfsrudel überraschend an, so legten die Jäger spontan Feuer in ihrer aller Interesse oder machten Radau bis sich die Angreifer zurückzogen.

Das Paradies, in dem der Steinzeitmensch und die Wildtiere so nicht nur friedlich, sondern mit gegenseitiger Rücksichtnahme, Achtung und präziser Aufgabenteilung zusammenlebten, zusammen wanderten, gemeinsam ruhten und eine ganze Eiszeit - die vierte - überdauerten, war somit Wirklichkeit, und möglich nur, weil der Mensch seine scheinbare Macht über die Umwelt dank seines nur ihm, nicht auch den Tieren, verliehenen Bewußtseins zu seinem Glück noch gar nicht richtig entdeckt hatte.

Die sogenannte "Vertreibung aus dem Paradies" geschieht in der Bibel denn auch erst in dem Augenblick, in dem unsere Urahnen gewisse natürliche Tabus brachen, Schliche und Tricks ausheckten und dabei angeblich überrascht feststellten, daß sie nackt waren; d.h. in dem Augenblick, in dem sie sich des mentalen oder psychologischen Unterschieds zwischen den Tieren und sich selber bewußt zu werden begannen.

Die "Selbstbewußtwerdung" erhob somit den Menschen anscheinend über das Tier, wenn auch nur in seinem eigenen Bewußtsein und zudem lediglich abgenabelt von den Herden und von deren "heiler Welt", dem Paradies, der Natur und dem lebendigen Leben, in welchen die *Lebenserfahrung* einen wesentlich höheren Stellenwert besitzt als bloßes Wissen, Planen oder Vorausberechnen.

Der Mensch nahm sein Schicksal in die eigene Hand... und wird es wohl in Kürze schaffen, unsere Welt unwiderruflich zu verwüsten und auch für die Tiere, unsere letzten großen Lehrmeister, unbewohnbar zu machen.

Aber ganz soweit sind wir hier im Augenblick noch nicht. Noch befinden wir uns im "Aurignacien". Seine Kultur war die erste und älteste der Jüngeren Altsteinzeit und breitete sich zwischen 36.000 und 17.000 v. Chr. im Süden der Alpen von Westen nach Osten und im Norden von Osten nach Westen über ganz Mittel- und Westeuropa aus. Sie erweist sich durch relativ große, besonders schöne und regelmäßige Klingen aus Stein definiert, also durch eine weit entwickelte Präzision der Abschlagtechnik, und durch die Nutzung einer bereits reichen Palette verschiedener Stein- und Knochenwerkzeuge.

Die Aurignacier lebten somit während der "Würm-III-Epoche", also in der 4. Eiszeit, und erlebten alle drei- bis viertausend·Jahre ein zweitausend Jahre dauerndes "Interstadium", d.h. eine etwas weniger kalte Periode; hier in Südfrankreich die Interstadien "Les Cottes", "Arcy", "Kesselt" und "Tursac". Während dieser weniger kalten Zeiten durchstreiften sie jeweils im Sommer als Jäger-Nomaden mit den großen gemischten Huftierherden zusammen erstaunlich weite Räume und hausten im Herbst bis zum nächsten Frühling in Grotten, Höhlen und unter Felsvorsprüngen, die sie teils von Neandertalern übernommen hatten, teils sich selber neu erschlossen.

Während der Kältestadien jagten in der Regel nur ihre erfahrensten Jäger in der näheren und weiteren Umgebung der Wohnstätten, jedoch stets für alle Clanmitglieder zusammen. So entstand die Arbeitsteilung. Diese war indessen lediglich in Gebieten durchführbar, in denen sich die Wildherden ebenfalls mehr oder weniger seßhaft niedergelassen hatten oder in denen sie nur im Kreis wanderten, wie beispielsweise hier, im "großen Trichter", in dem ich heute lebe.

Die Ausgußspitze dieses Süd-Nord-Trichters liegt etwa bei Solutree, während seine engste Stelle ungefähr auf der Höhe von Montélimar zu finden ist. Seine östliche Begrenzung verläuft den Bergen und Plateaus der Baronnies entlang bis ans Mittelmeer bei Marseille und seine westliche den Ostausläufern der Cévennen und den Causses entlang bis nach Béziers und Carcassonne.

Ähnlich höhlen- und zugleich wildherdenreiche Regionen gab es in der letzten Eiszeit auch im Westen des Zentralmassivs, im "Perigord", und im Süden in den Tälern sowohl der Pyrenäen-Nordseite als auch im spanischen Asturien und im Baskenland.

Damit erklären die Prähistoriker jedenfalls die lokalen Abweichungen und Verschiedenheiten der einzelnen Kulturen des Aurignaciens, obwohl sie diese durchaus weiterhin als eine gesamteuropäische Erscheinung ansehen, die sowohl in Ungarn und im Moldaugebiet auftrat, in Österreich beispielsweise in Willendorf II, im deutschen Rheinland in Lommersum bei Bonn und in Belgien an der Meuse als auch gehäuft in Südfrankreich, Nordspanien und in Italien.

Mit jedem neuen Kälteeinbruch vertieften sich die Unterschiede und Abweichungen nochmals und das größtenteils bereits vor 30.000 v. Chr. Ab ungefähr 28.000 v. Chr. wurden die Unterschiede so deutlich, daß sich die Historiker veranlaßt fühlten, gleich drei neue Kulturbezeichnungen einzuführen: die des "Gravettiens" für die gesamteuropäische Konstante des Aurignaciens, die des "Perigordiens" für vor allem die südwestfranzösischen und nordspanischen kulturellen Besonderheiten und die des "Protosolutréens" für die südostfranzösische Höhlenbilderkunst.

Die Originalität der Solutréer-Kultur ist so schlüssig überhaupt nur noch zu würdigen, wenn man sie mit den Verhaltensweisen und Gewohnheiten der damaligen gemischten Wildherden und der "mentalen Beschaffenheit" der in sie integrierten Jägertrupps verknüpft. André Leroi-Gourhan, seine Mitarbeiter und Nachfolger haben diesen Zusammenhang und den der Höhlenbilder unter sich und mit der Höhle, in der sie entdeckt wurden, als Ausgangspunkt für jede seriöse Sinnanalyse postuliert.

Bevor wir uns hier mit dem Verhalten der großen Wildherden Südfrankreichs eingehender befassen, blicken wir kurz zurück und versuchen zu verstehen, woher die einzelnen Wildtierarten ursprünglich kamen und weshalb sie sich hier in Südwesteuropa zu bunt zusammengewürfelten Lebensgemeinschaften, sogar über Generationen hinaus, zusammengeschlossen haben.

Wie wir bereits wissen, stammen das Pferd und der Bison oder Wisent (Bison bonasus) ursprünglich aus Nordamerika, der Auerochse (Bos Taurus primigenius) aus Indien, das Rentier (Rangifer tarandus) ebenfalls aus Nordamerika, das Nashorn (Rhinoceros tichorhinus) teils aus Asien, teils aus Afrika und teils aus Europa selber, wie auch der Hirsch (Cervus elaphus) und der Riesenhirsch (Cervus megaceros), der Steinbock (Capra ibex) und das Mufflon (Ovis ammon), das ein Wildschaf darstellt (vgl. Zeichnung 3, Seite 38).

Abgesehen von den Nashörnern, die häufig in Kleingruppen zusammenlebten, von den Steinböcken und Mufflons, die sich nur in steinigen Regionen vorübergehend großen Herden anschlossen, bildeten alle übrigen Huftiere Mischherden, die meistens mehrere Generationen lang zusammenblieben und in klimatisch günstig oder geschützt gelegenen Gebieten mit großen Weideräumen jahrzehntelang ausharren konnten.

Den Höhlenmalern der "Grotte Chauvet" zufolge, verließen die Großherden unser hiesiges Gebiet in der Regel nur, wenn sie von großen Raubtieren, wie Höhlenlöwen, nachdrücklich daraus vertrieben wurden. Doch Einbrüche von Löwen oder Nashörnern, die die Weiden streitig machten, scheinen eher selten gewesen zu sein und wirkten gerade deswegen um so unheimlicher und aufregender. Ähnlich eindrücklich empfanden die Höhlenmaler auch die Auftritte der Mammuts (Mammuthus primigenius) mit den spiralförmigen Stoßzähnen von bis zu drei Metern Länge und die der Höhlenbären, Höhlentiger und Hyänen.

Die ältesten Malereien der "Grotte Chauvet" wurden von zwei französischen Laboratorien und einem englischen Labor mittels der Radiocarbon-Methode (C 14) als 32.410 (+/- 720) Jahre alt (= B.P. = "before present" = vor 1950) datiert. Damit gehören sie eindeutig in die Zeit und Kultur des Aurignaciens, wenn die Kulthöhle 10.000 Jahre später auch immer noch weiter ausgemalt wurde. Definitiv verlassen wurde sie erst kurz vor dem Einsturz des ehemaligen Eingangs um etwa 18.000 v. Chr. (= 20.000 Jahre B.P.). Danach wurde sie bis zu ihrer Entdeckung im Dezember 1994 nie wieder betreten.

Sie ist somit tatsächlich die älteste bisher entdeckte Kultgrotte der Welt. Frau Durand-Godiveau schrieb im März-Heft Nr. 310/1995 des Magazins "Archéologia": "Über 300 schwarze und rote Zeichnungen und Malereien und etwa ebenso viele Gravuren (= Ritzzeichnungen in Felswänden und Lehmschichten - SGS), die verschiedene Tiere, negative und positive Handabdrücke, Punkte und geometrische Zeichen darstellen, wurden bisher bereits als authentisch anerkannt".

Diese "Kathedrale der Aurignacier" besticht vor allem durch ihre Dimensionen (Gesamtlänge 500 m, Breite des größten Saales 40 m, Höhe zwischen 15 und 30 m - J.-M. Chauvet), ihren Reichtum an verschiedensten, sonst kaum je dargestellten Tieren und die Qualität der meisten Gravuren, Zeichnungen und Malereien.

Dazu kommt, daß diese Grotte, die ich hier stellvertretend für alle südwesteuropäischen Kulthöhlen etwas eingehender behandeln möchte, der aktuellen Paläontologie dank des Einsturzes ihres ursprünglichen Einganges und ihrer Wiederentdeckung durch drei Höhlenforscher "vom Fach" in genau dem Zustand zugänglich gemacht wurde, in dem die letzten Höhlenmaler sie verlassen haben. Selbst die Fußabdrücke der letzten Solutreer und die Tatzenspuren der letzten Höhlenbären im Lehm des Höhlenbodens sind seither unberührt erhalten.

Im Nachwort zu dem großartigen Buch der drei Höhlenentdecker, Jean-Marie Chauvet, Eliette Brunel-Deschamps und Christian Hillaire, "La Grotte Chauvet" (Editions du Seuil, Paris 1995, wovon es auch eine deutschsprachige Ausgabe gibt), schrieb Jean Clottes, der Präsident des ICOMOS, der die Höhlenbilder als authentisch beglaubigt hat:

"Diese Entdeckung stellte einen Schock dar; so sehr erschien uns die Grotte als von origineller, unermeßlicher Bedeutung (...). Normalerweise sind die Tiere, die sich in den altsteinzeitlichen Höhlen dargestellt zeigen, jagbares Wild (...) Hier sind es vor allem (60% der Bilder) gefährliche Tiere, die nichts zu den Mahlzeiten der Altsteinzeitler beigetragen haben. Das ist ein Ausnahmefall!"

Zeichnung 7
Die Pferde von der "Wand der Pferde" in der Kultgrotte "Chauvet" erweisen
sich als den drei verschiedenen Typen des Solutrée-Pferdes zugehörig; nämlich
von oben nach unten:
1.) Pferde 1 und 2 dem Lusitano-Typ
2.) Pferd 3 dem "Mischling" zwischen dem Lusitano und dem Garraño
3.) Pferd 4 dem Garraño-, Mérens- oder Camargue-Pferde-Typ

Überdies erscheinen hier gewisse Tierarten zum allerersten Mal auf einer Höhlenwand – so die Eule, der Höhlenpanther und die Hyäne.

Am häufigsten tritt in der Grotte Chauvet das Nashorn auf; nämlich 47mal (= 22 % der dargestellten Tiere), vor allem schwarz, nur siebenmal rot. An zweiter Stelle folgt der Höhlenlöwe mit 28 schwarzen Zeichnungen, 7 roten und 1 Gravur. An dritter Stelle erscheint das Mammut mit 21 Gravuren, 9 schwarzen und 4 roten Malereien, dann das Pferd mit 26 Darstellungen, davon 4 als Gravuren. Es folgen 19 Wisente, 12 Höhlenbären, 10 Rentiere, 7 Auerochsen, 7 Steinböcke, 3 Riesenhirsche, 1 Rothirsch, 1 Panther und 11 Tiere, deren Familienzugehörigkeit noch nicht bestimmt wurde, darunter 2 an Ort und Stelle flatternde Greifvögel, vielleicht Rüttelfalken, und ein Rieseninsekt oder Flußkrebs.

Den unendlich eindrucksvollen, kongenialen großen Fotos von Jean-Marie Chauvet (im bereits zitierten Bildband "La Grotte Chauvet"-Editions du Seuil, Paris 1995) zufolge, zeigen sich nahezu alle Höhlenwände, ähnlich wie moderne Plakatanschläge oder die erste "Aufmacher-Seite" heutiger Zeitungen, als in ein Hauptthema oder einen "Leitartikel" und in nur ein bis vier Nebenthemen oder Ergänzungen gegliedert und künden so recht offensichtlich von dem, was die Menschen damals sowohl in ihrem Alltagsleben als auch in ihrem Inneren am heftigsten erschüttert, beängstigt, "mitgenommen" und bewegt hat.

Besonders lange Wände, die sich oft durch Felsrisse und -spalten, natürliche Nischen und Tropfsteinkonkretionen unterteilt hinziehen, wurden auch verschiedenen Ereignissen vorbehalten.

Im Buch "La Grotte Chauvet" geben die wichtigsten Darstellungen ihren Namen meistens auch dem Höhlensaal, dessen Wände sie zieren. So gibt es in der Grotte Chauvet ein "Vestibül der Bären", einen "Saal des Bärenschädels", eine "Galerie des Riesenhirsches". Die "Wand der Pferde" befindet sich ziemlich genau im Norden des heutigen Eingangs, etwa 450 m von diesem entfernt, im vierten großen Raum, an der Gabelung zwischen dem fünften und dem sechsten Saal.

Die "Wand der Pferde" ist halbrund vorgewölbt und durch eine tiefe Nische in zwei "Plakate" unterteilt. Auf der rechten Seite suggeriert eine eigene Felsnische die Flucht einer Gruppe Rentiere, Hirsche und Auerochsen aus der Tiefe des Raumes in die Nähe des Betrachters, dessen Anwesenheit offenbar den größeren Teil der Gruppe von Osten nach Westen, ein Wisent und zwei Rentiere dagegen von Westen nach Osten vor ihm ausweichen läßt. Nur ein einzelnes Pferd scheint ruhig zu überlegen, in welche Richtung es wegziehen soll.

In der mittleren Nische, zwischen den beiden Bildteilen, begegnen sich ein Bär und ein Löwe mitten in einem ruhig weidenden kleinen Trupp Pferde und Auerochsen, die sich deswegen keineswegs aufgeregt zeigen. Unmittelbar links daneben, jedoch bereits auf der eigentlichen "Wand der Pferde" geraten – bisher einzigartig in Südwesteuropa – zwei Nashörner aneinander und haben so nicht unbedingt viel mit der "Pferdeszene" zu tun.

Letztere nimmt den ganzen Rest der linken Wandhälfte ein und umfaßt die berühmten, perspektivisch naturgetreu wiedergegebenen vier Pferde, die im Frühjahr 1995 mehrmals als ein "künstlerisches Wunderwerk" durch die gesamte Weltpresse gingen. Sie scheinen sich ruhig und zielbewußt mitten zwischen Auerochsen, einem Wisent und drei jungen Nashörnern auf einer langen Wanderung zu befinden.

Für uns hier besonders interessant sind sie gewiß auch ihres hohen Alters (sie sollen vor 30.000 Jahren entstanden sein) und ihrer ungewöhnlich genau gesehenen und präzis festgehaltenen Darstellung wegen. Vor allem aber sind diese vier Pferde die ersten und ältesten bisher entdeckten Abbildungen des authentischen Solutrée-Pferdes, das es – diesen vier und den vierundzwanzig anderen gezeichneten, gemalten und gravierten Pferden der Grotte Chauvet zufolge – damals nicht, wie bisher aufgrund von Knochenfunden angenommen, nur in einer einzigen Form, sondern als sicher zwei, sehr wahrscheinlich sogar als drei verschiedene "Rassen" gegeben hat.

Auf der "Wand der Pferde" sind jedenfalls drei unterschiedliche Pferdetypen abgebildet; nämlich von oben nach unten (vgl. Zeichnung 7, Seite 56):

1.) zwei Pferde vom eleganten, leichten Typ mit langem Schädel, geradem oder konkavem Nasenprofil und einer deutlich bis stark vorgewölbten Stirn, wie sie heute noch manche reinrassige Lusitanos und Berber zeigen,

2.) ein Pferd von einem etwas kleineren, aber noch immer relativ leichten Typ, der eine Mischform zwischen dem Lusitano-Ahnen und dem dritten Pferdetyp darstellen könnte und heute dem sogenannten "Poney Landais" in Südwestfrankreich und dem Sorraia in Südspanien nahestünde und

3.) ein Pferd von gedrungenem, schwererem, kleinerem Wuchs mit Stehmähne, kurzem, schwerem Kopf und breiten Ganaschen bei geradem Schädelprofil; zweifellos eine Ahne des Mérens, Pottoks, Camargue-Pferdes und der iberischen Garraños, Asturconen und Navarros.

Behält man nun nicht nur die einzelnen, sondern alle "Plakate" oder "Themenwände" der Grotte Chauvet als ein Ganzes im Auge, wie es der größte Paläontologe unseres Jahrhunderts und Begründer der sogenannten "Paläoethnologie", André Leroi-Gourhan, empfohlen hat, so stellt man überrascht fest, daß auch die verschiedenen Bilder und Gravuren, je nach ihrer Aussage, zwei, wenn nicht sogar drei verschiedenen Kategorien angehören; nämlich:

1.) wie angedeutet, jener der Bildberichterstattung von besonders eindrücklichen "Naturkatastrophen"; so von "Einbrüchen" in Großgruppen auftretender Nashörner und Löwen oder einzelner Höhlenpanther und Höhlenbären; somit als einer Art "Tagebuch äußeren Geschehens",

2.) jener der Versuche, solche Naturkatastrophen innerlich oder geistig zu bewältigen und zu verdauen, indem gewisse Szenen mittels positiven oder negativen Handabdrücken, roten Punkten in Kreisen, Ornamenten und parallelen Linien "vermenschlicht", wörtlich "begriffen" oder "besiegelt" werden; somit als einer Art "Heilung" oder "Neuharmonisierung des Schauplatzes" und

3.) jener der "Beschwörung der heilen Welt", die man sich vorbeugend zu erhalten oder, ihrer verlustig gegangen, von der Mutter Erde dank ihrer Darstellung neu zu erbeten bemüht.

Sichtet man die Gesamtheit aller Darstellungen unter diesem kategorisierenden Aspekt, so fällt unwillkürlich auf, was bereits Jean Clottes angesprochen hat, als er schrieb, in der Grotte Chauvet dominierten die nicht als Wild zu wertenden, gefährlichen Tiere: Nashörner, Höhlenlöwen (alle ohne Mähnen) und Mammuts. Die Wildpferde indessen, die Wisente und Auerochsen, Rentiere und Riesenhirsche, Rothirsche und Steinböcke blieben ihnen gegenüber in der Minderheit.

Tatsächlich dominieren hier die als Naturkatastrophen dargestellten äußeren Ereignisse. Vergißt man sie oder sieht man über sie hinweg, so findet man sich mit den Pferden alsbald mitten in den "paradiesischen", ruhigen, ernsthaft um tieferes Verstehen der Huftiere bemühten Szenen der zweiten und der dritten Kategorie wieder, in denen beispielsweise drei Pferde vom schwereren, kleineren Solutrée-Typ eine wohl verletzte Riesenhirschkuh fürsorglich einrahmen und ihrem vor ihr herziehenden Hirschkalb nachtreiben.

Sämtliche Pferde der Grotte Chauvet gehören eindeutig stets als eine Art "Schutzengel", "Ruhestifter", "Pfadfinder" "nach hinten sichernde Nachhut" zum eigentlichen Kern der Großherde und zeigen sich auf keinem einzigen Bild aufgeregt oder in panischer Flucht begriffen.

Zeichnung 8
Solutrée-Pferde des zweiten (oben) und des dritten (unten) Typs aus der Kult-
grotte Chauvet und dem Aurignacien (oben) und aus Portel und dem späten
Solutréen (unten)

Selbst mitten unter und in nächster Nähe von Löwen, Bären, Mammuts oder Nashörnern bewahren sie sichtlich ihre Ruhe oder warten mindestens lässig versammelt und aufgerichtet ab, was kommt. Ja, sie erscheinen so in vielen Darstellungen geradezu als Inbegriff der Besonnenheit, Selbstsicherheit und Ruhe und übertragen ihre Überlegenheit sogar auf fliehende Auerochsen, Rentiere und auf sich zum Angriff vorbereitende Wisente.

Kein Pferd der Grotte Chauvet zeigt sich indessen als Wild betrachtet und entsprechend mit einem Wurfspeer verletzt, wie beispielsweise einzelne Pferde in Niaux, Lascaux und in Altamira später und in unserer Kulthöhle ein Steinbock und die Riesenhirschkuh, welche die drei Pferde ihrem Kalb nachtreiben.

In einer in die Felsoberfläche eingeritzten Darstellung stemmt sich ein wunderschön gezeichneter Hengst des zweiten Typs vor zwei perspektivisch präzis beobachteten Mammuts genauso mühsam wie diese gegen den Mistral, gegen den kalten Sturmwind aus dem Norden (vgl. Z 8, S. 60 oben). Eine andere Ritzzeichnung unmittelbar neben der einer Eule verdeutlicht den Unterschied zwischen der zweiten und den beiden anderen Formen der Solutrée-Pferde. Sie zeigt hier ein äußerst kurzes Pferd von kleiner, gedrungener, etwas schwererer Statur mit mächtigem Hengsthals, einer kurzen aber dichten Stehmähne und einem kleinen und schweren Kopf (vgl. Z 8, S. 60 unten).

Auf einer schwarzen Zeichnung, teilweise ausgemalt, vor einem mächtigen Löwen, der durch drei und zwei rote Punkte als männlich gekennzeichnet ist, tummeln sich vier Pferde, zwei des ersten und zwei des zweiten Typs mitten in einer Gruppe aus zwei Löwen und einem Bären, ohne daß die Raubtiere sich nennenswert für sie interessieren würden. Auch hier scheint sich die überlegene Ruhe und Gelassenheit der Pferde auf die Löwen und den Bären zu übertragen... Oder wurden die Pferde dem Raubtierbild überhaupt nur zugesellt, um ihm seine furchterregende Wirkung zu nehmen?

Man könnte sich letzteres durchaus vorstellen, wenn der mächtige Löwe in der Bildmitte nicht offensichtlich erst *nach* den beiden Pferden gezeichnet worden wäre (seine Rücken- und Flankenlinien sparen die Pferdeumrisse aus).

Stehen wir vor dieser Komposition somit in Wirklichkeit vor einem "abstrakten Bild", in dem die Pferde nicht einfach Pferde darstellen, sondern vor allem paradiesische Gelassenheit selbst in nächster Nähe unmittelbarer Gefahr oder bedrohlichster Umstände suggerieren sollen?

Behält Jean Clottes ein weiteres Mal recht, wenn er den einen großen Höhlenmaler, dem er stilistisch einen nicht unerheblichen Teil aller Darstellungen als Urheber zuweist, den "Picasso der Ardèche" nennt?

Zurück zu unseren Solutrée-Pferden, die hier, in meiner nächsten Umgebung, zehn- bis dreizehntausend Jahre lang Gelassenheit, Ruhe, Frieden und Freundlichkeit symbolisierten und somit im Vergleich mit ihren Weidepartnern, den Wisenten und Auerochsen, den kurzerhand angreifenden oder alles überrennenden "Macho-Symbolen", vertrauenerweckende Erdmuttercharaktere zeigten.

Von der Warte der Aurignacier und Solutréer aus betrachtet, war das Pferd die "Krone der Schöpfung" tatsächlich insofern, als es durch seine Aufmerksamkeit, Achtsamkeit, Rücksichtnahme und Überlegenheit den anderen Huftieren im Herdenverband gegenüber Tag für Tag bewies, daß es unter ihnen allen den tiefsten "Durchblick" besaß, sowohl bei der Einschätzung von Weide- und Wasserreserven, günstiger Routen bei Weidewechseln und, nicht zuletzt, bei überraschend auftretenden reellen Gefahren für die gesamte Herde, als offensichtlich auch den allgemeinen "Lauf der Welt" betreffend.

Zudem verdankten die Aurignacier eben dieser Gelassenheit der Wildpferde auch die Aufnahme ihrer eigenen Jägertrupps in die gemischten Großherden, vor allem in den viertausend Jahren, die das Solutréen hier bei uns dauerte. Anders ist jedenfalls weder die Rolle des Pferdes auf den Höhlenbildern, noch die Tatsache zu erklären, weswegen in Jägerlagern bereits des Protosolutréens unserer Gegend vergleichsweise kaum Pferdeknochen als "Speisereste" auszugraben sind, wohl aber viele von Auerochsen, Rentieren, Steinböcken und Hirschen.

Was sagt die moderne Wissenschaft zur Rolle des Pferdes in den prähistorischen gemischten Wildherden?

In seinem reich dokumentierten, auch unter Berufshistorikern hochgeschätzten Buch "Les Premiers Français" (Editions Castermann, Paris 1987) berichtet Henri de Saint-Blanquat sehr eindrücklich, wie André Leroi-Gourhan, der Gründer des "Laboratoriums vorgeschichtlicher Ethnologie" des CNRS in Paris und Herausgeber des "Dictionnaire de la Préhistoire" (P.U.F., Paris 1988/94), schon in den dreißiger Jahren vom Sinn und Zweck und von den Zusammenhängen zwischen den einzelnen Höhlenbildern nahezu besessen zeigte und bei ihrer Interpretation mit höherem wissenschaftlichem Ernst, Durchblick und Spürsinn als alle seine Vorgänger revolutionär anmutende neue Wege ging.

Henri de Saint-Blanquat schreibt: "Das Prinzip, dem zufolge hinter jedem Teil (eines Höhlenbildes) stets das (so symbolisierte) Ganze zu erkennen sei, von Leroi-Gourhan bereits 1965 postuliert, ist die Grundlage nicht nur aller Interpretation, sondern vor allem die (wie die offizielle Wissenschaft erst heute anerkennt - SGS) jeglicher symbolischer Darstellung und selbst der Schriftzeichen. (...) Im Aurignacien sind die am häufigsten auftretenden Bilder oder Zeichen ganz einfach (stilisierte - SGS) Geschlechtsmerkmale. (...) Auf einen Felsblock des Abri Cellier wurden so mehrere Vulven graviert"; alle breit- oder schmal-oval mit sorgfältig abgerundeten Spitzen (Saint-Blanquat S 120).

Was haben diese Vulven, Symbole der Weiblichkeit, mit den Pferden und unsrcm Thema zu tun?

Tatsächlich hält sich vor allem in der deutschsprachigen Höhlenbilderinterpretation hartnäckig die Behauptung, gleichseitige Dreiecke symbolisierten stets weibliche Vulven und jedes Bild, dem drei Punkte, Striche oder ein Dreieck zugeordnet sei, wie dem heiligen Stier der Alten Ägypter, symbolisiere daher ein weibliches Wesen. In Wirklichkeit wissen wir heute schon seit über dreißig Jahren, daß die Zweiheit mit abgerundeten Spitzen, der Kreis, das Oval und allgemein alle geraden Zahlen, wie die Vier und die Sechs das "Ewigweibliche" ausdrücken, während die Eins, die Drei und die Fünf, wie alle ungeraden, typisch "männliche" Zahlen sind.

Den Aurignaciern ging es beim Umgang mit geraden und ungeraden Anzahlen von Punkten, Strichen, Ornamenten und Symbolen keineswegs um Rechenexempel. Sie rückten damit lediglich ihre äußeren (auf der Felswand) und inneren ("Vorstellungen") Bilder vom "Lauf der Welt" in ein harmonischeres Gleichgewicht, das dem von Yin und Yang bei den späteren Alten Chinesen gar nicht unähnlich war; umfaßte es doch Tag und Nacht, Sonne und Mond, Sommer und Winter, Trockenheit und Nässe, Tageslicht und Höhlendunkel, Vater Himmel und Mutter Erde, den prototypisch männlichen Wildstier und das weiblich sanfte Pferd; kurz, restlos alles als ein aus sich perfekt ergänzenden Teilen zusammengesetztes einheitliches Ganzes, das wiederum global oder umfassend nicht oder kaum zu erkennen, sondern "nur" zu *erfahren* war.

Henri de Saint-Blanquat schreibt über Leroi-Gourhans Einsicht in diese Tatsache: "In Portel (Département Ariège) besteht die Kultgrotte aus drei parallelen Eingangsstollen (...) Der eine enthält Breuil (dem Entdecker der Höhle) zufolge 8 Wisente und 1 Pferd, der andere 9 Pferde und 1 Wisent, der zentrale Saal 1 Wisent und 1 Pferd und der dritte Zugangsstollen 1 Pferd und 1 Wisent.(...)

André Leroi-Gourhan, der das Studium (dieser Darstellungen) wieder aufgenommen hatte, suchte nach dem Schlüssel zu ihrem Verständnis und schrieb später 'der Einfall, einzelne Darstellungen immer wieder zu kopieren und jener, auch stets die gleichen Tiere nebeneinander anzuordnen, konnten unmöglich nur auf bloßem Zufall beruhen'... Wisent und Pferd: und wenn es gerade dieses Paar wäre, das den Schlüssel liefert?" (S. 248).

"Aber Pferde und Bullen erweisen sich (in den Darstellungen) nicht als gleichwertig (betrachtet). Sie werden sich - wenn man es strukturalistisch ausdrückt - eher gegenübergestellt, um sich zu ergänzen. Die Schöpfer dieser Bilder erachteten es als unumgänglich, sie nahezu in allen Fällen zwar gemeinsam auftreten zu lassen, jedoch stets als bare Gegenteile (oder Gegenpole) innerhalb ihrer Partnerschaft. Dies offenbart sich vor allem in den Bildern von Lascaux, Portel, Niaux und Altamira. Hier erscheinen die Wisente und Auerochsen zwar häufiger in zentralen Anordnungen (auf den Höhlenwänden oder -decken, genau wie auf den Wildweiden draußen - SGS), aber stets muß sich ein Pferd in der Nähe der kapitalsten Bullen befinden. (...) Und als noch eigenartiger erweisen sich die Beziehungen zwischen diesen beiden Tiergattungen und den (graphischen) Zeichen" (S. 250).

"Die Kulthöhle selber (wird als Erdmutterschoß betrachtet - SGS), wohl weiblich, muß wie alles und jeder die Stempel sowohl des Männlichen wie auch des Weiblichen tragen - menschlich dargestellt durch Bullen (...) und Pferde (...) und Zeichen, die ihrerseits wiederum paarweise angeordnet wurden" (H. de Saint-Blanquat in "Les Premiers Français", Castermann Paris 1987).

Das Paradies auf Erden... umfaßte somit tatsächlich auch den Umgang mit Pferden; mit diesen aber lediglich als mit dem einen sanften, "weiblichen", irdischen und lunaren Teil der Schöpfung, dessen Gegenpol und Ergänzung die Bullen darstellen, die Auerochsen und Wisente, in deren Mitte der Mensch nur eine Schüler- und Mittlerrolle spielt.

☆ ☆ ☆

3. Kapitel
DIE WILDHERDEN IM PARADIES DER SOLUTREER

Bis Ende 1995 wurden in Südfrankreich rund einhundertvierzig Höhlen und Grotten allein der Jüngeren Altsteinzeit entdeckt. Auf der Iberischen Halbinsel, in Spanien und Portugal, waren es rund sechzig aus derselben Epoche. Fast die Hälfte dieser Grotten enthält Bilder; d.h. Zeichen, Symbole, Ornamente und Darstellungen verschiedener Tiere. Außerdem gibt es menschliche Hand- und Fußabdrücke und Darstellungen ganzer menschlicher Umrisse.

Wie wir dank der Datierung mit der C14-Methode von Mikroproben direkt aus Höhlenbildern wissen, stammen die ältesten bis heute entdeckten Gravuren, Zeichnungen, Malereien und verzierten Gegenstände aus der Zeit um 30.000 v. Chr. und gehören damit, wie die allgemein bekannte "Venus von Willendorf" (in Niederösterreich), zur "gesamteuropäischen Komponente des Aurignaciens".

Dieser gegenüber fällt, wie angedeutet, auf, daß in Südwesteuropa verzierte Gegenstände und Elfenbeinstatuetten seltener sind, sich dafür aber mit Tierbildern oft reich ausgestattete Kultgrotten häufen, die im übrigen Europa in so bedeutender Anzahl fehlen.

Ebenfalls bereits angedeutet ist, daß die Archäologen das Vorkommen der Kulthöhlen hier gewissermaßen in "Ballungszentren", wie z.B. in der Schlucht der Ardèche, im Tal der Vézère, in den Pyrenäen und in der Region von Santander auf jahrhundertelange rein lokale Entwicklungen der einzelnen Menschengruppen mit erst späterem Austausch der neuen Errungenschaften zurückführen.

So erklären sie jedenfalls die kulturellen Entwicklungen beispielsweise des Gravettiens aus dem Aurignacien etwa zur gleichen Zeit wie jene des Perigordiens und die Unterschiede vor allem in der Steinbearbeitung zwischen den beiden Kulturen, obwohl kaum hundert Kilometer zwischen ihren Ursprungsregionen liegen.

Schließlich mündeten beide zwischen 24.000 und 20.000 v. Chr. in die Kultur der Solutréer, die man je nach der Region, in der sie auftritt, durchaus legitim auch als Spätgravettien, Spätperigordien, Protosolutréen, Solutréen oder noch etwas später, wie bei uns hier, Salpetrien nennen kann.

Ich, für mein Teil, nenne sie in der Folge und im Zusammenhang vor allem mit den Höhlenbildern und dem Zusammenleben der Jägerclane mit den gemischten Großherden kurz die "Kultur der Solutréer" oder "Solutréen", selbst wenn ich ihr damit Tierbilder unterschiebe, die äl-

Zeichnung 9
Die "sanften Pferde" aus der "Grotte Chauvet"

ter sind oder nur stilistisch oder lediglich nach heutigem Ermessen mit jenen der Solutréer verwandt erscheinen.

Die Solutréer tragen ihren Namen, wie das Solutrée-Pferd, nach dem "Rocher de Solutré", einer schrägen Felsrampe mit Steilwand, die, wie ein schiefer Zahn, aus der Ebene des "Maconnais", aus dem heutigen Weingebiet um Macon, ragt. Nach der Annahme mehrerer Generationen von Historikern sollen früher ganze Wildpferdeherden über diese Rampe bis zur Steilwand am höchsten Punkt und von dort über die Kante in den Tod gejagt worden sein. Tatsächlich fand man unterhalb der Steilwand bereits im 19. Jahrhundert, über eine hektargroße Fläche verteilt, mehrere Schichten von Wildpferdeknochen.

Angesichts dessen, was wir heute endlich gesichert über die besondere Beziehung der Solutréer zu den Wildpferden, als zu Symbolen der Sanftheit, Weisheit und "Einsicht in den Lauf der Welt", wissen, ist nicht mehr länger vorstellbar, daß ihre Jäger Pferde nicht erjagt, sondern überlistet und herdenweise über eine Felsrampe in den Abgrund und den Tod getrieben haben sollen. Davon abgesehen, müßte man zudem erklären, wie die Solutréer die Pferdeherden zu Fuß von den Wisenten und Auerochsen getrennt und somit eine Aufgabe bewältigt haben sollen, die selbst zu Pferd schwierig und gefährlich genug ist.

Solcher und anderer Widersprüche bewußt, konnte ich mich dank meiner Freunde und Bekannten unter den hiesigen Archäologen direkt an die Konservatorin des Museums von Solutré, Frau Geneviève Lagardère, die Verantwortliche für die dortigen Ausgrabungen wenden, die mir freundlicherweise die noch nicht publizierten neuesten Ausgrabungsdaten zur Verfügung stellte, obwohl die Ausgrabungen im Sektor I 11, die von Frau Helen Turner vom Vorgeschichtsinstitut Professor Bosinskis in Neuwied (BRD) geleitet werden, noch längst nicht abgeschlossen sind. Sowohl Frau Lagardère als auch Frau Turner sei hiermit ganz herzlich für ihre Angaben gedankt.

Diesen Ausgrabungsdaten zufolge bestehen die einzelnen Knochenschichten unterhalb der Steilwand des "Rocher de Solutré" keineswegs nur aus Überresten zu Tode gestürzter Pferde, sondern weisen diesen Ort vielmehr als ein Jahrzehntausende lang viel und oft benutztes Jägerlager mit Herdenüberwachungs-, also Aussichtspunkten, Schlacht- und Beuteverteilungsplätzen und wohl sogar Fleischtrocknungsvorrichtungen aus, zu dem zwar tatsächlich auch Pferde, aber ebenso Rentiere, Wisente, Auerochsen, Hirsche, Rehe und Wölfe, teils lebendig, teils bereits erlegt, hingeschleppt wurden, um erst hier zerlegt und verteilt zu werden.

Wurden somit wirklich jemals einzelne versprengte Pferdegruppen aus gemischten Großherden über die Felsrampe und Steilwandkante in den Abgrund getrieben, so muß dies sehr früh, zur Zeit der untersten, ersten Knochenschichtung geschehen sein, die aus dem Moustérien, das heißt aus der Epoche der Neandertaler stammt.

Tatsächlich kamen in Solutré während des Gravettiens und im Protosolutréen durchschnittlich auf jedes erjagte Pferd ein Rentier und manchmal noch ein Wolf; im eigentlichen Solutréen auf je zwei Pferde ein Rentier und im Magdalénien auf je sechs Pferde drei Rentiere, ein Wisent oder Auerochse, ein Reh und ein Wolf.

Wie steht es diesen Angaben nach nun mit der "besonderen Beziehung" der Solutréer zu den Pferden?

Die weiten Ebenen des Maconnais, des Beaujolais und der Bresse, rund um die heutige Stadt Macon herum, wurden zwischen 26.000 und 18.000 v. Chr. nahezu ununterbrochen von gemischten Wildherden bevölkert, in denen nicht die regelmäßig weiterziehenden Wisente und Auerochsen in der Überzahl waren, sondern die hier wesentlich länger ausharrenden Wildpferde.

Wohl allein aus diesem Grund waren die Pferde damals auch bei Solutré mit den Rentieren und Hirschen zusammen das bei weitem am einfachsten lebendig einzufangende Wild, sahen sie im Menschen doch weiterhin kein ernstzunehmendes Raubtier, sondern lediglich eine zweibeinige Art Folgewild. Um die Unbekümmertheit der Wildpferde zu erhalten, durften die Jäger sie allerdings nie innerhalb des Herdenverbandes erlegen. Die Wisente und Auerochsen hätten dies auch nicht zugelassen, ohne die Jäger sogleich anzugreifen.

Weshalb nun pflegten die Jäger der Ardèche, des südöstlichen Cévennenrandes und des unteren Rhônetals nicht dieselbe Art des Anschleichens, Einfangens und Wegführens lebendigen Wildes? Wirklich nur ihrer Wertschätzung der Pferde als Lebenslehrer wegen?

P. Smith, einer der besten Kenner des Jägerlagers von Solutré, beschrieb es einmal als den "untypischsten (archäologischen) Fundort ganz Frankreichs", womit er, auch den neuesten Erkenntnissen über die Jagdmethoden der verschiedenen Solutréerstämme zufolge, nach wie vor recht behält.

Das heißt, nicht die Funde im Jägerlager von Solutré definieren heute mehr die Kultur und Steinabschlagtechnik der Solutréer, sondern es sind dies die Werkzeugfunde von Laugerie-Haute, Arcy-sur-Cure und Laussel in Südwestfrankreich und die Bilder und Steinklingen der Grotten Chauvet, Cosquer, Ebbou, Figuier, Chabot, Oullins und der

Salpêtrière zwischen der Ardèche, dem Unterlauf der Rhône und Marseille.

Untypisch ist am Jägerlager von Solutré zudem, daß es das einzige dieser Art ist und fern jeglichen "Ballungszentrums" aus Wohnhöhlen und -grotten liegt. Die Archäologen erklären diesen Umstand in der Regel mit dem Hinweis, die Uferebenen der Saône seien ein reines Durchgangsgebiet sowohl großer Wildherden als auch der Neandertaler, Aurignacier und Solutréer Menschen gewesen. Warum sind letztere dann nicht mit den Herden zusammen gewandert? Etwa nur der sumpfigen Böden und mangelnden Sicht in den Schilfmeeren wegen?

Tatsächlich war das Lager unter freiem Himmel unterhalb des Felszahns von Solutré ein reines Sommerlager, in dem sich Jäger verschiedenster, auch weit entfernt hausender Clane, wohl nur einmal oder zweimal jährlich zu großen Schleichjagden – durchaus im Sinne ebensolcher späterer Prärieindianerstämme – trafen. Zwei oder drei Wochen darauf gehörte die Tundra diesseits und jenseits der Saône von neuem ausschließlich den Herden, die hier während nahezu der gesamten Dauer der Jüngeren Altsteinzeit, also rund 25.000 Jahre lang, geradezu ideale Weidebedingungen fanden, obwohl sich das Klima Jahr um Jahr als trockener, kälter, also abschreckender erwies.

Für die Zeit um 22.000 v. Chr. lassen so die Pollenanalysen aus Solutré auf eine mit kurzen Hartgräsern, der Wegwarte, Ampfer und Wegerich bewachsene offene Tundra mit nur kleinen, mageren Baum- und Buschbeständen schließen, obgleich damals gerade ein "etwas weniger kaltes Interstadium" – das von Tursac – vorherrschte.

4.500 Jahre später erwies sich die Ebene etwa zur Hälfte mit Nadelbäumen, vor allem mit Waldpinien, und mit nur wenigen Laubbäumen bewaldet.

Der Höhepunkt der 4. Eiszeit, d.h. die kältesten zwei Jahrtausende aller Zeiten, die rund 20.000 v. Chr. begannen, war bereits überschritten und ließ das Interstadium Würm III / Würm IV geradezu als mild erscheinen. Weder die Gebräuche der Jäger, die das Sommerlager von Solutré nach wie vor sporadisch nutzten, noch die Pferdedichte in den gemischten Großherden scheinen sich inzwischen wesentlich verändert zu haben, wohl aber die der Wisente und Auerochsen.

Hier in meiner Wohngegend indessen, in der sogenannten "Basse Ardèche" bzw. im "Vivarais", führte das immer kälter werdende Klima schon einige Jahrhunderte vor 20.000 v. Chr. zu einer Reorganisation sowohl des Lebens der großen Huftierherden als auch des Alltags der Jäger, die mit ihnen zusammenlebten.

Tatsächlich starben die meisten Laubbäume, die die Ardèche auch früher nur als karge Haine besiedelt hatten, bis auf wenige Eichen aus, ohne daß die verschiedenen Pinien- oder Kiefernarten sie zu ersetzen vermochten. Auf den Tundren sprossen die Gräser jeden Frühling später, spärlicher und karger, so daß die Huftierherden aus dem Rhônetal immer seltener bis an den Rand der Cévennen fanden. Dafür fielen nun Mammute und größere Nashorngruppen ein und in ihrem Gefolge Löwen, Panther und Hyänen und vertrieben mindestens einen Teil der hier seit Generationen ansässigen Herden, in denen – im Unterschied zu jenen bei Solutré – nach wie vor Wisente und Auerochsen in der Überzahl waren.

Ein Teil der in den Höhlen der Ardèche-Schlucht hausenden Solutréer schnallte den Gürtel enger, erfand die Nähnadel mit Öhr, um die wärmenden Felle lückenloser um sich zu drapieren, zog in tiefere Grotten um, in denen das Feuer Tag und Nacht zu glimmen hatte, lebte fortan von Rentier-, Mufflon-, Steinbock-, Hirsch- und Hasenfleisch und gedachte, aus dem Ardèchetal mit seinem ganzjährig Wasser führenden Fluß, seinem etwas weniger kalten Mikroklima und seinen so tröstlichen Kulthöhlen nie und nimmer wegzuziehen.

Der kleinere Teil, vor allem wohl der jüngeren Jäger, die bisher mindestens den Sommer über in und mit den Herden auf den Plateaus gelebt hatten und sich mit diesen vertrauter fühlten als mit den Steinböcken der Ardècheschlucht, zog indessen regelmäßig den nach Südwesten wandernden Wisenten, Auerochsen und Wildpferden und deren Gefolge aus Rentieren, Hirschen, Rehen und Wölfen nach. Vielleicht gedachten sie auch nur die Versorgung der Zurückbleibenden mit Nahrungsmitteln zu entlasten...

Jedenfalls war es bestimmt nicht nur Abenteuerlust, was sie bewegte, mit "ihren" Huftierherden nach Südwesten auszuwandern; tauschten sie doch die relative Sicherheit, die sie mit ihren Frauen und Kindern in den Höhlen der Ardèche genossen hatten, gegen absolute Ungewißheit ein, was der Abend und der nächste Tag wie, wann und wo für sie bereit hielten.

Überdies waren sie nun gezwungen, ihre gesamte Habe ständig mitzuschleppen; Felle als Zeltdächer und Decken für ihre Kinder, ihre Speere, Stein- und Knochenwerkzeuge und die "Rhomben" oder "Bull-Roarer" an den langen Schnüren, mittels welchen sie bei Raubtiergefahr die Herden dichter zusammenschließen und Raubkatzen vertreiben konnten, wie es die Schafhirten in den Pyrenäen und im nordafrikanischen Atlas heute noch tun.

Tagein, tagaus zogen die Männer, Frauen und Kinder der Solutréer inmitten "ihrer" Herden oder hinter ihnen her, trieben hier Nachzügler an, dort vergessene oder ausgescherte Jungtiere zu ihren Müttern zurück. Weidete die Herde an Ort und Stelle, so erlegten sie schnell ein Kleintier aus dem Herdengefolge und rösteten das Fleisch, um es haltbarer zu machen. Dann ging es auch schon wieder weiter im gemächlichen Wanderrhythmus der Wisente und Auerochsen.

Ruhte die Herde, so ruhten auch die Jäger. Zog sie - etwa bei Vollmond - selbst die Nächte hindurch weiter, so folgte ihr der Mensch ebenso ruhelos. Für die Tiere waren die Solutréer - mindestens am Anfang der großen Wanderung - tatsächlich nicht mehr und nicht weniger als eine weitere Gattung Folgewild.

Die Jäger und ihre Familien stellten sich indessen ebenso unbewußt und selbstverständlich in den Dienst "ihrer" Großherden und ahnten bestimmt nicht, daß ihre Kindeskinder erst 12.000 bis 15.000 Jahre später aus dieser "Lehre des weisen Umganges mit der (Um-) Welt" wieder entlassen würden.

Worin bestand das während dieser endlosen Lehre zu Lernende?

Dem ersten und wichtigsten, was die wandernden Solutréer bereits zuvor, d.h. noch hier, im Paradies der Ardèche, gelernt hatten, lag die Beobachtung zugrunde, daß jede Tierart einen eigenen, für sie charakteristischen Bewegungsrhythmus besitzt, an dem sich die verschiedenen Mitglieder beispielsweise einer gemischten Großherde jederzeit, so auch nachts oder in dichtem Nebel oder hohem Schilf, wiedererkennen.

Wird dieser typische Bewegungsrhythmus gestört, sei es zum Beispiel dadurch, daß ein am Herdenrand sicherndes Tier erschrickt, unvermittelt anhält, um in die Weite zu blicken, oder auch nur aus Unaufmerksamkeit stolpert, so erschrickt tatsächlich im selben Augenblick die gesamte Herde mit, schließt sich dichter zusammen, drängt die Mütter und Jungtiere in ihre Mitte, während sich vor allem die Bullen auf die Abwehr der Gefahr vorbereiten.

Wollten sich die Solutréer in eine ihnen fremde Herde einschleichen oder in ihrer angestammten Herde langfristig behaupten, ohne von den Wildbullen bedroht zu werden, so hatten auch sie sich ein für alle Male im Rhythmus einer Tierart zu bewegen, die von allen anderen nicht nur toleriert, sondern für nützlich oder als Ergänzung erachtet wurde.

Für die Solutréer auf der Wanderung nach Südwesten war diese Tierart das Pferd. Deshalb bewegten sich nicht nur die Jäger, sondern selbst ihre Frauen und Kinder ruhig, gemächlich im Gleichschritt mit den Pferden und vermieden umsichtig alles, was "ihre Herde" als ein Erschrecken, Angst oder Unvorsichtigkeit ihrerseits und damit als eine Störung der Wanderung oder Auflehnung gegen den Herdenkonsens, gegen die herdeninterne Anteilnahme jedes Tieres am Gemeinwohl, hätte deuten können.

Und von wem oder was lernten die Solutréer, sich wie Pferde zu bewegen, innerhalb der Großherde, wie Pferde achtsam, rücksichtsvoll, sanft aber bestimmt aufzutreten, wenn nicht von den Pferden selber?

Die Hengste aus der nächsten Umgebung des Herdenführers, die das Wächteramt für die Gesamtherde wahrnahmen, zeigten ihnen, wie selbst das schärfste Pferdeauge und das konzentrierteste In-die-Weite-Sichern Gefahren übersehen oder mißdeuten kann, wenn das instinktive "Gefühl für den Lauf der Welt" dabei fehlt, die Unbekümmertheit obsiegt oder zu frühes oder unangemessen heftiges Erschrecken die Herde zu kopfloser Flucht treibt, bei der Kälber, Fohlen und Kitze zurückbleiben und so überhaupt erst Opfer von Löwen, Panthern und Wölfen werden.

Die Solutréer lernten somit von den Pferden zuerst einmal, Ruhe zu bewahren, ihr eigenes Erschrecken unter Kontrolle zu halten, alle überraschenden Gesten und Bewegungen zu vermeiden und ihren Kindern übermütige Purzelbäume, Luftsprünge, Freuden- und Schmerzgeheul, Spaß und Schabernack mit Fohlen und Kälbern schon frühzeitig abzugewöhnen.

Sie lernten so nicht nur, sich allmählich passiv in die Großherde zu integrieren, indem sie sich, wie das übrige Folgewild, den Huftieren mehr und mehr anpaßten, sondern zudem nach und nach, sich für die Herde auch aktiv unentbehrlich zu machen.

Dazu schulten sie ihr eigenes Gefühl für den "Lauf der Welt" und für Gefahren ebenso wie ihr gefühlsmäßiges Ausloten, was in jedem einzelnen Notfall zu tun und zu lassen war, und probierten ihre Einfälle daraufhin einfach aus.

Sie entdeckten so, daß großen Raubkatzen und Wölfen am sichersten mit dem Rhombus oder Bull-Roarer und, wenn es die Windrichtung zuließ, mit Feuer, brennenden Fackeln und Kienästen beizukommen war und nur im schlimmsten Fall zudem mit Wurfspeeren, Steinschleudern und Steinbeilen.

"Stampeden" im Sinne Karl Mays und der Westernfilme gab es damals kaum und schon gar nicht bei Herden, die Menschen integriert hatten. Jedenfalls wurden Bilderberichte darüber bisher in noch keiner Höhle Südwesteuropas entdeckt.

Aber inwiefern konnten die Solutréer "ihren" Herden objektiv unentbehrlich werden, wenn man von der Vertreibung von Raubkatzen und Wölfen einmal absieht?

Wie wir bereits wissen, war eine der Grundvoraussetzungen für die Eingliederung des Menschen in die gemischten Huftierherden die Übernahme des Bewegungsrhythmus einer Huftierart. Die nomadisierenden Solutréer hatten den der Pferde übernommen und waren damit von den Wisenten und Auerochsen nur eben toleriert worden. Das aber reichte nicht aus, um in der Gesamtherde als vollwertiges Mitglied anerkannt zu werden, vollwertige Aufgaben zu übernehmen und dafür am Großherdenkonsens Anteil zu haben.

In einer Huftierherde integriert zu leben, heißt tatsächlich, an der kollektiven Herdenpsyche vollumfänglich aktiv teilzuhaben, die Sensibilität, Achtsamkeit, Wachheit jedes einzelnen Tieres der Landschaft, Wetterumschwüngen, Bodenbeschaffenheiten, akuten Gefahren, Hunger, Durst und der Kälte gegenüber in jeder Sekunde unmittelbar zu teilen und pausenlos spontan instinktiv das für das Wohl der Gesamtherde Beste anzustreben.

Zu Beginn ihrer großen Wanderung waren die Solutréer des Vivarais bestimmt wesentlich stärker verunsichert, leichter zu entmutigen und zu erschrecken als ihre ersten Lehrmeister, die Pferde, die auf den weiten, sanft gewellten Tundren der Tiefardèche ihr Heil jederzeit in der Flucht zu suchen verstanden und es gerade deswegen ließen.

Dann lernten die Jäger, Ruhe zu bewahren, sich zu tarnen oder auf Bäume zu klettern, anstatt zu fliehen, somit abzuwarten, bis die Gefahren verzogen oder gebannt erschienen; kurz, der Weitsicht der Pferde zu vertrauen, um schließlich sogar Gefahren noch früher, noch weiter entfernt, noch umfassender zu erkennen als ihre tierischen Lehrer und so die Herde noch frühzeitiger vorzuwarnen als diese.

Und mit jedem Fortschritt, den sie in die Richtung ihrer "Brauchbarkeit", Nützlichkeit, ja später sogar Unverzichtbarkeit für die Herde machten, verstrickten sie sich tiefer in ihre eigene Verantwortlichkeit und ihr Verantwortungsgefühl dem Gedeihen und Verderb "ihrer" Herde gegenüber, was diese prompt zu honorieren oder mindestens anzuerkennen schien.

Sie gewahrten so, daß einzelne verletzte oder kranke Herdenmitglieder, rebellische und zänkische Jungtiere die Flucht- und Selbstverteidigungsfähigkeit der gesamten Herde in Gefahr brachten und deshalb oft von den Gruppenchefs aus der Herde vertrieben wurden. Folgten die Störenfriede dieser in der Ferne, so zogen sie unweigerlich Wölfe,

Löwen und Panther an und lenkten deren Aufmerksamkeit damit auf die Jungtiere auch der Gesamtherde. Das hieß, sie mußten erlegt werden, bevor die großen Raubtiere auftauchten.

Mit der Zeit entwickelten die Solutréer Nomaden einen so präzis interpretierenden Blick für jede einzelne Bewegung der Huftiere und deren Bedeutung und ein so feines Gefühl für die Beziehungen zwischen den einzelnen Tieren und Tiergruppen, daß sie schließlich sogar lernten, Aggressionen, Neid, Mißgunst und Eifersüchteleien vorzubeugen, indem sie den Gruppenchefs mindestens einen Teil deren "bewegungs-therapeutischer Heilgymnastizierung" von verletzten, kranken oder störrisch-aufsässigen Tieren abnahmen.

Sie kamen so nach und nach hinter die Tatsache, daß sowohl bei Pferden als auch bei Wildstieren mittels der Vervollkommnung selbst einfacher, in jedem Tier angelegter Bewegungsabläufe und des spezifischen Gleichgewichtes dabei sogar disziplinarische und charakterliche Probleme in nur wenigen Tagen zu lösen sind. Und sie lernten dank der Vervollkommnung der körperlichen Geschicklichkeit der einzelnen Pferde und Stiere deren Selbstbewußtsein, Aufsteigen in der Gruppenhierarchie und damit deren Einfluß auf die anderen zu ändern, zu fördern oder zu stabilisieren, wodurch sie für die Herden am Ende des Solutréens tatsächlich nicht nur unentbehrlich, sondern zu Gruppen- und Herdenchefs geworden waren... allerdings ohne sich dessen auf den Höhlenbildern jemals zu brüsten.

Sie lernten und lernten und kamen aus dem Staunen nicht heraus, was ihnen die Pferde, die Wisente und Auerochsen und selbst die Rentiere und Hirsche alles beizubringen hatten.

Die Wildstiere zeigten ihnen, daß man sie stets vorsichtig schräg von hinten auf sich aufmerksam machen muß, und daß dabei die eigene Front, die gedachte Gerade aus dem eigenen Nabel oder Sonnengeflecht, den Stier niemals berühren darf, will man nicht augenblicklich angegriffen werden.

Als die Solutréer begannen, diese Regel auch im Umgang mit den Wildpferden zu beachten, konnten sie sich prompt in nur wenigen Tagen jeweils mitten in die Pferdetrupps und dort in die nächste Nähe jedes einzelnen Tieres begeben, ohne daß sich diese deswegen aufregten oder die Gruppenchefs sie bedrohten oder angriffen.

Selbst ihre Kinder konnten so am Herdenrand mit Fohlen oder Kälbern spielen, wenn auch stets nur so lange, wie sie weder das Jungtier, noch seine Mutter "mit ihrem Nabel berührten" oder sich auch nur eine hastige, überstürzte Bewegung erlaubten, die dem Rhythmus der Tiere widersprochen und das Menschenkind als nicht zur Herde gehörend ausgewiesen hätte.

Auf diese oder ähnliche Art und Weise kamen jedenfalls bereits die Solutréer Kinder darauf, die Gleichgewichtshaltungen der Wildrinder und Wildpferde nicht nur zu vergleichen, sondern auch richtig zu deuten. Warf so beispielsweise eine Kuh, mit deren Kalb ein Kind spielte, unvermittelt ihren Schwerpunkt nach vorne, so hatte das Menschenkind augenblicklich zur Salzsäule zu erstarren und sich vom Kalb abzuwenden, wollte es nicht angegriffen werden.

Spielte es hingegen mit einem Fohlen und schob dessen Mutter ihren Schwerpunkt plötzlich nach hinten, so wußte es sogleich, daß es auch in diesem Spiel zu weit gegangen war, den Sicherheitsabstand und -winkel mißachtet, sich somit "untierisch" verhalten hatte oder, daß ganz einfach die Zeit gekommen war, das Fohlen sich ausruhen zu lassen.

Es war jedenfalls alles andere als ein Wunder, daß sich die Kinder und Kindeskinder der Solutréer, die später sogenannten "Magdalenier", als die eigentlichen Nachkommen der Partnerschaft zwischen der Mutter Erde und dem Vater Himmel fühlten, die durch die Partnerschaft der Wildpferde und Wildstiere in den gemischten Wildherden praktisch vorgelebt wurde und drei- bis viertausend Jahre lang Tag für Tag nicht nur zu beobachten und zu bedenken, sondern durch die unmittelbare Teilhabe am Herdenkonsens auch am eigenen Leib zu *erfahren* war.

Wer etwas Achtsamkeit, Gefühl und Übung im "vor allem erfahrenden Ausloten" von Höhlenbildern besitzt und versteht, die Gravuren, Zeichnungen und Malereien auf sich wirken zu lassen, ohne sie intellektuell analysieren zu wollen, wird feststellen, daß es in den Darstellungen vor allem der Grotten Chauvet, Cosquer und Lascaux, also in jenen der Solutréer, zwar gewiß auch um eine Definition der Weltordnung geht, also um das Zusammenspiel von Hell und Dunkel, der Erde mit dem Himmel, männlicher und weiblicher Kräfte, kurz, von Yin und Yang, aber nicht ausschließlich darum.

Noch viel eindrücklicher stellten die Solutréer ihre Erfahrungen beim Ausloten des Lebens selber dar. Für sie lag der Urgrund aller Lebendigkeit nun einmal in der Bewegung. Aber jede Bewegung und Bewegungsfolge verwies nicht nur auf die Lebendigkeit des betreffenden Lebewesens, sondern darüberhinaus auf den Charakter, die Lebenslust, die Lebensumstände und die körperliche Verfassung des betreffenden Tieres. Kurz, sie entnahmen jeder einzelnen Bewegung eines Mitgliedes ihrer Herde *instinktiv* die für sie und ihr Verantwortungsbewußtsein wichtigsten Informationen über das Tier, seine Gruppe und die Herde.

Stießen sie dabei auf für sie neue, überraschende Erklärungen an sich bekannter Zusammenhänge, so hielten sie diese bildlich in einer Höhlendarstellung fest oder "dachten" sogar manche "bildlich" weiter, um ihren Nachfolgern in der Kulthöhle die Lebenslehre zu erleichtern.

Dank ihrer Achtsamkeit allen Bewegungen gegenüber, sowohl jenen der Pferde als auch jenen der Wisente, Auerochsen und des Folgewilds, ja sogar jenen der Bäume, Büsche und des Grases im Wind, lernten sie nicht nur, sondern *erfuhren* sie, wie das Leben sich in Pferden und wie ganz anders in Auerochsen, in Rentieren und Hirschen zu manifestieren und auszudrücken pflegt.

Und indem sie die einzelnen Tiere und deren ureigenste Bewegungen immer präziser zu imitieren versuchten, lernten sie nicht nur, die Bewegungssprache jeder Tierart besser zu verstehen, sondern zudem, sie selber täglich genauer und unmißverständlicher zu artikulieren und damit inmitten der Tiere aktiv umzugehen.

Allein aus diesem Grund und allein auf diese Art und Weise schafften die Solutréer Jäger ihre Eingliederung in die gemischten Großherden in so erstaunlich kurzer Zeit und so vollkommen, daß heute nicht wenige Paläontologen der Ansicht sind, nicht der Mensch habe im Solutréen damit begonnen, die Großherden zu domestizieren, sondern die letzteren hätten damals angefangen, sich die Wanderjäger nutzbar zu machen.

Wie dem auch sei, gegen Ende des Solutréens bzw. im Salpetrien erwies sich die Symbiose, die Lebensgemeinschaft aus Menschen und Huftieren, hier, in Südwesteuropa, jedenfalls als so durch und durch geglückt, daß man durchaus bereits, wie André Leroi-Gourhan, von einer Art "Protodomestikation" sprechen kann.

Auf sie wird im nächsten Kapitel zurückzukommen sein. Im Augenblick reicht es aus, festzuhalten, daß die "paradiesischen Zustände" im Südwesteuropa der Vierten Eiszeit ihren Höhepunkt tatsächlich allein auf Grund der nahtlosen Lebenspartnerschaft von Mensch und Tier erreichten und dadurch, daß die Solutréer Jäger in den Pferden, Wisenten und Auerochsen ihre Lebenslehrer sahen. Von ihnen lernten sie die Ausdrucksweise und die Sprache des lebendigen Lebens zu verstehen und zu artikulieren und stellten sich damit "in den Dienst einer Aufgabe, deren objektive Bedeutung sie weit überragte" (André Malraux); nämlich in den Dienst der Evolution des europäischen Menschen, der europäischen Kultur und des Lebens auf unserem Kontinent.

☆ ☆ ☆

4. Kapitel
DIE LEHRZEIT DER SCHAMANEN

Umfaßte das westeuropäische "Paradies" in der Zeit des Aurignaciens, d.h. vor rund 30.000 Jahren, noch ein Gebiet, das im großen ganzen dem des heutigen Frankreichs und Südbelgiens entsprach, so schrumpfte es zwischen 24.000 und 16.000 v. Chr., d.h. während der kältesten Periode der letzten Eiszeit, auf etwa ein Drittel zusammen; nämlich bis auf die Region, die sich südlich der Loire und westlich der Rhône um das Zentralmassiv herum bis zur Nordflanke der Pyrenäen erstreckt (vgl. Karte, Zeichnung 10, S. 78).

Die einleuchtendste Erklärung für die "Schrumpfung des Paradieses" liefert eindeutig das Klima, das – vergleichbar mit dem heutigen in Lappland – die gemischten Wildherden und die Wanderjäger dem Vordringen der Kälte und den Vergletscherungen Nord- und Ostfrankreichs nach Süden und Südwesten ausweichen ließ.

Aber im Süden und Südwesten stießen die Herden prompt auf die unüberwindbar erscheinenden Hindernisse des Mittelmeeres im Osten, des Atlantiks im Westen und der Pyrenäen dazwischen, die lückenlos und ebenfalls vergletschert aus den hügeligen Tundren ragten. Der Meeresspiegel lag um 20.000 v. Chr. rund 120 Meter tiefer als heute. Und die Klippen und Steilwände, als welche sowohl das Ostende als auch das Westende der Pyrenäen in die Meere abfielen, waren von ganzen Herden und großen Tiergruppen sowenig zu begehen wie die wenigen, damals unter mächtigen Eis- und Schneedecken verborgenen Übergänge, Pässe und gefährlichen Durchlässe ins "gelobte" wärmere Land der Iberischen Halbinsel, die von Mensch und Tier früher regelmäßig benutzt worden waren.

Tatsächlich hatten sowohl die meisten Wildherden als auch zahlreiche Menschengruppen die Pyrenäen nahezu seit jeher und noch in den Jahrtausenden vor den Solutréern immer wieder überwunden, und das sowohl von Norden nach Süden als auch von Süden nach Norden. Dies beweisen unter anderem Steinklingen und Werkzeug aus dem französischen Aurignacien, die in Nordspanien gefunden wurden, ebenso wie die Steingeräte iberischer Aurignacier, die in Südfrankreich ausgegraben wurden. Ja, heute kann man geradezu von zwei "Fernverkehrswegen" über die Pyrenäen hinweg sprechen, wenn diese für die Benutzer teils auch waghalsige Klettertouren über hohe Pässe und durch verwinkelte, enge Schluchten an den beiden äußersten Enden des Quermassivs darstellten.

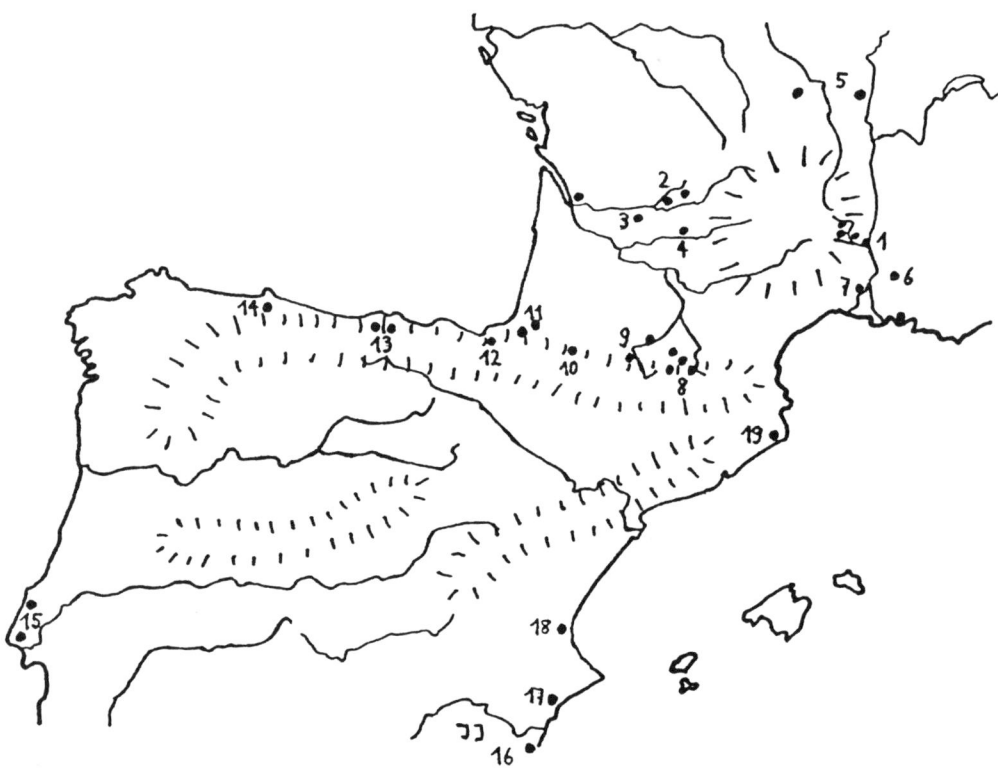

Zeichnung 10: Die bedeutendsten "Ballungszentren" von Kulthöhlen in Südwesteuropa

1 Ebbou, Chauvet, Figuier
2 Cro–Magnon, Lascaux
3 Combe–Capelle, Gravette
4 Pech Merle
5 Solutré
6 Cosquer
7 Salpêtrière
8 Niaux, Mas d'Azil,
   Trois Frères
9 Aurignac, Gargas

10 Arudy
11 Isturitz, Oxacelhaya
12 Ekain
13 Altamira, Castillo
14 La Paloma
15 Casa de Moura,
    Salemas
16 Ambrosio
17 Tossal de la Roca
18 Parpallo
19 Reclau Viver Arbreda

Nur jetzt, zur Zeit des Höhepunktes der 4. Eiszeit, 20.000 v. Chr., lagen diese Pässe und Durchlässe bereits seit so langer Zeit unter so mächtigen Schnee- und Eisdecken begraben, daß sich selbst einzelne, seit Generationen hier in der Gegend ansässige Solutréer nur noch höchst selten und ungern auf den Weg machten. Zudem warnten Bilder in den Kulthöhlen deutlich genug davor, sich blind dem Weginstinkt der Wildrinder, -pferde und Rentiere anzuvertrauen, die auch nicht mehr heil über das Gebirge fanden.

Niemand kann heute mit Genauigkeit sagen, wie lange die Wildherden und Solutréer Wanderjäger der Pyrenäennordflanke entlang irrten. Schätzungen reichen von einigen Jahrhunderten bis zu mehreren Jahrtausenden.

André Leroi-Gourhan vermutete, nicht ohne Beweise dafür zu haben, unter den Solutréern habe sogar eine Art verzweifelter Rückwanderungstendenz von Süden nach Norden bestanden; nämlich von den Pyrenäen bis in den Lot, den Périgord und die Corrèze, d.h. bis in das berühmte Tal der Vézère mit den Höhlen von Lascaux, Cellier, Rouffignac, Laugerie, Les Eyzies u. a. m. (vgl. Karte, Zeichnung 10, S. 78).

Der größere Teil der Solutréer blieb indessen den Wildherden treu und wanderte mit diesen zusammen an den rund 400 Kilometer langen Pyrenäen entlang; im Frühling von Westen nach Osten; im Herbst von Osten nach Westen.

Ein anderer Teil ließ sich jeweils "vorübergehend" in höhlenreichen "Ballungszentren" der Ost- und Mittelpyrenäen wie auch des Baskenlandes nieder und offenbarte in den dortigen Kulthöhlen sowohl, was die unfreiwillige Seßhaftigkeit für sie bedeutete, als auch, wie eng sich die Jäger trotz allem mit den Wildpferden und -bullen verbunden fühlten.

Ihre Höhlenbilder und die ihrer Kinder und Kindeskinder, der Magdalenier, gewähren uns heute jedenfalls erstaunliche Einblicke in die "Selbstanalysen" ihrer Mentalität oder Psychen, in deren Hauptanliegen, sowie in ihre Gesellschaftsordnung. Die für uns Reiter diesbezüglich aufschlußreichsten Pyrenäenhöhlen sind die von Niaux und Portel und des Mas d'Azil im Osten; die um Aurignac, Gargas und Labastide in den Mittelpyrenäen und die von Arudy und Isturitz im Westen.

Obwohl ich am Anfang des 2. Kapitels die Mentalität der Steinzeitmenschen schon einmal im Zusammenhang mit der Definition des Paradieses kurz gestreift habe, komme ich nicht umhin, hier etwas weiter auszugreifen, um einige Grundzüge der archaischen Psyche, wie Solidarität, Spontanität, Erfahrung im Unterschied zu bewußtem Erkennen, den Schamanismus und sein Vorgehen, Unbewußtes und Bewußtsein, Reflexe und Instinkte, Emotionen und Gefühle voneinander abzugrenzen (vgl. hierzu bitte Anhang I, II und III, S. 205 bis 226 und die dazugehörenden schematischen Darstellungen).

So großartig und bewundernswert die technischen Leistungen der Aurignacier, Solutréer und Magdalenier bei der Geräteherstellung aus Stein wie bei der "Bebilderung" ihrer Kulthöhlen auch sind, so wenig dürfen wir annehmen, sie entstammten lediglich besonders kühnen menschlichen Plänen, Schlüssen oder Absichten.

Tatsächlich verdankten beispielsweise die Solutréer ihre berühmten Nähnadeln mit Öhr und rasiermesserscharfen "Lorbeerblatt-Klingen" aus Feuerstein, wie ihre ergreifendsten Höhlenbilder, "nur" der absoluten Notwendigkeit und dem "Zufall" oder "Einfall", das heißt der unbewußten Einsicht in den Lauf der Welt und ihrer unbewußten inneren Achtsamkeit und Offenheit bei jedem einzelnen Atemzug und Handgriff.

Worauf achteten sie dabei im einzelnen?

- Eben gerade auf nichts einzelnes, sondern stets auf das gesamte "Sich-auswirken-des-Seins".

- Kostete ihre unbewußte Achtsamkeit sie dabei Mühe, Anstrengung und Konzentration?

- Nein, im Gegenteil! Nur bewußte Konzentration erfordert Übung und Anstrengung. Sie hingegen lebten damals noch weitgehend "unbewußt" mit ihrer belebten und unbelebten Umwelt psychisch direkt verbunden zusammen. Dadurch teilten sie deren "Sichauswirken" auf ähnliche Art und Weise, wie sie inmitten ihrer Herde deren "Herdeninstinkt" oder Herdenzusammenhalt teilten, und so "automatisch" stets das für die Gesamtherde einzig Richtige spontan anstrebten und spontan (= unmittelbar, ohne zu überlegen) vollbrachten.

Selbst die Solidarität mit ihrer Herde und deren Schicksal entsprang, wie ihre absolute Spontanität, ihre Lebensfreude und ihre Kreativität, weder einer Absicht noch bewußtem Wollen, weder sentimentaler Tierliebe noch berechnender Identifizierung mit beispielsweise dem Herdenchef; sondern einzig und allein ihrer individuellen und claneigenen unbewußten Direktteilnahme am natürlichen "Lauf der Welt", bzw. am natürlichen Ablauf des Lebens in der Natur.

Eine andere Konsequenz aus der Direktteilnahme am Leben hatte die Neandertaler bereits 40.000 Jahre früher ihre Toten bestatten und kostbare Grabbeilagen opfern lassen; nämlich die unmittelbare Betroffenheit und wohl auch das innere, unbewußte Wissen oder Ahnen, als einzelne dem Leben hoffnungslos unterlegen zu sein.

Die lange Zeit kaum bewußte Auseinandersetzung mit der inneren Erfahrung und den inneren Bildern war zwar einerseits eine Voraussetzung für die allmähliche Bewußtwerdung des Menschen, andererseits aber auch eine erste Distanzierung vom Leben, von den Herden, kurz, der Beginn der menschlichen Abnabelung von der Direktteilnahme am "Lauf der Welt" (vgl.: Anhang II und III).

Denn, wie bereits angedeutet, bescherte diese Auseinandersetzung mit den inneren Bildern sowohl der eigenen Psyche als auch mit den tief im Schoß der Erdmutter an die Höhlenwände und -decken projizierten den Solutréern und Magdaleniern nicht nur Offenbarungen des "So-Seins des Lebens", sondern stets auch erste Funken des Einblicks in den "Lauf der Welt" sowie des inneren Verstehens desselben und des Einvernehmens mit ihm.

Und während sie noch, bis in ihre tiefsten Tiefen erschüttert, das eben Erfahrene bestaunten, zwangen sich ihnen spontan – weshalb, woher? – Tanzschritte, Trommelrhythmen, beschwörende Gebärden, Laute und Gesänge auf, und sie griffen, ohne sich dessen gewahr zu werden, zu Holzkohlen- und Rötelstücken und zeichneten und malten ihre Visionen auf eben der Höhlenwand nach, auf der sie ihnen erschienen waren.

Fand zudem einer der noch empfindsameren Clanzugehörigen, durch die Trommelrhythmen angelockt, ebenfalls bis in den tiefsten Höhlensaal, und fiel sein Blick auf eine der eben entstandenen Kohlezeichnungen an der Grottenwand, so verwandelte er sich sowohl in seinem eigenen Bewußtsein als auch in dem der Trommler, Sänger, Tänzer und Zeichner unversehens in das lebendige Modell des eben dargestellten oder seines eigenen Totemtieres. Er übernahm dessen Gehabe und Verhalten, Gestik und Ausdruck und half den anderen Clanmitgliedern so als ein lebendiger Wildstier oder ein Pferd, Rentier oder Vogel, ihre archetypischen Bilder besser zu verstehen und sie in ihre Psyche einzuordnen: er wurde zum "Schamanen" und dadurch vielleicht sogar zum "Modell" für ein weiteres Höhlenbild.

Und genau so, wie sie entstanden sind, sind die Höhlenbilder von uns heutigen Menschen auch zu "lesen"! Nämlich, die Darstellung beispielsweise eines Pferdes nicht als ein mehr oder weniger geglücktes

Zeichnung 11
Der "sonnentanzende" Schamane aus der Grotte Chauvet bei Vallon–Pt.–d'Arc

Porträt eines Pferdes aus der Herde, sondern als ein "Traumbild vom innersten Wesen" eines Pferdes, einer ganzen Pferdegruppe oder -herde und der Emotionen und Gefühle, die dieses Tier in der Traum- oder Bilderwelt des Höhlenmalers symbolisierte oder ausdrückte.

Selbstverständlich konnte es sich dabei auch um die Skizze eines lebendigen Pferdes aus der realen Umgebung der Höhle handeln. Meistens suggerieren aber auch solche dem achtsamen Betrachter beispielsweise "Verlorenheit in der Irre" oder überschäumende Unternehmungslust, Kälte, Hunger oder Müdigkeit oder Kraftprotzerei, Spielfreude, Durchsetzungsvermögen, "Kopflosigkeit" oder Zielstrebigkeit hin zur Wasserstelle oder zu Wakan Tanka, zum Großen Geist, wie der Hengst, der sich gegen den Sturm anstemmt (in der "Grotte Chauvet" - vgl. Z. 8, S. 60).

Kurz, in der Regel sind die Höhlenbilder Südwesteuropas und Nordafrikas weder wie die Silben, Wörter und Sätze in diesem Buch, noch wie Ausdrucksweisen dessen zu "lesen", was man heute "Kunst" nennt, sondern stets wie frühe Hieroglyphen (= altägyptische "heilige Gravuren") oder wie die ersten altchinesischen Bilderschriftzeichen, die zu ihrem Sinngehalt immer auch die Umstände ihrer Verwendung, also die Zusammenhänge und Beziehungen mitliefern, in denen das Bildobjekt gewürdigt wurde. Nur so betrachtet verraten sie mehr über das Wesentliche, Atmosphärische und Symbolische des Bildobjektes als über das dargestellte Tier selber.

Den Höhlenmalern ging es somit nur äußerst selten um "naturgetreue Momentaufnahmen" von Tieren, Menschen und Ereignissen. Sie bemühten sich vielmehr um "wesensgetreue Darstellungen" dessen, was das skizzierte Tier ihnen persönlich zu sagen hatte oder ihnen im Auftrag der Erdmutter oder des Großen Geistes dem Clan mitzuteilen aufgab. Auch die Höhlenbilder stellen so in Wirklichkeit "heilige Gravuren" dar, selbst wenn sie 25.000 Jahre vor den altägyptischen und altchinesischen entstanden sind.

Kommen wir nun zu den oben kurz gestreiften "Schamanen" und zu ihrer Rolle in den archaischen Clanen.

Wie der international bekannte große Paläontologe Jean Clottes erst kürzlich (nämlich in seinem Buch: "Les Chamanes de la Préhistoire", Editions du Seuil, Paris 1996) erneut nachgewiesen hat, halfen auch bei den Aurignaciern, Solutréern, Magdaleniern und Epipaläolithikern Südwesteuropas und Nordafrikas überempfindsame Clanmitglieder mit besonders labilem psychosomatischem Gleichgewicht ihren Clangenossen,

Zeichnung 12: Schamanen aus drei verschiedenen Kulthöhlen

Fehltritte und Fehlverhalten dem natürlichen Ablauf des Lebens, ihrer Herde und deren Belange und ihrer eigenen Traumbilderwelt gegenüber so plastisch und eindrücklich bewußt zu machen, daß den Betroffenen gar nichts anderes übrig blieb, als ihr Fehlverhalten zu korrigieren, sich selber grundlegend zu verändern und sich dem naturgemäßen Lauf der Welt und des Lebens wieder unmittelbar anzuschließen.

Sie wurden so notgedrungen die ersten Erforscher der menschlichen Psyche, der archetypischen Bilderwelt und deren Beziehungen einerseits zur Wirklichkeit, andererseits zur Überwirklichkeit des "Religiösen" und zugleich zu ersten psychosomatisch heilenden Naturärzten und "seelsorgerischen" Begleitern toter Seelen in die Gefilde Bai Ulgäns und Wakan Tankas (vgl.: Mircea Eliade: "Le Chamanisme", Payot, Paris 1951).

Der Schamane war somit - wenigstens hier in Südwesteuropa und in Nordafrika - weder ein Scharlatan, Quacksalber oder Schwarzkünstler, noch ein Clandiktator, Jagd- oder Kriegshäuptling, sondern stets vor allem ein Seelenkenner, Seelenführer und Ekstatiker, der die Bürde seiner Verantwortung sowohl für das psychosomatische Wohl seines Clans, als auch dem Himmel und der Erde und den übrigen Lebewesen gegenüber ernster nahm als seine eigene unbekümmerte Existenz.

Dies beweisen eine große Zahl bildlicher Zeugnisse in den verschiedensten Kultgrotten aus allen Epochen vom Aurignacien, bis ins Magdalenien und ins Epipaläolithikum hinein.

In der "Grotte Chauvet" gibt es sowohl direkte, als auch indirekte Hinweise aus dem Aurignacien auf den "weisen" Umgang der Schamanen mit der Natur und dem Leben.

Tatsächlich trägt, wie bereits angedeutet, eine mitten in einen Durchgang herabhängende Felszunge gleich zweimal das Zeichen des in der Luft an Ort und Stelle "rüttelnden" Falken, den nordamerikanische Indianer heute noch den "kleinen Bruder des Adlers" nennen und als Wahrzeichen der Medizinmänner und ihrer ekstatischen Höhenflüge verehren.

Ein anderer herabhängender Felszahn der gleichen Kulthöhle zeigt sich nahezu vollständig von einem sogenannten "zusammengesetzten Wesen" aus der gleichen Zeit eingenommen; "halb Mensch, was die unteren Körperteile; halb Bison, was die oberen betrifft" (J.M. Chauvet in "La Grotte Chauvet", Seuil, Paris 1995). Dieses "zusammengesetzte Wesen" tanzt sichtlich eine Art "Sonnentanz", wie ihn indianische Medizinmänner unter präparierten Bisonschädeln und -rückendecken gleichfalls noch immer tanzen (vgl.: Z. 11, S. 82 + Z. 12, S. 84).

In der Höhle von Lascaux (Solutréen und Magdalenien) erinnern indirekt die sechs oder sieben "schwimmenden Hirsche" (H. Breuil), von denen nur die Köpfe und Geweihe zu sehen sind, eine große Zahl Geweihe, die zu keinem Hirsch oder Hirschkopf gehören, sowie drei "Schachbretter" mit je neun verschieden gefärbten Feldern an schamanistische Symbole und Praktiken.

Direkt zu sehen ist indessen nur ein Schamane, der als angeblich "toter Mensch" mit Vogelmaske und ausgebreiteten Armen zwischen seinem Wahrzeichen – einem Vogel auf einer in die Erde gerammten Stange – und einem ihn musternden Bison liegt.

Zwei weitere in Tiere "verwandelte" Schamanen gibt es in der Höhle der "Trois Frères", in den Pyrenäen. Der eine erscheint auch hier als ein sonnentanzender, zweibeiniger Bison mitten in einer durcheinanderwogenden gemischten Wildherde aus Auerochsen, Wisenten, Wildpferden, Hirschen und Steinböcken.

Der zweite, als "Sorcier" (= Zauberer oder Hexer – H. Breuil) offiziell anerkannt, trägt ein Hirschgeweih mit Pferdeohren und einer Pferdehaut auf dem Kopf und Rücken, eine Eulenmaske vor dem Gesicht, einen langen spitzen Bart aus Pferdehaar und einen Pferdeschweif an seiner Kruppe (vgl. Z. 12, S. 84).

Allen vier Schamanen gemeinsam ist, daß sie sich in Tiere verwandelt haben, die in den Psychen ihrer Schutzbefohlenen einen hohen Stellenwert als Himmels- oder Sonnensymbole, wie der Bison, als Erdmuttersymbol, wie das Pferd, oder als besonders weit- oder einsichtiger Vogel, wie der Rüttelfalke, der Vogel auf dem Stangenende und die Eule besaßen (vgl. Z. 11 und Z. 12, S. 82 und 84).

Drei der vier Medizinmänner erweisen sich somit als in Totemtiere verwandelt und tanzen entsprechend auf die gleiche oder sehr ähnliche Art und Weise kadenziert in leicht gebückten Haltungen bei rundem Rücken und gebeugten Knien, wie versammelte Pferde.

Drei zeigen erigierte Glieder, was sie einerseits als besonders mächtige oder potente Schamanen erscheinen läßt, andererseits aber auch beweist, daß der angeblich "tote Mann" (H. Breuil) mit der Vogelmaske in Lascaux nicht ganz so tot sein kann, wie er aussieht.

Der heutigen Ansicht nach, scheinen sowohl sein erigiertes Glied, als auch die aufrecht im Boden steckende Stange mit dem Vogel darauf zu bedeuten, daß sich der Schamane auf einem ekstatischen Höhenflug befindet, vielleicht um die Seele des Wisents, der auf dem Bild seinen scheinbar leblosen Körper mustert, zu begleiten oder zurückzuholen.

Für ihre "Zuschauer", die damals in Wirklichkeit noch "aktive Teilnehmer" am inneren Erlebnis der Schamanen darstellten, waren letztere keineswegs eben nur verkleidet oder maskiert, sondern hatten sich leibhaftig in die entsprechenden Tiere verwandelt; manchmal sogar in Misch- oder Fabelwesen, die es in der Außenwelt ausschließlich in dieser archetypischen, nur schamanistisch zu erfahrenden Form gab.

Und als schamanisierende Fabelwesen, Wisente, Pferde, Hirsche, Falken oder Eulen bedienten sich die Schamanen in den kaum bewußten, bilderträchtigen Tagträumen der Zuschauer jeweils sämtlicher nützlicher Eigenarten und Fähigkeiten der Tiere, um ihre ekstatischen Reisen, Flüge, Tauchsafaris, Baum- und Bergbesteigungen und Geisterbefragungen erfolgreich zu Ende zu führen.

Niemanden unter den Zeugen wunderte es so, daß sich die Clanschamanen, hier in Südwesteuropa, "weiser", weißer Pferde bedienten, um zur Krone der Weltenesche zu fliegen, dabei Hirschgeweihe trugen, um dank dieser "Antennen" und dank der über sie empfangenen Ratschläge der Hilfsgeister den Großen Geist leichter zu finden.

Ging es um Wege- oder Weidefragen und um herdeninterne Probleme mit beispielsweise der Fruchtbarkeit der Kühe oder Stuten, so verwandelte sich der Schamane oft in einen mächtigen Bullen oder Hengst, tanzte inmitten der Herden den Sonnentanz, wies sich den Tieren so als ein Gesandter des Himmels oder der Erde aus und beriet sich dann auch mit den Herden- und Gruppenoberen.

Die "Zuschauer" sahen wohl wiederum "nur" den mächtigen Bullen oder Hengst mit den Sonnen- oder Mondzeichen ihres Schamanen und lasen aus jeder Haltungsänderung und Bewegung der Wisente, Auerochsen, Wildpferde, Hirsche und Rentiere in seiner Nähe, wie jedes einzelne Tier und jede einzelne Tiergruppe die Sachlage empfand.

Als durchaus natürlich erschien so, daß sich auch alle Betroffenheit, Furcht oder Verzweiflung jedes einzelnen Clanmitgliedes, wie jedes einzelnen Tieres, bei allen zwar als unterschiedliche, jedoch demselben Archetypus entstammende Bilder- und Bewegungsfolgen äußerte, von denen allerdings, außer dem Schamanen, niemand mit Gewißheit sagen konnte, ob sie der inneren oder der äußeren Welt entstammten.

Die Fähigkeit, mit etwas Übung jederzeit zwischen der Bilderwelt der eigenen Psyche, den Träumen des sogenannten "Unbewußten", und der äußeren Wirklichkeit und deren bildlicher Sinneseindrücke hin und her zu wechseln, war zwar das Gütezeichen oder Merkmal vor allem der Schamanen, gehörte jedoch in mehr oder weniger deutlich ausgeprägter Form auch zur Lebenstüchtigkeit jedes einzelnen Steinzeitjägers, ja wohl

Zeichnung 13: (Traum-?) Wildpferde aus den südfranzösischen Kult-Höhlen

1 La Pasiega
2 Les Trois Frères
3 Tejat

4 Tejat
5 Bedailhac
6 Gargas

sogar zu jener der meisten Säugetiere, wie wir erst neuerdings aus Arbeiten amerikanischer Neurologen wissen, die nachwiesen, daß beispielsweise schlafende Katzen oft sehr präzis von der realen Mäusejagd träumen.

Brauchte der – in einer bis zu dreißig Jahre dauernden Lehrzeit bei einem älteren, erfahrenen Medizinmann – fertig ausgebildete Schamane kaum mehr als leichte emotionelle Anstöße, um seiner Körperschwere zu entfliegen (wie der "tote Mann" oder Schamane in Lascaux), so mußte sich der "gewöhnliche" Aurignacier, Solutréer oder Magdalenier mindestens "affektiv schockiert" fühlen, bevor er seine innere und äußere Bilderwelt und deren Inhalte durcheinanderbrachte und so die Orientierung und Kontrolle seines Bewußtseinsfunkens verlor.

In zahlreichen südfranzösischen Höhlen gibt es Felswände, deren oberflächliche Beschaffenheit so zerklüftet, zerrissen und verwittert erscheint, daß man sich selbst als moderner Mensch noch gehörig zusammennehmen muß, um durch das Ritzen- und Liniengewirr nicht ebenfalls "affektiv schockiert" zu werden und um dahinter nicht ebenso unwillkürlich Wild- und Fabeltiere, Dämonen und maskierte Menschen zu erkennen.

Die Aurignacier, Solutréer und Magdalenier hielten ihr flackerndes Bewußtsein noch nicht "unter Kontrolle". Sie zeigten sich durch die "Spiegelungen" ihrer ureigenen Bilder auf der Felswand noch so unmittelbar betroffen, daß sie die Unebenheiten, Schichtungsspalten und Auswaschungsrinnen, die "ihr" Totemtier im Gestein darstellten, sogleich nachgravieren, hervorheben oder ausmalen mußten. Oder sie beließen die äußere Kontur der Felsformation unverändert und malten dafür nur den Kopf oder Körper des Tieres aus, das sie darin sahen, oder ein viel kleineres Tier, mit allerdings genau denselben Proportionen, auf den Leib der "natürlichen Skulptur", wie beispielsweise den "Apfelschimmel" auf dem Felsblock mit Pferdekontur in der Höhle von Pech-Merle (Dept. Lot), der in der Sattellage zudem das Signum seines "Träumers" und Malers trägt, nämlich das Negativ seines Handabdruckes.

Kurz, ob es diese "Traumpferde" in der Wirklichkeit jemals gegeben hat oder ob sie tatsächlich nur in der unbewußt-bewußten (letzteres beweisen die Handabdrücke) Psyche ihrer Zeichner und Maler existiert haben, weiß heute niemand mehr mit Gewißheit zu sagen (vgl. Zeichnung 13, Seite 88).

Für uns besitzt die Antwort auf diese Frage auch nur wenig Bedeutung. Viel wichtiger ist für uns Pferdefreunde, aus solchen Höhlenbildern und -skulpturen herauszulesen, *wie* die Steinzeitjäger ihre inneren und äußeren Erfahrungen zur Deckung brachten, *wie sie* dadurch mehr und mehr Bewußtheit gewannen, obwohl sie ihre Umwelt nach wie vor affektiv oder instinktiv eindrücklicher *miterlebten* und *miterfuhren* als wir, die wir sie nur bewußt "zur Kenntnis nehmen", "registrieren" und "katalogisieren".

Aber genau hier, im Mangel an spontan in und mit der Umwelt geteilter und miterlebter innerer Erfahrungen, anstatt bloß "gemachter Beobachtungen", ist der Grund zu suchen, weshalb sich heute in Mitteleuropa kaum ein Reiter mehr die Frage stellt, wie eigentlich sein Pferd ihn und sein Reiten erfährt und erlebt und weswegen es zwischen ihnen beiden offenbar nur noch Mißverständnisse gibt.

In Südwesteuropa steht diese Frage nach wie vor, wenn auch vor allem bei den einfacheren Berufsreitern, im Zentrum ihres Umganges sowohl mit Pferden als auch mit Kampfstieren. Denn kein Gardian, Vaquero oder Campino wird je ein brauchbarer Reiter, solange die ihm anvertrauten Tiere diese Frage nicht klar und eindeutig beantwortet haben und er sich seinerseits nicht der Antwort entsprechend innerlich und den Tieren gegenüber grundlegend gewandelt und verändert hat.

Denn die heute noch immer weitgehend unbewußte innere Erfahrung der Umwelt hat dem bewußten Beobachten und Analysieren voraus, daß sie in der Regel von Reitern stets *mit ihrem Pferd zusammen* gemacht wird und so das Bewußtsein von innen heraus umstrukturiert und für "Intuitionen" zugänglich erhält.

Was lehrten nun die innere Erfahrung und die Direktteilnahme an den Erfahrungen der Wildherden unsere Altsteinzeitler praktisch?

Als erstes und wichtigstes lernten sie - in des Wortes breitester Bedeutung (vgl. "Das Gymnasium des Freizeitpferdes", Hildesheim 1991/96, S. 13-14 & 26-28) - zu *sehen*. Dieses Sehen beruhte nun aber nicht nur auf der äußeren unbewußten und bewußten Verhaltensbeobachtung und auf den Schlüssen daraus, sondern, wie schon mehrmals erwähnt, auf dem tatsächlichen Miterfahren und Miterleben oder auf der unbewußten Verbundenheit der Menschen mit jeder einzelnen Erfahrung sowohl der Herde als Ganzes als auch jedes einzelnen Herdenmitglieds, mit jeder Motivation für jedes von der Norm abweichende Verhalten sowie mit dem Auslöser der anormalen Äußerungen.

Die Steinzeitjäger "sahen" so in jedem stumpfen Fell nicht nur alarmierende Anzeichen · für Energieverluste bei dem betreffenden Tier, sondern fühlten sich bei seinem Anblick selber sogleich müde, abgespannt oder krank. Dank Haarwirbeln an Hautstellen ihrer Tiere, die sie dort nie zuvor beobachtet hatten, diagnostizierten sie Verdauungs-, Leber- oder Nierenkoliken, Muskel- und Gelenkschmerzen, Erkältungen und innere Entzündungen nur, weil sie im selben Augenblick an der gleichen Stelle ihres eigenen Körpers ebenfalls Schmerzen oder Druck empfanden. Und dazu fiel ihnen überdies ein, mit welchem Kraut oder welcher Maßnahme dem Tier und sich selber zu helfen war. (Die Berber entdeckten später auf genau diese Art und Weise die Akupressur bei Pferden!)

Ähnlich oder ebenso "sahen" die Steinzeitjäger in beispielsweise einem hochaufgerichteten Pferd mit viel Raum zwischen den Hufen und einem nach unten weggedrückten Rücken, das stur in eine bestimmte Richtung starrte, lediglich "harmlose Neugier". Versammelte das Tier jedoch seine Hufe unversehens auf engstem Raum unter seinem Schwerpunkt und wölbte es dabei seinen Rücken auf, ohne seinen Blick vom Horizont zu lösen, so befiel nicht nur die Jäger, sondern die gesamte Herde ebenso plötzlich Unruhe und Aufregung, und die Kälber, Fohlen und Kitze suchten eilig Schutz bei ihren Müttern.

Auf der Wanderung unterwegs signalisierten hängende Köpfe und lange Hälse den Steinzeitjägern nicht nur die Müdigkeit ihrer Herde, sondern gleichzeitig auch die eigene Unlust, noch weiter zu wandern. Umgekehrt wurde den Jägern ihr eigener Durst meistens erst gegen Abend bewußt, wenn die Herde vor ihnen unvermittelt ihren Gehrhythmus beschleunigte und zielstrebig, wach und munter auf einen fernen Bach oder ein Wasserloch zuhielt.

Allmählich neigte sich die 4. Eiszeit ihrem Ende zu. Die Pyrenäen ließen sich wieder begehen und überwinden, schließlich sogar mit den Herden zusammen, von Norden nach Süden wie von Süden nach Norden, und das sowohl im Westen bis zu den Höhlen-Ballungszentren in Asturien als auch im Osten, dem Mittelmeer entlang, bis hinunter in das Gebiet um das heutige Alicante herum.

An der Art und Weise der Magdalenier, die täglichen Erfahrungen ihrer Wildherden teils unmittelbar mitzuerleben, teils in der Abgeschiedenheit der Kulthöhlen unbewußt nachzuvollziehen, änderte sich kaum etwas.

Noch immer zogen sie teils ganzjährig als Jägernomaden ihren Pferden, Auerochsen, Wisenten und dem Folgewild nach, teils hausten sie erneut in Sommerlagern an wechselnden Orten und in Winterhöhlen, wie während des Aurignaciens, teils begannen sie sogar, weiträumige, wildreiche Wohngebiete für ihre Herden und für sich selber zu beanspruchen, in welchen sie in der Folge zahlreiche neue Jagd- und Haushaltsgeräte erfanden.

Henri de Saint-Blanquat schrieb so in seinem Buch "Les premiers Français" (Castermann, Paris 1987): "Im zweiten Teil ihrer Geschichte erfinden die Magdalenier Wurfapparate (für ihre Lanzen - SGS) und Harpunen und stellen Wurfspeere mit eingefügten Widerhaken her; somit eine hübsche Ausrüstung mit recht komplexen Instrumenten". (Manche Historiker schieben den Magdaleniern überdies die Erfindung von Pfeil und Bogen unter, was indessen mit ihrem Stier- und Pferdekult nur schlecht vereinbar ist - SGS.)

"Darauf folgen die Epochen von Etiolles, Pincevent und Verberie; die Zeit der festen Durchgangs- und Basislager und die von (den Höhlen:) La Madeleine, Laugerie, Duruthy und des Mas d'Azil, d.h. die der Hauptversammlungsorte (...)

Die Bilder erweisen sich als mehr und mehr schematisiert, während die bedeutendsten Kultorte dennoch erweitert und vervielfacht und die technischen Errungenschaften unablässig vervollkommnet werden, was gewisse Prähistoriker teils als 'Dekadenz', teils als eine 'höhere Entwicklungsstufe' werten" (H. de Saint-Blanquat, S. 273).

Wie nun, auf welche Art und Weise, "erfanden" und "vervollkommneten" die noch immer wenig bewußten, also kaum planend, berechnend oder vergleichend vorgehenden Magdalenier ihre technischen Gebrauchsgegenstände?

Bereits bei den Solutréern, wie nun auch bei den Magdaleniern, kam es immer wieder vor, daß einzelne Wildrinder, Pferde und Folgewild auf der Wanderschaft verunfallten und sich so schwer verletzten, daß die Jäger sie notschlachten mußten, um nicht allerlei Raubtiere auf die Spur der Herde zu locken. Handelte es sich dabei um eine Stute oder Kuh, so blieb in der Regel das Fohlen oder Kalb bei der Mutter zurück, obwohl es selber unverletzt war.

Das Jungtier ebenfalls zu töten, verbot den Jägern der Herdenkonsens. Es der Herde nachzutreiben, verunmöglichte das Fohlen, indem es ununterbrochen zu den Überresten der Stute zurückzugelangen versuchte.

Zwischen Lassos tat es keinen Wank oder wehrte sich so heftig, daß es sich in Gefahr brachte, seine Füße oder den Hals zu brechen; selbst der Herde nachtragen ließ es sich kaum jemals. Und trotzdem glaubten die Jäger, es der Herde unbedingt erhalten zu müssen.

Es war somit auch in diesem Fall die absolute Notwendigkeit, welche die Magdalenier nicht ruhen ließ, bis sie ein Halfter entwickelt hatten, das ihnen erlaubte, zurückbleibende Fohlen auf der Wanderschaft und bei der Durchquerung breiter Flüsse sicher der Herde nachzuführen.

Dies geschah wiederum auf "typisch altsteinzeitliche Art und Weise"; nämlich praktisch erfahrend, anstatt theoretisch ausklügelnd; in diesem Fall dadurch, daß sie ganz einfach mit geschnitzten Pferdefiguren und dünnen Schnüren aus versponnenem Pferdelanghaar experimentierten.

Auf die praktische Erprobung des Halfters am Holzpferd folgte stets die Nagelprobe an einem lebendigen Fohlen der Herde. Bei unserem Beispiel entdeckten die Jäger so prompt, daß ein Halfter bei einem Holzpferd noch so gut sitzen kann, ohne daß es deswegen notgedrungen auch einem lebendigen Fohlen paßt, leicht überzustreifen ist und seine Augenpartie auch im Notfall nie drückt, noch beengt, noch von ihm bei wilden Sprüngen abgeschüttelt wird.

Im 16. Jahrtausend v. Chr. "erfanden" und "vervollkommneten" die Magdalenier von Arudy ein Halfter, das so kompliziert aus einem einzigen Pferdehaarseil zu knüpfen war, daß sie aus Furcht, sich des Vorgehens dabei nicht zu erinnern, ein 4,5 Zentimeter großes Pferdeköpfchen aus einem Knochen schnitzten, das dank der mit eingravierten Seilkonstruktion genau erkennen läßt, wie weit ihre Halterfertigung bis dahin gediehen war. Da sie das Hauptproblem, das jedes Halfter birgt, nämlich das des Seildrucks auf den Gesichtsnerv in Notfällen, offenbar noch nicht gelöst hatten, deuteten sie an dem Pferdeköpfchen eben nur an, in welche Richtung sie weiter zu experimentieren gedachten.

Erst zwei oder drei Jahrtausende später erscheint das Problem der Augenfreiheit in sämtlichen Fällen schließlich als gelöst, wenn auch nur auf ähnliche Art und Weise, wie es heute wieder gelöst wird; nämlich dadurch, daß man dem Pferd entweder das Maul zuschnürt, so daß es nur noch röcheln kann, oder aber dadurch, daß man ihm das Halfter so locker überstreift, daß die Seitenteile bei überraschenden Bewegungen stets die Augen erreichen, quetschen und verletzen können (vgl. Zeichnung 14, Seite 94).

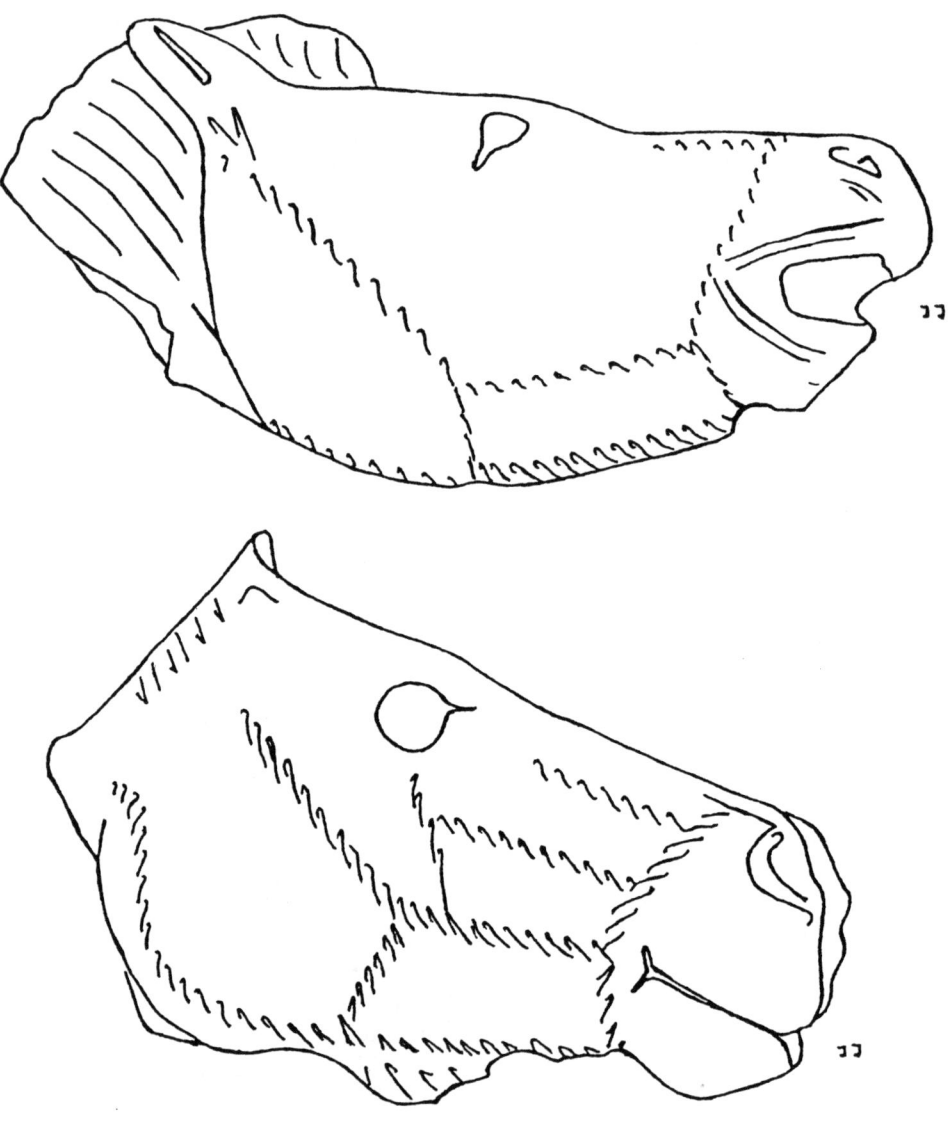

Zeichnung 14
Die Pferdeköpfchen mit den eingravierten Halfterkonstruktionen: oben vom Mas d'Azil aus dem Spätmagdalenien; unten aus Arudy, 16. Jahrtausend v. Chr.

Ist das offiziell "wiehernde", tatsächlich wohl aber eher röchelnde Pferdeköpfchen vom Mas d'Azil (vgl. Zeichnung 14, S. 94 oben) so tatsächlich ein Beweis für die "Dekadenz" der Magdalenier, wenigstens was ihren natürlich sanften und rücksichtsvollen Umgang mit den Pferden anbelangt? Haben sie sich somit wirklich am Ende der Eiszeit über die direkte, psychische Anteilnahme am Geschehen in ihrer Umwelt hinweggesetzt? Sind sie daher wahrhaftig als die ersten "vollbewußten" Menschen Südwesteuropas anzusehen?

Für sie und ihre Kinder, die Epipaläolithiker, glücklicherweise nein!

Der Beginn "moderner Bewußtheit" wird heute in der Regel mit der Epoche verknüpft, in der die ersten authentischen Schriftzeichen entstanden; in China mit dem vierten und im Vorderen Orient mit dem dritten Jahrtausend vor Christus.

Ich, für mein Teil, verbinde die Bewußtwerdung des Menschen indessen eher mit seiner fatalen Neigung, sich seiner scheinbaren Macht über die Umwelt, die Tiere und die Mitmenschen immer wieder versichern zu müssen, was hier bei uns und den neuesten Forschungsergebnissen zufolge Hand in Hand erst mit der Entwicklung der Hieb- und Stichwaffen aus Metall, also in der Bronzezeit, zehntausend Jahre nach den letzten Magdaleniern, geschah.

☆ ☆ ☆

ZEITTAFEL III: DIE GROSSEN ZEITENWENDEN IN SÜDWESTEUROPA
UND IN NORDWESTAFRIKA   (Zusammenfassung)

110.000 v. Chr. bis /
oder 70.000 v. Chr.

1. große Zeitenwende: Beginn der letzten (4.) Eiszeit (Würm) Neandertaler Kulturen: Levallois und Moustérien; in NW–Afrika: Aterien

35 – 30.000 v. Chr.

in Europa: Aurignacien
in Nordafrika: Aterien

2. große Zeitenwende: Beginn der Altsteinzeit. Schamanismus in Westeuropa. Beginn der Kälteperiode Les Cottés – Arcy. In SW–Europa sterben die Neandertaler allmählich aus. Erstes Auftreten des modernen Menschen "von Cro–Magnon" (= Homo sapiens sapiens), des eigentlichen Begründers des Schamanismus.

26.000 v. Chr.
Aurignacien
Perigordien   (in S.W.–Europa)
Gravettien
Aterien   (in N.W.–Afrika)

Höhepunkt des etwas wärmeren Interstadiums von Kessel.

In Nordwestafrika leben die Neandertaler ebenfalls als Jäger und Sammler weiter in der (bildlosen) Aterien-Kultur. Auch sie stammen ursprünglich aus Ostafrika.

20.000 v. Chr.
in S.W.–Europa: Solutreen
in N.W.–Afrika: Aterien

Kälteste Periode der 4. Eiszeit. In SW–Europa liegen die Alpen, die Pyrenäen und das Zentralmassiv bis in Niederungen vergletschert unter "ewigem Schnee". Die Nordpolvereisung umfaßt mit die östliche Hälfte des Nordatlantiks zwischen Island, Norwegen und den Shetland–Inseln. Der Meeresspiegel liegt 120 m tiefer als heute.

In den südfranzösischen und nordiberischen Kulthöhlen erreichen der Schamanismus und die Höhlenmalerei etwa gleichzeitig einen Höhepunkt. Das Pferd spielt dabei eine immer bedeutendere Rolle.

17.000 v. Chr.
Beginn des Magdaleniens

10.000 v. Chr.
in SW–Europa : Azilien
in NW–Afrika : Capsien

9.000 v. Chr.
Epipaläolithikum (Nomaden) und
Mesolithikum (Niedergelassene)

8.000 v. Chr.
Mesolithikum und
Epipaläolithikum in SW–Europa

6.000 v. Chr.
in SW–Europa: Neolithikum =
"Neusteinzeit"
in NW–Afrika: Capsien =
eine Neandertaler–Kultur?

setzt der Rückzug der Gletscher ein. Die Pyrenäen werden als erster Gebirgszug wieder begehbar.
"Explosion der Kunst" (Henri de Saint–Blanquat, Paris 1987)
3. große Zeitenwende: Ende der Eiszeit und der Altsteinzeit.
Beginn des Epipaläolithikums und der Mittelsteinzeit in SW–Europa und des Capsiens in NW–Afrika. In SW–Europa sterben das Rentier, das Mammut und das Nashorn aus. Letzter, harmloser Kälteeinbruch: Dryas III.
Eroberung der Wälder und Höhenzüge durch sich nach und nach fest niederlassende Mittelsteinzeitler, die vor allem Kleinwild jagen, fischen und Schnecken, Beeren, Wildkörner und Pilze sammeln.
"Reiche Sammelerträge von wilden Linsen, Wicken, Kichererbsen der Mittelsteinzeitler" (Henri de Saint–Blanquat) und Jagdbeuten von Auerochsen, Hirschen, Rehen, Hasen, Bibern, Schnecken und Fischen, aber kaum mehr von Pferden.
Der Meeresspiegel liegt wesentlich höher als heute.
4. große Zeitenwende: Beginn des Neolithikums in SW–Europa und in NW–Afrika, der sogenannten "Neusteinzeit" und des frühesten Übersetzens iberischer Epipaläolithiker nach Nordwestafrika. Möglich bis wahrscheinlich ist, daß zuerst nur bedrängte Pferde an der Meerenge von Gibraltar Afrika schwimmend zu erreichen versucht haben.

5.500 v. Chr.	Erste Felsgravuren von (iberischen) Wildpferden in Nordwestafrika (älteste "Bubalus-Periode" – H. Lhote)
4.500 v. Chr.	Erste Megalith-Grabstätten (= Dolmen = "steinerne Tische") und Menhire (= Hinkelsteine = Mahnmale) in Südwesteuropa und in Nordafrika.
3.000 v. Chr. Chalcolithikum	Ende des Neolithikums in SW-Europa und Beginn des Chalcolithikums und der "Kupferzeit".
2.000 v. Chr.	Beginn der "Bronzezeit" in Südwesteuropa und Nordafrika.
2. Jahrtausend vor Christus	Felsmalereien von Pferden und gemischten Großherden in Nordwestafrika
um 800 v. Chr.	Beginn der Eisenzeit in Südwesteuropa und etwas später auch in Nordwestafrika, obgleich hier die Geräte und Werkzeuge aus spaltbarem Stein weiterhin häufiger verwendet werden als metallene Gegenstände.
Im letzten Jahrtausend vor Christus = heute vor 3 – 2.000 Jahren	Bedeutende Pferdezucht in Nordafrika aus reinen Stämmen von der Iberischen Halbinsel eingeführter Nachkommen des Solutréepferdes und Stämmen selbst nach Afrika geschwommener iberischer Wildpferde.
50 v. Chr.	Ende der Eisenzeit in Südwesteuropa
um Christi Geburt	5. große Zeitenwende: der "vorgeschichtliche Mensch" der Eisenzeit mausert sich, vor allem dank seiner metallenen Waffen, zum "geschichtlichen Menschen".

5. Kapitel
DIE WILDHERDEN UND IHRE HEGER IN DER MITTELSTEINZEIT

Wie man die Zeichen, archäologischen Funde und Spuren der Südwesteuropäer um die dritte große Zeitenwende herum auch immer betrachtet oder interpretiert: die biblische "Vertreibung aus dem Paradies" scheint hier tatsächlich im 10. Jahrtausend vor Christus, somit in der Zeit des Überganges der Altsteinzeit in die Mittelsteinzeit, begonnen zu haben, wenn auch auf etwas andere Art und Weise, als es in der Bibel beschrieben steht.

Ganz abwegig ist der Gedanke indessen nicht, die Magdalenier hätten sich – mindestens zum Teil – an den Früchten des "Baumes der Erkenntnis" vergriffen. Denn, wie das Pferdeköpfchen vom Mas d'Azil und die Erfindung von Pfeil und Bogen und zahlreicher anderer neuer Errungenschaften beweisen, begannen sich die Südwesteuropäer damals selber immer ernster zu nehmen und sich der Macht bewußt zu werden, welche ihnen Tricks, Schliche und Winkelzüge ihrer Umwelt gegenüber zu verleihen schien.

Zu den Tricks und Schlichen gehörten etwas später auch ihre Niederlassung nach und nach in festen Weilern und die Haltung kleiner Auerochsen-, Pferde-, Wildziegen- und Wildschafgruppen in verbarrikadierten Schluchten und Hintertälern.

Der größere Teil der damaligen Südwesteuropäer blieb indessen den allmählich seltener werdenden Wanderherden treu, schloß sich womöglich noch enger an sie an und zog mit ihnen weiterhin im Frühling von Süden nach Norden und im Herbst von Norden nach Süden, wenn auch möglichst stets im Hinterland, nicht allzu fern der Meeresküsten.

Unmittelbar am Meer hausten bereits seit Jahrtausenden Fischer-Sammler-Clane, die im Sommer ebenfalls der Küste und den Flußläufen entlang zogen; im Herbst, Winter und Frühling jedoch Grotten und Höhlen bewohnten.

Die nördliche Erdhälfte erfreute sich damals einer deutlichen Klimaerwärmung, deren Konsequenzen Henri de Saint-Blanquat in seiner Arbeit "Les Premiers Français" (Castermann, Paris 1987) wie folgt beschreibt: "Als erstes sind es Pinienwälder, die vorzuherrschen beginnen; dann Mischwälder aus Pinien und Birken. Darauf folgt die Zeit der 'Eichenmischwälder', (in denen) die Eichen mit ihrem Gefolge von Ulmen, Linden, Eschen, Wacholder- und Haselsträuchern dominieren."

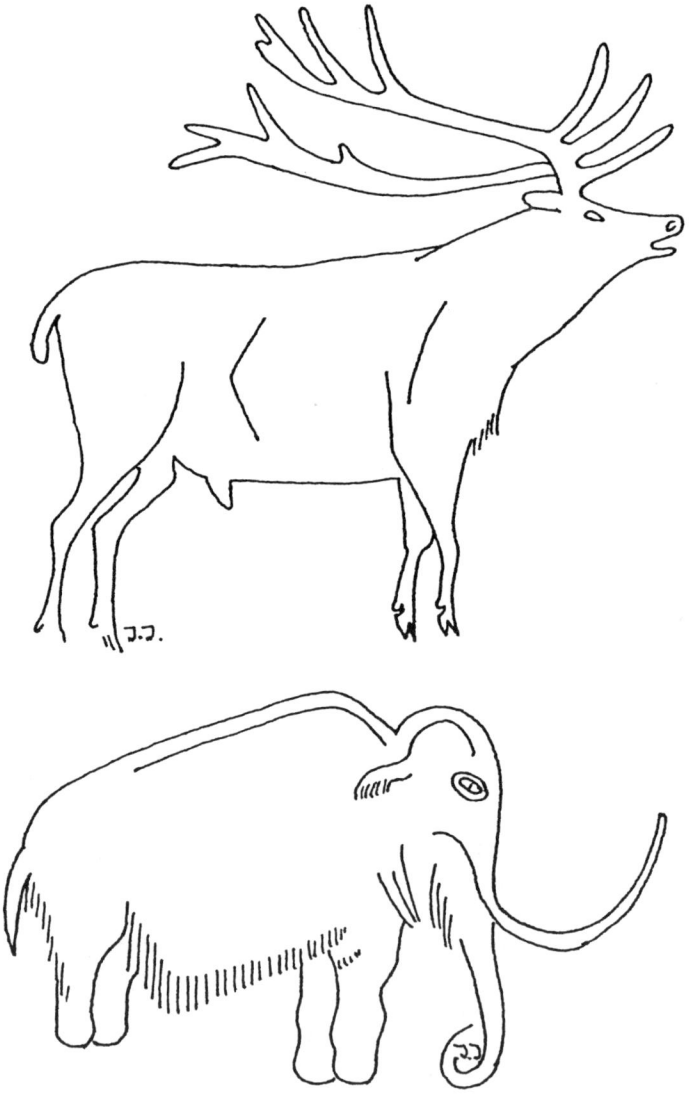

Zeichnung 15
Darstellungen eines Hirsches in Altamira (Nordspanien – oben) und eines
Mammuts in La Mouthe (Südfrankreich – unten)

"Die großen Wildherden gehören der Vergangenheit an. Die Fauna, welche die mittelsteinzeitliche Gesellschaft bejagt, besteht vor allem aus Tieren, die sich in kleinen Gruppen im Gebüsch oder in den Wäldern versteckt halten. - Anfänglich gab es gewiß noch Pferde und Hasen, aber im großen ganzen gehören zu den mittelsteinzeitlichen Fundschichten eher Tiergattungen, deren Artenskala vom Hirsch, Auerochsen und Bison bis zur Schnecke und zum Fluß- und Meeresfisch reicht. (... Die Mesolithiker) vom Abri Murat, im (Département) Lot, verzehrten so Hirsche, Wildschweine, Auerochsen und Biber. (...) Die (...) in Poeymau Hirsche, Rehe, Wildschweine und Bären". (H. de Saint-Blanquat, S. 287)

Henri de Saint-Blanquat stellt sich nun, wie wir uns alle wohl schon lange, die berechtigte Frage: "Was wäre geschehen, wenn die letzte Eiszeit zehntausend Jahre länger gedauert hätte?"

Er beantwortet sie mit der Bemerkung: Die Nostalgiker des Paradieses "träumen von einer unvergleichlich größeren Verbreitung des Jägernomadentums (und seiner schamanistisch mit dem Wild verbundenen Lebensweise - SGS), die schließlich bis zur Domestizierung der Herden, mit denen die Jäger zusammenlebten, geführt hätte, und davon, daß die Magdalenier so das erste Hirtenvolk der Geschichte geworden wären. Manche (Wissenschaftler) gehen einen Schritt weiter und behaupten, sie seien es ja beinahe auch geworden" - nämlich etwa so, wie es die Rentierjäger und -züchter Sibiriens und gewisser Lappenstämme heute noch sind (Henri de Saint-Blanquat, S. 273).

Wie dem auch gewesen sein mag; uns geht es hier weniger um "wenn und aber" als um anerkannte Fakten. Diesen zufolge ist kaum anzunehmen, daß die in gemischte Herden integrierten Wanderjäger ihre Tiere je weiter domestiziert hätten, als es bereits seit mindestens dem Solutreen der Fall war, und dafür ihr Nomadenleben gegen Seßhaftigkeit einzutauschen bereit gewesen wären.

Diese Antithese stützen nicht nur manche Paläopsychologen und Archäologen Südwesteuropas, sondern stützt zudem auch die weltweit anerkannte Nomenklatur der Historiker, die in der Mittelsteinzeit deutlich zwischen Jäger-Sammler-Nomaden, Fischer-Sammler-Halbnomaden und seßhaft niedergelassenen bäuerlichen Sammler-Clanen unterscheidet.

Die Jägernomaden werden heute jedenfalls "Epipaläolithiker" ("Nach-Altsteinzeitler") und die seßhaften bäuerlichen Sammler auf eigenem Boden "Mesolithiker" ("Mittelsteinzeitler") genannt.

"Die Mesolithiker", fährt Henri de Saint-Blanquat fort, "haben auf jeden Fall einiges erfunden: die Axt und das Querbeil mit Sicherheit, Pfeil und Bogen sehr wahrscheinlich, die Fischreuse zweifellos und nahezu richtige Häuser. Und es sind ebenfalls sie, die uns als Erste den Beweis dafür liefern, daß die Menschen sich damals auch auf die Meere (wenn auch nur in Küstennähe - SGS) hinaus wagten" (H. de Saint-Blanquat, S. 298).

Der erste und älteste Nachweis menschlicher Seefahrt stammt allerdings von der ägäischen Insel Milos, wo bereits im Magdalenien Obsidian (= Vulkanglas) zur Geräteherstellung gesammelt und abgebaut wurde. Solche Obsidian-Stücke gruben die Archäologen auch auf dem griechischen Festland aus (wo kein Obsidian vorkommt) und dies in einer genau datierten Fundschicht aus sage und schreibe dem 11. Jahrtausend vor Christus. H. de Saint-Blanquat kommentiert diese Tatsache mit den Worten: Um vom griechischen Festland nach Milos und mit dem Obsidian wieder zurückzugelangen, "waren mindestens zwei bis vier Überfahrten (von Insel zu Insel - SGS) von zehn bis zwanzig Kilometern in einer Piroge (= Einbaum) auf freiem Meer zu schaffen" (Op.cit. S. 299) und das noch vor dem Ende der letzten Eiszeit.

In Südwesteuropa setzte die regelmäßige Verwendung der Piroge auf dem Mittelmeer erst etwas später ein. So wurden die zehn Kilometer Luftlinie zwischen dem heutigen Piombino und der Insel Elba (in Nordwestitalien) mit Pirogen erst im 8. Jahrtausend v. Chr. zurückgelegt; dafür aber nur wenig später gleich auch die fünfzig Kilometer Luftlinie zwischen den Inseln Elba und Korsika, und das so regelmäßig, daß Korsika noch im 8. Jahrtausend v. Chr. als besiedelt gelten konnte.

Im 6. Jahrtausend v. Chr. "wanderten", oder genauer, "paddelten" mehr und mehr Mittelsteinzeitler in Pirogen der Mittelmeerküste entlang von Osten nach Westen und ließen sich mit ihrem gesamten Hausrat, der auch Schafe, Ziegen und Saatgut in Tontöpfen und -krügen umfaßte, in kleinen Ansiedlungen und Weilern nieder. Sie unterschieden sich von den hier bereits ansässigen Mesolithikern vor allem durch die Gruppierung ihrer Hütten zu ersten kleinen Dörfern.

5600 v. Chr. entstand so eine der ältesten Bauernsiedlungen Frankreichs auf der Marseille vorgelagerten Insel Riou. Ihre Bewohner züchteten bereits gezielt Schafe und Ziegen und bauten Getreide an.

Nichts widerspricht somit der Hypothese, die Mesolithiker, mit denen sich vor allem die iberischen Epipaläolithiker schon früh ernsthaft auseinandersetzten, seien ursprünglich ebenfalls über den Seeweg aus dem Osten gekommen. Damit wären sie keine Nachkommen iberischer, sondern solche ost- und mitteleuropäischer Solutreer gewesen, was viel Widersprüchliches in ihren Gewohnheiten erhellen dürfte; vor allem auch ihre Aggressivität.

Verlassen wir damit die fest niedergelassenen Mesolithiker und wenden wir uns den für Pferdefreunde soviel interessanteren Epipaläolithikern Südwesteuropas zu; den Jäger-Sammler-Nomaden, die, unberührt vom Sicherheits- und wohl auch schon "Besitzbedürfnis" der bäuerlichen Mittelsteinzeitler, auf der Iberischen Halbinsel jahrein, jahraus weiterhin mit den Wildherden wanderten.

Zwar umfaßten ihre Herden schon lange keine Rentiere mehr, und sogar die Hirsche, Rehe und das Steinwild dürften seltener geworden sein, seit es wieder üppige Wälder und dschungelartige Dickichte in den Niederungen gab, in denen sich scheue Tiere leicht verstecken konnten. Daß auch die Wildpferde immer seltener geworden seien, stimmt indessen lediglich für die großen französischen Herden, aber auch hier längst nicht für alle, und schon gar nicht für die Herden auf der Iberischen Halbinsel, im Süden der Pyrenäen.

Wie bereits angedeutet, teilten sich auch die Epipaläolithiker gewordenen Magdalenier in zwei Gruppen von unterschiedlicher Lebensweise auf; nämlich in ganzjährig mit ihren Herden wandernde Jäger-Clane und in nur vom Frühling bis in den Herbst wandernde, nur lokal jagende und fischende Sammler-Fischer-Clane mit festen Basislagern, aber ohne "eigene" Herden. Beide Gruppen wanderten und jagten vor allem den iberischen Meeresküsten sowohl im Osten als auch im Westen entlang.

Die Jäger mit "eigenen" Herden folgten dabei den traditionellen Herdenrouten, die Fischer und Schneckensammler den Meeresküsten und den Unterläufen der Ströme und Flüsse. Beide Gruppen scheinen sich dabei recht gut verstanden zu haben, huldigten sie doch beide nach wie vor demselben Pferdekult, ja, schätzten das Wildpferd höher als selbst den Wildstier.

Wie wir von den Archäologen wissen, die sich mit den ältesten "Concheiros" oder "Shellmidden" (= teils mehrere hundert Meter lange, bis zu einem Meter breite und hohe Dämme aus leeren Schneckenhäusern und Küchenabfällen) auseinandergesetzt haben, gehören diese eindeutig zu den Magdaleniern, die sich als Fischer-Sammler halbfest niedergelassen hatten.

Sie lebten tatsächlich Jahrtausende lang vor allem von Meeres- und Erdschnecken, Fischen, Krabben, Kleinwild und auch Wildschweinen und Auerochsen, jedoch nie von Wildpferden, obwohl – oder gerade weil – sie ihnen in ihren Höhlen (z.B. in El Cierro, Balmori und La Lhoseta) besonders huldigten.

Der Mangel an Pferdeknochen in den Küchenabfällen der kantabrischen Magdalenier und Epipaläolithiker hat einige Historiker anzunehmen veranlaßt, das Wildpferd habe auch auf der Iberischen Halbinsel im Mesolithikum Seltenheitswert besessen; dabei wurde es zu seinem Glück nur längst nicht mehr als Wild betrachtet und deshalb nicht mehr erlegt.

Auch in den Küchenabfällen der Jägernomaden, die ihren Herden ganzjährig folgten, wurden Pferdeknochen in der Mittelsteinzeit immer seltener. Dafür entdeckte man in der nächsten Umgebung ihrer Lager – vor allem in Portugal – ganze, unzerteilte Pferdeskelette von teils natürlich verendeten, teils zwar von Menschen getöteten, nicht aber ausgeschlachteten Pferden.

Die Beziehungen der Epipaläolithiker zu den Wildpferden und Wildrindern hatten sich am Ende der Mittelsteinzeit und zu Beginn des Neolithikums – im 7. und 6. Jahrtausend v. Chr. – jedenfalls soweit vertieft, daß sich ihnen eine "Domestizierung" im heutigen Wortsinn, somit als "Degradierung" des Wildpferdes und Wildrindes zum Haustier, schlechthin verbot.

Diese Tatsache ist um so schwerer zu verstehen, als die bäuerlichen, fest niedergelassenen Mittelsteinzeitler im Landesinneren eben, zu annähernd gleicher Zeit, Pferde und Rinder in verbarrikadierten Hintertälern nicht nur als Schlachttiere hielten, sondern sogar zu züchten begannen. Und die Jägernomaden selber bedienten sich auf ihren Wanderungen mit den Herden bereits seit einigen Jahrtausenden gezähmter Wölfe und Hunde und wußten so genau, wie man wilde Tiere domestiziert.

Betrachten wir deshalb die Beziehungen der Jägernomaden zu ihren Herden etwas eingehender.

Schon mehrmals erwähnt ist, daß sich die Jäger weder als "Besitzer" noch als "Treuhänder" ihrer Herden fühlten, sondern, im Gegenteil, als in die Herde integrierte, von dieser privilegierte Lehrlinge und aktive Teilnehmer am Herdenleben.

Die schematischen Darstellungen der menschlichen Psychen einst und jetzt im Anhang dieser Arbeit (vgl. S. 207 bis 227), besonders die nach "schamanistischer Auffassung" gezeichneten, sollen verdeutlichen, wie eng das persönliche Unbewußte jedes einzelnen Steinzeitjägers einerseits mit dem kollektiven Unbewußten seines Clans und andererseits mit der kollektiven Herdenpsyche verwoben war, gehörten diese doch der gleichen "archaischen Schicht" der Erfahrungsebene an. Nur so ist jedenfalls zu erklären, weswegen gewisse Menschen bei jedem ernsthaften Erschrecken eines Tieres "ihrer" Herde miterschraken, obwohl sie sich vielleicht weit außerhalb des Sichtbereichs befanden, vielleicht schliefen oder träumten, somit ganz anderes im Sinne hatten als Wildpferde und Wildrinder. Dieses Phänomen existiert zum Teil noch heute.

Verunglückte ein Tier "ihrer" Herde oder litt es aus anderen Gründen unter heftigen Schmerzen, so befielen diese sogleich auch den archaischen Jäger und zwangen ihn – wie sie heute noch manche Vaqueros und Campinos zwingen –, ihm sogleich zu Hilfe zu eilen. Dabei wußte er "automatisch", wo genau er es draußen auf der Steppe oder im Buschdickicht zu suchen hatte. Und ohne sich diese Frage bewußt zu beantworten, hielt er "automatisch" haarscharf den kürzesten Weg zu dem betreffenden Tier ein, das ihn prompt, selbst ohne Vorwarnung, an die schmerzende Körperstelle heranließ.

Kurz, dank ihrer mit jedem einzelnen Tier ihrer oder anderer Herden geteilten "inneren Verbundenheit" wußten die archaischen Jäger nicht nur jederzeit, wie es ihren Tieren ging, was diese vorhatten oder befürchteten, welche Gräser, Kräuter, Blätter, Wildfrüchte oder Baumrinden sie im Augenblick am dringendsten brauchten, sondern zudem, ob sie ihnen beispielsweise eine Fluß- oder Stromdurchquerung durch den Unterlauf schwimmend oder weiter landeinwärts durch eine Furt watend zumuten durften oder nicht.

Durchaus einleuchtend ist daher die Annahme nicht weniger Archäologen, die Jägernomaden der Mittelsteinzeit hätten allein dieser "inneren Verbundenheit", "inneren Erfahrung" und natürlichen Rücksichtnahme auf die Pferde wegen so unverhältnismäßig lange zugewartet, bis schließlich auch sie mit dem vorsichtigen Belasten und Reiten der Wildpferde begonnen haben, allerdings ohne sie "züchterisch zu beeinflussen" und ohne sich deswegen je seßhaft niederzulassen.

Tatsächlich ist die "innere Verbundenheit" mit Pferden und deren Grundlage, die mit ihnen geteilte "innere Erfahrung" der Umwelt, auch heute noch eine unverzichtbare Voraussetzung für jedes Einvernehmen mit ihnen und damit auch für jegliche gedeihliche Zusammenarbeit, sei es beim Wandern zu Fuß inmitten einer gemischten Herde, bei der Arbeit mit Kampfstieren oder bei müßigem Freizeitreiten durch Feld und Wald.

Bei "einigermaßen naturbelassenen Pferden" und insbesondere bei allen Nachfahren der Solutréepferde, seien es Andalusier, Berber, Camargue-Pferde, Cartujanos, Garrãnos, Lusitanos, Mérens, Pottoks oder Sorraias, besteht erfahrungsgemäß zudem auch seitens der Pferde ein äußerst ernstzunehmender Anspruch auf innere Verbundenheit, gemeinsame Erfahrungen und echtes, gegenseitiges Verstehen, dem zu genügen uns heutigen Menschen besonders schwer zu fallen scheint. Deshalb sagen die meisten Pferde, die sich ihre Solutréer Persönlichkeit bis heute erhalten haben, einfach "nein" zu jeder Maßnahme und jedem reiterlichen Ansinnen, deren Grund, Zweck und Notwendigkeit sie nicht über die Erfahrungsebene "erklärt" erhalten, somit auch nicht spontan einsehen und verstehen können. Und dieses Nein zu jedem Zwang drücken sie heute noch mit Gebärden, Drohungen und Bewegungsabläufen aus, die jeden durchschnittlichen Mitteleuropäer das Staunen und das Fürchten lehren - leider aber in der Regel nicht auch das Naheliegendste, nämlich das echte, tiefe Verstehen des Pferdes dank der inneren Verbundenheit mit ihm.

Wie nun "machten es" die iberischen Epipaläolithiker, als sie mit dem vorsichtigen Belasten und Reiten begannen?

Vorweggenommen ist bereits, daß sie mit den Pferden und Wildrindern seit jeher sowohl über die innere Verbundenheit verkehrten und somit zwischen den menschlichen Clangenossen und den tierischen keinen Unterschied machten, als sie im Pferd auch das "schamanistische Reit- und Flugtier schlechthin" verehrten. Zudem symbolisierte dieses in ihren Tag- und Nachtträumen wie draußen, in der Wirklichkeit der Steppe, stets das ideale Gleichgewicht in Bewegung und damit wiederum die absolute Harmonie im Ablauf des lebendigen Lebens.

Erste, nur versuchsweise gewagte, Belastungen von vertrauten Pferden werden diesen die Rücken "weggedrückt" und ihr Gleichgewicht in der Bewegung entsprechend empfindlich gestört haben. Also mußten diese Pferde auf die Belastung zuerst einmal vorbereitet werden. Das wiederum konnte und durfte nicht anders geschehen als über die gleichen Übungen, dank derer die Gruppen- und Herdenoberen den Junghengsten jeweils ein besseres Gleichgewicht und damit mehr Harmonie, mehr Selbstvertrauen und mehr Munterkeit vermittelten.

Und genau so, wie die Gruppen- und Herdenchefs den Jägernomaden die sogenannte "gymnastizierende Bodenarbeit" mit Jungpferden zeigten, lehrten sie sie etwas später auch das "pferdegemäße", d.h. das lockere, Pferde weder in ihren Bewegungen noch in ihrem Gleichgewicht behindernde Reiten.

Die Voraussetzung hierfür war, wie erwähnt, das Sehenkönnen, wie vom Menschen bisher nie beeinflußte, unbelastete Wildpferde sich natürlicherweise bewegen; nämlich stets locker und losgelassen, "im Gleichgewicht", leicht versammelt, leicht aufgerichtet, biegsam und wendig in allen Gangarten und – oh Wunder! – die Tragekräfte der Hinterhand um so deutlicher einsetzend, je höher der betreffende Junghengst in der Herdenhierarchie bereits aufgestiegen ist.

Die epipaläolithischen Jägernomaden "sahen" somit nicht nur welche Haltungen, Gleichgewichtsmomente, Versammlungs- und Biegegrade den Pferden gemäß und förderlich waren, sondern – dank ihrer inneren oder "schamanistischen" Verbundenheit mit ihnen – zudem auch, welche "psychosomatischen" Voraussetzungen bei jedem einzelnen Pferd dazu führten, daß es beispielsweise seine Hanken (= Kruppe und Hinterfüße) besonders eindrücklich beugte und hohe Aufrichtung gewann, um beispielsweise einen Nebenbuhler allein durch sein Auftreten in Schach zu halten.

Die Jäger lernten so, jeden Bewegungsablauf jedes Pferdes, jedes Ohrspiel, jede Halsbiegung, jedes Ausgreifen und Auftreten jedes Hufes, ja sogar jede Schweifbewegung dank ihrer inneren Solidarität, dank ihres Mitgefühls und Miterlebens spontan richtig (nämlich von innen her) zu durchleuchten, zu deuten und zu verstehen. Und genau damit erfüllten sie die Voraussetzung der Pferde, Reiter auf ihren Rücken nicht nur zu dulden, sondern mit ihnen sogar aktiv zusammenzuarbeiten.

Für die Zuschauer und späteren Höhlenmaler der Szene, wie für den Reiter, mußte sich das Pferd durch die Übernahme des Reitergewichtes auf die Mittel- oder Hinterhand auf alle Fälle schneller und vollkommener entspannen und loslassen, als dies ohne Reiter zu erwarten gewesen wäre; denn nur so gewann das Pferd an Gleichgewicht, Versammlung, Ausstrahlung und sichtlicher Lebensfreude und seine Bewegungen erlangten mehr Schwerelosigkeit, Ausdruckskraft und überirdische Brillanz.

Im Gegensatz hierzu galt jede noch so geringe, dem Reiter vielleicht sogar unbewußte, Behinderung des Pferdes, dessen Gleichgewichtes und Bewegungen, sowohl bei den nun berittenen iberischen Jägernomaden als auch bei den Berbern in Nordafrika, als Pferdeschinderei und damit als ein schweres Vergehen, das in der Regel dadurch geahndet wurde, daß der Reiter aus der Clan- und Herdengemeinschaft ausgestoßen wurde (I. ait Tarik).

Zeichnung 16
Darstellungen der epipaläolithischen Jägernomaden Südostspaniens im sogenann-
ten "franco-cantabrischen Stil"
Oben: Teil einer gemischten Wildherde aus Pferden, Auerochsen und Hirschen
mit einem einzelnen Jäger in Alpera (8. – 5.000 v. Chr.)
Unten: Jäger oder Krieger unterwegs im Val del Charco (7. – 6.000 v. Chr.)

Antoine de Pluvinel schrieb, als würdiger Nachfahre der südfranzösischen Solutréer, im Jahr 1610: "Wer ein Pferd anderst nicht denn mit
Gewalt und Zwang abrichten kan, ist ein ungeschickter und in allem
unerfahrener Reuter" (Frankfurt 1670 & Olms, Hildesheim 1989). Und
Meister Nuño Oliveira sagte, als portugiesischer Nachkomme der
Epipaläolithiker, 1982 einmal: "Wer als Reiter seinem Pferd nicht vom
ersten Aufsitzen an mehr Lebenslust, Lockerheit, Selbstbewußtsein und
Bewegungsfreude zu vermitteln vermag, überlasse das Reiten gefälligst
anderen, bevor aus ihm ein Tierschinder geworden ist".

Idris aït Tarik behauptete, auch bei den Berbern sei alles Reiten
anfänglich nichts anderes gewesen, als "ein ritueller Versuch eines
(schamanistisch) initiierten Reiters, die Welt mit dem Pferd zusammen
in ihr natürliches Gleichgewicht zurückzuholen".

Bei den Hirten-Jäger-Nomaden der Iberischen Halbinsel hatte sich
das Pferd unter dem Reiter jedenfalls entweder als so locker und losgelassen zu erweisen, daß es jederzeit vom Boden abzuheben bereit erschien (= "Schwerelosigkeit") und war damit ein ideales Reit- und Flugtier auch für den Schamanen, oder es blieb der Mutter Erde und der
Vergrößerung der Herde überlassen und wurde in diesem Fall weder
gymnastiziert noch geritten.

Daß sich parallel zu den ersten Anfängen des Reitens zudem auch die
schamanistischen Kletterpartien, Höhen- und Weitsprünge, Höhenflüge,
Scheingefechte, Tänze und Auseinandersetzungen mit Fabelwesen und
Tiergespenstern grundlegend "demokratisiert" (= verallgemeinert) hatten, geht aus zahlreichen Bildern unter Felsvorsprüngen, in Grotten-
vorräumen und in Höhlen vor allem Ostiberiens, d.h. der "spanischen
Levante" eindeutig hervor (vgl.: Z. 16, S. 108).

Dr. Jan Jelinek schrieb in seiner Enzyklopädie "L'Homme Préhistorique" (Gründ, Paris 1985) über diese Bilder: "Die kleinen Zeichnungen
von Tieren sind meistens naturgetreu gestaltet, während die der
Menschen recht stilisiert erscheinen. Das Hauptthema der Gruppendar-
stellungen ist die Jagd; in den Kampfszenen treten meistens mit Bogen
und Pfeilen bewaffnete Männer auf. Zudem unterscheidet man hier
Alltagsszenen und Darstellungen mit wohl religiösem Charakter, manchmal auch Maskenträger (= Schamanen - SGS). Diese Bilder verraten
mehr als nur einzelne Details über die Kleidung und Bewaffnung des
vorgeschichtlichen Menschen. So tragen hier die Frauen oft lange
Röcke, obwohl ihre Oberkörper unbekleidet bleiben. (...) Die Männer
sind meistens nackt und tragen nur gelegentlich kurze Hosen".

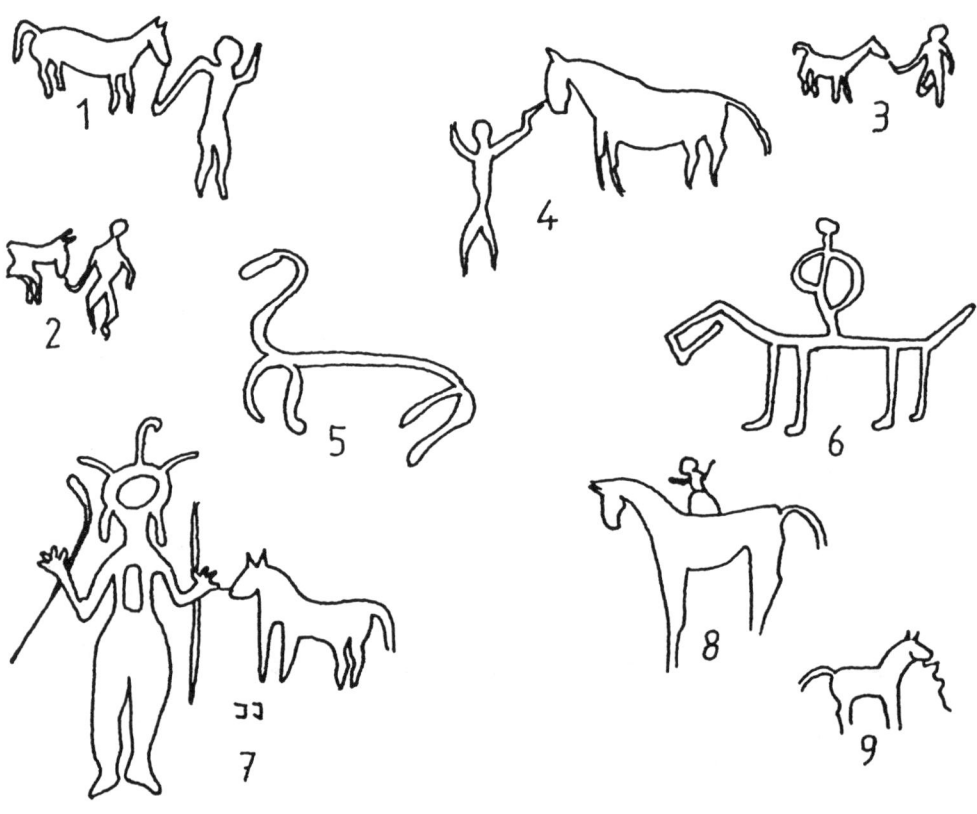

Zeichnung 17
Sichtlich domestizierte Pferde in Ostiberien (Nummern 1 – 6, oben) und in
Nordwestafrika (Nummern 7 – 9, unten) aus dem Neolithikum (6. – 3. Jahr-
tausend vor Christus)

"Die Verteilung der Fundstätten und die Themen der Bilder lassen klar erkennen, daß man diese einem Jägervolk zuzuschreiben hat, das das felsige Hinterland der ostspanischen Küste bewohnte. Die archäologischen Funde in diesem Gebiet stammen aus dem Epipaläolithikum und dem Neolithikum. Mit ihrer Hilfe läßt sich das Alter der Bilder als zwischen 8.000 und 5.000 v. Chr. entstanden bestimmen" (Dr. Jan Jelinek, S. 487 - 488).

Die Fundorte - bis heute rund vierzig - ziehen sich vom Gebiet um Barcelona über das Hinterland des Ebrodeltas und das Valencias, Alicantes und Murcias bis zu dem um Malaga hinunter. Stellten die Felszeichner ihre Clangenossen dar, so tanzen diese stets recht ähnlich wie die Schamanen des Solutréens und des Magdaleniens oder "fliegen" in Hochweitsprüngen - wie Hürdenläufer im Sprung über der Hürde - über die Szene. Nahezu identisch "fliegenden" Jägern und Pferden werden wir später auf durchaus vergleichbaren Bildern in Nordafrika nochmals begegnen (vgl. Zeichnungen 16 und 29, S. 108 und 148).

Die Menschen, die Dr. Ruy d'Andrade in seinem Buch "A short History of the Spanish Horse" (Lisboa 1973) mit sichtlich bereits gezähmten Pferden an der Hand auf einem ostiberischen Felsbild aus dem "5. oder 4. Jahrtausend v. Chr." vorstellt, gehören hingegen weder zu den Epipaläolithikern, noch ihre Darstellungen zu den "Flugbildern", die uns noch beschäftigen werden. Ich erwähne sie hier nur als Beweis für die Tatsache, daß die seßhaft niedergelassenen bäuerlichen Mesolithiker und Neolithiker der Iberischen Halbinsel Pferde tatsächlich bereits im 4. Jahrtausend v. Chr. domestiziert haben und damit den, mit den Herden herumziehenden Hirten-Jägern um einige Jahrhunderte voraus waren (Z. 17, S 110).

Leichter vorstellbar wird so, wie die vor verbarrikadierten Hintertälern in festen Häusern und Weilern wohnenden, bäuerlichen Mittel- und Neusteinzeitler auf die Jägernomaden und den Vorbeizug derer Herden über ihr Land reagierten. Einige Kampfszenen der ostiberischen Felsbilder dürften so durchaus auch an blutige Auseinandersetzungen zwischen seßhaften Bauern und den Hirten-Jäger-Nomaden erinnern. Die aktive, konkrete "Vertreibung aus dem Paradies" hatte auch hier begonnen, selbst wenn sie nicht die Sache eines biblischen Engels mit Flammenschwert, sondern die aufgebrachter Bauern war.

Jedenfalls trachteten bereits im 5. und 4. Jahrtausend v. Chr. mehr und mehr Jägernomaden, von den äußersten Südspitzen der Iberischen Halbinsel aus über die "Straße von Gibraltar" nach Nordwestafrika zu gelangen, in das Land, das sie tagsüber mit bloßem Auge in der Sonne

liegen sahen und in dem nachts vereinzelt Feuer auf bereits dort hei-
mische Jägerclane hinzuweisen schienen.

Mit großer Wahrscheinlichkeit sahen sie zudem in der Meerenge von
Gibraltar lediglich einen besonders breiten Strom (14 Vogelflug-Kilo-
meter), der allerdings die Eigenheit besaß, alle sieben Stunden die
Strömungsrichtung zu wechseln. Von ihren Halbbrüdern, den epipaläolithischen Fischer-Sammlern, die sich schon seit Jahrtausenden mit
Pirogen auch auf das Meer hinaus wagten, erfuhren sie, daß man sich
der Strömung und deren Richtungsänderung bei Ebbe und Flut im Atlantik in Einbäumen und auf Flößen durchaus bedienen konnte, um heil
hinüber ins gelobte Land und sieben Stunden später auch wieder heil
zurück zu gelangen.

Im Unterlauf besonders breite Ströme hatten die Hirten-Jäger-Nomaden bereits viele und einige davon sogar regelmäßig durchquert,
wenn bisher auch stets von ihrer Herde geführt. (So im Osten den Ebro
und den Mijares, die Turia und die Sangonera; im Westen den Minho,
Douro, Tejo und den Guadalquivir.)

Für ihre karge Habe, die Kinder und Alten hatten sie jeweils am Ufer
zwei oder drei Baumstämme mit ihren Pferdehaarseilen zusammenge-
bunden und diese als Floß benutzt, an dem sich auch Jäger, die
schwimmend in Verlegenheit gerieten, kurz festhalten konnten. Mit der
Nutzung und Steuerung von Flößen waren somit auch die Jäger durchaus vertraut.

Dennoch werden sie sich bestimmt mit den südwestiberischen Fischern, deren Schamanen und den eigenen eingehend beraten haben, bevor sie ihre Kundschafter jungen Fischern als Lotsen und deren Pirogen
anvertrauten, um mehr über die Lebensmöglichkeiten in Nordwestafrika
zu erfahren.

Wann das genau geschah und ab wann der später anerkannt regelmäßige Floßverkehr zwischen dem äußersten Süden der iberischen
Halbinsel und Nordafrika als eine feste Einrichtung anzusehen ist, wagte
bisher noch kein Wissenschaftler zu publizieren. Ein belgischer Hippologe, der in einer Pferdezeitschrift zu Recht behauptete, die ältesten
nordafrikanischen Felsgravuren stammten aus dem 5. Jahrtausend v.
Chr. und stellten iberische Pferde dar, wurde prompt von einem
französischen "Saharaspezialisten" als Spinner abgetan.

Dessenungeachtet weisen nahezu täglich mehr und bedeutendere ar-
chäologische, ethnologische und soziologische Entdeckungen, Hypothesen und Schlüsse auf eine ungefähr gleichzeitige Besiedlung Nordwestafrikas sowohl durch iberische Jäger-Sammler-Nomaden als auch durch

iberische Pferde hin. Wenn letztere auch kaum mit den Menschen zusammen nach Afrika fanden, gab es sie hier erwiesenermaßen nichtsdestoweniger bereits zur Zeit der ersten Erkundungsfahrten der Iberer; nämlich im 6. Jahrtausend v. Chr.

Durchaus nicht abwegig erscheint daher die Annahme, der zu dieser Zeit schon über zwanzigtausend Jahre alte Wandertrieb der Solutré-Pferdeherden, vor allem nach Süden und immer weiter nach Süden, habe an der Südspitze der iberischen Halbinsel immer wieder dazu geführt, daß vereinzelte Pferde, kleine und größere Pferdetrupps und ganze Pferdeherdenteile Nordafrika schwimmend zu erreichen versucht hätten. Einzelnen Tieren und Tiergruppen ist dies bestimmt auch gelungen.

Daß selbst Solutré-Pferdenachfahren heute noch schwimmend stets schnurgerade nach Süden streben, habe ich in der Camargue vor vierzig Jahren sowohl im Meer als auch bei der Durchquerung des größten Binnensalzsees mehrmals selbst erlebt. Mit ihnen verglichen, schwimmen Kampfstiere wesentlich ungeschickter und vor allem mit weit weniger Ausdauer. Vierzehn Kilometer oder sogar zwanzig sind für Pferde jedenfalls ebenso leicht schwimmend zurückzulegen, wie es die vierzehn Kilometer Bodenseedurchquerung für den deutschen Polizeibeamten waren, der die Strecke Romanshorn - Friedrichshafen am 30. Juli 1994 in sieben Stunden schwimmend überwand.

Wie dem auch gewesen sein mag; eindeutig "iberische" Epipaläolithiker ritzten an vielen Orten Nordwestafrikas bereits im 6. Jahrtausend v. Chr. große und großartige Zeichnungen in Felswände (= Gravuren), mittels welchen sie sowohl die dortige Tierwelt "großräumig und naturalistisch" (H. Lhote) als auch dem Clan angehörige "europide Menschen" (Lhote), somit sich selber, darstellten. Daß ihre Clanordnung noch immer eine schamanistische war, beweisen Felsgravuren von "schamanistisch mit Hörnern vervollständigten" Pferden wie die von Dayet es Stel und die eines ebensolchen Esels in Aïn Naga, wo Gerätefunde mit der C 14-Methode als 5550 +/- 200 Jahre alt bestimmt wurden (H. Lhote in "Les Gravures rupestres de l'Atlas saharien", Alger 1984).

Tatsächlich "verklärten" die iberischen Einwanderer die nicht eben zahlreichen Pferde, die die Durchquerung der Meerenge von Gibraltar im 5. und 4. Jahrtausend v. Chr. alleine geschafft hatten, wohl nur aus "schamanistischen" Gründen, und weil hier sonst nichts an ihr ehemaliges Leben inmitten der harmonisch gemischten Wildherden aus Wisenten, Auerochsen und Wildpferden erinnert hätte.

Allein dadurch, daß sie ihnen bekannten und erreichbaren ungehörnten Tieren Hörner wenigstens auf den Felsbildern verliehen, rückten sie ihre Welt schamanistisch wieder in ein erträgliches Gleichgewicht und lebten so erneut sowohl mit "Horntieren", als Sonnen- und Himmelssymbolen, wie auch mit Einhufern, wie dem Pferd, als Erdmutter-, Mond- und Regensymbolen zusammen.

In Südfrankreich und auf der Iberischen Halbinsel starben die letzten epipaläolithischen Jäger-Hirten-Nomaden jedenfalls ab 3000 v. Chr. aus. Dafür erstarkte in Nordwestafrika eben eine junge "epipaläolithische" Nomadennation, die es dort früher nicht gegeben hatte: das Volk der später sogenannten "Berber". Mit ihnen lebte sogar das längst verloren geglaubte Paradies noch einmal für zwei Jahrtausende auf...

ZEITTAFEL IV: NORDAFRIKA, DIE SAHARA UND IBERIEN

Vor 500 Jahrmillionen
Silur

gehörte Afrika mit zu dem alten Südkontinent "Gondwana", der auch den Südpol mit umfaßte.

Vor 430 Jahrmillionen
Silur

lag das heutige Saharagebiet mit mächtigen Gletschern (Inlandeis) bedeckt.

Vor 400 Jahrmillionen
Silur

überfluteten es breite Ströme und ließen mehrmals nacheinander große Binnenozeane entstehen.

Vor 350 Jahrmillionen
Devon

löste sich der afrikanische vom Gondwana-Kontinent und driftete langsam in die Richtung seiner aktuellen Lage (= Plattentektonik).

Zwischen 300 und 140 Jahrmillionen
Karbon bis Kreide

ragten nur noch die höchsten Kuppen des Hoggar (5) und Aïr (6) (vgl. Karte Seite 116) aus dem zentralen Meer, das ganz Nordafrika bedeckte.

Vor 140 Jahrmillionen
Kreidezeit

zog sich das Meer zurück, um Wäldern und Dschungeln zu weichen, die ihrerseits...

Vor 100 Jahrmillionen

erneut einem Binnenmeer weichen mußten.

Vor 40 Jahrmillionen

zog sich auch dieses Binnenmeer bis auf Überreste, Seen und Sumpfgebiete, zurück.

Vor 30 Jahrmillionen

ließ die Plattentektonik den afrikanischen Kontinent 8° weiter südlich als heute auf unsere eurasische Kontinentalplatte stoßen. Dadurch blieb der Sahara das feuchte Tropenklima noch verhältnismäßig lange erhalten. Im Norden der Sahara warf der Zusammenstoß der Platten indessen die "alpidische Faltung" des Atlas auf und brachte zahlreiche Vulkane sowohl in Nordafrika als auch in Europa zum Ausbruch; in Nordafrika vor allem im Hoggar-, Tibesti- und

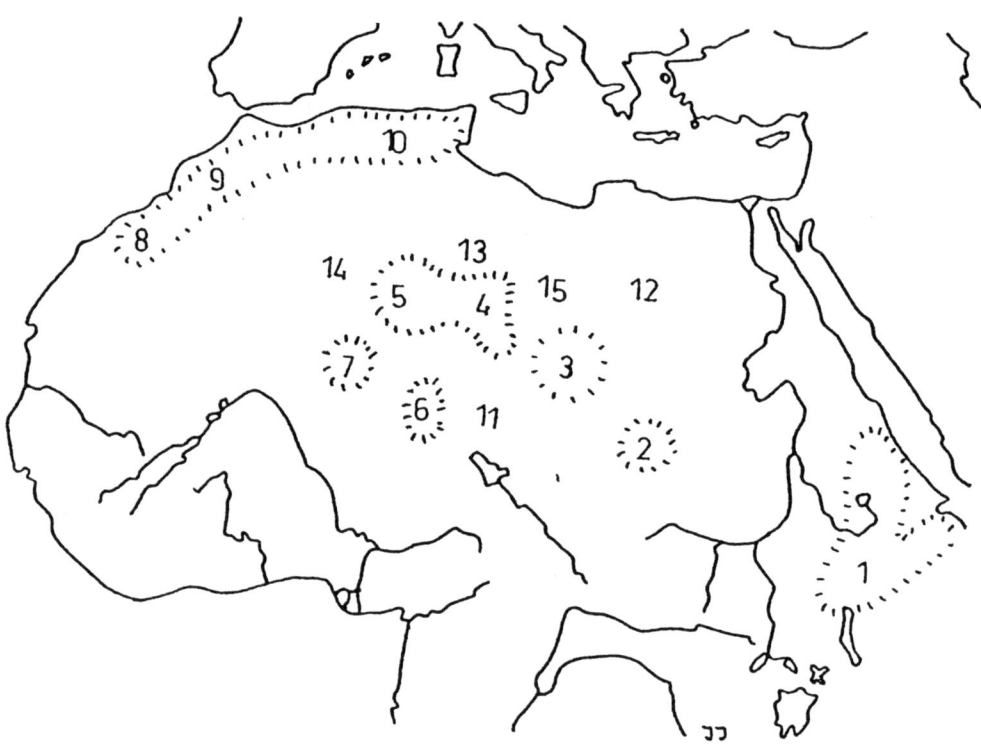

Zeichnung 18: Nordafrika

Die Felsmassive

 1 Rift
 2 Ennedi
 3 Tibesti
 4 Tassili−n'−Ajjer
 5 Ahaggar (oder: Hoggar)
 6 Aïr
 7 Adrar des Iforas
 8 Anti−Atlas
 9 Hoher Atlas (bis 4165 m)
10 Tell−Atlas & Sahara−Atlas

Die Wüstengebiete

11 Ténéré
12 Libysche Wüste
13 Messak
14 Tademaït
15 Fezzan

Vor 2 Jahrmillionen	Aïr-Gebiet (vgl.: Karte S. 116). nahm die Sahara allmählich ihr aktuelles Aussehen an; nämlich das einer kargen Steppenregion.
Um 350.000 v. Chr. Acheuleen	bewohnte ein Homo erectus sowohl das heutige Marokko als auch Mauretanien und das südwestliche Saharagebiet (B.P. = "before present" = vor heute, bzw. vor 1950).
70.000 – 40.000 v. Chr. Mousterien	wanderten Neandertaler aus Ostafrika über das Niltal und den Mittelmeerküstenstreifen in das Saharagebiet ein.
Um 50.000 v. Chr.	erwies sich Nordafrika als den gleichen klimatischen Zyklen unterworfen wie Eurasien; nämlich wechselweise kalten, trockenen und etwas wärmeren, feuchten Perioden.
Um 40.000 v. Chr. Mousterien	Zweite Einwanderung von Neandertalern aus Ostafrika.
Um 18.000 v. Chr.	herrschte in der Sahara ein extrem trockenes Steppenklima. Die Wüste breitete sich rund 300 Kilometer weiter nach Süden aus als heute.
Um 12.000 v. Chr. Aterien	trat wieder eine feuchtere Periode ein. Der Grundwasserspiegel der Sahara stieg an, und es bildeten sich erneut Seen und ausgedehnte Sümpfe zwischen den Felsmassiven. Geologen und Archäologen nehmen heute an, den höchsten Wasserstand hätten die Binnenseen im 6. Jahrtausend (v. Chr. = B.C. = "before Christ") erreicht; d. h. in der Zeit der letzten Einwanderung sogenannter "Wald-Neandertaler", dem Tschad-See entlang bis ins Senegalgebiet und nach Mauretanien (vgl.: Karte S. 116).

Um 6.000 v. Chr. Neolithikum	begannen die Neandertaler der nördlichen Sahara ziemlich unvermittelt auszusterben; H.J. Hugot vermutet, durch feuchtklimatisch bedingte Krankheiten, wie die Malaria, Amibiose und Bilharziose. Die Begegnung der Aterianer mit Neueinwanderern aus Europa schließt Hugot als Aussterbeursache aus.
Um 6.000 v. Chr.	Ausbreitung der Megalith-Kultur von Nordafrika über Spanien und Frankreich nach Norden und Nordosten (Stein). haben – der heute anerkannten Geschichtsschreibung zufolge – fünf Volksgruppen in Nordwestafrika während mindestens eines Jahrtausends zusammengelebt: 1.) die "Ibero-Maurusianer", die seit dem 12. Jahrtausend v. Chr. (Hugot) die Atlantikküste von Marokko bis Mauretanien bevölkerten 2.) die "Capsianer", die, wie die Ibero-Maurusianer, südwesteuropäischen Ursprungs waren und die die nordafrikanische Mittelmeerküste und deren Hinterland bewohnten 3.) die "Neolithiker sudanesischen Ursprungs" seit dem 7. Jahrtausend v. Chr. (Hugot) 4.) die "Neusteinzeitler guinesischen Ursprungs" in der Südsahara 5.) die letzten Neandertaler, die in der Südwestsahara noch zwei Jahrtausende überlebten.
Um 5.500 v. Chr.	Beginn der Capsien-Kultur nach Henri Lhote, dem größten Sahara-Forscher Frankreichs. Früheste Datierung von Felsgravuren mit Pferden (Lhote).

Im 5. Jahrtausend v. Chr.

"Bubalus-Periode"

bewohnten "die Ahnen der heutigen Tuaregs (...) den Ahaggar" (Hugot). Im Atlasgebiet schufen sie großräumige Felsgravuren von der lokalen Fauna; vor allem von Elefanten, Nashörnern, Löwen, Pferden und, nicht zuletzt, von dem "Bubalus antiquus", der ihrem Darstellungsstil den Namen verlieh (Lhote, Monod, Hachid, Hugot u.a.).

Beginn der Domestizierung von Rindern in Nordwestafrika.

Um 4.000 v. Chr.

begann das extrem trockene Steppenklima sich über ganz Nordafrika auszubreiten.

nahm die Einwanderung südwesteuropäischer Epipaläolithiker ständig zu.

Im 4. Jahrtausend v. Chr.

ist ein erneuter Einfall "hellhaariger, weißhäutiger Nomaden" sowohl in Libyen als auch in Ägypten und in Nordwestafrika nachgewiesen. Handelte es sich dabei um die Einwanderer, die Stein um 4750 v. Chr., Hugot um 4000 und Gueneron 3000 v. Chr. auftauchen sah?

Gesichert ist in diesem Jahrtausend jedenfalls das Vorkommen kleiner Wildpferdegruppen vor allem im Atlasgebiet, bei denen es sich weder um Zebras noch um autochthone Wildpferde handelt, und das "europider Menschen", die Felsgravuren auch von Pferden hinterließen.

"Rinderhirten-Periode"

Beginn der sogenannten "Rinderhirtenperiode" in der bildlichen Darstellung (Gravur und Malerei) in der Sahara (Lhote, Monod), im Atlas (Hachid) und in Tassilien (Muzzolini).

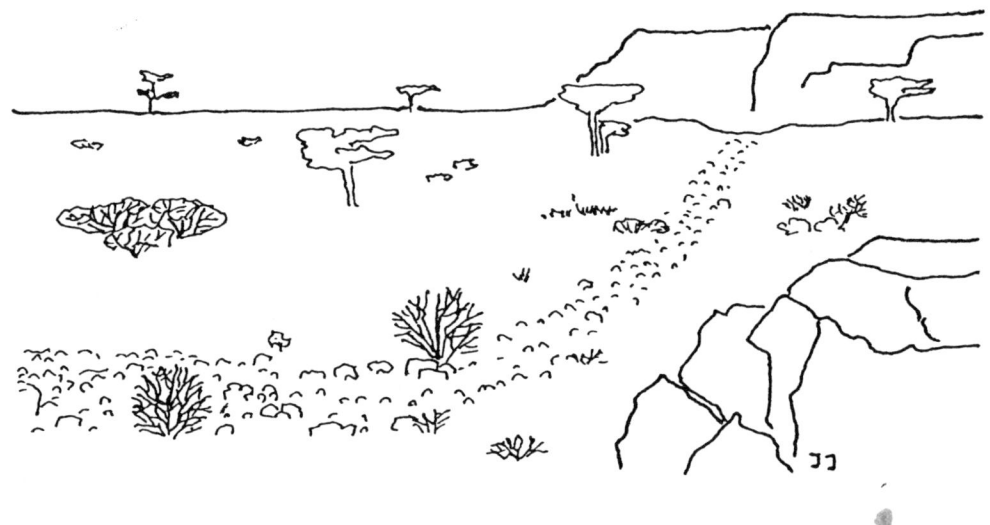

Zeichnung 19
Um 4.000 v. Chr. trockneten die nordafrikanischen Binnenseen und Binnen-
meere aus und machten erst nur einer Steppe und dann der Wüste Platz

Im 3. Jahrtausend v. Chr.
  In Ägypten:
das "Alte Reich" und
die "Pyramidenzeit"

stellen die Felsbilder der Sahara "Reiter dar, die verschiedene Tiere verfolgen; darunter solche, die, wie das ramsköpfige Rhinozeros, in dieser Region seit sehr langen Zeiten ausgestorben sind. Diese Tatsache scheint auf eine frühe Domestizierung des Pferdes hinzuweisen" (Thévenin).

– verwandelt sich das nordafrikanische Steppenklima endgültig in das Wüstenklima. Die Sahara erreicht sowohl ihren heutigen Umfang als auch ihr aktuelles Aussehen. Der Menschen- und Güterverkehr beschränkt sich auf 1.) den Seeweg, 2.) den nördlichen Mittelmeerküstenstreifen und 3.) die Südroute aus Ostafrika, entlang dem Tschadsee bis in den Senegal und nach Mauretanien.
Die Bubalus–Periode erreicht ihren Höhepunkt im Atlas, Fezzan und in Tassilien (Muzzolini).

Ende des Neolithikums
Im 2. Jahrtausend v. Chr.
  Bronzezeit

breitet sich die Glockenbecherkultur von Nordafrika und Südspanien (Almeria) über ganz Europa aus (Stein).
– wird das Pferd in der Sahara (spätestens) auf breiter Basis züchterisch überwacht und domestiziert und dient der berittenen Beaufsichtigung sowohl der Rinderherden als auch der Jagd auf Strauße, Antilopen und Wildrinder (Lhote, Monod).

Um 1650 v. Chr.
das "Neue Reich"

Einfall der Hyksos mit pferdebespannten Streitwagen in Ägypten.
– erscheint Nordwestafrika, von Ägypten aus betrachtet, der Wüstenbarriere wegen absolut unzugänglich.

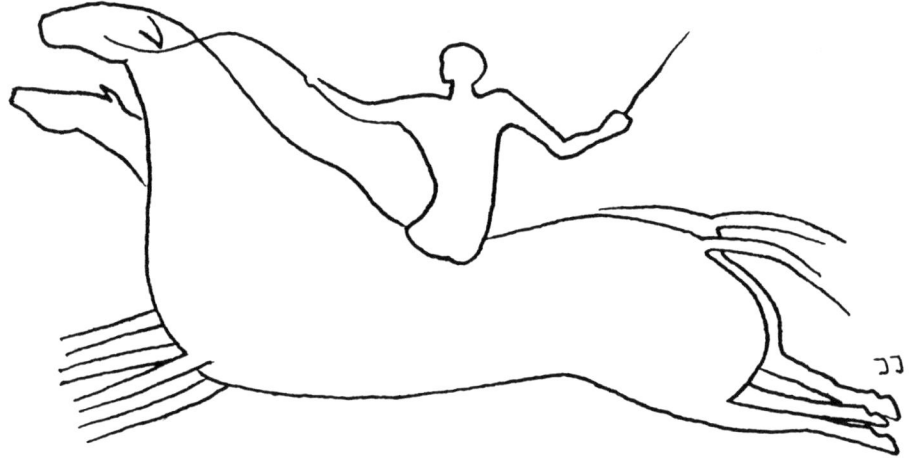

Zeichnung 20
Berber Reiter auf der Jagd mit zwei Pferden im Seitsitz und im sogenannten "fliegenden Galopp". (Zeichnung nach einer Fotografie von Hélène Rathelot aus dem Tassili-Gebiet mit freundlicher Erlaubnis der Familie Rathelot)

Um 1350 v. Chr.	tauchen die ersten Reiterstatuetten als Grabbeigaben in Ägypten auf.
"Pferde-Periode" in Nordafrika	Reger Zucht- und Reitpferdeaustausch zwischen Nordwestafrika und Südspanien.
	Mehrere Einfälle der "Temehou", der in Libyen lebenden Berber, in Ägypten.
Um 1200 v. Chr.	Einwanderung europäischer "Seevölker" in Kleinasien, Syrien, Ägypten und vielleicht auch in Libyen.
Um 1100 v. Chr.	Gründung der Stadt Tartessos im Delta des Guadalquivir, im Süden der Iberischen Halbinsel.
Im letzten Jahrtausend v. Chr.	erscheinen die ersten Streitwagen, mit Pferden und ohne Pferde, auf den Felsbildern Nordafrikas. Die "Numiden" oder "Berber" genannten hellhäutigen und hellhaarigen Stämme der nördlichen Sahara gelten als Züchter der edelsten und schnellsten Pferde schlechthin und die Berber Krieger als die geschicktesten Reiter der Welt. Sie treten stets mit je zwei eigenen Pferden auf, die sie – auf der Jagd wie im Kampf – sattel- und gebißlos im Seitsitz reiten (Z. 20, S. 122).
	Reger Zucht- und Reitpferdeaustausch mit der Iberischen Halbinsel vor allem der Blutauffrischung wegen. Nordafrika gilt als das bedeutendste Pferdezuchtgebiet der Welt.
814 v. Chr.	weiten die Phönizier von Tyros und Sidon aus ihr Handelsmonopol über das gesamte Mittelmeergebiet aus und gründen die Stadt Karthago an dem Ort, an dem heute Tunis liegt.

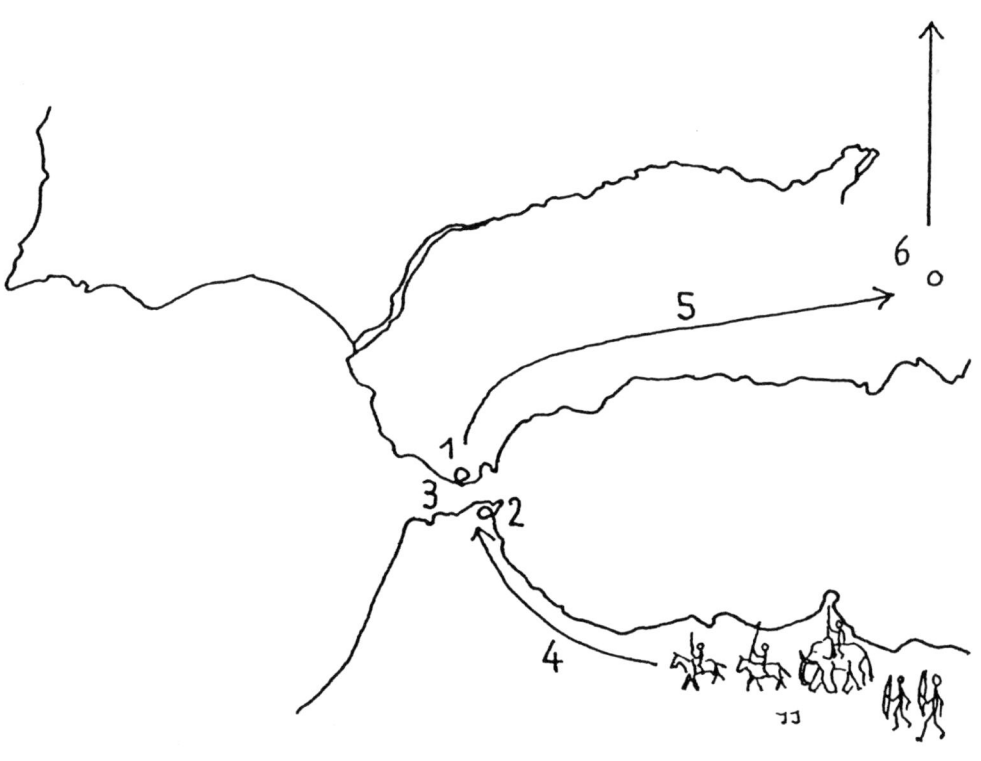

Zeichnung 21
Hannibals Weg aus Karthago über den nordwestafrikanischen Küstenstreifen (4),
die Punta Almina (2), die Straße von Gibraltar (3), Tarifa (1), Südostiberien
(5) und Cartagena (6) nach Norden und Nordosten über die Pyrenäen, das
untere Rhônetal und die Alpen bis in die Po–Ebene, wo er 218 v. Chr. die
Römer ein erstes Mal vernichtend schlug

Um 750 v. Chr.	Gründung der Stadt Rom in Italien.
Um 700 v. Chr.	kolonisieren die Phönizier Südspanien und die Mittelmeerküste ganz Nordafrikas.
Um 630 v. Chr.	gründen Griechen die Stadt Cirene in Ostlibyen, die sie 115 Jahre später an den Perserkönig Darius verlieren.
Um 500 v. Chr.	gelten der Süden der Iberischen Halbinsel und ganz Nordwestafrika als "Hinterland" Karthagos und als Erzlieferanten ganz Europas (Silber, Gold, Kupfer, Eisen usw.).
480 – 428 v. Chr.	*Herodot*, griechischer Historiker, Ethnologe, Geograph und Reporter, dem wir bedeutende, auch die Pferde betreffende Dokumente und Augenzeugenberichte verdanken.
Um 450 v. Chr.	Erste Erwähnung der "Kelten" auf der Iberischen Halbinsel durch Herodot.
430 – 354 v. Chr.	*Xenophon*, griechischer Reiteroberst, Historiker, Philosoph und Hippologe, der den griechischen Soldaten gerne Reitersöldner aus Nordafrika und Spanien als Vorbilder zugesellte. Autor der Aufsätze "Peri Hippikes" und "Hipparchikos", die als die ersten Reitlehren Europas angesehen werden (dtsch: im G. Olms Verlag, Hildesheim).
264 v. Chr.	Streit zwischen Karthago und Rom um Sizilien, der zum "Ersten Punischen Krieg" führt (264–241).
218 v. Chr.	greift *Hannibal*, ein Berber Feldherr aus Karthago, die Römer in der oberitalienischen Poebene an. Er überwand zu diesem Zweck die Straße von Gibraltar, die Pyrenäen und die Alpen mit 50.000 Mann, 9.000 Reitern und 37 Elefanten.

146 v. Chr.
Beginn der "Römerzeit" in Nordafrika

führt der Dritte Punische Krieg zur
vollständigen Zerstörung Karthagos
durch die Römer, die das Hinterland
der Stadt und das restliche Nordafrika als eine "proconsulare Provinz"
annektieren.

Um Christi Geburt
Beginn der historischen Zeitrechnung

erscheint das Pferd auf libyschen
Münzen sowohl als Wahrzeichen oder
Emblem des Landes als auch als ein
religiöses und kulturelles Symbol.
Nordafrikas numidische (oder Ber-
ber-) Bevölkerung ist in einzelne
Stämme mit unabhängigen Ober-
häuptern aufgeteilt. Die berühmtesten
Stämme sind die Massylier, Masoe-
sylier, Mauren, Getulen, Nazamonen
und Garamanten, die alle weiterhin
als Halb- und Vollnomaden vor allem
von der Pferdezucht leben und sich
immer wieder als Reiterkrieger an
Meistbietende verdingen.

Im 1. Jahrhundert n. Chr.
Beginn der "Kamel-Periode" in der
nordafrikanischen Felsbilderkunst

importieren die Römer die ersten
Dromedare aus Arabien nach Nordafrika, wo numidische Halbnomaden
sogleich mit deren Zucht beginnen.

Im 5. Jahrhundert n. Chr.

sichern Dromedare mit den Pferden
zusammen den Berber Stämmen ihre
kriegerische Überlegenheit bei Gefechten mit immer wieder anderen
Eindringlingen.

429 n. Chr.

kündigt der römische "Comes Africae" oder Vasall Bonifazius dem
Kaiser in Rom seine Gefolgschaft und
ruft zu seiner Unterstützung den
Vandalenkönig Geiserich nach Nordafrika.

Zeit der Völkerwanderung

Geiserich, der mit seinem Volk aus
dem Donaugebiet auswandernd
Frankreich und die Iberische Halbinsel erobert hat, läßt sich nicht

zweimal bitten. Mit 80.000 Männern, Frauen und Kindern landet er in Marokko und überrollt von hier aus ostwärts den gesamten Mittelmeer-Küstenstreifen bis nach Libyen.

Kaum fünfzig Jahre später haben die Berber den fruchtbaren Küstenstreifen wieder zurückerobert und nutzen ihn erneut für die nomadisierende Großtierzucht (Pferde, Rinder, Dromedare).

533 n. Chr.
erobert Belisarius, ein Feldherr des oströmischen Kaisers Justinian I, den nordafrikanischen Küstenstreifen für Byzanz.

Im 6. Jahrhundert n. Chr.
entsteht im nordostafrikanischen Nubien ein christlicher Staat, der siebenhundert Jahre später zum Islam konvertiert.

585
unterwirft der Westgotenkönig Leovigild die Iberische Halbinsel.

622
"Hedschra" oder "Hegira"
Das Jahr 1 des moham. Kalenders
flieht *Mohammed* aus Mekka nach Medina und gründet dort die erste islamitische Gemeinde.

630
Mekka ergibt sich Mohammed, der in der dortigen Kaaba die Sonnen- und Mondsymbole zerstört, um das erste mohammedanische Heiligtum zu errichten.

634
Omar I, der zweite Kalif der Mohammedaner, läßt Syrien, Persien und Ägypten für den Islam erobern.

Von Ägypten aus betrachtet, liegt Nordwestafrika soweit abgelegen, schwer zugänglich und isoliert, daß es die Araber "Djazirath el Maghreb", "die Insel des Sonnenunterganges" nennen.

642	Zweiter Einfall der Araber in Ägypten und Eroberung des nordafrikanischen Küstenstreifens bis nach Algerien. Beginn eines zweieinhalb Jahrhunderte dauernden Partisanenkriegs einzelner und mehrerer verbündeter Berberstämme gegen die Araber, d.h. gegen die ersten Eindringlinge der Geschichte, die sich ihnen reiterlich wie kriegerisch gewachsen erweisen.
Um 700 n. Chr.	besetzen die Araber Westalgerien und Marokko.
711	setzen die Araber unter *Tarik,* der wohl ein Berber war, über die Meerenge von Gibraltar und vernichten das Heer der Westgoten unter Roderich.
712	erobern die Araber das südspanische Sevilla, 716 Lissabon, 720 Narbonne und ganz Südfrankreich.
732	schlägt *Karl Martel* die Araber in der Schlacht zwischen Tours und Poitiers (Frankreich), obwohl die arabische Reiterei der Karl Martels deutlich überlegen ist.
Im 8. Jahrhundert n. Chr.	gründen die Araber die Stadt Granada in Andalusien.
756	gründet *Abd-ar-Rahman* aus der Omajjaden-Dynastie das unabhängige Reich von Cordoba und erleichtert die Lebensbedingungen der Iberer.
778	versucht *Karl I (der Große)* erfolglos, die Araber aus Spanien zu vertreiben, wo diese sich für die nächsten fünfhundert Jahre fest eingenistet haben und seit der Humanisierung der Beziehungen zu der einheimischen Bevölkerung von dieser nun auch akzeptiert werden.

Um 800 n. Chr.	Reger Zuchtpferde-Austausch zwischen nordafrikanischen und iberischen Pferdezüchtern, der sowohl Berber und arabische als auch iberische Pferdeschläge betrifft. Beginn der andalusischen Zucht spezieller "Gineta-Pferde".
929	wird das hispano-arabische Cordoba-Reich ein Kalifat und fördert im ganzen iberischen Süden die Wirtschaft, die Kultur und die arabischen Wissenschaften mit ersten Universitäten.
1008 - 1028	Großer arabischer Bürgerkrieg in Kleinasien und Nordafrika. In Nordwestafrika und Iberien erstarken die Almoraviden, reinblütige Berber, die zum Islam übergetreten sind; die eigentlichen "Mauren".
1031	Beginn der sogenannten "Reconquista", der Rückeroberung der maurischen Teile Iberiens durch die christlichen Randstaaten (bis 1260).
1086 - 1147	übernehmen die Almoraviden die Macht in Iberien und werden...
1150 - 1250	von den Almohaden, ebenfalls reinblütigen Berbern oder Mauren, abgelöst.
1246 - 1492	kann sich in Andalusien nur noch ein kleines maurisches Restreich halten, das Emirat von Granada, dessen Hauptstadt 1492 von Kastilien eingenommen wird.

Bibliographie:

Conrad	J.R.	"Le Culte du Taureau" Payot, Paris 1961
Daumas	Eugène	"Die Pferde der Sahara" (1853) Olms, Hildesheim 1988

Deschamps   Hubert   "Les Religions de L'Afrique Noire" P.U.F., Paris 1954

Dossiers d'Archeologie, Les ...   "L'Art Rupestre du Sahara" Ed. Faton, Dijon No. 197/ 1994

Dtv   "dtv–Atlas zur Weltgeschichte" 2 Bände, DTV München 1979

Gauthier, Yves & Christine et A. Morel, Th. Tillet   "L'Art du Sahara" Seuil, Paris 1996

Gueneron   Hervé   "La Libye" P.U.F., Paris 1976

Hugot   Henri–Jean   "Le Sahara avant le Désert" Ed. Hespérides, Toulouse 1975

Jelinek   Dr. Jan ...   "L'Homme préhistorique" Gründ, Paris 1975

Leroi–Gourhan   André   "Dictionnaire de la Préhistoire" P.U.F., Paris 1994

Lhote Henri & F. de Villaret   "Les Gravures rupestres de l'Atlas saharien..." Off. Parc National du Tassili, Alger 1984

Lhote   Henri   "Les Gravures ... de l'Aïr" Ed. Recherches, Paris 1987

Parrinder   Geoffrey   "African Traditional Religion" 1969 Penguin, Harmondsworth (GB)

Roeder   Günther   "Volksglaube im Pharaonenreich" Spemann, Stuttgart 1952

Roux   E.J.   "Le Cheval Barbe" Maisonneuve, Paris 1987

Saint–Blanquat   Henri de...   "Les Premiers Français" Castermann Paris, 1987

Schlieben   Adolph   "Die Pferde des Altertums" (1867) Sändig, Wiesbaden 1969

Servier   Jean   "Les Portes de l'Année" R. Laffont, Paris 1962

Servier   Jean   "L'Homme et l'Invisible" R. Laffont, Paris 1964

Servier   Jean   "Les Berbères" P.U.F., Paris 1990

Stein   Werner   "Kulturfahrplan" Herbig, Berlin 1946

Toumi   Mohsen   "Le Maghreb" P.U.F., Paris 1988

6. Kapitel
DIE PFERDE UND MENSCHEN IN NORDWESTAFRIKA

Fragt man sich als Pferdefreund, wie es kam, daß Nordwestafrika, das vor dem Neolithikum noch über keinerlei eingeborene Pferde verfügte, nur drei Jahrtausende später der Welt größtes Pferdezuchtgebiet darstellte und die feinsten und geschicktesten Reiter der Geschichte hervorbrachte, so stolpert man, wenn man sich mit der derzeit gültigen Geschichtsschreibung befaßt, fortwährend über Widersprüche zwischen den Aussagen der einzelnen Historiker und Sahara-Spezialisten.

Von allen anerkannt erscheinen bis heute lediglich die Daten von Stadtgründungen und kriegerischen Auseinandersetzungen und manchmal noch die Zahlen der zu letzteren angetretenen Fußsoldaten und Reiterkrieger im letzten Jahrtausend v. Chr. (vgl.: Zeittafel IV, Seiten 115 - 130).

Diese Daten und Zahlen stammen in der Regel von griechischen und römischen Geschichtsschreibern, die uns hier nur interessieren, insofern sie Schätzungen des nordafrikanischen Pferdepotentials zulassen. So wissen wir beispielsweise von Strabo (17,3), wieviele Pferde jede einzelne nordafrikanische Provinz den Römern jährlich als Tribut zu liefern hatte; nämlich sage und schreibe zehntausend! Cyriacus, der König von Nubien, soll 461 v. Chr. mit sechstausend schwarzgewandeten Rappen-Reitern in Ägypten eingefallen sein (Elmacinus in A. Schlieben S. 109). Hannibal zog mit sechstausend Berber Reitern nach Südspanien und hob hier nochmals dreitausend berittene Iberer aus, bevor er sich mit insgesamt 50.000 Fußsoldaten, 9.000 Reitern und 37 Kriegselefanten auf den Weg über die Pyrenäen, das untere Rhônetal und die Alpen in die römische Poebene machte.

Kurz, Nordafrika war im letzten Jahrtausend vor Christus tatsächlich die bedeutendste Pferdewiege der damaligen Welt, und die Berber Krieger kämpften, oft auch als Söldner in fremden Kriegsdiensten, mit je zwei Pferden, wobei das zweite ihre linke Seite zu decken und Angreifer mit den Zähnen und Hufen einzuschüchtern hatte.

Daher nochmals: woher kamen oder stammten die berühmtesten Pferde der Alten Welt? Und wer waren die Menschen, die sie sachlich oder fachlich so überaus erfahren und kenntnisreich als Nomaden auf freier Wildbahn züchteten, aufzogen, anritten und ausbildeten, ohne sie je zu bedrängen, zu behindern oder ihnen die Freude an der Zusammenarbeit mit dem Menschen zu nehmen?

Mindestens ein Teil der Lösung dieses Rätsels reicht bis zu den sogenannten "Iberomaurusiern" zurück, obwohl diese "geborenen Seefahrer" (H.J. Hugot) um 12.000 v. Chr. mit Pferden im Alltag nur wenig zu tun hatten und es damals, wie angedeutet, in Nordafrika außer Wildeseln, einzelnen Quaggas (in Mauretanien) und seltenen Zebras keinerlei Equiden gab.

Wer waren diese "Iberomaurusier"?

Zu Beginn unseres Jahrhunderts ging der Archäologe P. Pallary in La Mouillah (Algerien) eben dieser Frage nach. Dabei frappierte ihn immer wieder die Ähnlichkeit seiner Funde mit solchen, die er im Süden der Iberischen Halbinsel ausgegraben hatte. Er schloß daraus, die nordwestafrikanischen und die südiberischen Funde entstammten ein und demselben Kulturkreis, und nannte dessen Träger 1909 entsprechend "Iberomaurusier".

Seither wurden sowohl im Marokkanischen, Mittleren, Hohen und Sahara-Atlas als auch der algerischen Küste entlang bis Tunesien an insgesamt dreißig Fundstellen Überreste von rund fünfhundert Iberomaurusiern ausgegraben und datiert. Dabei handelt es sich eindeutig um Überreste eines Homo sapiens sapiens vom Typ des "Homme de Cro-Magnon" und dem des nordafrikanischen "Homme de Mechta el Arbi", den wir hier Iberomaurusier genannt haben.

Die Iberomaurusier Nordwestafrikas bewohnten häufig Lager im Freien oder unter überhängenden Felsen, die ihnen die Neandertaler anscheinend problem- und kampflos überlassen hatten. Sie lebten vor allem vom Muscheln- und Schneckensammeln und von der Jagd und zeichneten sich durch die gleiche Friedfertigkeit und Gelassenheit aus, die auch die magdalenischen und epipaläolithischen Jäger-Fischer-Halbnomaden des iberischen Südens charakterisiert hatten.

Die Datierungen ihrer Überreste ergaben, daß sie Nordwestafrika zwischen dem 18. und dem 9. Jahrtausend vor Christus (H.J. Hugot) nicht eben dicht besiedelten und mit den dortigen Neandertalern im besten Einvernehmen zusammenlebten. So weit, so gut! Nur, woher waren sie eingewandert?

Vor einer eindeutigen Antwort auf diese Frage drücken sich die meisten Historiker nach wie vor, indem sie auf die "offiziellen" Lehrbücher verweisen. Und in diesen steht in der Regel geschrieben, der "Homme de Mechta" oder "Iberomaurusier" sei zwar tatsächlich der erste Cro-Magnon Nordwestafrikas und mit dem Meer und der Pirogennutzung durchaus vertraut gewesen, aber er sei zufuß aus Palästina eingewandert.

Der Deutsche Günther Roeder und nicht wenige andere Ägyptologen verweisen zwar immer wieder auf die absolute Unüberwindbarkeit des Niltales bis ins 3. Jahrtausend v. Chr. Aber dadurch, daß sich der Iberomaurusier ja mit Einbäumen auskannte, traut man ihm die Durchquerung der krokodilreichen ausgedehnten Sümpfe und reissenden Stromarme im Nildelta wesentlich leichter zu als die Überquerung der Meerenge von Gibraltar, die an ihrer schmalsten Stelle nicht breiter ist, als es der Nil im 2. Jahrzehntausend v. Chr. war.

Auch dieser flagrante Widerspruch scheint eine Geschichte zu haben. Erinnern wir uns! – Die bisher früheste wissenschaftlich allgemein anerkannte Einbaumreise ist die vom griechischen Festland zur Obsidian- oder Vulkanglas-Insel Melos (Milo) und zurück, die erwiesenermaßen im 11. Jahrtausend v. Chr. erfolgte.

Als die Kunde davon zum ersten Mal durch die Weltpresse ging, gab es kaum einen Historiker, der die Datierung nicht spontan als zu früh angesetzt erst einmal von sich wies. Wie gesagt, ist sie inzwischen allgemein anerkannt. Aber der Reflex, frühe, kühne Überfahrten ganzer Volksgruppen in Einbäumen auch nur über eine vierzehn Kilometer breite Meerenge, wie die von Gibraltar, als Hirngespinst abzutun, ist dennoch erhalten geblieben.

Für uns hier, die wir der Frage nachgehen, woher die Pferde Nordafrikas in den Jahrtausenden v. Chr. ursprünglich stammen, bedeutet das offenbar, daß wir uns auf nicht wenige der diesbezüglichen "offiziell anerkannten Hypothesen" nur bedingt verlassen können. So leider auch im Fall der "Capsier" oder "Capsianer", des nächsten "europiden", hellhäutigen Volkes, das Nordwestafrika im 6. und 5. Jahrtausend v. Chr. besiedelte.

Auch die Capsier (von Capsa, dem ehemaligen Namen Gafsas in Tunesien), heißt es offiziell, seien "orientalischen", "südorientalischen" (Balout, Leakey), "sebilischen" (= ägyptischen - Vignard), "natufischen" (= palästinensischen - Camps) oder "romanellischen" (= italienischen - Vaufrey, Mc Burney) Ursprungs. Allein das Naheliegende; nämlich die iberische Abstammung auch der Capsier, sparen die Historiker (mit Ausnahme R. Vaufreys und C.B.M. Mc Burneys), wie bei den Iberomaurusiern, unter dem Vorwand aus, vor dem Beginn der Neusteinzeit sei das Mittelmeer nicht zu befahren gewesen (L. Balout).

Beinahe amüsant ist hier zu bedenken, daß der offizielle Beginn des Neolithikums in Afrika im 7. und auf der Iberischen Halbinsel im 6. Jahrtausend v. Chr. angesetzt wird und daß somit die Capsier, auch nach dieser "offiziellen Zeitrechnung", durchaus über die Straße von

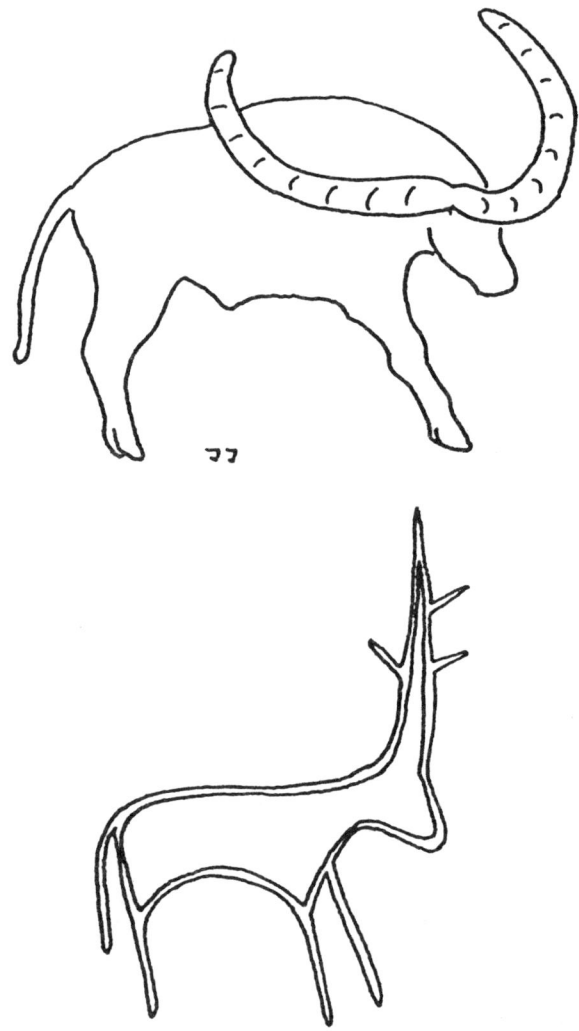

Zeichnung 22
Nordafrikanische Darstellungen "mythisch verklärter Tiere"; hier des Bubalus antiquus (oben) und eines "behörnten" Pferdes oder Esels (unten) aus dem 5. Jahrtausend vor Christus (aus d'Aïn Naga, nach Lethielleux, Villaret und Henri Lhote)

Gibraltar eingewandert sein könnten. Weshalb wagen die Historiker, von Ausnahmen abgesehen, dies noch immer nicht einzugestehen?

Allgemein anerkannt ist indessen der capsische Ursprung der nordafrikanischen Felsbilderkunst. Henri Lhote, ihr berühmtester Erforscher, schreibt allerdings dem unmittelbaren capsischen Einfluß auf sie kaum ein Jahrtausend Dauer zu und betrachtet die Kunst beispielsweise des Sahara-Atlas als von den Capsiern unbeeinflußt. Demnach gehörten die Bildautoren der meisten sogenannten "großräumigen, naturalistischen" Darstellungen der Bubalus- oder Wildtierstufe (oder -Periode) offenbar einer dritten Gruppe "europider" Einwanderer an.

Ihretwegen und dank ihrer Darstellungen auch von Pferden ist das capsische Jahrtausend zwischen 5.500 und 4.500 v. Chr. für uns hier dennoch von Bedeutung; liefert es doch die ersten und ältesten Beweise für das Auftreten von verhältnismäßig kleinen Pferdegruppen nun endlich auch hier, im Atlasgebiet.

Fragen wir uns deshalb zuerst einmal, wer die Schöpfer dieser großräumigen, naturalistischen Felsgravuren waren und weshalb sie vor allem Großwild, wie den Bubalus antiquus, einen inzwischen ausgestorbenen Büffel, Pferde, Elefanten, Löwen, Nashörner, Giraffen und Wildschafe so monumental naturgetreu und detailliert dargestellt haben.

Die am nächsten liegende Antwort ist wohl die: weil sie als Neueinwanderer in ihnen nicht vertraute Landstriche Großwild in solcher Vielfalt noch nie zuvor gesehen oder hier anzutreffen nicht erwartet hatten. Jedenfalls scheinen sie von diesen Begegnungen so überwältigt gewesen zu sein, daß sie sie für alle Zeiten im Fels festhalten mußten.

Die Tatsache, daß sie den Bubalus (auch: Homoïceros antiquus oder Paläorovis antiquue - vgl. Zeichnung 22, S. 134 oben) dabei weitaus am häufigsten porträtierten, erklärt Henri Lhote mit "einer möglichen mystischen Beziehung" zwischen den Neueinwanderern und diesem Riesenbüffel, obgleich es keinerlei Anzeichen für seine Domestizierung gibt (H. Lhote in "Les Gravures rupestres de l'Atlas saharien" Alger 1984, Seite 217 - vgl. Bibliographie).

Für uns, die wir mit der besonderen affektiven, "mystischen" oder schamanistischen Verbundenheit der Epipaläolithiker Iberiens mit den Wisenten, Auerochsen, Wildpferden und anderen Tieren, mit denen sie zusammen lebten und wanderten, bereits vertraut sind, ist die "mystische Beziehung" der dritten Gruppe europäischer Einwanderer in Nordwestafrika zum Bubalus lediglich ein Hinweis mehr auch auf ihren iberischen, oder zeitlich noch früher betrachtet, ihren Solutréer-Ursprung.

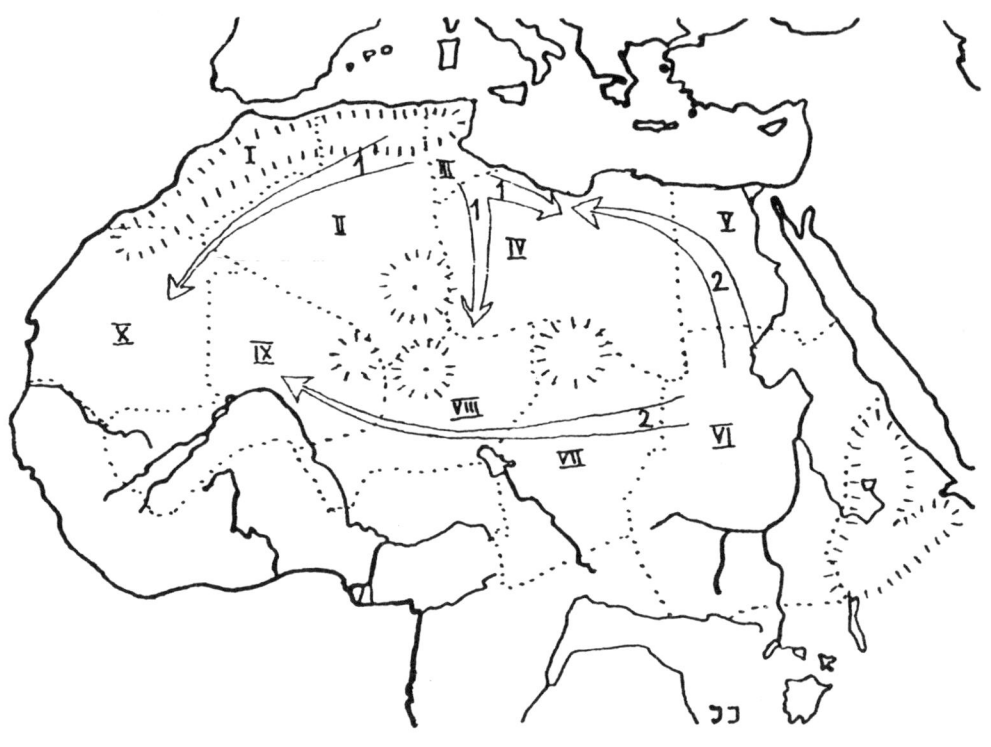

Zeichnung 23
Die Wanderwege der Neolithiker in Nordafrika (nach H.J. Hugot)

1 Neolithiker "capsischer Tradition" und epipaläolithische Neueinwanderer
2 Neolithiker "tenerischer und sudanesischer Tradition" (= Schwarz-
   afrikaner) in
I   Marokko
II Algerien
III Tunesien
IV Libyen

V   Ägypten
VI   Sudan
VII Tschad
VIII Niger
IX   Mali
X   Mauretanien

Um leichter und deutlicher zwischen den Neueinwanderern des 6. Jahrtausends v. Chr. und ihren Cro-Magnon-Vorgängern, den mit ihnen verwandten Iberomaurusiern und Capsiern, zu unterscheiden, blicken wir noch einmal kurz auf deren Kulturen zurück.

H.J. Hugot, der große Sahara-Spezialist, beschrieb in seinem Standardwerk "Le Sahara avant le Désert" (Toulouse 1974) als deutlichstes Kennzeichen der Capsier-Kultur jene "Kjökkenmödding" oder "Shellmidden", die wir an den Küsten Südwestfrankreichs und der Iberischen Halbinsel bei den Jäger-Fischer-Halbnomaden bereits einmal als "Concheiros" angetroffen haben.

Dabei handelt es sich um oft mehrere hundert Meter lange, zwei bis drei Meter breite und über einen Meter hohe "Dämme" aus Küchenabfällen; vor allem Schneckenhäusern, Muschelschalen, Asche, Wildtierknochen, Straußeneierschalen und sogar menschlichen Skeletten, die eine sehr genaue Datierung der Fundschichten zulassen. Letzteren und H.J. Hugot zufolge begann das "Capsien", die capsische Kultur, in Nordafrika bereits 7350 v. Chr.

Zu ihrer Herkunft schrieb H.J. Hugot: "Mag der Ursprung der Menschen von Mechta-el-Arbi (der Iberomaurusier - SGS) vielleicht auch orientalisch gewesen sein, so liegen die Einwanderungsrouten der Capsier nach wie vor im Dunkeln" (S. 107) - oder im Wasser der Meerenge von Gibraltar, wie heute mehr und mehr Archäologen und auch ich anzunehmen wagen, obgleich das Capsien immer wieder neue, noch frühere Daten liefert.

Zusammenfassend stellte H.J. Hugot schließlich fest: "Aus dem Capsien des Maghrebs (= Nordwestafrika - SGS) formt sich jedenfalls die Neolithische Kultur capsischer Tradition um das 7. Jahrtausend v. Chr. herum. Auf die eher seltenen Einfälle und Ausflüge der Capsier in die nördliche Sahara *folgt nun ein ganzer Strom menschlicher Einwanderer* (nämlich die dritte Gruppe europäischer Epipaläolithiker - SGS). Dieser betrifft das gesamte Gebiet zwischen dem Sahara-Atlas im Norden, Mauretanien im Westen, dem Adrar des Iforas und dem nördlichen Tassili-Gebiet im Süden und der Tibesti-Region im Osten" (S. 108 - vgl. Karten S. 116 und S. 136).

H.J. Hugot fährt fort: "Aufgefallen ist wohl die Frühe der Zeit, in der die Iberomaurusier, die Cro-Magnoiden, als Volk und Kultur zu existieren aufhören. Selbstverständlich verschwanden sie nicht einfach 'spurlos'. Die Capsier (...), *deren Ursprung gewisse Autoren in Italien oder Spanien sehen,* werden die Nachkommen des Menschen von Mechta bestimmt gekannt und 'kontaktiert' haben" (Hugot, S. 110).

Zeichnung 24
Die ältesten Pferdedarstellungen Nordwestafrikas (Felsgravuren) vom Beginn
des Neolithikums (6. und 5. Jahrtausend v. Chr.) nach H. Lhote

Andere Historiker sehen das Volk der Iberomaurusier ganz einfach und friedlich in dem der Capsier "aufgehen", genau wie sich die Capsier im 5. Jahrtausend v. Chr. mit den sogenannten "Neusteinzeitlern capsischer Tradition" und dem nie wieder abbrechenden Strom der Neueinwanderer von der Iberischen Halbinsel vermischten, die beide in Wirklichkeit einen und denselben "menschlichen Einwandererstamm" verkörperten.

Woher stammten nun die Pferde, welche die "Neolithiker capsischer Tradition", unsere dritte Gruppe europäischer Einwanderer, bereits im 6. Jahrtausend v. Chr. im Sahara-Atlas antrafen, in Felsgravuren darstellten, aber nie als jagdbares Wild betrachteten? (Zwischen ihren Küchenabfällen befinden sich häufig Rinder-, Schafs- und Antilopenknochen, jedoch ebensowenig wie auf der Iberischen Halbinsel Überreste von Pferden.)

Wer den Historikern folgt, die einen regen Floßverkehr und Güteraustausch zwischen Südiberien und Nordwestafrika vor dem fünften oder vierten Jahrtausend v. Chr. kategorisch ausschließen, wird sich gezwungen sehen anzunehmen, die Pferde des Sahara-Atlas seien im 6. Jahrtausend v. Chr. allein, somit von selbst, durch die Meerenge von Gibraltar geschwommen.

Wie am Ende des 5. Kapitels bereits erwähnt, kann ich dies, für mein Teil, nicht ausschließen. Aber ich frage mich, wer oder was die Pferde dazu bewog und weshalb sie diese Flucht nach Süden nicht bereits viel früher gewagt haben.

Wie dem auch sei, eine Tatsache ist und bleibt, daß wir Hippologen in den ältesten Pferdegravuren Nordafrikas eindeutig Pferde solutréischer oder mindestens gleicher Abstammung erkennen wie die der Pferde auf den südostiberischen Darstellungen aus der gleichen Zeit (vgl.: Zeichnung 17, S. 110).

Daß die Pferde der Sahara erst von den Hyksos um 1650 v. Chr. oder von den sogenannten "Seevölkern" um 1200 v. Chr. in Nordafrika eingeführt worden seien, ist jedenfalls ein Märchen, dem allerdings, neben einigen historisch wenig bedarften Hippologen, bis vor kurzem auch einige gestandene Sahara-Spezialisten anhingen.

Da zudem eine autochthone Entwicklung des späteren Berber Pferdes aus Zebras, Quaggas oder sogar Wildeseln ebenso unhaltbar ist wie die Behauptung, die ältesten Felsgravuren stellten gar keine Pferde, sondern Quaggas dar, bleibt eben als einzige Hypothese nur die der solutrée-iberischen Abstammung der frühen Pferde der Sahara erhalten.

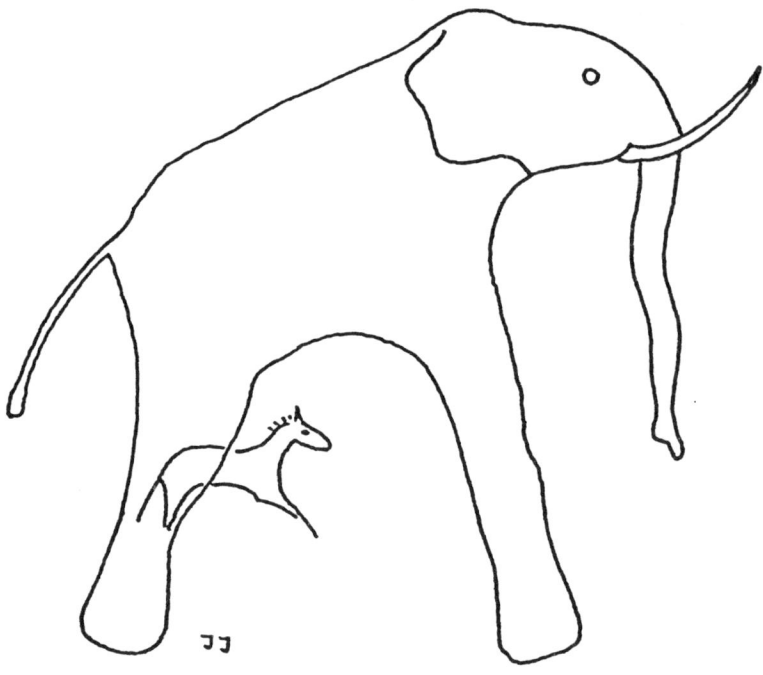

Zeichnung 25
Eine der ältesten Pferdedarstellungen Nordafrikas schlechthin aus der frühen
Bubalus–Periode (= ca. 5.500 v. Chr.) in Hasbaia, nach H. Lhote

In das Bild letzterer Annahme passen zudem zwei Tatsachen:
1.) die relative Seltenheit des Pferdes im Capsien, in dem es lediglich in kleinen Gruppen, somit kaum je als Großherde auftrat, und
2.) die allmähliche Zunahme seiner Kopfzahl gleichzeitig mit der massiven Einwanderung der iberischen Epipaläolithiker in der Neusteinzeit.

Die neolithischen Einwanderer scheinen es demnach "mitgebracht" zu haben, obwohl es damals weder als gezähmt noch als domestiziert gelten konnte. Das heißt, heute wagt noch kaum jemand zu behaupten, die Pferde seien eben nur handzahm gemacht, auf Flöße verladen oder daran angebunden oder sogar im Herdenverband zwischen Pirogen frei schwimmend, als Einzeltiere oder in ganzen Gruppen nach Nordafrika gelangt, obwohl ein reger Floßverkehr im 5. Jahrtausend v. Chr. als erwiesen erscheint.
Sicher ist indessen, daß Pferde zu dieser Zeit, mindestens im Sahara-Atlas, regelmäßig von Menschen unabhängige Gruppen bildeten, in die sich die Ahnen der Tuaregs auf die gleiche Art und Weise einzugliedern versuchten – nämlich in Symbiose – wie es die Solutréer, Magdalenier und Epipaläolithiker Südwesteuropas während der 20.000 Jahre zuvor geübt und sich anerzogen hatten. Doch hiervon später mehr!
Begnügen wir uns im Augenblick mit dem, was Henri Lhote über die ältesten Felsgravuren berichtet hat:
"Während meiner Erforschung des Süd-Oranais (= des Sahara-Atlas im Süden der Stadt Oran in Algerien – SGS) konnte ich das Vorkommen eines Pferdes in den frühen Felsgravuren dieser Region nachweisen. So zum Beispiel in Gouiret bent Saloul, wo zwei kleine Pferde mit einem Bubalus im Tazina-Stil überzeichnet sind. R. Vaufrey hat ein Pferd in Moulat Kef er-Akhen identifiziert. In Dayet Mouilah zeigt sich ein Pferd mit einer Axt überzeichnet, während andere in Hasbaïa und in Errebeg besonders elegant gezeichnet sind."
"Diese Beobachtungen haben mir zu folgern erlaubt, daß (mindestens ein Mitglied der) Pferdefamilie, wohl sogar ein richtiges Pferd, mit zu der neusteinzeitlichen Fauna des Sahara-Atlas gehörte".
"Diese Behauptung blieb bisher unwidersprochen. Und die aktuelle Bestandsaufnahme der Gravuren in Djelfa untermauert, was ich damals veröffentlicht habe. Jedenfalls ist damit das Vorkommen eines Pferdes (...) im Sahara-Atlas bewiesen; d.h. eines Tieres, dessen Profil dem eines Pferdes wesentlich näher kommt als dem eines Zebras", (Esels oder Quaggas – SGS).

Zeichnung 26: Die morphologischen Unterschiede zwischen – von oben nach unten – dem Wildpferd, dem Esel und dem Zebra

Was die Darstellungen offensichtlich domestizierter Pferde anbelangt, haben Lhote und Villaret solche an zahlreichen Stellen im Süden der Stadt Alger nachgewiesen. Henri Lhote schrieb dazu: "Zu bewundern ist hier die sehr schöne Felswand von Safiet Bou Rhenan, auf der die Reiter besonders elegant ausgeführt erscheinen. Zwei Elemente lassen diese sich chronologisch einordnen; zum einen die alt-libyco-Berber Schrift-züge; zum anderen der kleine Reiter, der gänzlich ohne Zügel reitet, was ihn in die numidische Zeit versetzt, zu welcher (die Pferde lediglich) mit einer dünnen Rute gelenkt wurden". (H. Lhote & F. de Villaret in: "Les Gravures rupestres de l'Atlas saharien" Alger 1984, S. 236 und 237)

Halten wir aus diesen Zitaten einstweilen nur das für uns Wichtigste fest, nämlich,

1.) daß es sich bei dem "Tier aus der Pferdefamilie", das in den ältesten Felsgravuren des Sahara-Atlas erscheint, tatsächlich um ein Pferd und keinesfalls um ein Zebra, noch um einen Esel (der ebenfalls in den Felsdarstellungen erscheint), noch um ein Quagga handelt,

2.) daß es dieses Pferd hier schon in der frühesten Bubalus-Periode, jedoch kaum vor dem Beginn des nordafrikanischen Neolithikums gab,

3.) daß die älteste oder früheste (= "großräumige, naturalistische") Bu-balus-Periode im Sahara-Atlas-Gebiet (indirekt datiert) um 5.500 v. Chr. begann und sich, Autoren wie Lhote und Roubet zufolge, von der capsischen Kultur kaum oder gar nicht beeinflußt zeigt,

4.) daß somit die Graveure der frühesten Pferdedarstellungen keine Capsier, sondern tatsächlich während des Capsiens eingewanderte euro-päische Neusiedler, höchstwahrscheinlich aus Spanien, waren und

5.) daß auch in Nordwestafrika die Domestizierung des Pferdes im heu-tigen Wortsinn erst am Ende der Neusteinzeit begonnen haben dürfte... Die "Domestizierung des Pferdes im heutigen Wortsinn"; nicht aber die vom Menschen überwachte Zucht und Herdenhaltung, die, wie das Wandern der Berber Sammler-Jäger-Vollnomaden mit den Pferdeher-den, zumindest im Atlas-Gebiet wohl nur auf einer Fortführung der Lebensweise der Neusiedler beruhte. Also kann es sich bei letzteren tatsächlich nur um iberische Epipaläolithiker gehandelt haben.

Anstelle der Auerochsen und Wisente verehrten sie nun den Bubalus, allerdings ohne mit ihm je so selbstverständlich und nahe zusammen-zuleben, wie das in ihrer ehemaligen Wildherde auf der Iberischen Halb-insel der Fall gewesen war. Vielleicht deshalb schlossen sie sich um so enger den Pferdegruppen an und wachten mit unendlich viel Umsicht, Hingabe und Erfahrung über sie, so daß sie nicht nur verhältnismäßig

Zeichnung 27
Der Schafbock aus Hadjra Sidi Boubaker ist nur eines unter vielen und vielerlei
Tieren, die auf ihren Darstellungen Hörner, Sonnen- oder Mondsymbole tragen
(nach einer Nachzeichnung de Villarets und einer Fotografie von Henri Lhote)

schnell und mühelos in sie aufgenommen wurden, sondern so, daß auch die einzelnen Pferdetrupps und -herden ihrerseits aufblühten, gediehen und sich ungewöhnlich rasch vermehrten.

Dessenungeachtet scheint den Jägernomaden, die nun mit den Pferden die Randzonen des Atlasmassivs bewanderten, der iberische Wildstier als Ergänzung zum sanften Pferd, zumindest bei ihren kultischen Handlungen und religiösen Ritualen, irgendwie gefehlt zu haben.

Während der nächsten zwei oder drei Jahrtausende versuchten sie jedenfalls immer wieder, verschiedene Tiere und teils sogar sich selber in schamanistische Sonnensymbole, Himmelsboten oder Geisterhelfer zu verwandeln.

Dabei wurden, wie zahlreiche Felsdarstellungen der Szenen beweisen, beipielsweise Pferden und Eseln Hörner oder Geweihe von Antilopen oder Hirschen aufgesetzt und Wildschafen kugelförmige Sonnen- oder scheibenartige Mondsymbole (vgl.: Z. 22, S. 134 unten und Z. 27, S. 144), um sie mit dem Himmel zu verbinden. Die Menschen trugen dabei oft Tiermasken, die den Teilnehmern beim Ritual die Anwesenheit der Geister, Götter oder Ahnen der Pferde, Schakale, Antilopen und sogar der Strauße und Elefanten suggerieren sollten.

Versuchten sie sich so, wie einst in Südwesteuropa, ihrer ursprünglichen Abstammung von der Sonne oder dem Mond, vom Wildrind oder dem Wildpferd, vom Himmel oder von der Erde zu versichern? Die nordafrikanischen Felsdarstellungen aus dem Neolithikum weisen jedenfalls noch deutlicher auf schamanistische Praktiken hin, als die letzten "psychogenen" oder "mystischen" Felsbilder auf der Iberischen Halbinsel der gleichen Zeit.

Wir befinden uns somit in der Epoche der massiven neolithischen Einwanderung "ganzer Menschenströme" nach Nordafrika, und das "von Norden nach Süden", wie die offizielle Geschichtsschreibung durchaus anerkennt.

Auf der Iberischen Halbinsel haben die festansässigen Bauern mehr und mehr Land, vor allem den traditionellen Wanderrouten der Wildherden entlang, in Besitz genommen und siedeln an deren ehemaligen Wasserstellen. Der Bewegungsraum der wilden Wanderherden und ihrer Begleiter, der Jäger-Sammler-Nomaden, schränkt sich täglich weiter ein. Die Auseinandersetzungen zwischen den besitzgierigen Bauern und den friedfertigen Wildherdenbegleitern häufen sich.

Zeichnung 28
Die von den verschiedenen Historikern vorgeschlagenen möglichen Einwanderungsrouten der "europiden Neusiedler" in Nordafrika:
    1 über die "Straße von Gibraltar"   =   14 km Luftlinie
    2 über die "Staße von Sizilien"   = 160 km Luftlinie
    3 vom griechischen Festland aus   = 360 km Luftlinie

Der ständigen Kämpfe überdrüssig, läßt sich ein kleiner Teil der Epipaläolithiker schließlich zum Ackerbau, zur Viehzucht und zur Seßhaftigkeit bekehren. Ein anderer Teil verdingt sich bei den Viehzüchtern als Pferde- und Rinderhirten. Der größte Teil versucht indessen, den Wildherden, der Jagd und dem Wanderleben als Nomaden treu zu bleiben, bis letzten Endes auch er ins Exil nach Nordwestafrika getrieben wird... selbstverständlich ohne Wildrinder, wohl aber mit kleinen Gruppen oder Trupps halbzahmer Wildpferde.

Kommen wir nun zur Frage, ob die während des Neolithikums "von Norden" (J. Servier) in Nordwestafrika einwandernden Jäger-Nomaden, anstatt von der Iberischen Halbinsel, nicht ebenso gut aus Italien oder zumindest von Sizilien - wie R. Vaufrey annahm - oder sogar von Griechenland aus übergesetzt haben können?
Meiner Ansicht nach sprechen drei Umstände gegen eine solche Hypothese; nämlich
1.) das Fehlen mit gemischten Wildherden wandernder Epipaläolithiker in Italien und Griechenland,
2.) das Fehlen der speziellen schamanistischen Verbundenheit der italienischen und griechischen Sammler-Jäger-Nomaden mit dem Pferd und
3.) die Distanz, die sowohl von Sizilien (= 160 km) als auch von Griechenland (= 360 km) aus über das offene Mittelmeer in Pirogen oder Fellbooten zurückzulegen gewesen wäre. Denn Flöße sind ausschließlich bei regelmäßigen Strömungsverhältnissen, wie z.B. jenen in der Straße von Gibraltar (= 14 km) dank der Ebbe und Flut im Atlantik, bei nur geringem Risiko und hoher Zielsicherheit einzusetzen (vgl.: Z. 28, Seite 146).
Die Ausbreitung der Megalith- und später der Glockenbecher-Kultur von Nordafrika über Spanien nach Norden ab rund 4000 v. Chr. scheint sich jedenfalls, nun auch von der offiziellen Geschichtsschreibung anerkannt, eines solchen regelmäßigen und zuverlässigen Floßverkehrs zwischen Nordwestafrika und der Iberischen Halbinsel bedient zu haben. Es besteht deshalb keinerlei Grund mehr, daran zu zweifeln, daß auch die iberischen Neueinwanderer diese Flöße benutzt haben könnten.

Welche Völkerstämme fanden sie damals in Nordafrika vor?
Bereits erwähnt ist, daß zwischen den Nachkommen der Iberomaurusier und den Capsiern im Neolithikum kaum mehr zu unterscheiden war, hatten diese beiden Stämme sich doch längst so intensiv vermischt, daß sie den Neueinwanderern wie ein einziges Volk erscheinen mußten.

Zeichnung 29
Darstellung zweier nordafrikanischer Jäger der sogenannten "Rinderhirten-Periode" in der für diese Zeit typischen "Flugphase", die wir bereits auf südost-iberischen Felsbildern kennengelernt haben (vgl.: Z. 16, S. 108)

Dieses siedelte weiterhin vor allem der nordwestafrikanischen Küste entlang und lebte nahezu seßhaft sowohl vom Schnecken- und Muschelnsammeln als auch von Straußeneiern und von der Jagd auf Antilopen, Strauße und Wildrinder.

Die Jäger sowohl unter den Capsiern als auch unter den Neusiedlern, die sich als Nomaden weiter nach Süden wagten, trafen hier regelmäßig auf sogenannte "Neusteinzeitler sudanesischer Tradition", die als Ganz- und Halbnomaden teils von der Jagd, zum größeren Teil jedoch von der überwachenden Herdenhaltung autochthoner afrikanischer Wildrinder lebten; das heißt vom Wandern mit und Bejagen von erst wilden, dann halbzahmen Auerochsen (Bos taurus primigenius, Bos taurus brachyceros und später sogar des Bos taurus ibericus).

Die "Neolithiker sudanesischer Tradition", schwarzhaarige und dunkelhäutige Afrikaner, waren bereits vor dem Neolithikum, somit zu der Zeit, in der die Sahara noch eine mit Wildgräsern, Busch- und Baumdickichten bewachsene Steppe dargestellt hatte, allmählich von Südosten nach Nordwesten eingewandert und bevölkerten diese ziemlich gleichmäßig bis an den südöstlichen Rand des Atlasmassivs. Auch sie vermischten sich von Anfang an verhältnismäßig schnell sowohl mit den Capsiern als auch mit einem Teil der iberischen Neueinwanderer - nur nicht mit den Ahnen der später sogenannten Berber. Sie wurden jedenfalls zu den Schöpfern der "Rinderhirtenperiode" in den nordafrikanischen Felsdarstellungen (vgl.: Z. 29, S. 148).

Da ihr Wandertrieb kaum Grenzen kannte und sie sich gerne selber als Viehbesitzer, Jäger und Krieger bildlich darstellten, folgern die Archäologen, sie hätten wohl auch das Aussterben der letzten Neandertaler mindestens im Aïr-Gebiet, in Mauretanien und Niger mit beschleunigt.

Wie dem auch war; Wildpferdegruppen und -herden schlossen sich jedenfalls nicht einmal die Vollnomaden unter ihren Stämmen an. Deshalb erscheint das Pferd auf ihren Felsbildern erst reichlich spät; nämlich erst nach seiner Domestizierung (im heutigen Sinn des Wortes), in der Zeit des Auftauchens der ersten Streitwagen.

Zu dieser Zeit wanderten die Berber als Nachkommen der neolithischen Einwanderer epipaläolithischer Abstammung bereits seit dreitausend Jahren mit Pferdegruppen vor allem im Atlasgebiet, aber auch dem Hoggar entlang bis nach Libyen, wo sie Herodot um 450 v. Chr. noch immer hellhaarig und hellhäutig, d.h. nur wenig mit den Neusteinzeitlern sudanesischer Tradition vermischt, antraf und ebenfalls ihre mystische Verbundenheit mit dem Pferd feststellte.

Im letzten Jahrtausend v. Chr. wurde der allein noch fruchtbare Mittelmeerküstenstreifen Nordafrikas von allerlei Völkern, teils aus dem Vorderen Orient, teils aus Europa, immer wieder heimgesucht, was zur Folge hatte, daß sich die friedliebenden Berber, wie eh und je, mit ihren Herden in die unwegsameren Gebiete nach Süden absetzten, wo sie vor allem die Oasen und tieferen, eben noch feuchten Weidegebiete der Wüste besiedelten.

Einige Berberstämme sind hier bis heute geblieben, andere sind inzwischen ausgestorben und nochmals andere haben sich auf die kargen Steppen Mauretaniens, Nigers und des Tschads abgesetzt, wo sie nach wie vor Pferde züchten, teils auch Dromedare und Rinder, mit denen sie untereinander Tauschhandel treiben. Allein im Atlasgebiet haben sie sich teils seßhaft niedergelassen (z.B. in Kabylien), teils weiterhin als Vollnomaden in unwegsame Bergregionen zurückgezogen.

7. Kapitel
DIE BERBER

Wer als historisch interessierter Pferdefreund auf der Iberischen Halbinsel des Neolithikums nach einer, wie auch immer gearteten, "altiberischen Reitweise" fahndet, wird und bleibt frustriert. Denn über eine solche ist genau so wenig bekannt wie über die "altmongolische". Die "andere Optik" oder "Einstellung" den Pferden gegenüber, die uns hier interessiert, war, wie wir bereits wissen, mit den letzten Epipaläolithikern zusammen nach Nordwestafrika emigriert und überlebte dort nur in, mit und dank den Berbern.

Wie ihre Ahnen, die Solutréer und Magdalenier, betrachteten die Berber tatsächlich nicht sich selber, sondern die Lebendigkeit des Lebens, die Natur, die Tierwelt und hier vor allem ihre Herden als die eigentliche "Krone der Schöpfung". In sich selber sahen sie lediglich Werkzeuge, "ausführende Organe", somit eine Art "Vollstrecker" der Pläne und Absichten ihrer längst verstorbenen Ahnen und der Schöpfung und gingen deshalb mit ihren Pferden wie mit "Verkörperungen des überirdischen Gleichgewichts" oder wie mit Halbgöttern um.

Sie lernten ihre Ausdrucksweise und Bewegungssprache nicht nur zu verstehen, sondern auch zu beantworten. Dazu verkehrten sie mit ihnen vor allem auf der affektiven Ebene des kollektiven Herdenunbewußten, was ihnen um so leichter fiel, als sie in die Herden ja auch psychisch integriert waren. Auf diese Art und Weise *sahen* sie jedenfalls bei der leisesten psychischen Veränderung ihrer Tiere - beispielsweise kurz vor Wetterumstürzen, auf Märschen in unbekannten Gebieten, bei Unruhe oder Furcht einzelner Stuten usf. - auch deren äußere Anzeichen wie beispielsweise verhaltenes Auftreten am Boden nachgezogener Hinterhufe, Durcheinander in der Marschordnung, scheinbar grundlose Unrast, häufiges Wälzen, nervöses Schweifschlagen, aggressives oder resignierendes, übermütiges oder abgespanntes Verhalten jeweils früh genug, um noch rechtzeitig "pferdegemäß" ordnend eingreifen zu können.

Jean Servier, der große französische Ethnologe, der die Berber jahrelang an Ort und Stelle studiert hat, beschreibt in seinem Buch "Les Berbères" (P.U.F. Paris 1990) als ihre auffallendste Eigenheit: "die Bedeutung, die sie dem menschlichen Clan (und dessen Verantwortung für alles Lebendige - SGS) sowohl in dieser Welt als auch in der anderen zumessen. (...) Im Alltag erscheinen die Lebenden und die Toten bei jeder Geste und jeder Handlung als so eng miteinander verbunden, daß es zu entscheiden schwer fällt, ob die Toten im diesseitigen Clan nicht tatsächlich weiterleben oder aber, ob die Lebenden nicht bereits hier (im Diesseits - SGS) am Jenseits und am unsichtbaren Urgrund alles Seins aktiv teilzunehmen versuchen" (S. 69).

Das heißt, wie einst die Solutréer, Magdalenier und Epipaläolithiker, lebten auch die Berber bis vor kurzer Zeit nie nur "für sich selber", nie vor allem ihrem Ego oder Ich, sondern stets in erster Linie, um ihrer spezifischen Lebensaufgabe zu genügen, also vordringlich für ihre Familien, für ihre Clane und für deren Herden, die bei den meisten Berber Nomaden ausschließlich oder vor allem aus Pferden bestanden.

Individualisten kamen somit bei ihnen nie auf einen grünen Zweig. Denn der Clan solidarisierte sich fortwährend mit jeder einzelnen Geste oder Tat jedes einzelnen Clanmitgliedes sowohl dem "Unsichtbaren" (Servier) als auch der diesseitigen Familie, der Herde, dem Stamm und sogar Fremden gegenüber und war auch jederzeit bereit, als Clan für die Folgen jeder einzelnen Handlung eines Clanmitgliedes "geradezustehen".

Grobe Verstöße gegen das Familien-, Clan- oder Herdenwohl wurden daher stets durch Ausschluß des Täters aus dem Clan geahndet, was von den Betroffenen jeweils mehr gefürchtet wurde als der Tod. Denn jede Ächtung bedeutete nicht nur eine Entfernung aus der gewohnten Lebensgemeinschaft, sondern zudem auch die endgültige Trennung vom "Lebensbaum des Stammes", von den toten Ahnen ebenso wie vom ererbten "Unsichtbaren"; von den eigenen Wurzeln.

Einige Historiker vermuten daher wohl zu Recht, ein nicht geringer Teil der später sich als Söldner in fremden Kriegsdiensten wie verzweifelt schlagenden Berber Reiter hätte aus solchen Ausgestoßenen bestanden, die im Kampf in Wirklichkeit den Tod suchten oder aber ihre Ehre, Würde oder mystische Verbundenheit mit den Ahnen wieder herzustellen trachteten.

Das Leben im Clan und für die Herde bedeutete den Berbern jedenfalls wesentlich mehr als ihr individuelles, eigenes Schicksal. Ihrem Clan auch nur vorübergehend den Rücken zu kehren, wagten sie lediglich in äußerster Not, allein mit dem ausdrücklichen Segen des Clanchefs als Stellvertreter der Ahnen und jeweils nur für kurze Zeit.

Die meisten Autoren, die zu diesem Charakterzug der Berber Stellung genommen haben, beschreiben ihn als "typisch europäischen", "griechischen oder kleinasiatischen Ursprungs" (J. Servier).

Wie wir bereits wissen, zeichnete er zudem auch die Solutréer, Magdalenier und Epipaläolithiker Südwesteuropas aus. Bei amerikanischen Indianern wurde er ebenso beobachtet wie bei den Alten Chinesen und in den schamanistischen Gesellschaften Sibiriens und Schwarzafrikas.

Demnach war die Ahnenverehrung als ein Regulativ (= wegweisender Ordnungsfaktor) des Clanlebens in schamanistischen Gesellschaften tatsächlich weltweit verbreitet, wenn in so überspitzter Form, wie bei den Berbern, auch in der Regel nur bei Jäger-Hirten-Nomaden.

Wer als Pferdefreund die Aufsätze über die Schamanen und die Psychologie der Pferde im Anhang oder zweiten Teil dieser Arbeit studiert, wird zudem über eine gewisse Verwandtschaft oder Ähnlichkeit zwischen den Gruppenordnungen in "naturbelassenen" Pferdeherden und jenen in den Berber Clanen kaum hinweglesen können.

Müssen wir daher annehmen, weltweit alle Jäger-Clane hätten ihre Familienordnung und Lebensweise und damit auch ihren Ahnenkult von Pferdeherden übernommen?

Dies wohl kaum! Durchaus denkbar ist indessen, daß die Berberahnen zu der Zeit ihrer ersten Wanderungen mit den südwesteuropäischen Wildherden im Solutréen von den Auerochsen und Wildpferden so lange, eng und streng mit in die Herdenordnung eingebunden wurden, daß sich später auch ihre eigene Familienbindung unwillkürlich sowohl als dem Herdenleben entsprechend angepaßt als auch von der Herdenordnung, wenn nicht vorgezeichnet, zumindest stark beeinflußt zeigte.

Psychologisch betrachtet, gehörten ja auch die paläolithischen Jäger, wie die Höhlenbilder Südwesteuropas beweisen, weder sich selber, noch vor allem ihren Familien, sondern stets in erster Linie ihren gemischten Wildherden. Und was stellten sie mit ihren Tierbildern damals anderes dar, als "Prototypen"; archetypische Urbilder, Inbegriffe oder "Ahnen" von Auerochsen, Wisenten und Wildpferden, als Erdmutter- oder Himmelsboten und als Symbole auch ihrer eigenen Abstammung vom "lebendigen Leben", das sich ihnen in der Wildherde offenbarte?

Aus der Ethno-Psychologie wissen wir nicht nur, daß die Gruppenordnung der jeweils am häufigsten als Lebensvorbilder benutzten Wildtiere tatsächlich auf die Psyche und Clanstruktur der Nomaden abzufärben vermag, sondern überdies, daß die menschlichen Archetypen als psychische Urbilder einerseits über sehr lange Zeiträume erhalten bleiben, sich andererseits in ihrem Ausdruck aber auch ständig wandeln, um sich anderen und neuen Lebensumständen anzupassen.

Zeichnung 30
Das Berberpferd: ein typischer Nachfahre der Solutrée-Pferde des mittel-
schweren Typs

Im Fall der Berber bedeutet dies, daß sie der Verlust der Auerochsen und Wisente auf der Iberischen Halbinsel in einem heute kaum mehr vorstellbaren Ausmaß getroffen haben muß, stellten die kleinen Pferdetrupps, die sie im Atlasgebiet als Felsgravuren festhielten, doch tatsächlich vor allem "rettende Strohhalme" für ihre Psychen dar.

Gewiß hatten sie zuerst einmal Verbindung und Geborgenheit beim Bubalus antiquus, beim Riesenbüffel, gesucht und jene "mystische Beziehung" zu ihm entwickelt, von der Henri Lhote berichtet hat. Aber sein Verhalten als Einzelgänger blieb ihnen schließlich genau so fremd, wie das der Elefanten, Riesenantilopen, Wildesel und Wildschafe, zu denen sie, ihren Felsdarstellungen zufolge, ebenfalls in mystische oder psychogene Verbindung zu treten versucht hatten.

Weshalb, stellt sich die Frage, gingen sie nicht einfach mit den Auerochsenherden afrikanischen Ursprungs um, in welche die Capsier Nomaden sudanesischer und tenerischer Tradition im südöstlichen Atlasgebiet, das heißt mitten in der neuen Heimat der Berberahnen, damals bereits seit über tausend Jahren ebenfalls integriert lebten?

Erschienen ihnen die afrikanischen Auerochsen als bereits zu deutlich vom Menschen abhängig, beeinflußt oder "domestiziert"? Oder trugen sie noch immer so schwer an ihrem eigenen Herdenverlust, daß sie den Schwarzafrikanern einen solchen nicht ebenfalls zumuten wollten? Oder folgten sie lediglich ihrer jahrtausendealten Neigung, sich von fremden Menschen stets nur abzuwenden, um dafür im Atlas von Norden nach Südwesten neue, bisher nie begangene Weidegründe, Durchlässe, Bergtäler und Pässe zu erkunden und für ihre Pferdetrupps zu erschließen?

Jean Servier neigt wohl zu letzterer Annahme, schrieb er im Nachwort zu seiner Studie "Les Berbères" doch: "... die Berber tragen (heute noch - SGS) schwer an einer Art 'Todesgen'; nämlich an ihrer Zerrissenheit als Volk, wie an ihrem irrationalen Aufgehen im Clan (ihrer Ahnen - SGS), welche bis zum Haß des Nachbarclans und selbst bis zur Unterstützung eines Feindes reichen, der sich am Nachbar zu rächen sucht" (S. 123).

Ist dieses "Todesgen" nur die andere Seite oder logische Konsequenz aus ihrer Verbundenheit mit den toten Ahnen, den unsichtbaren Hütern ihrer Herde und dem Clan?

Wer einmal miterlebt hat, wie die Hengste einer halbwilden Herde mit fremden Pferdetrupps verfahren, die in ihr angestammtes Weidegebiet einbrechen, wird das von Jean Servier sogenannte "Todesgen" so-

Zeichnung 31
Auseinandersetzung zweier Berberhengste. Felsmalerei aus dem letzten Jahr-
tausend v. Chr., nach einer Fotografie von Hélène Rathelot aus dem Tassili-
Gebiet (mit freundlicher Genehmigung der Familie Rathelot)

gleich auch bei den Wildpferden diagnostizieren und sich entsprechend fragen müssen, ob die Berber dieses nicht ebenfalls irgendwann von Pferden übernommen haben.

Wie dem letztlich auch sei; die Berber fühlten sich jedenfalls weder ihrer "Nation", noch ihrem Volk, noch selbst ihrem Stamm, wohl aber ihren Ahnen, deren Pferdeherde und ihrem Clan gegenüber so alles umfassend verpflichtet, daß sie nicht einmal an ein eigenes, persönliches Schicksal zu glauben wagten. Sie teilten lediglich die Lebensaufgabe ihres Clans und standen damit im Dienst der Pferde, welche ihrerseits ausschließlich den Ahnen und dem lebendigen Leben gehörten.

Aus diesem Grund durften die Pferde weder zu Schabernack, Kinderspielen, waghalsigen Abenteuern, zur Feldarbeit oder als Handelsobjekte herangezogen werden. Den Berber Frauen war es streng untersagt, Hengste auch nur von weitem zu betrachten, zu berühren oder gar zu reiten. Stuten blieben stets ausschließlich der Nachzucht vorbehalten und wurden weder gymnastiziert noch je angeritten. Eines der strengsten Verbote betraf die Inzucht sowohl bei den Pferden als auch unter den Menschen, obgleich die Neigung der Berber Clane, sich möglichst aus dem Weg zu gehen, diese an sich nahelegte.

Die Junghengste wurden dem Pferdetrupp in ihrem vierten bis sechsten Lebensjahr für mehrmals kurze Zeit zur - ausschließlich gymnastizierenden, niemals dressierenden - Ausbildung entzogen und danach stets sogleich wieder zurückgegeben.

Selbst während der Ausbildung wurde kein Hengst jemals isoliert, sondern immer zwischen anderen, älteren Hengsten des gleichen Trupps und bei Flötenmusik und Gesang gymnastiziert. Die Bodenarbeit erfolgte erst lange an einem einfachen, am Hals verknoteten und über den Nüstern in sich verschlungenen Pferdehaarseil, das als Longe diente, im Schritt und später im Trab und umfaßte alle die Biege-, Beuge- und Versammlungsübungen, die der jeweilige Gruppenchef den Junghengsten bereits auf freier Wildbahn hatte angedeihen lassen.

Daraufhin wurden die einzelnen Bewegungen der Junghengste gymnastisch so vervollkommnet, daß sich das Tier dabei stets sichtbar lockerte und entspannte, was in der Regel und mit der Zeit von selbst zu höherer und höchster Versammlung führte.

Lehnte sich ein Junghengst dabei auf, so wurde er - insofern das Bocken oder Steigen eindeutig nicht auf einem Fehler des Longenführers beruhte - augenblicklich zu seinem Trupp zurückgebracht.

Zeichnung 32
Der "kleine Reiter, der gänzlich ohne Zügel reitet" aus Safiet Bou Rhenan und
dem letzten Jahrtausend v. Chr. nach Henri Lhote

Hatte hingegen der Longenführer die Auflehnung fahrlässig provoziert, so wurde dieser des Platzes verwiesen und hatte sich später tagelang draußen auf der Steppe mit dem Junghengst so eingehend zu beschäftigen, daß er nach und nach dessen Vertrauen (= "psychische Anlehnung") und Freundschaft wiedergewann.

Angeritten und ausgebildet wurden die Junghengste im 2. Jahrtausend v. Chr. noch immer ohne Sattel, noch Decke, dafür ausschließlich im Seit- oder Damensitz mit beiden Schenkeln auf der Innenseite der jeweiligen Biegung. Dieser Sitz besaß für das Pferd den unermeßlichen Vorteil, daß es der Reiter nur mit nach hinten abgekipptem Becken, somit entspanntem Kreuz und lockerer Rücken- und Bauchmuskulatur reiten konnte, da er anderenfalls von seinem Rücken rutschte. Zudem kam so kein Reiter jemals auf den Gedanken, das Pferd mit Oberschenkel- oder Knieschluß treiben oder behindern oder sich anklammern zu wollen.

Und so, wie die Berber Pferde in ihrem Rücken weder durch einen Sattel oder ein Sattelkissen, noch durch einen steifen Reiter im Spreizsitz behindert wurden, gingen sie auch den Kopf und Hals frei tragend, unbeengt von jeglicher Art Halfter oder Führseil; wurden sie doch lediglich mittels feinster Gewichtsverlagerungen und sanftem Anlegen einer dünnen Rute an der Außenseite des Leibes oder vor der Schulter am Hals geführt, gebogen, versammelt, beschleunigt und verlangsamt und sogar zu abrupten Stops veranlaßt, ohne daß ihnen das Nachgeben jemals andressiert worden wäre (vgl.: Z. 32, S. 158).

Wie wir von den griechischen und römischen Augenzeugen wissen, ritten die Berber im letzten Jahrtausend v. Chr. noch ausschließlich "gymnastizierend" selbst auf der Jagd und mitten im Kriegsgetümmel; das heißt von hinten nach vorne, anstatt von vorne nach hinten. Sie kannten die hohe Versammlung mit Hankenbeugung und "hergegebenem Rücken" bei völliger Losgelassenheit des Pferdes und selbst die Grundvoraussetzung hierfür; nämlich die lockere, gleichmäßige Biegung aus der tiefen Kruppe bis in das aufgerichtete Genick, ohne daß der Pferdekopf jemals über Zügel und Gebiß, also mit Hilfe der Hand, "beizuzäumen" gewesen wäre.

Vergleicht man den Umgang der Berber mit ihren Pferden und das, was in unseren Tagen "Reiten" heißt, so kommt man aus dem Staunen nicht heraus. Tatsächlich scheinen zwischen den beiden Umgangsformen geradezu Welten zu liegen, wenn sie nicht in Wirklichkeit sogar krasse Gegensätze darstellen.

Zeichnung 33
Der Kopf des typischen Berberpferdes: schwer, knochig, mit leichtem Rams-
profil, kurzem Hals und langer, dichter Mähne

Wie es zu diesem Widerspruch historisch betrachtet kam, habe ich in "Reiter Reiten Reiterei" (Olms, Hildesheim 1983/93/97) beschrieben. Welche metaphysischen und psychologischen Gründe dabei mitspielten, habe ich in dieser Arbeit teils schon angedeutet, teils werden sie noch auszuführen sein.

Halten wir für den Augenblick lediglich fest, daß die Berber, als erste ernstzunehmende Reiter der Weltgeschichte, zu Pferd von Anfang an das übten, was wir heute "instinktives", "erfahrendes", "gymnastizierendes", "kreatives" oder "vom Pferd erlerntes" Reiten nennen. Letztlich spricht sogar der Berberforscher Jean Servier u.a. dieses "instinktive Reiten" an, wenn er die Berber als in der präzisen Mitte zwischen dem Diesseits und dem Jenseits, Innen und Außen, der Menschen- und der Pferdewelt lebend charakterisiert.

Beim sogenannten "Instinktiven Reiten" regelt der Reiter seine Atmung unwillkürlich nach dem Bewegungsrhythmus des Pferdes genau so, wie die Steinzeitjäger und Berber ihren Wander- oder Mitgehrhythmus dem des ihnen nächsten Pferdes anzupassen pflegten. Sensible Reiter tauchen dadurch unwillkürlich in die Körpererfahrung des Pferdes mit ein und beginnen zumindest, seine körperlichen Reaktionen - beispielsweise die Regelmäßigkeit seiner Fußfolge, seiner Atmung, seiner Schwerpunktsverschiebungen und Impulsionstransmissionen, ja selbst seiner psychischen Gesamtverfassung - "von der Pferdeseite her" erst zu durchblicken, dann zu erfahren und schließlich "von innen heraus" zu verstehen.

Zudem lockert und entspannt die Erfahrungssuche zu Pferd den instinktiv Reitenden in der Regel so nachhaltig, daß sich endlich auch das Pferd unter ihm völlig entspannen und loslassen kann, was oft sogleich zu neuen, noch tiefer reichenden Erfahrungen sowohl des Reiters als auch des Pferdes führt.

Die Berber sahen im Gleichgewicht des Pferdes vor allem einen Ausdruck der lebendigen Harmonie und der natürlichen Ausgewogenheit alles Seins und verfügten so über einen unvergleichlich leichteren Zugang zum "Instinktiven Reiten" als wir. Dank ihrer meditativen Art und Weise, sich fortwährend allen inneren und äußeren Ereignissen in ihrer nächsten Umgebung als Zeichen und Winken ihrer Ahnen anzupassen, duldeten auch vom Menschen noch nie berührte Wildpferde die Berber in nächster Nähe und ließen sich oft nach nur wenigen Tagen berühren, wegführen, gymnastizieren und schließlich sogar belasten und reiten.

Durch das Abtauchen auf die mit den Pferden geteilte Erfahrungsebene des kollektiven Herdenunbewußten erkannten oder durchschauten
die Berber auch aus größerer Entfernung das "Wesen" beispielsweise
eines Wildhengstes; seinen Charakter, seine Eigenarten, seine Gesundheit ebenso wie sein potentielles Leistungsvermögen, das Niveau seiner
gymnastischen Form und nicht zuletzt das, was ich hier mit dem Wort
"Lebenspotential" übersetze; nämlich eine intuitiv erfahrbare Einheit aus
Lebenskraft, Lebenswillen und der Neigung des Pferdes, vor allem für
die Erfüllung seiner und der seiner Herde eingeborenen natürlichen
"Lebensaufgabe" zu leben.

Für die Berber, wie für die Steinzeitjäger Iberiens vor und die Campinos, Vaqueros und Gardians Südwesteuropas nach ihnen, bedeutete
dies, daß jede "umgeherische" oder "reiterliche Hilfe" den Pferden nur
zu einem "verhelfen" durfte, nämlich zu einer leichteren, schnelleren
und vollkommeneren Erfüllung ihrer individuellen wie herdenspezifi-
schen, somit vom Leben in ihnen genetisch, morphologisch, psychisch
und charakterlich angelegten, eigentlichen Lebensaufgabe.

Auch aus diesem Grund blieb den Berber Pferden jedenfalls von Anfang an jeder menschliche Schabernack, Spaß oder Zwang und jede "Bestrafung", also Verunsicherung oder Mißhandlung, erspart. Wie einst in
den Wildherden der Iberischen Halbinsel konnten sie sich so erst nur
vertrauensvoll, also psychisch, dann auch körperlich auf den achtsamen
Umgang der Berber mit ihnen verlassen und sich schließlich sogar an
deren Wesen oder individuellem Schicksal "anlehnen".

Die Berber Pferde erweisen sich so jedenfalls schon früh als mindestens ebenso umfassend in die Menschenclane integriert, wie sich die
Berber Menschen als Teile, Nachkommen und Diener ihrer Pferdeherden
fühlten. Die Voraussetzungen dafür, daß die Berber ihren "pferdegemäßen Umgang mit Pferden" allein von ihren Pferden lernen konnten,
waren damit nahezu vollkommen gegeben. Und die Pferde machten sie
dafür in kaum einem Jahrtausend zu den aufmerksamsten, taktvollsten
und größten Reitern der Weltgeschichte. Dabei befanden sich die Berber
noch immer auf der Flucht und zogen sich mit ihren Herden immer
weiter und höher in den Atlas zurück.

Die Vorgebirgshänge des Atlas und die weiten Täler und Ebenen darum herum, welche zwischen dem siebenten und dem fünften Jahrtausend v. Chr. noch von zahlreichen Bächen, Flüssen und Seen durch-
adert, dichte Zedern- und Eichenwälder, Ulmen-, Zürgel- und Akazien-
haine und eine Menge verschiedener Wildsträucher, Wildpflanzen und
Wildgräser beherbergt hatten, verödeten zunehmend ab 4.000 v. Chr.

Wie angedeutet, zog sich der größere Teil der Berber mit den Pferden in die Höhenlagen des Atlas zurück. Ein anderer Teil wich der Versteppung, der nordafrikanischen Mittelmeerküste entlang, nach Osten bis nach Libyen aus. Ein dritter Teil drang weiter und weiter nach Süden bis nach Mauretanien, Niger und in den Tschad vor, wo die Niederschläge noch eineinhalb Jahrtausende lang häufiger fielen.

In der eigentlichen Sahara, die sich damals als eine ebene Steppe zwischen den hohen Felsmassiven ausbreitet, "macht sich der Sand allmählich selbständig, verstopft die Flußläufe (...), verkleinert die Seen zu grundlosen Schlicksand- und Schlammsümpfen. Der überhitzte trockene Wind errichtet eine (klimatische - SGS) Barrikade gegen den Monsun, der früher Regenwolken aus dem Golf von Guinea bis in die Sahara geweht hatte. (...) Um 1.000 v. Chr. ist schließlich alles vorbei. Allein die Höhenlagen in den Bergen mindern noch eine Weile die katastrophalen Folgen der nicht aufzuhaltenden Ausbreitung der Wüste" (H.J. Hugot in "Le Sahara avant le Désert", Ed. des Hespérides, Toulouse 1974).

Aber selbst in den Höhenlagen wurden die Weideflächen der Pferde jedes Jahr knapper und kleiner, während der Pferdebestand immer weiter wuchs. Ihrem Charakter, ihrer Lebensweise und wohl auch der ihrer Pferde gemäß, sonderten sich die einzelnen Berber Clane immer weiter voneinander ab. Selbst die Beziehungen zu ihren eigenen Stammesbrüdern beschränkten sie auf eine oder höchstens zwei jährliche Wallfahrten zum Grab des Urahns, der den Stamm begründet hatte. Ausschließlich bei dieser Gelegenheit handelten sie sowohl Heirats- als auch Hengsteleihverträge zur Blutauffrischung ihrer Herden aus. Gleichzeitig versuchte der Stammesältestenrat die Streitigkeiten und Blutrachen zwischen den Clanen beizulegen. Seine Entscheidungen blieben indessen nur für die Berber bindend, die sich diesen freiwillig beugten.

Zwei Tage später war die Wallfahrt zu Ende und die Clane strebten einzeln in die Einöde der Berge oder in die Einsamkeit der Wüste zurück. Während mindestens sechs Monden zogen sie daraufhin von neuem von Weide zu Weide, von Wasserloch zu Wasserloch, blieben hier vier oder fünf Tage, dort von Neumond bis Vollmond, sich allein nach dem Futtervorkommen, dem Wasserstand der Tümpel und Brunnen und nach dem Lebensrhythmus ihrer Pferde richtend.

Was lernten sie dabei unmittelbar von ihren Tieren?

Zeichnung 34
Reiter, Pferde und Wildtiere im sogenannten Tazina–Stil des 4. und 3. Jahrtausends v. Chr.: wie auf der Iberischen Halbinsel etwas früher, führte die
Evolution der bildlichen Darstellungen auch in Nordwestafrika (von oben nach
unten) von der informativen, detaillierten zur nur noch stilisierten Zeichnung

Wie schon festgestellt, hatten bereits die Berberahnen die Grundlagen allen tiergemäßen Umganges mit Wanderherden - beispielsweise die verschiedenen Gehrhythmen, Abstände und Wirkungswinkel zu den Pferden - von der Iberischen Halbinsel mit nach Nordafrika gebracht. Durch die Verbundenheit ihrer psychischen Erfahrungsebenen mit jenen ihrer Pferdeherde teilten sie nicht nur sämtliche Erfahrungen jedes einzelnen Tieres, sondern ebenso jene der kollektiven Herdenpsyche (vgl. d. Artikel "Die Psyche der Pferde" im Anhang IV, S. 227), wobei sie sich wohl nur selten schlüssig waren, ob beispielsweise ein unwillkürliches Erschrecken aller Tiere durch ein reelles Ereignis in der Umwelt, die Unaufmerksamkeit eines einzelnen Pferdes oder das gedankliche Abwandern und wieder Zusichkommen eines Clanmitgliedes verursacht wurde. Kurz, sie lebten nicht nur körperlich in und mit ihrer Herde, sondern waren zudem, vor allem psychisch, mit in die kollektive Herdenerfahrung so umfassend eingebunden, daß sie ihre Pferde und deren Umwelt stets "von der Pferdeseite her" durchschauten und verstanden.

Das vorausgeschickt, wenden wir uns nun den Berber Felsbildern zu. Obwohl diese eindeutig Weiterentwicklungen der südwesteuropäischen Felsbilderkunst darstellen, scheinen sie deren Evolution hier, in Nordwestafrika, noch einmal zusammenzufassen.

Tatsächlich führen die Darstellungen der von den Capsiern nicht oder kaum beeinflußten Neueinwanderer des 6. Jahrtausends v. Chr. ebenfalls von bloßen Silhouetten über detailreiche Umrißzeichnungen bis zu im einzelnen ausgeführten Tieren, die ihrerseits nun jedoch die ganze Herde oder Tiergattung symbolisieren.

Auch im Neolithikum Nordwestafrikas vertritt somit das einzelne Tier weiterhin eine ganze Tiergruppe, obwohl es sich hier ebenfalls als immer weiter stilisiert (= "entdetailliert") erweist. Diese Neigung der Höhlenmaler zeigte sich bereits im Magdalénien Iberiens, findet jedoch ihren Höhepunkt erst hier, im sogenannten "Tazina-Stil" Nordwestafrikas, der dem vierten und dritten Jahrtausend v. Chr. zugeschrieben wird (vgl.: Zeichnung 34, Seite 164).

Auch den Pferdedarstellungen in diesem Stil zufolge sahen die Berber bereits damals sehr genau, wie jede Pferdebewegung in der Hinterhand entsteht, durch die Wirbelsäule nach vorne fließt und was sie hier bewirkt oder, anders formuliert, *was das Pferd damit ausdrückt* (vgl.: Zeichnung 34, Seite 164).

So demonstriert die Darstellung eines einzelnen Pferdes unter einem anscheinend auf ihm stehenden kleinen Reiter (Zeichnung 34, Nr.3), wie weit die Berber beim Gymnastizieren von Junghengsten mit der "Arbeit an der Hand" (= mit dem Longieren) in Wirklichkeit gingen, bevor sie das Tier für belastbar oder anreitbar hielten.

Das heißt, auch die Alten Berber hatten bereits eingesehen, erfahren und verstanden, daß sich jedes Jungpferd gymnastisch zuerst einmal in sich auszubalancieren hat, somit sich zu biegen, zu versammeln und dabei die Hanken zu beugen gelernt haben muß, bevor es schadlos belastet und geritten werden darf.

Das erwähnte Pferd der Zeichnung 34 zeigt sich tatsächlich so stark versammelt, seine Kruppe ist so weit und tief abgekippt und gebeugt, daß es nahezu zu einer Levade anzusetzen scheint.

Was sucht nun der "kleine Reiter" auf seinem Rücken?

Im Unterschied zu zahlreichen anderen - im Damen- oder Seitsitz reitenden - Berbern auf Darstellungen der gleichen Zeit (vgl.: Z. 34, oben links und Mitte) "steht" unser kleiner Reiter überverhältnismäßig stark verkleinert und zudem überstilisiert auf dem normal großen und normal proportionierten Pferd. In Klartext übersetzt "reitet" dieser, als Individuum kaum zu erkennende, Mensch das Pferd gar nicht, sondern er weist lediglich "allgemein" oder "prinzipiell" darauf hin, daß Jungpferde in so stark versammelten Haltungen durchaus beritten werden können, während auseinandergefallene Pferde zuvor noch lange vom Boden aus zu gymnastizieren sind.

Dieser Felsgravur und vielen anderen Felsbildern Nordafrikas zufolge, bedeutete das "Ins-Gleichgewicht-Versetzen" oder Versammeln der Pferde für die Berber:

1.) eine Annäherung an ein Ideal sowohl ihres Schönheitsempfindens als auch ihrer Reitkultur

2.) ein Zeichen des Ernstnehmens ihrer Verantwortung den Pferden, wie deren Wohl, Gesunderhaltung und Langlebigkeit gegenüber

3.) ein persönliches Anliegen, um über das Gleichgewicht der Pferde auch ihre Umwelt, Sonne und Mond, den Himmel und die Erde und die toten Ahnen mit den lebendigen Menschen neu auszusöhnen

4.) ein Mittel der Selbstdarstellung als brauchbare oder unentbehrliche Pferdeausbilder, Bereiter, Männer, Jäger und Krieger

5.) ihren eigentlichen "Lebensinhalt" in dem Sinn, daß sie sich durch die Versammlung bis zur Hankenbeugung ihrer Pferde in den Dienst des Lebens, der Natur und der Erfüllung der Lebensaufgabe sowohl ihrer Pferde als auch ihrer selbst stellten.

Im 3. und 2. Jahrtausend v. Chr. galten die Berber jedenfalls rund um das Mittelmeer herum als *die* Sachverständigen in Pferdefragen schlechthin. Die Südiberer holten sich Berber zum Einfangen und Zähmen der letzten Wildpferde ihrer Halbinsel, als Tierärzte, als Berater der Pferdezüchter, als Bereiter und als Reitlehrer. So kam es, daß auch die Südostiberer – verschiedenen Vasenbildern und Basreliefs zufolge – bis ins 4. Jh. v. Chr. (d'Andrade) zwar schon mit bronzenen und eisernen Gebissen, aber noch ohne Sattel im Seitsitz der Berber auf die Jagd und in den Kampf von Mann zu Mann ritten (vgl.: Z. 35, Seite 168).

Inzwischen tauschten sie auch regelmäßig Zuchthengste mit den Berbern aus. Diese Tatsache führte bereits im vorletzten Jahrtausend vor der Zeitenwende sogar zur Übersetzung ganzer Pferdeherden auf Flößen im Herbst von der Iberischen Halbinsel nach Nordafrika und im Frühling wieder zurück.

Die Berber und Iberer Reiter ritten von neuem als Blutsbrüder und wurden von den Kriegsherren um das ganze Mittelmeer herum auch als solche betrachtet, gemeinsam als Söldner angeworben und gemeinsam in deren Nachbarschaftshändel verwickelt.

Xenophon, der griechische Reiteroberst (430 – 354 v. Chr.) empfahl sie den Athenern als die besten Reiter und Krieger der Welt und versuchte – leider vergeblich – hinter das Geheimnis ihres "pferdegemäßen Umganges mit Pferden" zu kommen (vgl.: Solinski, "Reiter Reiten Reiterei", 2. Kapitel, Hildesheim 1995).

Zeichnung 35
Südostiberer im Seitsitz auf der Jagd. Ornament einer Vase aus Liria und dem
4. Jahrhundert v. Chr. (Aus "A short History of the Spanish Horse" von
Fernando d'Andrade, mit freundlicher Genehmigung des Autors)

8. Kapitel
DER PFERDEGEMÄSSE UMGANG MIT PFERDEN

Dem geneigten Leser vor allem der Kapitel über die Berber und ihre unmittelbaren Vorfahren wird inzwischen klar geworden sein, daß das, was viele heutige Reiter, Pferdebesitzer, Pferdezüchter und neuerdings auch Pferdezeitschriften und -bücher so oft und so gerne als "pferdegemäß", "tiergemäß", "artgerecht" oder "pferdefreundlich" bezeichnen, bestimmt nicht viel mit dem zu tun hat, was uns die Steinzeitmenschen, Epipaläolithiker und Berber dank ihrer noch rein affektiven Beziehung zu den Pferden vorgelebt und nachzuvollziehen aufgegeben haben.

Tatsächlich hatte sich ein Clanmitglied bei ihnen entweder "auf die Seite der Pferde geschlagen" und verstand die Tiere "von ihrem Standpunkt aus", "von innen heraus", weil es an der kollektiven Herdenpsyche, wie an jeder einzelnen Pferdepsyche, fortwährend aktiv teilnahm und galt damit als "Pferdemensch" - oder es nutzte eben nur die Pferdekräfte, wurde entsprechend als Pfadfinder, Karawanenführer, Jäger oder Krieger zu Pferd eingesetzt und genoß so ein weit geringeres Ansehen als die Pferdemenschen, die den Schamanen, Hütern des Feuers, später den Metallurgen (= Bergleuten) und Kupferschmieden gleichgestellt waren.

Die Pferdemenschen des Clans gehörten jedenfalls mit zu der Gruppe derer, die heute oft als "Introvertierte", "Intuitive", das heißt im Unterschied zu Intellektuellen, Denkern und Strategen vor allem als "Erfahrende" oder als "Erdverbundene" bezeichnet werden, die "das Gras wachsen hören" und so ihrer Umwelt weiter geöffnet und achtsamer zur Verfügung standen als sich selber und ihren eigenen Sorgen gegenüber.

Dadurch ist die innere Beziehung der Steinzeitmenschen, Epipaläolithiker und Berber zu ihren Tieren letztlich nur mit jener mancher Mütter zu ihren Neugeborenen zu vergleichen. Denn genau so, wie die Mutter ihr Baby "im Blick", das heißt instinktiv "im Gefühl" behält, selbst wenn sie sich in einem anderen Raum mit etwas ganz anderem beschäftigt und genau so, wie sie nachts im Schlaf jeden Atemzug, jeden Seufzer, jedes Quengeln oder Weinen instinktiv richtig interpretiert und im Ernstfall sogleich erwacht und eingreift; genau so unmittelbar spontan, richtig und der objektiven Sachlage vollkommen entsprechend, gingen auch die Berber Pferdemenschen mit ihren Tieren um.

Und genau so wenig, wie in der Regel eine geistig gesunde Mutter die affektive Verbundenheit, ihre Mütterlichkeit, kurz, die Beziehung zu ihrem Säugling, im Zirkus, auf der Bühne oder in einer Baby-Show vorzuführen pflegt, so wenig dachten die Berber an spektakuläre Auftritte, Showeffekte oder auch nur an Bewegungsabläufe ihrer Pferde, derer sich ein Reiter hätte brüsten können. Alle Angeberei und Hochstapelei zu Pferd war für sie "tabu", weil alles Vorzuzeigende in jeder Vorführung einen - vom Pferd her betrachtet - höheren Stellenwert einnimmt als das Pferd selber und sein Sich-bei-der-Arbeit-immerwohler-Fühlen; eine Grundvoraussetzung für jedes "pferdegemäße" Zusammenwirken.

Pferdegemäßer Umgang mit Pferden - ob zu Fuß oder im Sattel gepflegt - setzt somit voraus, daß der Longenführer oder Reiter nicht nur über einen "Blick für Pferde" verfügt, also Pferdebewegungen, deren Entstehung im Pferd und das jeweilige Gleichgewicht des Tieres dabei richtig einschätzen kann, sondern zudem noch über jene innere Verbundenheit zum "erfahrenden Ausloten" jeder einzelnen Regung des Pferdes, der körperlichen wie der psychischen, und über ein allesumfassendes intuitives Verständnis sowohl des Pferdeindividuums und seiner Ausdrucksweisen (= Sprache) als auch seiner Umwelt, Herde, Rasse und seines "Wesens" (= der rassespezifischen Neigungen, Eigenheiten und "Lebensaufgaben").

Diese Grundvoraussetzungen nennt man hier, in Südwesteuropa, heute noch "das Pferdeverständnis" (la "connaissance du cheval"). Wer es sich angeeignet hat, wird dadurch zu einem "Homme de Cheval", zum "Pferdemenschen", wie einst bei den Berbern und später bei Antoine de Pluvinel und La Guérinière.

So eigentümlich, ja eigenbrötlerisch es auch anmuten mag, legt tatsächlich jeder echte Pferdemensch sowohl in Nordafrika als auch in Südwesteuropa seit der Zeit der Berber bis in unsere Tage fortwährend alles, was er je über Pferde, zum Reiten, Gymnastizieren und Ausbilden von Pferden hört, sieht, liest oder was ihm dazu selber einfällt, stets zuerst einmal auf die Goldwaage des "Pferdegemäßen".

In der reiterlichen Praxis und bei der Pferdeausbildung geht es ihm nie darum, militärischen oder sportlichen Vorschriften und Gebräuchen zu entsprechen, sondern immer nur darum, dem Pferd, dessen Gleichgewicht, Losgelassenheit, Biegsamkeit und Freude an den eigenen Bewegungen zu genügen. Denn - soviel weiß er aus Erfahrung - die muntere Mitarbeit, Eigeninitiative und die Ausdauer dabei erhält man von Pferden nur geschenkt, wenn sie sich bei der Arbeit körperlich, wie psychisch, wohler fühlen, als selbst auf der Koppel oder Weide im Herdenverband.

Die Alten Berber loteten diese Erfahrungstatsache im 2. Jahrtausend v. Chr. dadurch aus, daß sie die Jungpferdegymnastizierung, die sie ihren Gruppen- und Herdenchefs abgesehen hatten, weiter und weiter entwickelten, bis sie unwillkürlich bei dem anlangten, was wir heute die "höheren Schulen" (= hohe Versammlung) und die "Hohe Schule" nennen. Ja, es sah damals beinahe so aus, als sollte ihre Pferdegymnastik zum Selbstzweck erstarren; nämlich zu einer Art schamanistischen Rituals oder mindestens zu einem neuen Pferdekult, der jenem vergleichbar gewesen wäre, mit dem die Sioux-Indianer später dem Bison huldigten.

Um die eigentliche Pferdegymnastizierung der Alten Berber leichter verständlich darzustellen, muß ich nochmals ausgreifen.

Wie in den vorigen Kapiteln mehrmals erwähnt, lebten die Solutréer, Magdalenier, Epipaläolithiker und Berber mit ihren Wildherden in vollkommener Symbiose, somit auch vollumfänglich in deren kollektive Herdenpsyche integriert, und teilten so fortwährend jedes Ereignis, sämtliche Umstände, wie jede einzelne Erfahrung sowohl jedes einzelnen Tieres als auch der gesamten Herde.

Diese, ihre innere, "affektive" Verbundenheit mit den Herden diktierte ihnen selbstverständlich auch ihr eigenes äußeres Verhalten, ihr "Zulassen oder Eingreifen" und lehrte sie das "Sehen" und das Unterscheiden zwischen für die Pferde Natürlichem, Lebensnotwendigem, Angenehmem, Unangenehmem, Erschreckendem und Lebensbedrohendem; kurz, zwischen Biopositivem und Bionegativem.

Was bedeutete dieses "Sehen" und "pferdegemäße Eingreifen oder Zulassen" nun konkret?

Den Berbern, die sich in Nordafrika um ihre Integration in Wildpferdegruppen bemühten, legte es spontan Rücksichtnahme, ihr Verhalten und ihr Vorgehen dabei nahe. Das heißt, während der Tage und Wochen, während derer sie aus weiter Ferne einem wilden Pferdetrupp folgten, ließ sie ihr "Sehen" bereits erkennen (beispielsweise dank des Versammlungsgrades, der Schwerpunktlage, der Biegung und der Lockerheit dabei), welches Tier der Gruppenchef, welches der Gruppenführer war, welche Junghengste dem Chef nahestanden und welche sich mit ihm die Gruppenverteidigung teilten.

Auch die Stuten wurden nach ihrer Rangordnung, ihrem Alter und ihren Fohlen eingeteilt, so daß die Jäger schließlich jedes einzelne Gruppenmitglied von den anderen unterscheiden und charakterisieren konnten, obwohl sie dem Pferdetrupp vielleicht noch immer nur in weiter Entfernung folgten.

An jedem neuen Morgen versuchten sie der Gruppe etwas näher zu kommen, stets bereit, sich sofort wieder zu entfernen, wenn auch nur ein Tier deswegen unruhig zu werden begann. Nur wenige Tage später konnten sie dafür, inzwischen am Herdenrand angelangt, im Gleichschritt mit den Hinterhufen des Herdenchefs mitwandern, sich dabei auch schon unterhalten, um schließlich an Ruheorten sogar die Flöte zu blasen, zu singen und zu tanzen oder aus den Reihen des Folgewilds eine Antilope oder ein Gnu zu erlegen, ohne daß sich die Pferde deswegen aufregten. Im Gegenteil; mit monotonen Singsängen, Flötenklängen, Tamburinrhythmen und Bull-Roarer-Schwirrgeräuschen zogen sie die Aufmerksamkeit und Neugier der Pferdegruppe auf sich und überzeugten diese damit von ihrer objektiven Harmlosigkeit.

Nun konnten sie einzelne Tiere mitten in der Gruppe auch schon einmal streifen oder kurz berühren, ohne sie je festzuhalten und von Pferd zu Pferd schlendern, um die Kürze oder Länge ihrer Gebäude, ihre Glieder und Hufe, Sehnen und Muskeln, ihre Kondition und den bereits erreichten Grad ihrer Gymnastizierung, Biegung und Versammlung aus nächster Nähe zu mustern, zu vergleichen und nicht zuletzt, um eine "persönliche Beziehung" zu jedem einzelnen Tier zu knüpfen.

Hierbei "sahen" sie wiederum, wer unter ihnen welchem Pferd sympathisch, gleichgültig oder unsympathisch war und wer sich am meisten Erfolg versprechend um den Herdenchef, den Gruppenführer oder andere Hengste aus den oberen Rängen bemühen konnte.

Daraufhin hatten sie den Pferden früher oder später ihre Nützlichkeit auf freier Wildbahn auch praktisch zu beweisen, indem sie beispielsweise jagende Löwinnen und Hyänen oder Aasgeier vertrieben oder erlegten, den Pferdetrupp zu schützenden Buschdickichten, Schluchten oder Felsformationen führten, wenn ein Sandsturm drohte, und selbstverständlich auch dadurch, daß sie zurückbleibende Fohlen oder verletzte Tiere der Herde nachtrieben und so zu erhalten versuchten.

Sobald sich die ranghohen Hengste von ihrer Harmlosigkeit, von ihrem Nutzen für das Überleben der ganzen Pferdegruppe und von ihrer affektiven Teilnahme an der kollektiven Herdenpsyche überzeugt zeigten, konnten die Berber "ihre" neue Herde sogar zu einer ihr bisher unbekannten Oase in der Wüste oder zu ihren Zelten im Atlas geleiten.

Erst auf den neuen Weiden, bei den Zelten, begannen die Berber Pferdemenschen, sich eingehender mit meistens nur wenigen Hengsten aus den obersten Herdenrängen zu beschäftigen.

Dazu teilten sie jedem Pferd eine einzige, sorgfältig ausgewählte und von diesem Tier auch offensichtlich akzeptierte Bezugsperson zu, die bei ihnen stets ein Mann, Jüngling oder Knabe sein mußte; niemals eine Frau. Dieser Pferdemann hatte den Hengst nun nicht nur auf den Umgang mit dem Menschen vorzubereiten, sein volles Vertrauen, seine Mitarbeit und Eigeninitiative zu gewinnen und ihn pferdegemäß zu erziehen (= auf die Herde; nicht auf sich selber zu), sondern auch "pferdegemäß spazieren zu führen" (franz.:"mener"; span.:"arrear"), zu longieren, anzureiten und auszubilden.

Für letzteres durfte er sich bis zu sieben Jahre Zeit nehmen und blieb während dieser gesamten Frist der einzige Longenführer und Reiter des betreffenden Hengstes. Zudem galt er nun als der Hauptverantwortliche sowohl für die Gesundheit, Munterkeit und Kondition als auch für die gymnastischen Fortschritte, die Leistungsfähigkeit, Ausdauer und Leistungsbereitschaft (= Freude an der Zusammenarbeit mit dem Reiter) des Tieres und hatte den Clanälteren hierüber fortwährend Rechenschaft abzulegen.

Allem praktischen Umgang mit Junghengsten ging bei den Berbern stets die Erziehung des Tieres voraus, die ebenfalls den Pferdemüttern und Gruppenchefs abgesehen war. Ihr Ziel blieb dementsprechend dasselbe; nämlich die Gewinnung der Aufmerksamkeit, Konzentration und Disziplin des Hengstes, kurz, seiner aktiven Mitarbeit und erster Funken der Eigeninitiative bei der Lösung alltäglicher Aufgaben, mochte es sich dabei um die Verteidigung der herdeneigenen Weide oder Wasserstelle gegen Eindringlinge oder um gymnastische Übungen handeln, die ihm der Gruppen- oder Herdenchef oder ein Berber Pferdemann nahelegten.

In der Regel führten die Berber ihre Junghengste an der Longe zuerst einmal möglichst gerade Wegbegrenzungen - Felswänden, Steilhängen von Sanddünen oder täglich neu gespannten Seilen - entlang, um ihre Innenhinterhufe erst zu weiterem Untertreten, dann zur Übernahme von mehr Gewicht und ihre Wirbelsäulen zu deutlicheren Biegungen zu bewegen.

Dabei entdeckten sie, daß die Gerade (der rechte Winkel) aus ihrem Nabel Pferden in nächster Nähe einen Drehpunkt suggeriert, um den sie sich biegen können (wie später um den Innenschenkel des Reiters beim Schulterherein), und daß dieselbe gedachte Gerade aus dem Nabel, aus größerer Entfernung (beispielsweise beim Longieren) von hinten auf den Außenoberschenkel des Pferdes gerichtet, in engen Bögen verhindern kann, daß das Tier dabei mit der Kruppe ausfällt.

Zeichnung 36

Das sogenannte "Spazierenführen" der Berber längs einer Geraden und die dabei unerläßlichen sieben "Anlehnungen":

1.) an die Bahnbegrenzung oder Spur des Hufschlages
2.) an den Abstand des Longenführers zur Pferdekruppe
3.) an die lockere Longe
4.) an den Mitgehweg (Spur) des Longenführers
5.) an den Mitgehrhythmus des Longenführers (im Takt des Innenhinterhufes)
6.) an die Gerade aus dem Nabel des Longenführers
7.) an den Abstand der Gertenspitze zum inneren Sprunggelenk
Am Ende der Geraden ließen die Berber ihre Jungpferde jeweils eine ganze und
eine halbe Volte treten.

Zudem erkannten sie, daß ausschließlich weiteres Untertreten mit dem jeweiligen Innenhinterhuf sowohl zu einer gleichmäßigen (= pferdegemäßen) Biegung des ganzen Pferdekörpers von hinten nach vorne als auch zur Übernahme von mehr Gewicht mit dem Innenhinterhuf führt. "Ohne Biegung", hieß es deshalb bereits bei ihnen, "keine Beugung (der Hanken und Hinterhandgelenke), ohne Beugung keine Versammlung, ohne Versammlung keine (Gleichgewichts-) Haltung, dank der das Pferd auch bei schwierigen Bodenverhältnissen in allen Gangarten mühe- und schadlos zu treten vermag".

So sehr die Berber im hochversammelten "kugelförmigen" Pferd auch das Erd- und Mondsymbol und eine offenbare Manifestation ihrer Ahnen verehrten, soviel praktische Bedeutung kam der Versammlung mit Hankenbeugung zudem der Leichtigkeit, Wendigkeit, Mühelosigkeit und Krafterpsarnis wegen zu. Daß sie die hohe Versammlung deswegen zum Ziel und Ideal allen Umganges mit Pferden an der Hand, wie unter dem Sattel, erklärten, hatte somit nicht nur metaphysische oder religiöse, sondern durchaus auch sehnen-, gelenke- und kräfteschonende, also pferdegemäße Gründe.

Bereits lange bevor sie ihre Hengste allmählich zu versammeln begannen, stellten die Berber Pferdeleute fest, daß sich diese, sobald man sie aus der Sichtweite ihrer Herde entfernte, weitgehend verunsichert zeigten und sich offenbar deshalb an einen Longenführer, den sie kannten und schätzten, schnell und gerne auch "psychisch anlehnten".

Dank dieses Anlehnungsbedürfnisses und seiner pferdegemäßen affektiven Erwiderung durch den Longenführer, erhielt letzterer in der Regel die Aufmerksamkeit und Konzentration, oft sogar die Mitarbeit des Pferdes, mindestens ansatzweise geschenkt und hatte nun lediglich alles zu unterlassen, was das Tier stärker verunsichern, erschrecken, stören, behindern oder dekonzentrieren konnte; vor allem natürlich alles mutwillige abrupte Verstärken oder Aufgeben der bereits gewonnen "Anlehnungen".

Diese "Anlehnungen" des Pferdes und ihre pferdegemäße Erwiderung durch den Longenführer oder Reiter betreffen beim sogenannten "Spazierenführen" und Longieren, wie teils auch beim Reiten:
1.) die Anlehnung an die Bahnbegrenzung, den Wegrand oder den Hufschlag
2.) jene an den Körperabstand des Longenführers zur Pferdekruppe: beim Führen 1 - 2 Gertenlängen; beim Longieren 1 - 7 Meter; beim Reiten jene an das tief abgekippte, am Sattel "klebende" Reiterbecken

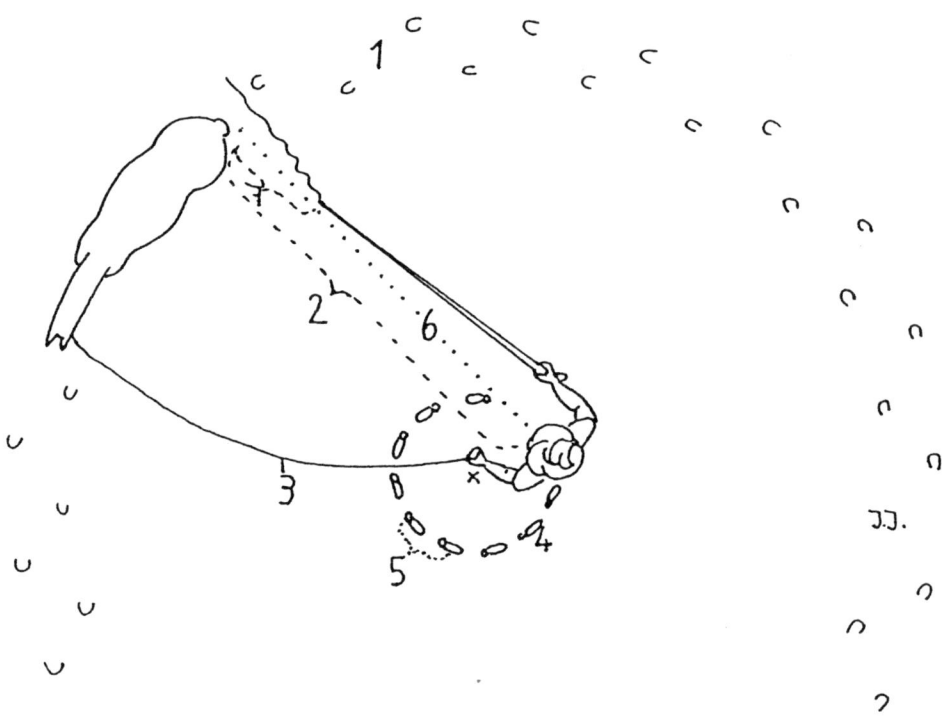

Zeichnung 37
Die "Anlehnungen" des Pferdes beim gymnastizierenden Longiertwerden im
Freien (ohne sichtbare Bahnbegrenzung):

1.) an den – regelmäßigen, vollkommen runden – Hufschlag (= Spur)
2.) an den Abstand des Longenführers zur Pferdekruppe
3.) an die stets leicht durchhängende (= lockere) Longe
4.) an die Mitgehspur des Longenführers (= Mittelpunkt des Longierzirkels)
5.) an den Mitgehrhythmus des Longenführers (im Takt des Innenhinterhufes)
6.) an die Gerade (im rechten Winkel) aus dem Nabel des Longenführers
7.) an den Abstand der Peitschenstielspitze zum inneren Sprunggelenk

3.) die Anlehnung an die Longe oder an die Zügel, welche sich weder je straffen, noch je allzuweit durchhängen dürfen

4.) jene an den Mitgehweg oder die Spur des Longenführers auf der Innenseite schräg hinter dem Pferd (wobei die Gerade aus dem Nabel stets auf den Pferdeschweif gerichtet bleibt); beim Spazierenführen somit die Anlehnung an eine Parallele zur Hufschlagbegrenzung; beim Longieren an den Mittelpunkt des vorgegebenen Zirkels; beim Reiten an den Reiterschwerpunkt

5.) jene an den Mitgehrhythmus des Longenführers: im Schritt in dem beider Hinterhufe; im Trab und im Galopp genau in dem des jeweiligen Innenhinterhufes; beim Reiten an das geschmeidige Eingehen des Reiterkörpers in jede einzelne Pferdebewegung

6.) jene an die Nabelposition des Longenführers, d.h. an den Wirkungswinkel der Geraden aus dem Nabel, welche - außer in Ausnahmefällen, wie beispielsweise beim Schulterherein an der Hand - stets hinter das Pferd gerichtet sein, die Kruppe somit nie "berühren" sollte; beim Reiten an den Schwerpunkt des Reiters, der das Pferd damit zentriert

7.) die Anlehnung an den Abstand der Gerte oder des Longierpeitschenstiels zu den Sprunggelenken; beim Reiten im Spreizsitz jene an den sogenannten Schenkelrahmen, zu dem der Sitz mit locker nach hinten abgekipptem Becken ebenso gehört wie die offenen Oberschenkel und Knie und die lang am Pferd herabhängenden Unterschenkel.

Fehlt oder verstärkt sich plötzlich auch nur eine der sieben Anlehnungen, so erschrecken Jungpferde in der Regel, "explodieren", stieben davon, fallen auseinander, verbiegen sich, bleiben abrupt stehen, werfen sich nach außen oder innen herum; dekonzentrieren sich jedenfalls und stellen die Mitarbeit ein, so daß an pferdegemäße Pferdegymnastik nicht mehr weiter zu denken ist.

Für die Berber und ihre Pferde brach mit solchen Patzern jeweils die ganze Welt zusammen, denn ihre affektive "persönliche" Beziehung zu dem betreffenden Hengst wurde durch Anlehnungsstörungen nahezu stets vollumfänglich in Frage gestellt. Da sie aus Erfahrung wußten, daß Pferde niemals grundlos explodieren oder auseinanderfallen, daß ihrer Auflehnung im Gegenteil stets Beziehungsschwierigkeiten zum Menschen, Kommunikationsprobleme, Mißverständnisse und Fehlverhalten des Longenführers oder Reiters zugrunde liegen, suchten sie die Fehler oder Schuld stets bei sich selber; jedenfalls nie bei ihren Pferden.

Aber nicht nur deshalb bereitete ihnen jeder Anlehnungspatzer schlaflose Nächte! Tatsächlich wußten sie aus Erfahrung, daß das psychische wie das körperliche "Anlehnungsbedürfnis" der Pferde, das man heute recht unpräzis auch "Herdentrieb", "Gruppeninstinkt" oder das aneinander "Kleben" nennt, im Grunde genommen nichts anderes ist, als die Antwort seitens des Tieres auf ein Angebot hin, eine tiefe affektive Beziehung zu anderen Pferden, anderen Tieren oder zum Menschen einzugehen.

Erfahrene Pferdemenschen drängen sich deswegen keinem Tier je auf, sondern warten immer ab, bis das Pferd "den ersten Schritt macht" und seinerseits die Anlehnung an sie selber und an ihre Hilfen sucht. Wer warten kann, wird dafür in der Regel reich belohnt. Denn mit oder unmittelbar nach den verschiedenen Anlehnungen bieten Junghengste meistens sogleich auch ihre Aufmerksamkeit, Leistungsbereitschaft und aktive Mitarbeit an.

Diese letzteren "Geschenke" des Pferdes sind es vor allem, welche die Alten Berber zu Recht durch grobe Verstöße gegen sein Anlehnungsbedürfnis mutwillig in Gefahr gebracht wähnten und deswegen entsprechend hart ahndeten. Und grobe Verstöße gegen das Anlehnungsbedürfnis sind es erfahrungsgemäß auch heute noch, welche verhindern, daß selbst manche Profis unter den Reitern Jungpferden weder mit dem "Spazierenführen", der "Arbeit an der Hand" und dem Longieren noch mit ihrer Ausbildungsmethodik im Sattel je affektiv, das heißt tatsächlich pferdegemäß, näher kommen.

Dank ihrer Achtung des psychischen und körperlichen Anlehnungsbedürfnisses ihrer Pferde entdeckten die Alten Berber jedenfalls nicht nur das Wie und Wo der reiterlichen Hilfen, sondern auch das Wann genau! Sie erschlossen sich so die Stelle unterhalb der Sprunggelenke, die ihre Hengste, hier mit der Rute oder Gerte angetippt, zu weiterem Ausgreifen und Untertreten veranlaßte. Eine Stelle über den Sprunggelenken ließ die Tiere, hier touchiert, mit den Hinterhufen höher treten (vgl.: Z. 37, S. 176).

Tippten sie diese Stellen im richtigen Augenblick an, nämlich genau in dem des Abhufens, so *halfen* sie dem Pferd sichtlich, nicht nur objektiv schöner zu treten, sich leichter zu biegen und mit dem betreffenden Fuß müheloser Gewicht aufzunehmen, sondern sie *verhalfen* ihm gleichzeitig zu einem "bekömmlicheren" Gleichgewicht und dadurch zu mehr Leichtigkeit, Losgelassenheit und Freude am eigenen Treten und förderten zudem auch sein Selbstbewußtsein.

Die Berber erhoben jedenfalls die jeder einzelnen Bewegungsfolge genau entsprechende spezifische Gleichgewichtshaltung des Pferdes in jeder Gangart bereits im zweiten Jahrtausend vor Christus zum Ziel und Endzweck allen menschlichen Umganges mit Pferden und den "pferdegemäßen" Weg dahin zur "conditio sine qua non" allen Reitens. Und noch am Ende unseres Jahrtausends sagte der große portugiesische Meister, Nuño Oliveira: "Reiten ist entweder versammeltes Reiten oder hat mit Pferden Zumutbarem nichts zu tun!"

In der alltäglichen Praxis unterschieden die Alten Berber somit peinlich genau zwischen:

1.) dem "Gleichgewicht auf den Schultern", bei dem das Pferd seinen Schwerpunkt unter dem hinteren Schulterblattende mehr schleppt als trägt. Es ist vor allem bei Mutterstuten, nicht gymnastizierten Jungpferden und schlecht gerittenen langen Sportpferden im Schritt und Trab und bei Rennpferden auch im Galopp zu sehen. Es macht deren Bewegungsfolgen geradlinig, steif, oft eckig oder schwerfällig, zehrt an den Kräften und bringt die Tiere leicht zum Stolpern.

Mit dem "Gleichgewicht auf den Schultern" geben Pferde in der Regel zu erkennen, daß sie ihrer Arbeit überdrüssig oder müde sind, daß sie sich weder loslassen und entspannen noch biegen und mitarbeiten können; sei es, weil sie die Anweisungen des Longenführers oder Reiters nicht verstehen, von ihm bei der Ausführung behindert oder gestört werden oder weil sie körperlich gymnastisch dazu noch gar nicht in der Lage sind

2.) dem "horizontalen Gleichgewicht" oder "Gleichgewicht des Trabes", bei dem der Schwerpunkt ungefähr in der Pferdemitte liegt. Es entspricht der eigentlichen "Reisehaltung" der Wildpferde bei Wanderungen über lange Strecken (= "steady state locomotion" - vgl.: H. Preuschoft, in Solinski: "Das Gymnasium des Freizeitpferdes", Hildesheim 1991/96). Es erlaubt den Pferden in allen drei Gangarten zwar etwas weniger schnell (= mit kürzerem Raumgriff), dafür aber um so ausdauernder, kräfteschonender und aufmerksamer zu treten.

Mit dem horizontalen Gleichgewicht drücken Wildpferde in der Regel ihre Herdenzugehörigkeit aus (= gleicher Gangrhythmus wie die ranghöchsten Tiere), ihren Willen zur Zusammenarbeit, ihre Wanderlust und allgemein ihre Munterkeit

3.) dem "Gleichgewicht auf den Hanken" oder "Gleichgewicht des Galopps", in dem sich Wildhengste oft auf schwierige Aufgaben, Mutproben, Angriffe und Kampfsprünge, vorbereiten. Hierbei versammeln sie sich mit tief gebeugten Hanken, hoch aufgerichtetem Hals und Kopf und treten nahezu an Ort und Stelle. Sie gewinnen dadurch hohe Bewegungspräzision, Reaktionsschnelligkeit und Wendigkeit und drücken eben dies mit dem Gleichgewicht auf den Hanken auch als Warnung, zur Einschüchterung von Nebenbuhlern oder Feinden und manchmal sogar als bloßes Imponiergehabe aus.

Die Berber sagten über Hengste in solchen Haltungen: "Da wird ein Tier zum Pferd!" und "So wird ein Pferd zur Kugel!" und schätzten dieses Gleichgewicht vor allem der Konzentration, Kraft und Entschlossenheit wegen, die ihre Hengste damit zur Schau stellten.

Für die Alten Berber entsprach die pferdegemäße gymnastische Vervollkommnung dieser Haltungen vom "Gleichgewicht auf den Schultern" zu dem "auf den Hanken" sowohl dem natürlichen "Lauf der Welt" als auch dem natürlichen Lebensweg eines Hengstfohlens zur Herdenspitze. Ihm dabei nach bestem Können zu helfen, bedeutete für sie, ihre eigene von den Ahnen vorgezeichnete natürliche Lebensaufgabe wahrzunehmen und zu erfüllen.

Kommen wir nochmals kurz zum alltäglichen pferdegemäßen Spazierenführen und Longieren der Berber Pferdeleute zurück!

Wie bereits angedeutet, begann das Spazierenführen bei ihnen stets damit, daß sie ihrem Hengst ein Seil um den Hals knoteten, eine Schlinge daraus über seine Nüstern schoben und das Tier damit aus der Herde holten. Sobald der Junghengst anstandslos dem Longenführer folgte, das heißt, ohne jemals zurückzubleiben, sich nachziehen zu lassen oder umgekehrt den Longenführer anzurempeln, versuchte dieser allmählich nicht mehr vor, sondern neben dem Pferd im Gleichschritt mit diesem mitzugehen, bis er schließlich seitlich hinter dem Pferd anlangte, ohne daß sich das Führseil je straffen, der Hengst nach innen oder außen drängeln oder sich gar umdrehen durfte (vgl. Solinski: "Das Gymnasium des Freizeitpferdes", Hildesheim 1991/96).

In Abweichung zu der im "Gymnasium" beschriebenen Methode (vor allem für durchdomestizierte Freizeitpferde), versuchten die Berber sehr gewissenhaft, mit der Geraden aus ihrem Nabel niemals den Pferdekörper zu treffen, sondern diesen damit höchstens, wie mit einer Stange, kurz von hinten nach vorne "anzutippen" (für Wendungen nach innen am äußeren Oberschenkel; für höhere Versammlung über dem inneren Sprunggelenk), was sie gleichzeitig auch mit der Rute oder Gerte taten (vgl.: Zeichnung 37, Seite 176).

Sie begleiteten somit den Innenhinterhuf jeweils mit der Gerte so weit geradeaus nach vorne, daß er beim Aufhufen nicht nur mehr Gewicht aufnahm, sondern das Pferd zudem bog und unwillkürlich zum Abwenden nach innen brachte. So entstanden die ersten kleineren Volten, die dem Junghengst zeigten, wie mühelos er sich selbst in engen Kurven biegen konnte, wenn er den pferdegemäßen Hilfen seines Ausbilders nur weit genug entsprach.

Aus den ersten kleinen Volten im Schritt (von 2 bis 4 Metern Durchmesser) entwickelten die Berber hierauf die "Volte und Contervolte", das heißt den Handwechsel zuerst aus beispielsweise einer Linksvolte in eine tangierende symmetrische Rechtsvolte, etwas später dann auch durch dieselbe Volte. Bei letzterem Wechsel hatten sie den Aussenschenkel des Pferdes allein mit ihrem Nabel so lange am Ausfallen zu hindern, bis sich das Tier umbog und zur Volte auf der anderen Hand ansetzte. Nun erst durften sie es überholen, ohne es je mit der Geraden aus dem Nabel zu berühren, um diese danach sogleich von hinten nach vorne wieder an den Außenoberschenkel des Pferdes zu bringen.

Wer dabei "die sieben Anlehnungen des Pferdes" präzis genug beachtete, konnte bereits einige Tage später schon einmal versuchsweise mit dem Longieren im Trab auf Zirkeln von doppeltem Voltendurchmesser beginnen und selbst hier oft auf Anhieb Handwechsel üben, bei denen das Pferd sowohl den Trabrhythmus hielt als sich auch gleichmäßig zu biegen begann: der Junghengst hatte offenbar verstanden, daß der Longenführer mit ihm tatsächlich nicht anders verfuhr und auch nichts anderes verlangte als der Gruppenchef, der ihn bisher auf der Steppe gymnastiziert hatte.

Indem der Junghengst von nun an im Longenführer ein höherrangiges Mitpferd sah, konnte er sich ihm und seinen gymnastizierenden Hilfen auch immer leichter anvertrauen. Zudem entdeckte er Tag für Tag von neuem, daß er sich tatsächlich müheloser biegen konnte, wenn er sich dabei auf die Gerte oder Rute, die Gestik des Berbers damit, dessen Nabel und Körperabstand und dessen Mitgehrhythmus konzentrierte.

Idriss Ait Tarik, meinem Gewährsmann unter den Berbern zufolge, waren die gegenseitige Achtung, das gegenseitige Vertrauen und das unternehmungslustige Einvernehmen zwischen dem Longenführer und dem Pferd unabdingbare Voraussetzungen und auch die Garantie dafür, daß die Berber Hengste den Seitsitz (anstatt Spreizsitz) der Berber Bereiter jeweils schon bei ihrer ersten vorsichtigen Belastung problemlos akzeptierten und auch deren Hilfen richtig zu deuten und umzusetzen begannen. Denn auch bei den Berbern - wie noch in der Camargue zur Zeit meiner Gardianlehre - durfte während des Anreitens eines Junghengstes kein Bereiter jemals vom Pferd rutschen oder abgeworfen werden, da man sich auf Tiere, die sich später hieran erinnern, niemals mehr voll verlassen kann.

Kommen wir, dieses Kapitel abschließend, noch kurz zu den deutlichsten Unterschieden zwischen dem "pferdegemäßen" Umgang der Berber mit ihren Hengsten, an den sich seit dem 16. Jahrhundert auch alles Freizeitreiten anlehnt, und dem sogenannten "dressurmäßigen Reiten", das von Militärbereitern speziell für den kriegerischen Einsatz der Pferde erfunden wurde und auf das sich heute die gesamte Sportreiterei beruft.

Versucht die Dressur während der Ausbildung durch endloses Wiederholen spezifischer Kombinationen sogenannter "reiterlicher Hilfen", das Pferd daran zu gewöhnen, egal unter welchen Umständen und egal in welcher Gleichgewichtshaltung die gewünschte Bewegungsfolge jeweils mit höchster Genauigkeit zu treten, so befähigt die pferdegemäße Gymnastizierung Pferde lediglich, in jeder einzelnen ihrer verschiedenen Haltungen unter dem Sattel jeweils nur eine, nämlich die einzige dieser Haltung entsprechende Reaktion anzubieten - diese allerdings vollkommen locker und losgelassen.

Anders ausgedrückt; scheint es in der Dressur vor allem um den Gehorsam und die Präzision des Pferdes den "reiterlichen Hilfen" gegenüber zu gehen, was zu beweisen Pferden erfahrungsgemäß lediglich verspannt und verkrampft (wie die Maus vor der Schlange) gelingt, so fordert die Pferdegymnastik vor allem die Losgelassenheit, spielerische Mitarbeit und Eigeninitiative des Tieres heraus, ohne welche Pferde weder mit Kampfstieren umgehen, noch auf großen Wanderritten, noch in der "Hohen Schule" je ihrer Natur und ihrem Wesen gemäß bestehen können.

☆ ☆ ☆

ZEITTAFEL V: DAS PFERDEGEMÄSSE REITEN

25.000 – 10.000 v. Chr.
Solutréen – Magdalenien
Altsteinzeit
"Protodomestizierung" des Aueroch-
sen, Wisents und des Pferdes in den
wilden Wanderherden

In Südwesteuropa lassen sich die mit
Wildherden wandernden Jägernomaden in "ihre" Herden integrieren und
lernen, sich diesen als biopositiv
nützlich zu erweisen, indem sie ihnen
schwache, verunfallte und kranke
Tiere zu erhalten trachten.

Gegen Ende des Magdaleniens
um 12.000 v. Chr.

flechten sie Seilhalfter aus Pferdehaar, um zurückbleibende Tiere der
Herde leichter nachführen zu können.

10.000 – 6.000 v. Chr.
Mesolithikum und Epipaläolithikum
Mittelsteinzeit und Nachaltsteinzeit

unterteilt sich die südwesteuropäische
Bevölkerung allmählich in fest
ansässige Bauern und Viehzüchter (in
verbarrikadierten Hintertälern) und in
weiterhin mit Wildherden wandernde
Jägernomaden (= Epipaläolithiker),
die bereits kranke und schwache
Jungpferde auch richtig zu gymnastizieren verstehen.

6.000 – 3.000 v. Chr.
Neolithikum
Neusteinzeit

üben die fest niedergelassenen
Bauern mehr und mehr Druck auf die
Jägernomaden und deren Herden aus,
so daß diese immer zahlreicher nach
Nordwestafrika auswandern.

3.000 v. Chr. – Christi Geburt

erstarken die Berber teils als Jägernomaden mit Pferdeherden, teils als
ansässige Bauern und Kleinvieh-
züchter in den weniger kargen Gebieten Nordafrikas.
Die Berber Pferdeleute (ausschließlich Nomaden) nutzen die Fluchtre-
flexe der Pferde, um sie an der
Hand wie unter dem Reiter zu gymnastizieren und sie so an die Zusammenarbeit mit dem Menschen zu gewöhnen.

Im 17. Jahrhundert v. Chr.	fallen die Hyksos mit pferdebespannten Streitwagen in Ägypten ein. Pferde sollen den Ägyptern erst dadurch bekannt geworden sein.
Im 14. Jahrhundert v. Chr.	erscheint das Pferd zum ersten Mal auf Bas-Reliefs in ägyptischen Königsgräbern bildlich dargestellt. In Nordwestafrika findet zur gleichen Zeit reger Pferdeaustausch zwischen den Berbern und Iberern statt.
Um 1.300 v. Chr.	erarbeitet *Kikkuli aus Mitanni* im Vorderen Orient den ersten Leitfaden zum Pferdetraining für die Hethiter und Assyrer. Außer den Berbern und Iberern im Seit- oder "Damensitz", reiten sämtliche Reiter-Völker jener Zeit im Spreiz- oder "Herrensitz". Ihre Pferde setzen sie vornehmlich auf der Jagd und im Krieg, größerenteils vor Streitwagen, aber auch geritten ein.
Im 10. Jahrhundert v. Chr.	soll König Salomon (der aus der Bibel bekannt ist) 4.000 Streitwagen- und 12.000 Reitpferde von den Hethitern erstanden haben.
Xenophon (430 – 354 v. Chr.)	der angebliche "Vater der Reitkunst", schreibt die erste, bis heute überlieferte, Reitlehre: "Peri Hippikès" (dtsch: Olms, Hildesheim) und weist dadurch der gesamten europäischen Militärreiterei, von den Römern über die Kreuzritter bis zu der modernen Jagd- und Springreiterei, den Weg zur Nutzung des Pferdes vor allem als Transportmittel. Die "pferdegemäße" Reitpferdeausbildung bleibt indessen eine Spezialität der Berber, deren Überlegenheit im Krieg allgemein anerkannt wird.

Hannibal (249 – 182 v. Chr.)	der Berber Feldherr aus Karthago, überquert 218 v. Chr. die Pyrenäen und die Alpen mit 9.000 Reitern unter schwierigsten Umständen. Sämtliche Pferde – auch die iberischen – hatte er zuvor von Berber Bereitern in Nordafrika und in Iberien einer entsprechenden Ausbildung unterziehen lassen.
Im letzten Jahrhundert v. Chr.	liefern die Berber Stämme alljährlich bis zu 60.000 Reithengste als Tribut nach Rom.
634 – 700 n. Chr.	besetzen die Araber Nordafrika bis nach Marokko, wobei anfänglich das arabische Pferd nur eine kleine, dafür später aber das Berber Pferd eine um so größere Rolle spielt.
711 – 732 n. Chr.	erobern die Araber die Iberische Halbinsel und Südfrankreich. Sie reiten im kurzbügeligen Vorwärtssitz, der sie die Pferde über eiserne Ringgebisse zu "stützen" zwingt. Den Reitern Karl Martels, der sie in Mittelfrankreich stellt und schlägt, zeigen sie sich damit reiterlich überlegen; den langschenkelig reitenden Berber Rebellen in Nordafrika indessen lediglich "ebenbürtig".
Im 9. Jahrhundert n. Chr.	Reger Pferdeaustausch zwischen Nordafrika und Südspanien, der sowohl reinblütige arabische und Berber als auch iberische Pferde und Kreuzungsprodukte betrifft. Beginn der andalusischen Zucht spezieller "Gineta-Pferde" (= leichte, schnelle Kriegspferde, die im arabischen "Gineta-" oder Vorwärtssitz geritten werden).

1086 – 1250 Almoraviden Almohaden	regieren die "Mauren" (= Moham-medaner reiner Berber Abstammung und Kultur) zuerst als "Almo-raviden", dann als Almohaden den südlichen Teil der Iberischen Halbin-sel. In Freundschaftsturnieren setzen sie dem offensiven Gineta-Sitz ihren versammelnden "A-la-Brida-Sitz" entgegen.
1095 – 1291 Kreuzzüge	findet das christliche Rittertum seinen Ausdruck vor allem in den Kreuz-zügen. Die Ritter reiten in einem langbügeligen, steifen Vorwärtssitz und führen die Pferde mit kieferbrechenden Kandaren. Einige Historiker sehen in diesem Sitz "ger-manische" oder "orientalische" Ein-flüsse; andere, mit wesentlich mehr Recht, jene Xenophons. Der Rittersitz hatte jedenfalls nichts, weder mit dem arabischen Vorwärtssitz, noch mit dem versammelnden, defensiven Berber-, bzw. iberischen Brida-Sitz zu tun.
1381 *Don Giraldo*	erscheinen die ältesten europäischen Reitanweisungen, nach jenen Xeno-phons, aus der Feder Don Giraldos in Portugal. Das "Buch der Jagd" beschäftigt sich vor allem mit der Jagd und der dabei eingesetzten Gineta-Reiterei.
1434 *König Duarte I*	entsteht das "Lehrbuch des guten Reitens" des portugiesischen Königs Duarte I., der höfischen Freizeitrei-tern den pferdegemäßen "A-la-Brida-Sitz" empfiehlt. Im Kampf gegen die letzten Mauren bedienen sich die Portugiesen, wie die Spanier, indessen des offensiven Gineta-Sitzes (Saurel).

Im 15. und 16. Jahrhundert	besetzen die Spanier Süditalien und Neapel.
1534 *Cesare Fiaschi* *Giovanni Pignatelli*	eröffnet die Familie d'Este die erste italienische Reitakademie in Ferrara und vertraut deren Leitung Cesare Fiaschi an, dessen später berühmtester Schüler Giovanni Pignatelli ist. Beide vertreten das ibero-maurische "pferdegemäße Reiten" im A-la-Brida-Sitz.
1546 *Federigo Grisone*	leitet Federigo Grisone eine Reitakademie in Neapel, an der er vor allem Xenophons Reitanweisungen weiter vermittelt. Dasselbe versucht er ab 1550 auch durch sein Buch: "Gli ordini di cavalcare" (deutsch: im Olms-Verlag, Hildesheim)
1566 – 1572 *Antoine de Pluvinel* *Salomon de la Broue*	weilen Antoine de Pluvinel (sechs Jahre lang) und Salomon de la Broue (zwei oder drei Jahre lang) als Schüler bei Giovanni Pignatelli in Neapel. Etwas später führt Pluvinel als Hofbereiter Pignatellis pferdegemäßen Umgang mit iberischen Reithengsten in Frankreich ein, während Salomon de la Broue eher eine von Xenophon und Grisone inspirierte Geländereitweise propagiert.
1594	erscheint "Le Cavalerice françois" von Salomon de la Broue.
1623 und 1625	erscheinen (posthum) die beiden Versionen des Werkes von Antoine de Pluvinel: "L'Instruction du Roy" (deutsch: Olms, Hildesheim), welche die Grundlage des pferdegemäßen Freizeit- und höfischen Schulreitens in Frankreich darstellen.

1664

erscheint in Frankfurt am Main das Buch "Vollkommener (...)Pferd-Schatz" von Johann Christoph Pinter von der Aue, der wohl als einziger Deutscher selber ein Schüler oder ein Schüler-Schüler von Pignatelli war.

François Robichon de la Guérinière
(1688 - 1751)

der unbestritten größte Reitmeister aller Zeiten war ein Schüler Antoine de Vendeuils, der ein Schüler der Gebrüder Duplessis war, die ihrer-seits bei Antoine de Pluvinel gelernt hatten.

1733 veröffentlicht La Guérinière seine "Ecole de Cavalerie", in der er die Summe sowohl des gesamten damaligen Wissens über Pferde als auch seiner eigenen Erfahrungen mit dem pferdegemäßen Gymnastizieren (anstatt Dressieren) offenbart. Wie noch viele Meister nach ihm, beklagt er darin auch den Niedergang des kultivierten Reitens, den er der Ge-fühllosigkeit und dem mangelnden Verständnis der Reiter für ihre Pferde zuschreibt.

Don Pedro Jose de Meneces
4. Marquis de Marialva
(1733 - 1799)

General der portugiesischen Kaval-lerie und Oberbereiter des könig-lichen Gestüts in Alter do Chao. Er wendet als erster überragender Reiter in Portugal La Guérinières metho-dische Pferdegymnastik bei Lusitanos an und wird prompt der berühmteste Reiter und Pferdeausbilder seiner Zeit.

Manoel Carlos de Andrade
1790

ebenfalls portugiesischer Hofbereiter und Schüler des Marquis de Ma-rialva, setzt diesem 1790 ein Denkmal mit dem Buch. "Luz da li-beral e nobre Arte da Cavaleria" (Olms, Hildesheim).

Joaquim Gonçalves de Miranda
(ca. 1870 – 1940)

Mestre Nuño Oliveira

Darin faßt M.C. de Andrade nicht nur die der portugiesischen Tradition des Brida–Reitens verpflichtete Reitlehre Marialvas zusammen, sondern zudem auch dessen Synthese aus der Methodik La Guérinières und seiner eigenen Pferdeausbildungsweise.

der letzte Hofbereiter des portugiesischen Königshauses fühlte sich, Meister Oliveira zufolge, wie Marialva, vor allem der portugiesischen Tradition des kultivierten Freizeitreitens "à la Brida" verbunden. Den wenigen Fotografien nach, die es von ihm gibt, saß er jedenfalls mit nach hinten abgekipptem Becken und sehr lang geschnallten Bügeln tief "im Pferd" und ritt in diesem offenen Sitz eindeutig von hinten nach vorne. Seine durch und durch echte affektive Beziehung zu den Pferden vererbte er seinem Neffen, Patensohn und letzten großen Schüler, Nuño Oliveira, lange bevor dieser der unbestreitbar größte Reitmeister des 20. Jahrhunderts wurde.

Die Tragik seines Reiterlebens bestand, wie die La Guérinières vor ihm, im Widerspruch zwischen dem, was er als Lehrer zu bieten hatte, nämlich wie man Pferde pferdegemäß gymnastiziert, ausbildet und reitet, und dem Anspruch seiner Schüler, bei ihm lediglich Dressurtricks und gepflegtes Dressurreiten zu erlernen.

BIBLIOGRAPHIE

de Andrade, Fernando Sommer — "History of the Spanish Horse", Lisboa 1973

de Andrade, Manoel Carlos — "Luz da (...) Arte da Cavalleria", Lisboa 1790 & Olms, Hildesheim

von der Aue, J.C. Pinter — "Vollkommener (...) Pferd–Schatz" Frankf.a.M. 1664, Subskription bei Olms, Hildesheim

Grisone, Federigo — dtsch.: "Künstlicher Bericht (,..)" Augsburg 1570, Hildesheim 1972

de la Guérinière, François Robichon — franz.: "Ecole de Cavalerie", Paris 1733, Hildesheim 1974, dtsch.: bei Olms, Hildesheim 1998

Monteilhet, André — "Les Maîtres de l'Oeuvre équestre", Paris 1979

Oliveira, Nuño — franz.: "L'Art Equestre" (Gesamt-werk), Paris 1991
port.: "Memórias (...) dum Cavaleiro Portugês" Mafra 1981
dtsch.: "Klassische Grundsätze der Kunst Pferde auszubilden" (Band I der deutschen Gesamtausgabe), Olms Hildesheim 1996
engl.:"Horse and Rider", Paris 1990

de Pluvinel, Antoine — "L'Instruction du Roy", dtsch.: Frankfurt a.M. 1670, Olms, Hildes-heim 1972/89

Saurel, Etienne — "Histoire de l'Equitation" Paris 1971

Solinski, Sadko G. — "Reiter Reiten Reiterei", Olms, Hil-desheim 1983/93/97
"Gymnasium des Freizeitpferdes", Olms, Hildesheim 1991/96

Stevens, Claudia — "Die Ecole de Cavalerie – Eine Übersetzungskritik", Germersheim 1992/93

Roux, E.J. — "Le Cheval Barbe", Paris 1987

Xenophon — "Über die Reitkunst", Olms, Hildes-heim

9. Kapitel
DIE GESCHICHTE DES PFERDEGEMÄSSEN REITENS

Tut-ench-Amun, der nur des Fundes seiner unversehrten Mumie wegen berühmt gewordene Pharao, regierte Ägypten lediglich kurze Zeit; nämlich knapp zehn Jahre lang, bevor er, um 1350 v. Chr., einem Meuchelmord zum Opfer fiel. Der General seiner Armee, Haremheb, setzte sich selber als sein Stellvertreter ein und regierte das Land, als ein Pharao der 19. Dynastie, bis 1320 v. Chr. Sehr wahrscheinlich war es somit Haremheb, der Tut-ench-Amuns Grab bei Theben und sein eigenes bei Memphis mit den Bas-Reliefs ausschmücken ließ, auf welchen sich erstmals in Ägypten auch Pferde dargestellt finden.

Vergleicht man diese teils Streitwagen ziehenden, teils gerittenen Pferde mit jenen, die früher und zur gleichen Zeit in Nordwestafrika dargestellt wurden, so erkennt man auf den ersten Blick, daß man es hier nicht nur mit zwei völlig verschiedenen Pferdeschlägen, sondern zudem mit höchst unterschiedlichen Reit- und Umgangsweisen zu tun hat.

Ja, die Bas-Reliefs in den beiden Königsgräbern stellen geradezu Beweise dafür dar, daß zwischen dem Maghreb und Ägypten im zweitletzten Jahrtausend vor Christus keinerlei kultureller oder politischer Austausch bestand.

In Wirklichkeit stammen die Pferde der Königsgräber nicht aus Nordafrika, sondern offensichtlich aus dem Vorderen Orient, gehören sie doch einem kleinen, leichten und eleganten Pferdetyp an, mit schmalem, eher langem Schädel (Hechtkopf- oder "Araber"-Profil), feinen Gliedern, hohler Rückenpartie, hoch getragenem Schweif und übertrieben hoher Aufrichtung. Geritten werden sie überdies von nackten Assyrern im Spreizsitz, die die Tiere in der Lendenpartie (beinahe auf der Kruppe) belasten, ihre Schenkel schräg nach vorne strecken und die Pferde mit Knebeltrensen in "zugeschnürten" Mäulern an überlangen Zügeln beigezäumt halten.

Die Pferde bewegen sich entsprechend "auseinandergefallen" mit stark "weggedrückten" Rücken; somit völlig verspannt (vgl.: Fachwortregister), was ein befremdendes Licht selbst auf die erste schriftliche Reitanweisung der Welt wirft; auf die des Kikkuli aus Mitanni, der um 1300 v. Chr. einen Leitfaden zum Pferdetraining für die Assyrer und Hethiter entwarf.

Tatsächlich ritten damals – unter Ausnahme der Berber und Südiberer – nahezu alle "ersten Reitervölker" ausgesessen im Spreizsitz, nahe der Kruppe auf mit scharfen Knebeltrensen übertrieben beigezäumten Pferden, die dadurch "auseinandergefallen" jenen Galopp anboten, den man später "den fliegenden" nannte. Obwohl dieser Pferde sich schnell verausgaben läßt und sie zudem im Rücken ruiniert, galt er unter den Reiterkriegern bis ins 5. Jahrhundert v. Chr. als die Reitern würdigste Gangart schlechthin. Selbst Xenophon, der sogenannte "Vater der Reitkunst", wagte dieser Auffassung nicht zu widersprechen. (Vgl.: Solinski, "Reiter Reiten Reiterei" 2. Kapitel, Seiten 18 ff und Tafel II, Bild 3, Hildesheim 1983/93/97)

Er rückte seine Reitschüler, dem Vorbild der Berber Söldner entsprechend, zwar näher an den Widerrist und ließ sie ihre Schenkel- und Beckenhaltung der Senkrechten annähern. Aber auf die brutalen Gebißrollen und Knebeltrensen wollte und konnte er – vermutlich der zu steilen Beckenhaltung wegen – nicht verzichten und behinderte die Tiere damit weiterhin so, als hätte er mit der Versammlung nichts im Sinn.

In seinem Buch "Der Reiteroberst" empfahl er der Regierung seiner Vaterstadt jedoch ausdrücklich, sie möge zweihundert Berber und Iberer Reitersöldner anwerben, um nicht nur die Schlagkraft der Athener Reiterei zu erhöhen, sondern vor allem, um den Ehrgeiz des griechischen Adels zu wecken, den versammelt reitenden Berbern in nichts nachzustehen.

Zwischen dem kriegerischen Einsatz des (auseinandergefallenen, langen) Pferdes und dem Reiten vor allem "zum Wohl des Pferdes" waren die Würfel indessen längst gefallen. Außer den Berbern und Südiberern gab es auf der ganzen Welt kein Reitervolk mehr, das sich "im Dienst seiner Pferde stehend" erfuhr. Zwar lebten nach wie vor Lappen mit Rentieren, Indianer mit Bisons, Pygmäen mit Elefanten und Ainus mit Bären auf ähnliche Art und Weise zusammen wie die Berber mit ihren Hengsten. Aber Pferden vor allem reiterlich zu dienen, anstatt sie nur im Krieg und auf der Jagd zu überfordern, blieb eine kulturelle Eigenart allein der Berber und Iberer.

Sie verehrten im Pferd die "Krone der Schöpfung" und die verkörperte Summe aller Erfahrungen ihrer Ahnen. Zudem sahen sie in ihm aber auch ein durch und durch verunsichertes, nachhaltig eingeschüchtertes Tier und in sich selber die Diener und Helfer des Lebens, die auserkoren waren, den Pferden ihr Selbstbewußtsein, ihr Gleichgewicht, ihren Adel und ihre natürliche Leistungsfähigkeit wiederzugeben.

Dazu unterließen sie erst lediglich alles, was ihre Pferde auch nur entfernt überraschen, erschrecken und verunsichern konnte. Dann entdeckten sie die grundlegenden Prinzipien allen pferdegemäßen Umganges mit Hengsten; nämlich jenes des "stets offenen Tores" und das des ostentativen "Öffnens der – meistens bereits offenen – Türe".

Tatsächlich hatten die Berber bereits beim Führen und Longieren ihrer Junghengste erfahren, daß selbst übermütige oder rebellische Tiere nur wegzulaufen oder auszubrechen drohten, wenn sie ihnen entweder im Weg standen, sie in ihren Bewegungen behinderten oder sie am Führseil oder mit dem Spreizsitz festzuhalten versuchten. Durch das "stets offene Tor" entzog sich ihnen indessen kein Tier, weder an der Longe noch unter dem Reiter. Deshalb erklärten sie das für das Pferd spürbar deutliche "Öffnen der Türe" zur wirksamsten versammelnden Hilfe schlechthin und übten es nicht nur mit der Hand am Führseil und mit den Schenkeln, sondern auch mit ihrem Sitz, indem sie diesen immer weiter entspannten. Letztlich entdeckten sie so das "versammelnde Nachgeben" und "Öffnen des Sitzes", selbst in dem für sie neuen Spreizsitz, rund zweitausend Jahre vor La Guérinière, Steinbrecht und Meister Nuño Oliveira.

Selbstverständlich zeitigte der Umgang der Berber mit dem für das Pferd stets offenen Fluchtweg zwar schon früh erstaunliche Versammlungsgrade, war aber – weil zu gemessen langsam – bei kriegerischen Auseinandersetzungen nur bedingt anwendbar. Sie legten deshalb mehr und mehr Wert sowohl auf die Gegenseitigkeit ihrer inneren Beziehung zu jedem Pferd als auch auf die Eigeninitiative des Pferdes bei ihrer Zusammenarbeit. So entstanden schließlich die Dutzende von Anekdoten, welche die griechischen und römischen Historiker über die "zweiten Pferde" der Berber erzählen, die ihrem Reiterkrieger in der Not "mit Zähnen, Hufen und Kampfsprüngen" beigestanden haben sollen.

Anders ausgedrückt, waren es letzten Endes wohl allein die Achtsamkeit, die einfühlende Erfahrung und das allesumfassende Pferdeverständnis, welche die Berber, als einziges Reitervolk der Welt, so tiefschürfend und früh hinter das "pferdegemäße Reiten" kommen ließen.

Eigenartigerweise anerkannten alle Reitervölker, die damals mit Berber Söldnern in Berührung kamen, die Überlegenheit sowohl deren versammelten Reitens als auch dessen Einsatzes bei Reiterduellen an Ort und Stelle. Wenigstens suggerieren dies die eher seltenen bildlichen Darstellungen der Perser, Etrusker, Griechen und Römer, auf denen versammelte Pferde zu sehen sind. Nur, Pferde selber bis zur höheren Versammlung zu führen, traute sich offenbar niemand zu.

Der Grund hierfür ist leicht einzusehen, handelte es sich dabei doch nur um das heute eben wieder aktuelle Mißverständnis des "reiterlichen Dominierens". Hatten die Berber ihre Pferde vor allem affektiv zu verstehen und gymnastisch zu befähigen versucht, sich bei der Zusammenarbeit mit dem Reiter zu entspannen und sich entsprechend wohlzufühlen, so trachteten sämtliche anderen Reiter damals (wie heute), ihre Pferde lediglich mit Kraft, Gewalt und faulen Tricks ihrem Ansinnen zu unterwerfen.

Selbst Xenophon empfahl zwar mit Recht, Jungpferde nur aus der Versammlung über Hindernisse zu springen. Den Absprung gab er dann aber – wie oft heute noch geübt – mit Peitschenschlägen auf die Kruppe, Spornstichen und soviel Geschrei, daß sich danach kaum ein Pferd je nochmals versammeln ließ.

Im Europa machten jedoch Xenophons schriftliche Reitanweisungen, nicht die nur mündlich und dank Vorreitens übermittelten der Berber, ihren Weg. Die Römer übertrugen sie ins Lateinische und ließen ihre Offiziere danach Jungpferde – Berber, Iberer, Camargue-Pferde – anreiten, mit denen hinterher prompt kein Römer mehr zurechtkam.

Hannibal sandte indessen Hunderte sorgfältig ausgewählter andalusischer Junghengste von Cartagena in Südostspanien nach Karthago, um sie dort von Berber Bereitern "pferdegemäß" anreiten und ausbilden zu lassen, obgleich es auch in Andalusien bereits zahlreiche Berber Bereiter und Reitlehrer gab. (Vgl.: Anhang V; "Das Schicksal des Berber Volkes")

Nach der endgültigen Zerstörung Karthagos durch die Römer hatten die Berber Stämme bis zu 60.000 Junghengste im Jahr als Tribut nach Rom zu liefern, was zwar die süditalienische Pferdezucht nachhaltig, das römische Reiten und Pferdeausbilden jedoch in keiner Weise beeinflußte.

Im Jahr 12 nach Mohammeds Flucht von Mekka nach Medina (= Hegira) ließ Omar I., der zweite Kalif der Araber, Syrien, Persien und schließlich auch Ägypten erobern. Dabei spielte die offensive arabische Reiterei nur eine verhältnismäßig bescheidene Rolle. Selbst als die Araber acht Jahre später, 642 n. Chr., zum zweiten Mal in Ägypten einfielen und diesmal zudem den libyschen Küstenstreifen bis nach Ostalgerien einnahmen, scheint ihrer Kavallerie – mangels Pferden – kein Vorrang zugekommen zu sein.

Dennoch begegneten den Berbern mit den Arabern erstmals Reiterkrieger, die sich ihnen sowohl dank ihrer Lebensweise und Wüstener-
fahrung als auch reiterlich und kriegerisch ebenbürtig erwiesen, obgleich sie mit ihren Pferden ganz anders umgingen und diese auch ganz
anders ritten als sie selber.

Die Araber scheinen ihrerseits die Berber kaum anders beurteilt zu
haben; versuchten sie in der Folge doch, möglichst viele Berber Hengste teils einzutauschen, teils zu erbeuten. Nicht wenigen heutigen Saharaspezialisten zufolge, soll sich die später so schlagkräftige arabische
Kavallerie überhaupt erst in Nordafrika, auf ihrem Weg nach Westen,
mit Berber Hengsten "remontiert" und solche auch in großer Zahl zur
Zucht nach Arabien gesandt haben.

Die Behauptung indessen, der Wüsten- oder Asil-Araber stamme in
Wirklichkeit vom Berber ab, entbehrt, wie zeitgenössische Bilder von
ihm beweisen, genauso jeder wissenschaftlichen Grundlage wie die des
Gegenteils, der Berber sei ursprünglich nur ein Kreuzungsprodukt aus
verschiedenen orientalischen Pferdeschlägen gewesen.

In Wirklichkeit begann die Einzucht arabischer Blutlinien in das Berber Pferd erst zu der Zeit, in der die Araber die festansässige Berber-
bevölkerung zwangen, die arabische Sprache und Kultur zu übernehmen,
arabische Pferde und Araboberber auf ihren früheren Rinder-, Ziegen-
und Schafweiden zu dulden und von nun an Pferde selber ebenfalls mit
Sätteln, kurzen Bügeln und Ringgebissen im arabischen Vorwärtssitz zu
reiten.

In Nordafrika entwickelte sich jedenfalls zu Beginn des 8. Jahrhunderts das, was auf der Iberischen Halbinsel kaum hundert Jahre später,
in Anlehnung an den Namen des arabisierten Berber Stammes der Zenata, "Gineta-Reiterei" genannt wurde. Geschichtlich stellte diese somit
nichts anderes dar, als eine Variante der traditionellen offensiven kurz-
bügeligen Vorwärtsreitweise der Steppenreiter und Araber in hinten
hochgezwieselten Sätteln, in welchen das geübt wurde, was man heute
den "Leichten Sitz" nennt. In schnellem Trab und Galopp standen die
Reiter dabei in den Bügeln gerade aufgerichtet oder leicht nach vorne
geneigt und belasteten damit die Vorhand ihrer Pferde weit über
Gebühr.

Da die Berber Junghengste weder die unruhige Gineta-Reitweise im
Balance-Sitz, noch die arabischen Ringgebisse gewohnt waren, suchten
verschiedene Berber Nomadenstämme ihnen einen Kompromiß zwischen
der traditionellen gebißlos versammelnden Reitweise im Seitsitz und der
schnellen "gestützten" Kriegerreitweise im Spreizsitz nahezulegen.

Nach vielen verschiedenen Versuchen akzeptierten schließlich die iberischen Hengste als erste, mit Sattel- und Zaumzeug geritten zu werden, wenn sie auf die eiserne Kandare auch sehr sorgfältig und allmählich mittels Kamelhalfter ("Hakma") und weichen "Kappzäumen" vorbereitet werden wollten. (Vgl.: Fachwortregister)

Im 8. Jahrhundert ritten die meisten Berber Krieger, die Mohammedaner geworden waren und sich mit den Arabern "arrangierten", im bald schon sogenannten "A-la-Brida-Sitz", einem langbügeligen, ausgesessenen, tiefen, versammelnden, aber "offenen Sitz", und führten ihre Jungpferde teils mit dem Kappzaum und einer leichten Kandare zusammen, teils lediglich auf "blanke Stange" ("Brida") gezäumt.

Auf der Iberischen Halbinsel begegneten sich so während mindestens dreihundert Jahren fortwährend Araber im Gineta-Sitz und Berber und Iberer im Brida-Sitz zu teils freundschaftlich-ritterlichen Geplänkeln, teils blutigen Duellen und Gefechten. In den Freundschaftsturnieren und Duellen triumphierten regelmäßig die defensiv a-la-Brida Reitenden, während sich bei Gefechten ganzer Reitergruppen auf offenem Feld die Gineta-Reitweise als die überlegene erwies. Schließlich galt in Spanien als ein brauchbarer Reiter nur, wer "in beiden Sätteln zu Hause war".

Im Anschluß an den "Großen arabischen Bürgerkrieg" (1008 - 1028), der den Berbern ein gewisses Maß an Unabhängigkeit von der arabischen Zentralregierung in Bagdad beschert hatte, erstarkte im südlichen Atlasgebiet - im heutigen Mauretanien und Mali - eine mohammedanische Berber Sekte, deren Angehörige - vor allem Krieger vom Stamm der Mauri - sich nun "Mauren" oder "Almoraviden" nannten. Ihre Kopfzahl wuchs in kurzer Zeit auf 30.000 Reiter an, deren Pferde ebenfalls nur reines Berberblut führen duften.

Als "Mauren" nahmen sie kurzerhand den gesamten Maghreb von Süden nach Norden ein und dann, als "Almoraviden", den ganzen "arabisch" genannten Süden der Iberischen Halbinsel, obgleich hier eben (1031) die "Reconquista", die "Rückeroberung der arabisierten Teile", durch die christlichen Randstaaten begonnen hatte (bis 1260).

In Andalusien begegneten sich derweil weiterhin arabische, maurische und christliche Reiter, teils zu freundschaftlichen Scheingefechten, teils in ernsthaften Auseinandersetzungen. Von beiden leiteten sich in der Folge sämtliche Spiel- und Reiterregeln der sogenannten "Ritterturniere" ab, die, ins Legendäre und Mythische verklärt, den europäischen "Reuttern" immerhin einen Funken Anstand, Wohlwollen und Respekt vor dem Schwächeren, wie vor dem Pferd, abnötigten.

Im 15. und 16. Jahrhundert eroberte das iberische Aragon Sizilien und Neapel und unterhielt hier eine Besatzungsmacht, deren Offiziere sich aus Langeweile iberische "Freizeitpferde" zur Ausbildung aus dem Mutterland kommen ließen. Als Stallburschen beschäftigten sie oft junge Italiener, denen sie dafür ihre ibero-maurische Art und Weise mit Pferden umzugehen und ihren A-la-Brida-Sitz beibrachten.

Letzterer stand, wie sich nun herausstellte, in krassem Widerspruch zu jenem, der eben in den neu eröffneten ersten italienischen Reitakademien gelehrt wurde, nämlich zu dem steifen, Pferde "mit Museumskandaren knebelnden" Vorwärtssitz nach Xenophons Anweisungen, in welchem die meisten europäischen Ritter und späteren Kavallerieverbände ritten. (Vgl.: Solinski, "Reiter Reiten Reiterei", Olms, Hildesheim 1983/93/97)

In Portugal hatte indessen König Duarte I. bereits einhundert Jahre zuvor (1436) den "Freizeitreitern" unter seinen Höflingen empfohlen, was schon die Alten Berber und die Mauren von ihren Pferdeausbildern gefordert hatten, nämlich mit ihrem Schwerpunkt ruhig und entspannt in der präzisen Mitte des Pferdes genau über dessen Schwerpunkt zu sitzen und "weder den (eigenen) Körper noch die Schenkel je willkürlich zu bewegen, ohne letztere dabei zu öffnen" und beim Einsatz der Gerte "niemals die Pferde zu erschrecken oder zu stören noch je zu behindern" (Duarte I.).

Im spanisch besetzten Süditalien des 16. Jahrhunderts schossen die Reitakademien wie Pilze aus dem Boden und zogen, nahezu von Anfang an, Reiter aus ganz Europa nach Neapel. Denn nur hier und in Ferrara fanden diese berühmte Lehrer, die ihrerseits ebenfalls bei berühmten Reitern das Reiten studiert und das Ausbilden von Jungpferden gelernt hatten. (Daß man von selbsternannten Reitlehrern Lohnendes lernen könne, glaubten damals nicht einmal Reitanfänger!!!)

Die am häufigsten konsultierten süditalienischen Reitlehrer hatten - wie erwähnt, und von wenigen Ausnahmen abgesehen - in den Privatställen der spanischen Offiziere sowohl die Pferdepflege und -erziehung als auch das Reiten und Ausbilden von Freizeitpferden "a-la-Brida" gelernt. Deshalb vertraten sie nun teils ebenfalls die hohe Versammlung durch entsprechende "Pferdegymnastik mit nachgebenden Hilfen", wie Vicola Pagano, Caesare Fiaschi (1523-1592) und Giovanni Pignatelli (1525-1600), teils den iberischen Gineta- (oder: Gelände-) Sitz, wie Pasquale Carraciolo und etwas später der Franzose Salomon de la Broue.

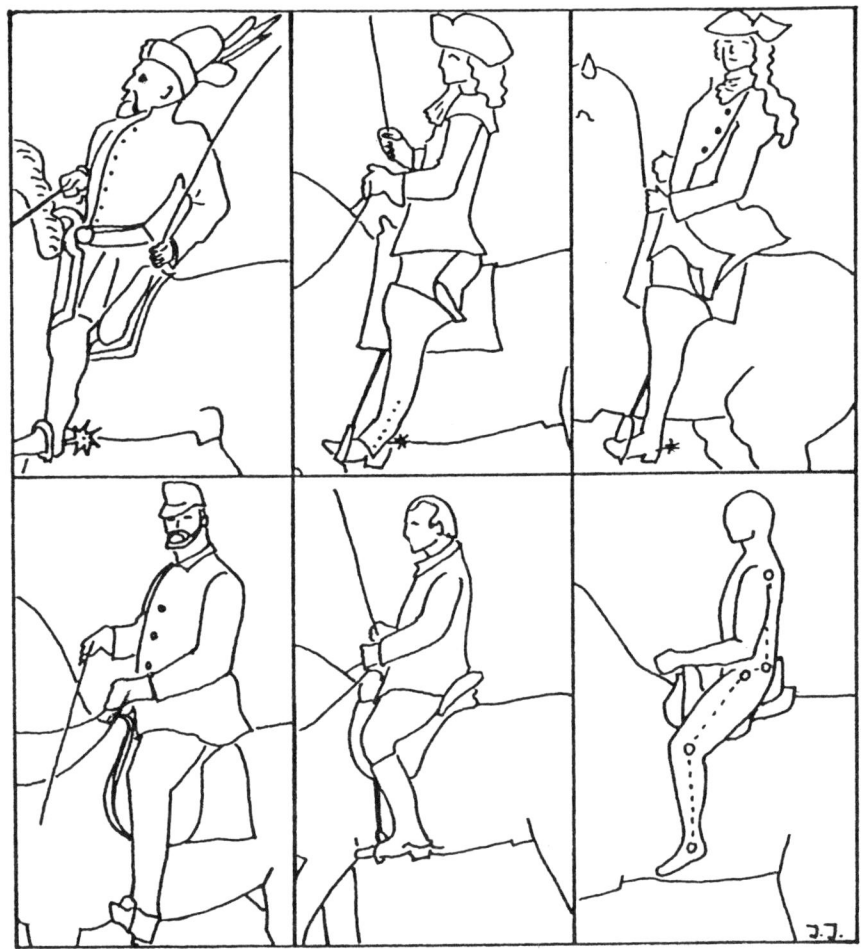

Zeichnung 38: Die Evolution des Freizeit-Reitsitzes (von links oben nach rechts unten) nach:
1) Grisone 1550 2) Newcastle 1680 3) La Guérinière 1730
4) Oeynhausen 1850 5) Oliveira 1970 6) dem Ideal des Freizeitreiters

Allein von Federigo Grisone (1507–1570), der vor allem Xenophons Reitanweisungen weitervermittelte, ist leider nicht bekannt, weder bei wem er gelernt, noch wer, außer Xenophon, ihn zu seiner eigenen schriftlichen Reitlehre inspiriert hat; zum "Künstlichen Bericht und allerzierlichster Beschreybung, wie die streitbarn Pferdt zum Ernst und ritterlicher Kurtzweil geschickt und vollkommen zu machen" sind (Olms, Hildesheim 1972). Dennoch spricht viel Erfahrung im Umgang mit schwerfälligen und schwierigen Pferden aus diesem kurzweilig zu lesenden Werk!

Der auch für die fernere Zukunft des kultivierten iberischen Freizeit-reitens bei weitem bedeutendste Reitlehrer jener Zeit war indessen nicht Grisone, sondern Giovanni Baptista Pignatelli, der seinerseits zwar nichts publiziert, aber desto unbezweifelbarer bei spanischen Offizieren gelernt und vor allem deren Umgangsweisen mit Pferden weiter ver-mittelt hat.

In der Folge werde ich vor allem die Übermittlung dieses "pferde-gemäßen Umganges" mit Freizeitpferden und die "reiterliche Herkunft" (das "Pedigree") der Schüler und Schüler-Schüler Giovanni Pignatellis untersuchen, da letzterer, neben den späteren französischen und portugiesischen Reitmeistern, der einzige Mitteleuropäer blieb, der aus-drücklich nur das pferdegemäß gymnastizierende A-la-Brida-Reiten pflegte und lehrte.

Tatsächlich befanden sich unter seinen Schülern mit die größten spä-teren Reiter und Reitlehrer ihrer Zeit: die Franzosen de Bellegarde, de Sainct-Anthoine, de Pluvinel (1555–1620) und de la Broue (1552–1602) und möglicherweise auch der Deutsche Pinter von der Aue oder wenig-stens dessen Lehrer.

Da über das Leben und die Persönlichkeit Johann Christoph Pinter von der Aues - abgesehen von seinem Buch: "Vollkommener Ergantzter Pferd-Schatz (...) aus Theoria (...) und Praxis verfasset" und von des-sen Erscheinungsdatum bei T. M. Götzen, Frankfurt a. M. 1664 - recht wenig bekannt ist, gehen auch über ihn die wildesten Gerüchte um. Für uns hier interessant ist er wegen seiner Haltung und Einstellung zu den Pferden, seiner durchaus denkbaren Schülerschaft oder Schüler-Schülerschaft bei Pignatelli und als der "eigentliche 'Erfinder' oder 'Entdecker' des natürlichen Sitzes zu Pferd", der er Claudia Stevens zufolge, mindestens in und für Deutschland bestimmt war.

Zeichnung 39
Schulterherein als pferdegymnastizierende Übung am losgelassenen Zügel nach
La Guérinière auf drei Hufschlaghälften (aus: "Ecole de Cavalerie", Paris
1733, Olms, Hildesheim 1974, 2. Nachdruckauflage 1996).

In Nordafrika, auf der Iberischen Halbinsel und teilweise in Italien war der natürliche, locker-losgelassene A-la-Brida- oder Freizeitreitsitz inzwischen längst zum Allgemeingut der vor allem "einfacheren" und Berufsreiter (Vaqueros, Campinos) geworden, konnte sich aber in den dortigen Reitakademien ebensowenig wie in Deutschland, Belgien und Skandinavien "gegen den (damals eben) europaweit als Vorbild geltenden Newcastle (...) durchsetzen" (Claudia Stevens), der seinerseits an einer Synthese aus Xenophons, Grisones und seinem eigenen Reiten feilte.

Zu der so "gänzlich anders gearteten Geisteshaltung", welche die ibero-maurische und spanische Beziehung zum Pferd erst den Italienern, dann mit deren Hilfe allen Mitteleuropäern zur Nachahmung nahelegte, schrieb Claudia Stevens: "Diese Haltung wird (auch...) im Werk Pinter von der Aues deutlich, der die Sonderstellung des Pferdes als bevorzugtes Tier Gottes durch Bibelzitate beweist (...)".

"Die Dressur des Pferdes wurde in jener Zeit als Mittel zu seiner Erhöhung verstanden. Sie sollte es kräftiger und gewandter und somit schöner machen und ihm die Möglichkeit geben, seine ganze (gottgewollte) Schönheit bis zur Vollkommenheit zu zeigen" (...).

Für die Praxis folgte daraus die Bedingung, daß das Pferd nicht mit Zwang und Gewalt unterworfen werden durfte (...), sondern seine Aufgabe willig und mit Freude erfüllen sollte" (Claudia Stevens: Übersetzungskritik, Germersheim 1992/93). (Pinter von der Aues Werk liegt zur Subskription im Olms-Verlag in Hildesheim vor)

Daß obiges Ziel kaum mittels Dressur, wohl aber durch entsprechende Gymnastizierung des Pferdes leicht zu erreichen war, hatten bereits die Alten Berber, die Mauren und Iberer nachgewiesen und ahnten mindestens Pignatelli, Pluvinel, Von der Aue und einige andere Reiter jener Zeit. Allein auf welche Weise sich ihre Pferde individuell am leichtesten und zwanglosesten gymnastizieren ließen; an dieser Frage rätselten sie - ähnlich wie heute eben wieder - noch rund hundert Jahre lang herum, bis schließlich 1733 in Paris die "Ecole de Cavalerie", das Werk von François Robichon de la Guérinière erschien, das praktisch alle Zweifel wohlwollender Reiter ein für alle Male ausräumte.

Den drei europäischen Reitweisen entsprechend, gehörten damals auch die Reiter drei verschiedenen Gruppen mit völlig unterschiedlichen Zielen an. Ging es so den weiterhin nach Xenophon, Grisone und neuerdings nach Newcastle reitenden Militärbereitern und Kavalleristen vor allem um die Disziplinierung der Jungpferde durch Dressur und um das "Abrichten" der Tiere zu zuverlässigen und ausdauernden Truppentransportunsätzen, so sangen die zivilen Geländereiter, die eben den Gineta-Sitz für ihre Zwecke dem flachen Springsattel anpaßten, das hohe Lied von der Jagd hinter der Meute oder mit dem Beizfalken auf der Faust. Keine dieser beiden Gruppen ritt vordringlich ihrer Pferde wegen. Dies taten damals allein die adeligen Freizeitreiter, die das Bereiten und Ausbilden ihrer Pferde jahrelang bei renommierten Reitlehrern an den hierfür zuständigen Akademien gelernt hatten. (Vgl.: Solinski, "Reiter Reiten Reiterei" Olms, Hildesheim 1983/93/97)

François Robichon de la Guérinière (1688-1751), der größte Reitmeister aller Zeiten, verdankte seine unendlich weit reichende Erfahrung, sein "Sehen-" und Pferde Verstehenkönnen, wie er in der "Ecole de Cavalerie" selber schrieb, vor allem seinem Lehrer, Antoine de Vendeuil, einem Bereiter des königlichen "Großen Marstalles" in Paris, seinerseits Schüler der Gebrüder Duplessis, die ihrerseits sehr wahrscheinlich Schüler Antoine de Pluvinels waren.

Dadurch erklären sich jedenfalls sowohl seine "ibero-maurische" Sanftheit, Lockerheit und Konsequenz als auch seine geradezu hellseherische Einfühlung beim pferdegemäßen Gymnastizieren - anstatt Dressieren - seiner "spanischen Geneten" (Andalusier).

Außer der "Schulterherein-Übung" (vgl.: Zeichnung 39, Seite 200, Fachwortregister und "Reiter Reiten Reiterei", 7. Kapitel) scheint er somit auf den ersten Blick nicht viel Neues "erfunden" zu haben. Dafür erhob er jedoch - als tatsächlich erster Reitmeister seit den Spaniern in Neapel - die Lockerheit und Losgelassenheit des Reitsitzes über der "Unterseite" - nicht "Innenseite" - der ständig offenen Oberschenkel und Reiterknie (d.h. ohne Oberschenkel- und Knieschluß) und das Nachgeben der Zügelhand *bevor* das Gebiß in Anschlag kommt zu den wirkungsvollsten reiterlichen Hilfen schlechthin. (Vgl.: Artikel VI im Anhang: "Wie ritt F. R. de la Guérinière?")

Claudia Stevens, die Auszüge aus der "Ecole de Cavalerie" für ihre Diplomarbeit und das 6. Kapitel über den Sitz für dieses Buch neu übersetzt hat, schrieb dazu: "Als eine seiner bedeutendsten Neuerungen wird die Einführung des modernen und vom heutigen Standpunkt aus korrekten Reitsitzes angeführt: er forderte vor allem eine entspannte Haltung mit natürlich herabhängenden Beinen und einen Sitz auf den Gesäßkufen bei vorgeschobenem (= losgelassen nach hinten gekipptem - SGS) Becken" (C. Stevens: "Übersetzungskritik", Germersheim 1992/93, S. 28-29).

Dank La Guérinière und seiner "Ecole de Cavalerie" (deutsch bei Olms in Hildesheim) wurde das "höfische Freizeitreiten zum Wohl des Pferdes" in Frankreich im 18. Jahrhundert nicht nur endgültig "entzopft", natürlicher und damit auch pferdegemäß gestaltet, sondern fand durch seine Ausbildungsmethodik nun auch Interesse und Erfolg an militärischen Akademien wie der Spanischen Hofreitschule in Wien und in der späteren Offiziersreitschule in Saumur.

Auf der Iberischen Halbinsel stieß das "pferdegemäße Freizeitreiten" nach La Guérinière indessen nicht nur auf offene Ohren und Gehirne, sondern zudem auch auf das - dabei wohl unverzichtbare - umfassende affektive Verständnis und reiterliche Taktgefühl; nicht aus moralischen oder religiösen Gründen, wie bei Von der Aue, sondern allein des Pferdes und der beglückenden Zusammenarbeit mit ihm wegen.

In Portugal erreichte es jedenfalls dank Don Pedro José de Meneces, des Marquis de Marialva (1713-1799), und Manoel Carlos de Andrade, der 1790 über Marialvas Synthese - aus dem traditionellen portugiesischen und La Guérinières Reiten - ein großartiges Werk verfaßt hatte, nahezu alle Schichten der Freizeit- und Berufsreiter, aus denen in der Folge fortwährend große und überragende reiterliche Persönlichkeiten hervorgingen. (M.C. de Andrades Werk; "Luz da Liberal e Nobre Arte da Cavaleria", liegt bei Olms in Hildesheim zur Subskription vor)

Einer unter den hervorragenden portugiesischen Reitern war am Ende des letzten Jahrhunderts Joaquim Gonçalvez de Miranda, der letzte Hofbereiter des portugiesischen Königshauses. Auch er widmete sein Leben einer "pferdegemäßen Synthese" aus der Gineta- und traditionellen Brida-Reitweise bei offenem Sitz und lockerer Zügelhand. Seine affektive Verbundenheit mit den Pferden und seine Reitpassion vererbte er schließlich seinem Neffen, Patensohn und späteren Schüler, Nuño Oliveira, dem heute weltweit anerkannten feinsten Reiter des 20. Jahrhunderts.

Als de Miranda 1940 starb, war Nuño Oliveira gerade erst fünfzehn Jahre alt. Dennoch hielt er den Pferdeausbildungsregeln seines Onkels und Lehrers die Treue, indem er sie rund zwanzig Jahre lang täglich subtiler, feiner und leichter, dafür aber mit um so mehr Einfühlung und Verständnis, stets nur dem augenblicklichen Gleichgewicht des Pferdes unter dem Sattel und dessen Aufgabe anzupassen versuchte. Dadurch fand schließlich Meister Oliveira sowohl zu einer reiterlichen Synthese als auch zu seinem eigenen unnachahmlichen Umgang mit seinen Pferden. (Vgl.: Zeichnungen der Artikel über Oliveira im 2. Teil oder Anhang dieser Arbeit)

Michel Henriquet, Nuño Oliveiras französischer Meisterschüler, schrieb 1995 im Vorwort zu dem auf deutsch als Band 1 erschienenen ersten Teil des Gesamtwerkes "Klassische Grundsätze der Kunst Pferde auszubilden" (Olms, Hildesheim 1996) über Meister Oliveiras reiterliche Synthese:

"Er wußte La Guérinière auf seiner Seite, wenn er der Notwendigkeit des Trabes und dem prompten Vorwärtsgehen des jungen Pferdes das Wort redete, bei dem langsamen und abgekürzten Schritt, dem Senken (= Beugen – SGS) der Hanken mit Arrêts und Demi-Arrêts (= mit Paraden und Halben Paraden am lockeren Zügel – SGS), dem ausdrucksvollen Schulterherein, dem Renvers, der fortwährenden Suche nach Kadenz, welche es zu überragenden Passagen hinleitet und schließlich bei der Besessenheit von Leichtigkeit und Glanz in freier, entspannter Haltung.

Baucher stand ihm bei, wenn er 'Kraft und Bewegung trennte' (...), beim 'Hand ohne Schenkel; Schenkel ohne Hand', bei der Arbeit an der Hand, bei Lockerungen und Biegungen, wobei er äußerst geschickt (tatsächlich unsichtbar – SGS) mit Hand und Schenkeln nachgab (,..).

Die doppelte Inspiration gestattete ihm stets, Pferde in traumhafter Versammlung (zu reiten – SGS), seien es iberische Pferde, die er alltäglich wie La Guérinière bewegte, oder Pferde nach Art des englischen Vollbluts" (... Michel Henriquet, Übersetzung: Dr. B. Schirg).

Trotzdem oder vielleicht gerade deswegen stand Meister Oliveira der Dressurreiterei – vor allem der seit dem 2. Weltkrieg geübten – äußerst skeptisch gegenüber und zog dieser, wie er immer wieder betonte, stets die Pferden individuell gerecht werdende Gymnastizierung und deren unverspannte lockere Bewegungen im stets adäquaten Gleichgewicht vor. (Vgl.: Solinski "Reiter Reiten Reiterei" 3. Teil und die beiden Artikel über Meister Oliveira im 2. Teil (Anhang) dieser Arbeit)

☆ ☆ ☆

2. Teil

Anhang

ARTIKEL UND AUFSÄTZE

Anhang I
DIE PSYCHE DES MODERNEN MENSCHEN
nach Darstellungen Carl Gustav Jungs und der Tiefenpsychologie

Den Auffassungen der modernen europäischen Tiefenpsychologen zufolge ist die aktuelle menschliche Psyche einem reifen Apfel vergleichbar, der mit dem Herabfallen vom Baum ("des Lebens") "nachzureifen", zu altern und zu schrumpfen begann. Seine in der Reifezeit am Baum noch glatte Schale oder Haut, das sogenannte Bewußtsein, fing sogleich an, Falten, Fältchen und Rinnen zu bilden, wobei die konvexen, nach außen aufgeworfenen Hautfalten die Sachgebiete symbolisieren, denen die bewußten Hauptinteressen des Menschen gelten. Die tiefen konkaven Rinnen bedecken indessen die Mankos an bewußter Aufmerksamkeit den darunter liegenden Schichten des Apfelfleisches, d.h. dem sogenannten Unbewußten gegenüber.

Das bewußte menschliche Interesse wird, wie alle Schichten des unter dem Baum im Gras nachreifenden Apfels, von innen wie von außen, noch eine Weile mit Energie versorgt; d.h. von innen nach außen durch den Apfelsaft mit Vitalität oder Lebenskraft, die sich in der Apfelschale, also im Bewußtsein, zwar durchaus als Neugier, Konzentration, Lern- und Anpassungsfähigkeit äußert, die sich jedoch in der Realität oder greifbaren Wirklichkeit, in den verschiedenen Sach- und Wissensgebieten, sowie in dem davon Bekannten und "Gewußten" lediglich "zu spiegeln" vermag.

Von "außen" wirken die sogenannten Sinneseindrücke auf das Bewußtsein. Ihr Inhalt und ihre Bedeutung werden aber nur (wörtlich:) "eingeordnet", wenn diese mit bereits Bekanntem direkt oder indirekt (z.B. dank Ahnungen, Vermutungen oder Klügeleien) in Beziehung zu bringen sind. Die zum Klügeln, Denken, Einordnen notwendige Energie wird indessen wiederum von den sogenannten "Affekten" geliefert, von den "Gemütsbewegungen", welche ihrerseits teils in der "persönlichen", teils in der "kollektiven" Schicht des Unbewußten oder Apfelfleisches auf ähnliche Weise wirken wie der Saft im Apfel.

Letztlich sind es somit lediglich die Affekte, die sich als Freude, Zuneigung und Abneigung, Aufmerksamkeit, Interesse, Neugier, Enttäuschung, Resignation, Zorn oder Haß mit den Sinneseindrücken auseinandersetzen, indem sie deren Inhalte instinktiv beurteilen und bewerten. Unmittelbar mit der objektiven Wirklichkeit beschäftigen sich die Affekte hingegen nur selten.

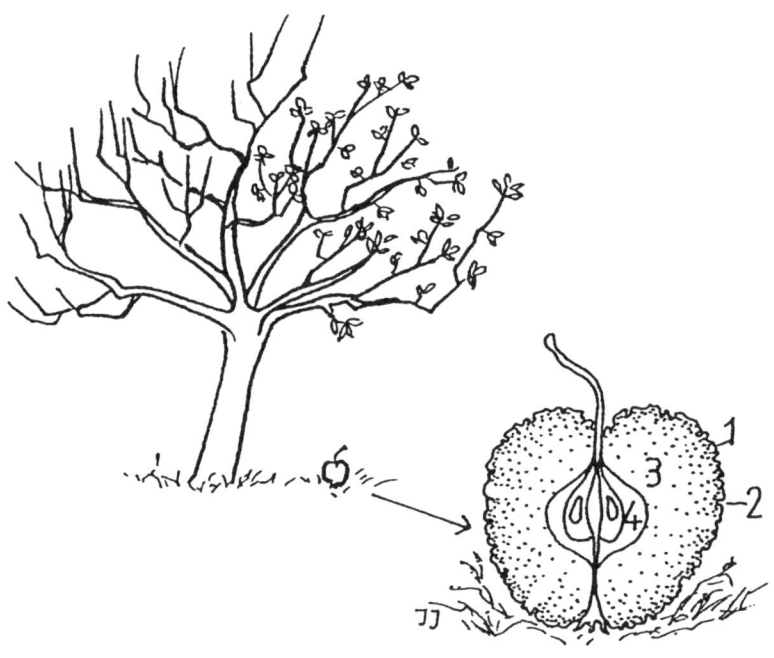

Zeichnung 40
Die Psyche des modernen Menschen; der vom Baum gefallene Apfel

1) Außenschale des Apfels = Außenbewußtsein
2) persönliches Unbewußtes = Traum- oder Innenbewußtsein
3) kollektives Unbewußtes = Träume und "Ahnungen" vom "Lauf der Welt"
4) das Kerngehäuse oder "Selbst" = das "Universalgedächtnis"

Als relativ autonom, d.h. verhältnismäßig selbständig, oder oft kaum zu kontrollieren, gelten die Affekte aus verschiedenen Gründen,

1.) weil sie die Sinneseindrücke oft spontan gewaltsam so zurechtbiegen, daß sie für das Bewußtsein leichter, schneller oder bequemer "abzutun" oder zu "erledigen" sind

2.) weil sie dem Selbstbewußtsein oft liebedienerisch zur Seite stehen und helfen können, Neid, Mißgunst, Hader, kurz, Minderwertigkeitsgefühle, umzufärben und zu kompensieren

3.) weil sie ein schüchternes, mutloses Bewußtsein hin und wieder in "vulkanischen" Explosionen zu Drohungen und Taten fähig machen, die sich das Bewußtsein daraufhin als "Heldentat" zugute hält, oder für die es sich nachhaltig schämt

4.) weil sie entspannten, wach dämmernden oder schlafenden Menschen oft Bilder, Szenen und ganze Handlungsabläufe ins Bewußtsein rücken, welche dieses auf Anhieb kaum je richtig einzuordnen und zu deuten weiß

5.) weil sie das Bewußtsein psychisch labiler und neurotischer Menschen manchmal so heftig mit Träumen überfluten, daß es jegliche Orientierung und Kontrolle über sich verliert, was heute als bedenklich oder krankhaft gilt, in der Steinzeit indessen zum täglichen Brot vor allem der Schamanen gehörte.

Die Affekte der menschlichen Psyche besitzen somit durchaus recht widersprüchliche Eigenschaften, je nach dem Tiefenbereich des Unbewußten, aus dem sie ihre Energie beziehen, und je nach der Art und Weise, in welcher sie sich äußern; ob – wie die Photonen in der Quantenphysik – als Energiepäckchen, d.h. als Bilder, oder aber als Energiestrahlung, nämlich als Gefühle.

Im sogenannten "persönlichen Unbewußten" des "normalen" Menschen, unmittelbar unter der Apfelschale, das sowohl dem Bewußtsein als auch der tieferen Schicht des "kollektiven Unbewußten" gegenüber relativ durchlässig ist, spielt die Energiestrahlung in Gefühlsform heute anscheinend die größere Rolle. Also greift hier wohl noch etwas anderes mit ein.

Tatsächlich bezieht das "kollektive Unbewußte", die dritte Schicht unter der Apfelschale und dem ähnlich dünnen Bereich des "persönlichen Unbewußten", seine Energie nicht nur aus dem Apfelkerngehäuse, aus dem sogenannten "Selbst", sondern zudem auch aus der inneren Direktteilnahme des Menschen am Leben, d.h. aus dem kaum je bewußten Miterleben, Miterfahren und "Aufgehen" des persönlichen Unbewußten im "lebendigen - d.h. genetisch verankerten - Gedächtnis des Lebens", nämlich in jenem kollektiven Unbewußten, das sowohl die menschliche als auch die tierische, pflanzliche und mineralische Erfahrung mit umfaßt. Der Apfelsaftstrom fließt hier jedoch nicht nur mehr von innen nach außen, sondern schließt sich hin und wieder auch kurz.

Solche "Kurzschlüsse" nannte man früher "Unio mystica", "Ekstase", "Flug zum Lebensbaum" oder zur "Weltenachse" oder "Tiefseetauchen". Die prähistorischen Schamanen stellten sie auf ihren Höhlenbildern denn auch genau so dar, nämlich häufig als Flugphasen ihres Totemtieres oder ihrer eigenen inneren Erfahrung, als Kletterpartien oder Besuche der höchsten Krone der "Weltenesche", Weltenachse oder Jakobsleiter (vgl. die Artikel "Die Psychologie des archaischen Menschen" und "Die Schamanen der Steinzeit" - Anhang II und III).

Verweigerte der Schamane einem solchen "Kurzschluß" seine aktive, innere Teilnahme, so überflutete das kollektive Unbewußte - das, wie gesagt, auch die pflanzlichen und tierischen Reflexe, Instinkte und Affekte mit umfaßt - nicht nur das persönliche Unbewußte, sondern auch sein Bewußtsein mit so hohem Druck, daß er psychisch, nervlich oder psychosomatisch auf der Stelle schwer erkrankte und vielleicht sogar verschied. Als aktiver Seelenführer (Psychopompos) stand er dem Clan jedenfalls nicht länger zur Verfügung.

In der aktuellen westlichen Welt füllen Menschen, die unter solchen "Verdrängungen" und "Verweigerungen" ihrer Direktteilnahme am lebendigen Leben leiden, in schweren Fällen die psychiatrischen Kliniken und in leichteren die Ränge der Rohlinge, Hausdiktatoren und Minimachthaber sowohl in der Politik und an den Universitäten als auch in der Wirtschaft, im Sport und im Privatleben.

Die mißachteten Affekte, die vor allem, wenn sie sich im persönlichen Unbewußten stauen und dort, ihrer natürlichen Aufgabe gemäß, sowohl die bewußt registrierten Sinneseindrücke als auch die unbewußt gesammelten Erfahrungen in Zusammenhänge zueinander setzen, beziehen nun alles nur noch "egozentrisch" auf den persönlichen Ich-Bereich der Psyche, so daß der Kranke unfähig wird, sich selber, seinen Affekten wie seinem Bewußtsein gegenüber, skeptisch, kritisch und "kontrolliert" vorzugehen. Er leidet unter einer sogenannten "pathologischen Inflation des Ich-Bereichs seiner Psyche", d.h. unter Selbstüberheblichkeit, Größenwahn und Megalomanie, nur weil er den lebendigen Kontakt und Energieaustausch zu und mit dem Leben in seinem eigenen Inneren vernachlässigt oder abgebrochen hat.

In solchen Fällen können die Pferde und der pferdegemäße Umgang mit ihnen erfahrungsgemäß eine wirkungsvolle Rolle bei der Heilung spielen, insofern der Kranke noch über einen letzten Funken echter Pferdeliebe, Einfühlung und Pferdeverständnis verfügt.

Der Auffassung der Tiefenpsychologie zufolge, war das "psychische Kernkraftwerk" in der tiefsten Tiefe der modernen Psyche, d.h. das sogenannte "Selbst" oder Kerngehäuse des Apfels, solange mit dem Leben und dem Universum direkt verbunden, wie der Apfel noch am Lebensbaum reifte. Seit er vom Ast gefallen ist, kann man über das "Wesen des Selbst" oder über den Lebensbaum, an dem er hing, sowenig Endgültiges mehr aussagen, wie über die Sonne, die hinter ihrer Strahlung unerkennbar verborgen bleibt.

Daß die Kernenergie des "Selbst" vor allem von innen nach außen strömt und dadurch eine "psychogene", d.h. "bewußtseinserweiternde" Funktion besitzt, die sich kurzschließen kann, ist bereits angedeutet.

Carl Gustav Jung stellte zudem fest, daß sich die psychische Kernenergie dabei - nochmals ähnlich wie in der Quantenphysik - fester Bahnen oder Ordnungsrichtungen bedient, der sogenannten "Archetypen". Auf dem Weg aus dem Kerngehäuse, durch das Unbewußte zum Bewußtsein, somit von innen nach außen, lädt die Kernenergie häufig "psychische Phänomene" jener Archetypen zur Mitfahrt ein, nämlich

- in den tiefsten Schichten des kollektiven Unbewußten: "die Leere", also nicht bildhafte "Gegenwart", welche die Buddhisten "Suchness", bloßes "So-Sein" nennen
- dann nicht bildhafte einzelne Schemen, Nebel- und Wolkenfetzen
- daraufhin vage Schattenbilder, teils von mythischen Fabelwesen, teils von mythisch verklärten Steinen, Bäumen, Tieren
- dann vage Erscheinungen von im Nebel sich abspielenden Szenen mit Wasser, Felsen, Pflanzen, Tieren oder menschlichen Gestalten, die auch Gefühle abstrahlen oder vom Träumer einzufordern scheinen
- dann bildhafte Szenen von mit "Tremendum" (= sakraler Bedeutung, psychosomatischer Eindrücklichkeit und Wirkung) ausgestatteten geometrischen Figuren und Anordnungen oder dem Bewußtsein bekannten Gestalten aus der Mythologie, aus Märchen und Legenden, der Geschichte und der Religion
- schließlich bewegte Bilder ("Filmszenen") aus der Alltagswelt des Träumers: sympathische und unsympathische, gute und böse Häuser, Bäume, Tiere, bekannte und unbekannte, lebende und verstorbene Menschen, Spiele mit komplizierten Spielregeln, Einfälle, Rechenaufgaben, berufliche und private Begegnungen und Ereignisse.

Von schlechthin allen Bildern und Gefühlen erwartet die menschliche Psyche anscheinend, sie würden bis in das wache Bewußtsein gelangen und dort nicht nur als lustige oder lästige Träume abgetan, sondern in ihrer gesamten, also auch hintergründigen, tiefen Bedeutung erfaßt, richtig (= von innen heraus) verstanden und psychogen (= bewußtseins-erweiternd) verdaut und assimiliert.

Ist das in der Alltagswirklichkeit tatsächlich der Fall - beispielsweise mit der Hilfe eines guten Tiefenpsychologen oder eines besonders sensiblen Pferdes, welches sein Reiter richtig (von innen heraus) versteht - so "individuiert" und "sozialisiert" sich der Mensch im Laufe seines Lebens "normal".

Erweist sich ein Lebewesen indessen - z.B. durch mangelnde oder falsche Erziehung, lebensbedrohende schlechte Erfahrungen in der Kindheit oder durch übertriebene Unbekümmertheit, Gleichgültigkeit oder Überheblichkeit seiner Umgebung, mangelnde Kontakte zu anderen Lebewesen, Vereinsamung und Stress - als "falsch programmiert" oder egozentrisch in sich verkrochen, so stagniert die Individuation und kann zu ernsthaften psychischen und nervlichen Krankheiten führen.

Der Individuationsprozess ist somit in jedem Lebewesen potentiell angelegt und findet statt, ob sich das Individuum dessen bewußt wird oder nicht. Er ist der natürliche, innere Entwicklungsvorgang schlecht-hin und scheint das Ziel zu verfolgen, sämtliche Lebewesen fortwährend ihren spezifischen Veranlagungen und Aufgaben gemäß bis an ihre psychogenen Leistungsgrenzen zu drängen. Dies geschieht wiederum nicht nur zur Arterhaltung und -weiterentwicklung, sondern überdies zur Bewußtseins- und "Gedächtniserweiterung" sowohl des jeweils aktuellen lebendigen Lebens als auch des Gesamtbewußtseins, das damit als eine Superstruktur des Lebens erscheint.

Insofern der vom Baum gefallene Apfel - mindestens psychoener-getisch - tatsächlich noch eine Weile weiter reift und insofern die moderne menschliche Psyche wirklich - mindestens in groben Zügen - dem Apfel im Gras gleicht, dürfte das Leben mit Hilfe der Psychen alles Lebendigen wahrhaftig versuchen, sich selber und seine Lebendigkeit nicht nur zu erhalten, sondern fortwährend zu erweitern und weiter-zuentwickeln mit vermutlich dem Ziel, nicht nur ein genetisch veran-kertes Gedächtnis der lebendigen Materie darzustellen sondern zudem auch ein "kulturelles" in der Psyche sämtlicher Lebewesen.

☆ ☆ ☆

Anhang II
PSYCHE UND KOSMOLOGIE DES ARCHAISCHEN MENSCHEN
in der Vorstellung vorgeschichtlicher und geschichtlicher
schamanistischer Gesellschaften

"Archaisch" (= ursprünglich und urzeitlich) nannten die Ethnologen bis in unsere Zeit hinein alle Gesellschaftsgruppen, die nach ihrer Auffassung "in der Steinzeit steckengeblieben waren" und so nur selten als "zivilisiert" galten. Da der Ausdruck "archaisch" jedoch im Vergleich mit den Adjektiven "primär" und "primitiv" verhältnismäßig wertfrei klingt, benütze ich ihn hier mit Vorbedacht in allen Fällen, in denen es um Ausdrucksformen besonders alter psychischer Strukturen geht, sei es um solche von Tieren oder um die des Menschen.

Nun zum archaischen Menschen selber! Im Unterschied zum modernen "weißen Mann" fühlte er - d.h. mindestens der dem Homo sapiens sapiens zuzurechnende - sich noch nicht als ein einzelner, selbständiger oder unabhängiger Mensch mit dem Auftrag, "sich die Erde untertan zu machen" (Bibel), sondern lediglich als ein Kettenglied oder Teil seiner Familie und seines Clans oder "Stammes ausgestossener Kinder", die sich in ihrer Umwelt nur behaupten konnten, wenn sie täglich enger und fester zusammenhielten, zusammenarbeiteten, für einander werkten und jagten und sich als geschlossene Gruppe mit den Huftieren in ihrer Umgebung mental, also psychisch, so vollkommen solidarisierten, daß sie in deren Herden nicht nur geduldet, sondern als vollwertige Mitglieder anerkannt und integriert wurden.

Ab ungefähr 30.000 v. Chr. bis in unsere Zeit hinein sind solche Zusammenschlüsse von Huftierherden und Heger-Jäger-Clanen nahezu überall auf dieser Welt nachzuweisen und reichen von Lebensgemeinschaften mit Rentierherden über die mit Bison-und-Pferde-Herden und reinen Auerochsen- oder Pferdeherden bis zu Partnerschaften mit Wildschafen, Wildeseln, Rentieren und sogar Elefanten.

Nicht weiter erstaunlich ist deshalb, daß die Integration des Menschen in die jeweilige Herde auch seine Psyche nachhaltig beeinflußt, mit geformt und gestaltet, ja sogar mit geordnet und ausgerichtet hat.

Der archaische Mensch hielt die Tiere jedenfalls häufig für "lebendiger" (= lebenstüchtiger) als er sich selber fühlte, für "intelligenter", umsichtiger, mit mehr Einblick und Lebenserfahrung begabt als er selbst, und verehrte sie deswegen als seine eigentlichen Lebenslehrer.

Zeichnung 41
Die Psyche des archaischen Menschen; der am Baum reifende Apfel

1) Apfelaußenschale = Außenbewußtsein
2) persönliches Innenbewußtsein (oder "Traumbewußtsein")
3) persönliches Unbewußtes
4) kollektives (Clan-) Unbewußtes
5) Selbst = Apfelkerngehäuse, das noch mit dem "Baum des Lebens" verbunden ist

In Südwesteuropa und Nordwestafrika sahen die Solutréer, Magdalenier, Epipaläolithiker und Berber in den Bison-, Auerochsen- und Pferdeherden letztlich sogar Lebensvorbilder und Geschenke des Lebens und der Erdmutter an sie. Deshalb versuchten sie bei jeder Gelegenheit, letzterer mittels Beschwörungen und Bildern an den Höhlenwänden gebührend dafür zu danken.

Um diese – in den französischen, spanischen und nordwestafrikanischen Kulthöhlen sehr deutlich zum Ausdruck gelangte – archaische Wertschätzung des Wildrindes und Wildpferdes leichter verständlich darzustellen, greife ich wieder zum Vergleich der menschlichen Psyche mit einem Apfel.

Tatsächlich besitzt auch die Psyche des archaischen Menschen viel Ähnlichkeit mit einem – wenn auch weiterhin am Baum reifenden anstatt bereits abgefallenen – Wildapfel, obwohl oder weil sie, wie seine Kosmologie (= seine Vorstellungen von der Weltordnung), mit der unseren verglichen, nahezu auf dem Kopf zu stehen scheint und sich somit recht deutlich von der modernen unterscheidet (vgl.: Anhang I und die Zeichnungen in Anhang I und II, Seiten 208 und 214).

Im Unterschied zu unserer Psyche verfügte die archaische nicht nur über *einen* ersten Ansatz zur Bewußtheit, sondern über *zwei*, wie der Wildapfel ebenfalls zwei relativ starre oder harte Membranen besitzt, nämlich die nach außen gewandte Außenhaut und die ebenso widerstandsfähige Innenhaut des Kerngehäuses.

Die archaische Psyche war somit praktisch ununterbrochen, im Schlaf, im Wachen, wie im Dämmern, sowohl der inneren Erfahrung und Bilderwelt als auch der äußeren gegenüber durchlässig, offen und empfangsbereit. Sie stand damit der Tierpsyche noch äußerst nah und ihre beiden Bewußtseinsansätze konnten sich noch ebenso wenig auf Einzelheiten in der Wirklichkeit konzentrieren wie die der Tiere. Dafür "erfuhr" oder "erlebte" der archaische Mensch sämtliche Ereignisse in seiner Umgebung ununterbrochen "von innen heraus" mit. Das heißt, er nahm kaum oder halb bewußt ständig an absolut allem teil, was in seiner Umgebung ablief, und unterschied dabei weder zwischen innen und außen noch zwischen eins, zwei und mehreren.

Über der harten Innenhaut des Apfelkerngehäuses (= Innenbewußtsein) lag das Apfelfleisch, das, mit dem Kerngehäuse verwachsen, auch in diesem Fall das "kollektive Unbewußte" symbolisiert. Und, wie in der modernen Psyche, sorgte das Apfelfleisch in der archaischen ebenfalls dafür, daß der Lebenssaftstrom aus dem inneren "Selbst", welches der archaische Mensch als seine eigentliche Wirklichkeit, nämlich die seiner Clangenossen und die seiner Herden, betrachtete, nach außen, zu der Apfelschale (= Außenbewußtsein), nie unterbrochen wurde.

In diesem ständigen Energieaustausch zwischen dem Kerngehäuse oder inneren Selbst, durch die beim Wildapfel recht dünne Schicht des Apfelfleisches (= kollektives Unbewußtes) hindurch, und der Außenhaut (= Bewußtsein des äußeren Selbst, das vor allem die Naturgewalten und Landschaften umfaßte) hätte der archaische Mensch, wenn er sich seiner Anlage zur Bewußtheit bewußt gewesen wäre, sehr wahrscheinlich seinen eigentlichen Daseinsgrund oder -zweck gesehen. Denn in diesem Energiekreislauf ergänzten sich die Gegensätze zwischen den inneren und äußeren Erfahrungen periodisch und glichen sich von selber aus. Außen und innen, Himmel und Erde, Yang und Yin, Tag und Nacht fanden irgendwie, irgendwann, irgendwo immer wieder kurz in ein prekäres Gleichgewicht, das der Mensch unbedingt zu erhalten versuchte.

Sein großes Vorbild für den "weisen Umgang mit der Welt" war somit tatsächlich die Natur selber (= außen) und war die "Lebendigkeit" (= innen) der eigenen Kinder, Clangenossen, Herden, wie die der Pflanzen, Jahreszeiten und Landschaften, an der er fortwährend aktiv teilnahm, wenn auch ohne sich hierüber Rechenschaft abzulegen.

Überstürzten sich einmal die Erfahrungen und Bilder in seinem Inneren und bekam er es mit der Angst zu tun, so wandte er sich an den Clan-Schamanen. Denn dadurch, daß jedes Clanmitglied fortwährend alle Erfahrungen auch sämtlicher anderen Clangenossen teilte, griffen Furcht und Zweifel, Ratlosigkeit oder Hader oft, wie Steppenbrände, um sich.

Der Schamane war in der Regel der Einzige, der Ruhe zu bewahren verstand. Er rüstete zu einem langwierigen Ritual, in dessen Verlauf er auf seinem Pferd zum Vater des Himmels zu gelangen und dessen Rat einzuholen trachtete. Oder sein Rentier oder Wildrind brachte ihn während seiner Ekstase zum Sitz des "Großen Geistes" aller Tiere, oder der schwarze Adler flog ihn zu einer fernen Höhle, wo ihm ein Wiesel, Marder oder Bär den Weg in die Unterwelt wies; zu den schwarzen Frauen, die die Lebensfäden sponnen und alle Fragen zu beantworten wußten, die mit dem ewigen Wandel des Erdenlebens zusammenhingen.

Kurz, für den archaischen Menschen gab es weder ein "kontrollierbares" Bewußtsein, noch ein zu erhellendes Unbewußtes; dafür nahm er fortwährend aktiv und persönlich, wie kollektiv (mit seinen Clangenossen zusammen), direkt und unmittelbar am "Lauf der Welt" teil, an dessen Wesen und Wandel, Lebenskräften und Energiekreisläufen, wie an dessen Vereisungen, Dürrezeiten und Überschwemmungen.

Die tiefenpsychologische Annahme, der archaische Mensch müsse zwei Bewußtseinsebenen und zwei Selbsts besessen haben, leitet sich einerseits aus seiner Unfähigkeit ab, zwischen einem und mehreren zu unterscheiden und in Gleichartigem auch nur Ähnliches zu sehen, andererseits aus der Bedeutung, die sein Innenbewußtsein all dem zuschrieb, was ihn unmittelbar selber betraf; seinem Schatten und seinen Träumen, seiner Familie und seinem Clan, wie seiner Herde und den Jahreszeiten.

Für die archaischen Bewußtseinsfunken war restlos alles, was den Menschen beeindrucken konnte, lediglich ein Ausdruck, Hinweis oder Befehl des Großen Einen, das die Zweiheit und mit dieser die Vielheit erschaffen hatte.

Es scheint deshalb vermessen, in diesem Zusammenhang von zwei "Selbsts" zu reden; von einem inneren, im Apfelkerngehäuse, das seinerseits die Apfelkerne, somit die Clangenossen, Herde, Jagdgeräte und Einbäume umfaßte, und von einem äußeren, zu dem Blitz und Donner, Vulkanausbrüche und Erdbeben, Überschwemmungen und Steppenbrände gehörten.

Der Vergleich der archaischen Psyche mit einem Wildäpfelchen rückt uns indessen ein weiteres Mal der Lösung unseres Problems näher. Schneidet man nämlich einen solchen Apfel, der in der Regel noch nicht einmal die Größe einer reifen Nuß erreicht, in der Mitte durch, so stellt man fest, daß sein Kerngehäuse sage und schreibe drei Viertel des Gesamtvolumens einnimmt und daß die Kerngehäusewand, das Fruchtfleisch und die Außenhaut zusammen eine einzige dicke Schale bilden.

Überträgt man dieses Bild nun auf die archaische Psyche, so wird klar, daß die beiden Bewußtseinsebenen lediglich das kollektive Unbewußte sowohl nach innen, dem lebendigen Leben oder Selbst gegenüber, als auch nach außen, dem gegenüber, was wir Heutigen die Wirklichkeit nennen, ab- oder begrenzten und daß der archaische Mensch somit, den Tieren darin noch recht ähnlich, vor allem aus dem kollektiven Unbewußten lebte.

Seine Ansätze zur Bewußtheit erlaubten ihm lediglich, die Naturgewalten, denen er sich ausgeliefert fühlte, vage einzuordnen, jedoch ohne sie auch zu verstehen. So entstand seine "Kosmologie" (= seine Erklärung der Welt oder das Weltbild), der zufolge er den Kosmos als einen doppelten Trieder (= Dreikantpyramide) ansah, dessen Spitzen nach oben und nach unten wiesen.

Zwischen den beiden Triederbasen sah er seine Welt, seine Herde und sich selber zum Energieübermittler und "-harmonisierer", ja, wohl sogar zu einer Art "Puffer" zwischen oben und unten, dem Himmel und der Erde und innen und außen bestellt.

Für die Zeit und deren Ablauf hatte er indessen denkbar wenig Sinn. Er verband sie von Anfang an mit der Weite der Landschaften, in denen er mit seinen Herden zusammenlebte, und maß sie am Weg, den seine Tiere zwischen Sonnenaufgang und Sonnenuntergang, Neumond und Vollmond, Frühling und Herbst zurückzulegen pflegten. Dadurch erlebte er sein eigenes Leben und das seiner Familie und Herde kaum je als zeitlich begrenzt, sondern stets vor allem als räumlich beschränkt. Ungewollt und unbewußt wurde er damit - in gewissem Sinn - zum ersten Menschen, der mit der Raumzeit der modernen Astrophysiker aktiv und praktisch umging!!! (Vgl.: Jean Cazeneuve: "La Mentalité Archaïque" Libr. A. Colin, Paris 1961).

Anhang III
DIE SCHAMANEN UND DAS SCHAMANENTUM

"Knaurs Lexikon A – Z" (Droemersche Verlagsanstalt, München) definierte den Begriff "Schamanismus" in der Ausgabe 1950 noch als: "magische Dämonenkulte besonders bei mongolischen Völkern, auch bei Indianern mit Schamanen (tungusisch), Zauberpriestern, Medizinmännern; bekämpfen die bösen Geister, die sie, selbst oft unter dem Einfluß von Rauschgiften, durch Zaubereien, Musik (Glöckchen, besonders Handtrommeln – sic) und Tanz in sich aufnehmen".

Auch heute – rund fünfzig Jahre nach Knaurs Definition – genießt der Schamanismus, vor allem in Europa, noch immer einen ähnlich schlechten Ruf wie die eben wieder auflebenden "Schwarzen Messen", Teufelsbeschwörungen und Hexenkulte sich "modern" und "aufgeklärt" nennender Zeitgenossen.

Was es mit dem Schamanismus in Wirklichkeit auf sich hat, interessiert kaum jemanden, obwohl ihm beispielsweise die Christen eindeutig und unmittelbar den Marien- und Heiligenkult, die Taufe und die Letzte Ölung verdanken, die Taoisten, Hinduisten, Shintoisten die meisten ihrer Rituale, die Tantristen das Tibetanische Totenbuch und ihre Definitionen des Nirvanas, und – uns etwas näher liegend – die Reiter den echt pferdegemäßen Umgang mit Pferden, die Afficionados ihre Beziehung zu Kampfstieren, sämtliche Ballspieler (auch Rugby-, Tennis- und Golfspieler) ihre spezifischen Weisen, mit dem Ball umzugehen, und schließlich sogar sämtliche Vereinsangehörigen, Clubmitglieder und Stammtischbrüder ihre "Geheimbündelei".

Selbst die so oft hochgelobte "echte Männerfreundschaft" wurzelt in der schamanistischen Blutsbrüderschaft; das heißt, in jener psychischen Region, in der der archaische Mensch sich noch vor allem als Clanmitglied erfuhr – anstatt als ein unabhängiges Einzelwesen wie der moderne Mensch – und in der er zwischen seinen eigenen Erfahrungen und jenen der anderen Clanmitgliedern noch nicht zu unterscheiden vermochte. (Vgl.: Anhang I und II) Somit kann der Schamanismus kaum nur Dämonisches oder "Spleeniges" bedeuten!

Gegen Ende der vierziger Jahre unseres Jahrhunderts war Mircea Eliade der erste Wissenschaftler, der die Erkenntnisse und Berichte einer erstaunlich großen Zahl von Anthropologen, Ethnologen und Religionswissenschaftlern aufgriff und sammelte, ordnete, analysierte und schließlich in seinem inzwischen zum Standardwerk gewordenen Buch "Le Chamanisme" (Payot, Paris 1951) publizierte.

Aber selbst er, *der* Sachverständige schlechthin, verzichtete dabei keineswegs auf die typisch intellektuelle "hohe Warte" des "Weißen Mannes" zugunsten beispielsweise "tieferen Verstehens von innen heraus", wie es Carl Gustav Jung (den Eliade häufig zitiert) vorgeschlagen hatte.

Mircea Eliade zufolge ist der Schamanismus "stricto sensu (= im eigentlichen Sinn – SGS) eine zentralasiatische und sibirische religiöse Erscheinung" (S. 17 – 18), die er "in einer ersten Definition" (S. 18) mit einem einzigen Begriff erklärt, nämlich: "Schamanismus = Ekstasetechnik".

Da nun Ekstasen, Trance- und hypnotische Zustände so wenig ausschließlich zum Schamanismus gehören wie das Heilen von Krankheiten und Unfallsfolgen bei Mensch und Tier oder Jagdzauber und -magie, anerkennt Mircea Eliade: "Im großen ganzen tritt der Schamanismus (meistens) neben anderen Formen der Magie und der Religion auf" (S.18), nur, was wird dann aus dem Religiösen in seiner Behauptung, der Schamanismus sei eine "religiöse Erscheinung"?

Religionswissenschaftlich kommen wir dem Schamanismus somit kaum näher. Versuchen wir es daher tiefenpsychologisch dank der Erkenntnisse vor allem Carl Gustav Jungs.

Im zweiten Artikel dieses Anhangs, "Die Psyche des archaischen Menschen", verließen wir uns auf die Richtigkeit der Beobachtungen einer langen Kette von Anthropologen, denen zufolge der archaische Mensch wohl die meiste Zeit "psychisch überflutet" gelebt hat, wie es C.G. Jung ausdrückte. Was bedeutet das?

Das bedeutet nichts anderes, als daß die archaischen Männer und Frauen den größeren Teil ihrer Tage, wachend wie schlafend, in einer Art Dämmer- oder Trancezustand verbrachten, in welchem sie sich ihren Familien, dem Clan, ihrer Herde, ja selbst ihrem Werkzeug, ihren Jagdwaffen und ihren Einbäumen unmittelbar, d.h. wie eigenen Körperteilen, verbunden fühlten.

Anders ausgedrückt, lebten sie noch weithin in und aus dem kollektiven Clan-Unbewußten, das mit schlechthin allem in ihrer nächsten Umgebung direkt verbunden war. Ihre noch äußerst zerbrechlichen ersten Ansätze zu etwas mehr Eigenbewußtheit und bewußtem Denken wurden von innen wie von außen, aus dem kollektiven Unbewußten wie aus der Wirklichkeit, vor allem durch Kräfte und Mächte gespeist, welche sie nur als Beziehungen und Zusammenhänge erfuhren und erlebten, nicht aber "denkerisch" zerlegten, analysierten oder "in den Griff zu bekommen" versuchten.

So erklärt sich mindestens die von den Anthropologen immer wieder mit Staunen registrierte Tatsache, daß die kaum bewußten Dämmer- oder Trancezustände sie in keiner Weise vom Jagen, Fischen, Pilze- oder Beerensammeln abhielten, noch davon, für ihre Herden zu sorgen, ja, wohl sogar geradezu eine Voraussetzung für beispielsweise Jagderfolge darstellten.

Denn, wie gesagt, ausschließlich in der Trance der vom kollektiven Unbewußten überfluteten Bewußtseinsfunken waren die archaischen Jäger mental oder psychisch noch direkt mit den Tierpsychen verbunden und wußten so genau, wo beispielsweise ein Hirsch, Rentier oder kranker Auerochse außerhalb der Herde anzutreffen und zu erlegen war.

Wir dürfen somit nicht, wie noch immer zahlreiche Wissenschaftler, annehmen, in diesem dämmerartigen Trancezustand sei der archaische Jäger "zu", nicht ansprechbar, völlig abwesend oder unzurechnungsfähig gewesen. Alarmierende Sinneseindrücke aus der Wirklichkeit erreichten ihn mit Sicherheit ebenso unmittelbar wie akute Schmerzen, akutes Resignieren oder "Abschalten" und Aggressionen einzelner Clangenossen oder Tiere in seiner Herde.

Er verzichtete lediglich auf die bewußte Unterscheidung zwischen der äußeren Realität und der inneren Gefühls- und Bilderwelt und reagierte spontan stets nur dem Druck, der absoluten Notwendigkeit oder Dringlichkeit seines Eingreifens gehorchend. Jean Cazeneuve stellte in ähnlichem Zusammenhang erstaunt fest: "Obwohl diese Menschen jegliche Beziehung zwischen Ursache und Wirkung leugnen, bedienen sie sich ihrer nichtsdestoweniger, um sich Nahrung zu verschaffen und Waffen herzustellen, Gefäße zu töpfern, Stoffe zu weben und Kanus zu bauen..." ("La Mentalité Archaïque", CAC, Paris 1961).

Tatsächlich wissen wir zudem von modernen Taoisten, Tantristen und Zenisten, daß auch sie in tiefen Phasen der Meditation inneres und äußeres Geschehen verwechseln können. Da wird die Wärme beispielsweise eines Kaminfeuers zur Kraft, Wärme und zum Licht der "erfüllten Leere" oder zur Fühlbarkeit des Tao und, wie der unbewußt registrierte Geruch eines brennenden Räucherstäbchens, zur Nähe der höchsten Allgegenwart. Dennoch bleiben auch diese Männer und Frauen jederzeit ansprechbar und reagieren daraufhin sogleich vernünftig.

Nochmals Ähnliches habe ich sowohl in der französischen Camargue als auch in Spanien und Portugal bei Gardians, Vaqueros und Campinos erlebt, die aus Alters- oder gesundheitlichen Gründen bei der Arbeit mit Kampfstieren nicht mehr reiten durften und deshalb die Stiere oder auch halbwilde Junghengste zu Fuß, in einer Art Trance, aus der Herde aussonderten. Sie blieben dabei allerdings nicht ansprechbar und brauchten nach getaner Arbeit Minuten, bevor sie erneut voll zurechnungsfähig erschienen.

Solche und ähnliche psychische Vorfälle und Ereignisse nannte der "Vater der Psychopaläontologie", Lucien Levy-Brühl, *"Participation mystique"*, das heißt *" mystische (Direkt-) Teilnahme"* jedes einzelnen an restlos allem in ihm und um ihn herum, wobei er dem Adjektiv "mystisch" zu Recht die nur religiöse Bedeutung bestritt.

Dies vorausgesetzt, dürfen wir dem um- und überfluteten Bewußtseinsfunken des archaischen Jägers nun ebenfalls "mystische Direktteilnahme" als psychogene Zustände bescheinigen, deren Auftreten sich im Laufe der Jahrzehntausende allmählich als etwas weniger umfassend oder tiefgreifend, als immer seltener und von jeweils kürzerer Dauer erwies, dafür aber heute nach wie vor noch bei einfachen Hirten, Jägern, entsprechend "trainierten" Naturverbundenen und gewissen Metaphysikern anzutreffen ist.

Etwas anders liegt der Sachverhalt bei den eigentlichen Schamanen. Mircea Eliade nannte sein großes Standardwerk "Der Schamanismus und die archaischen Ekstasetechniken" (= Titel und Untertitel) und suggerierte damit wohl ungewollt, alle archaischen Jägerclane hätten spezieller Psychotechniken bedurft, um mystische Direktteilnahme zu erfahren.

Wie wir eben gesehen haben, war dem keineswegs so. Die steinzeitlichen Jäger hatten, im Gegenteil, wesentlich mehr Mühe und Konzentration aufzuwenden, um "ihren Kopf über den Wassern des überfluteten Bewußtseins" zu halten, als um sich der Bilderflut der mystischen Direktteilnahme einfach nur passiv hinzugeben. Jedenfalls war das mindestens bei den schlichteren Jägern der Fall, die in ihrem Clan keine besonderen Aufgaben als Zeremonienmeister, Musiker oder Medizinmänner zu erfüllen hatten.

Von letzteren und den eigentlichen Schamanen ist indessen bekannt, daß es sich bei ihnen in der Regel um als Kinder oder Erwachsene beinahe tödlich Verunfallte, chronisch kränkelnde oder psychisch und nervlich labile, als Jäger, Fischer oder Krieger jedenfalls nur bedingt einsetzbare Menschen handelte, die in ihren akuten Krisen, Fieberanfällen und Todesvisionen von Tieren, Bäumen, Felsformationen oder Frauengestalten beauftragt wurden, sich einer bis zu dreißig Jahre dauernden Lehre oder Ausbildung zum Schamanen zu unterziehen.

Nach Abschluß ihrer Lehre bei einem älteren, erfahrenen Schamanen hatten sie sodann eigenverantwortlich zu "schamanisieren" und lernten dies praktisch überhaupt erst dadurch, daß sie sich selber von ihren Gebrechen befreiten. Die Auseinandersetzung mit der eigenen Krankheit konnte wiederum drei, fünf oder sieben Jahre dauern und bestand in der Regel aus langwierigen Diskussionen und Scheingefechten mit den Geistern (= lebendigen Bildern) der eigenen, wie claninterner, Krankheiten, des Fehlverhaltens, der Tabubrüche und Vergehen gegen die natürliche Clanordnung oder den "Lauf der Welt" (chinesisch: "Te").

So lernte der Schamane allmählich, mit den Geistern – meistens in Tiergestalt – nicht nur richtig umzugehen, sondern zudem, sie zur Mitarbeit beim Heilen von Krankheiten, "Ausbügeln" von Vergehen gegen die Naturgesetze und Aussöhnen beleidigter Naturgewalten heranzuziehen, einzusetzen und zu kontrollieren.

Allen Anzeichen nach, besaß der Schamane somit ein Minimum an "Kontrollbewußtsein" oder Unterscheidungsvermögen auch während seiner Ekstasen oder Trancezustände, das ihn psychologisch und menschlich über die einfacheren Jäger des Clans erhob.

Aber dieses kleinen Mehrs an Bewußtheit wegen sah er sich schon bald gezwungen, das Abtauchen in seine eigene Bilderflut durch "sensorielle Privation", d.h. Eintönigkeit, hypnotische Rhythmen, an den Kräften zehrende Hungerkuren in abgelegener Einsamkeit, magische Symbolhandlungen, Tänze, schwierige oder gefährliche Kletterpartien an Bäumen und Felswänden, schließlich sogar durch Pflanzendrogen absichtsvoll, d.h. *künstlich* einzuleiten.

Die Kontrolle indessen, sowohl über seine Reiseroute als auch über die Hilfsgeister, durfte er bei Todesstrafe keinen Augenblick verlieren, hatte er seinen Höhenflug oder sein Tiefseetauchen auch mit oder ohne künstliche Hilfsmittel ausgelöst. Kurz, alles Schamanisieren brachte selbst gewiefte, ältere Schamanen regelmäßig in Todesgefahr oder mindestens an die Grenze zum Irrsinn und erfolgte deshalb stets nur in besonders dringenden Fällen, in denen das Gemeinwohl des Clans und der Herde ernsthaft auf dem Spiel stand. Die Schamanen der Altsteinzeit verzichteten in solchen dringenden Fällen auf jeglichen Drogeneinsatz.

Das bestätigen indirekt auch Jean Clottes, der große Paläontologe, der die Bilder der "Grotte Chauvet" authentifiziert hat, und David Lewis-Williams, der ebenso große südafrikanische Ethnologe, in ihrem gemeinsam erarbeiteten Buch: "Les Chamanes de la Préhistoire" (Editions du Seuil, Paris 1996), in dem sie sich nur bedingt berechtigt glauben, die neuesten Erkenntnisse der Neuropsychologen, die mit LSD und

Kokain bei zeitgenössischen Amerikanern Halluzinationen hervorriefen und erforschten, mit in ihre Arbeit über die "Schamanen der Vorgeschichte" aufzunehmen. Jean Clottes schrieb hierzu:

"Auf der ganzen Welt stehen die Hervorrufung, Beherrschung und Nutzung von 'Zuständen veränderter Bewußtheit' im Zentrum des Schamanentums, das wir in der Folge aus neuropsychologischer Perspektive betrachten werden... Dazu ist es notwendig, die einzelnen Etappen zu kennen, denen das Bewußtsein auf seinem Weg in die Tiefen der Trancezustände begegnet (...). Obwohl die unterschiedlichen (technischen) Induktionsmittel (zur Erzeugung der Trance – SGS) und die verschiedenen halluzinogenen Drogen auch verschiedenartige Folgen zeitigen können, gewährt die Beschreibung der einzelnen Etappen doch einen Einblick in das, was die Schamanen im Zustand veränderter Bewußtheit erfahren".

"Die neuropsychologische Forschung (...) hat gezeigt, daß man hierbei zwischen drei bedeutsamen Etappen zu unterscheiden hat, die allerdings überlappen oder sich schneiden können".

"Im ersten Stadium der Trance – im am leichtesten zu erreichenden – 'sieht' man geometrische Formen, wie Punkte, Zickzacklinien, Netze, Kombinationen von Linien oder parallelen Bögen und lose Linienknäuel. Alle sind von leuchtender Farbe, glitzern, bewegen oder verbreitern sich, schrumpfen und verstricken sich miteinander. Bei offenen Augen sieht man sie aufleuchten und man projiziert sie (unwillkürlich) auf alle umliegenden Oberflächen, wie beispielsweise die Wände und Decken (des Raumes)".

"Im zweiten Stadium versuchen die Versuchspersonen, ihre geometrischen Eindrücke zu rationalisieren, indem sie diese sich unwillkürlich in Objekte verwandeln lassen, welche für sie religiöse oder gefühlsbetonte Bedeutung besitzen (...)".

"Das dritte Stadium ist nur durch eine Art Wirbel oder Strudel oder Tunnel zu erreichen. Die Versuchsperson fühlt sich dabei durch den Strudel angezogen, auf dessen Grund sie ein helles Licht erblickt. Am Rande des Strudels erscheinen oft zu Gittern verdichtete geometrische Figuren aus dem ersten Stadium, aus deren Gittermaschen die ersten echten Halluzinationen von Personen, Tieren usw. quellen. Gelangt die Versuchsperson bis auf den Grund des Strudels oder an das Ende des Tunnels, so befindet sie sich bereits in Trance, und Menschen, Monstren und ihre gesamte Umgebung erscheinen ihr als von intensivster Wirklichkeit".

"Wir bestätigen die Tatsache, daß diese drei Stadien universalen Charakter besitzen und, daß sie dem menschlichen Nervensystem eingeboren erscheinen" (Jean Clottes und David Lewis-Williams: "Les Chamanes de la Préhistoire", Seuil, Paris 1996 S. 12 - 17).

Von heute noch lebenden Taoisten, Tantrikern und Zenisten, die regelmäßig *ohne künstliche Hilfsmittel*, d.h. meditierend in tiefe Trancezustände abtauchen, wissen wir, daß die von Jean Clottes erwähnten drei Stadien der Trance

1.) tatsächlich meistens über geometrische Ornamente – ähnlich jenen, die der frühe Islam in der südspanischen Alhambra u.a.O. in Stein verewigt hat – führen

2.) nur selten "Monstren", also beklemmende oder beängstigende Visionen zeitigen

3.) noch lange nicht "der Schamanen Weisheit letzter Schluß" darstellen, sondern in (psychische) Breiten und Räume führen können, in denen ebenso "die absolute Einheit alles Gestalteten und Nichtgestalteten" erfahren wird wie "das Gleichgewicht des Pferdes in Bewegung" oder "die konkrete Wirklichkeit von $E = m \times c^2$" und somit

4.) nicht nur aus drei, sondern tatsächlich aus fünf, sieben oder neun Stufen bestehen.

Um den größeren Teil aller Gravuren, Zeichnungen und Bilder in den südwesteuropäischen Kulthöhlen und -grotten als eindeutig schamanistischen Ursprunges zu identifizieren, reichen die von Jean Clottes beschriebenen Trancezustände indessen aus. Lediglich in Fällen, in denen er als Bildautoren fertig ausgebildete Schamanen annimmt – der Buchtitel suggeriert es bereits –, bleibe ich für meinen Teil etwas skeptisch, da ich mir nicht vorzustellen vermag, daß sich ein echter Schamane selber auch als Schamane porträtiert!

Sehr verbunden fühle ich mich Jean Clottes und seiner Arbeit dennoch, weil er à propos der Höhlenbilderinterpretation erwähnt, wie er einmal einen erfahrenen südfranzösischen Bisonzüchter mit in eine Kultgrotte nahm und staunend feststellte, daß der gute Mann in den abgebildeten Wisenten nicht einfach, wie er selbst, Bisone sah, sondern zwischen jungen und alten, gesunden und kranken, weiblichen und männlichen, aggressiven und ruhigen Tieren peinlich genau unterschied und damit sogar statische Szenen ganz anders interpretierte als die Paläontologen bisher.

Er anerkennt jedenfalls als erster Wissenschaftler von Rang und Namen, daß einfache Gardians, Vaqueros und Campinos, die seit Jahrzehnten mit Kampfstieren und Wildpferden umgehen und so allmählich "zu sehen gelernt haben" (vgl. Solinski: "Das Gymnasium des Freizeitpferdes", Hildesheim 1991 & 96), den Wissenschaftlern noch einiges beizubringen haben.

Denn das *Sehen* dessen, was jede einzelne Bewegung jedes einzelnen Tieres "zu sagen hat", nämlich ausdrückt und bedeutet, stammt, genau wie ihre Darstellung auf der Höhlenwand vor 20.000 Jahren, aus der Tiefe der Direktteilnahme des Gardians oder Vaqueros, der Solutréer, Magdalenier und Epipaläolithiker, an der Lebendigkeit ihrer Herden. Ja, in vielen Höhlenszenen erscheint die Wahl eines Wildpferdes, Rentiers, Auerochsen oder Wisents als Darstellungsobjekt oft geradezu dem untergeordnet, was seine bildlich dargestellte Bewegung oder Haltung ausdrücken soll.

Im "Sehen" jedoch, im "Lesen" und Interpretieren solcher "lebendiger innerer Zusammenhänge" hinkt die moderne nur intellektuelle Wissenschaft den Altsteinzeitlern, Epipaläolithikern und deren Schamanen, wie den eben noch Herden hütenden Gardians, Vaqueros und Campinos hoffnungslos hinterher.

☆ ☆ ☆

Anhang IV
PSYCHOLOGIE DER PFERDE

Die Psychologie noch einigermaßen "naturbelassener" Pferde, das heißt von noch nicht unwiderruflich denaturierten oder überdomestizierten Wildpferden, unterscheidet sich von der des heutigen Menschen (vgl.: Anhang I) vor allem dadurch, daß wir es beim Pferd nach wie vor mit einem sogenannten "Herdentier" zu tun haben und daß es daher leichter vom Standpunkt der Herde aus zu verstehen ist denn als ein unabhängiges Individuum. Der "Herdentiercharakter" ist im Pferd jedenfalls so tief verwurzelt, daß sich die Frage stellt, ob das einzelne Tier überhaupt über ein nur ihm eigenes, also "persönliches Unbewußtes" verfügt.

Bildlich dargestellt, gleicht die psychische Struktur des Pferdes weder einem vom Baum gefallenen Apfel, wie die des modernen Menschen, noch einem weiter am Lebensbaum reifenden Wildapfel, wie die des archaischen Menschen, sondern eher einer am Weinstock hängenden Traube aus mehreren Dutzend Weinbeeren, deren jede einzelne die Psyche eines Pferdeindividuums symbolisiert.

Tatsächlich gibt es in der Weinbeere kein Kerngehäuse, wie im Apfel, das sowohl die Lebenskerne schützt, als es diese auch unmittelbar mit dem Energie- oder Saftstrom des Weinstockes verbunden hält. Der Saft- und Kraftstrom aus den Wurzeln steigt hier zuerst in die Triebe und Blätter und erst danach in jede Beere jeder Traube.

Zwar verfügt jede Weinbeere, wie jeder Apfel, über eigene Kerne. Aber diese scheinen hier eher "für den Notfall" als zur regelmäßigen Arterhaltung ausgerüstet zu sein, keimen sie doch nur unter ganz bestimmten Voraussetzungen. (Ähnlich gering sind lediglich die Chancen eines Junghengstes in einer großen Herde, jemals Herdenchef und einziger Beschäler zu werden.)

Im Unterschied zum Apfel besitzt die Weinbeere auch kein festes Fruchtfleisch - Symbol des kollektiven Unbewußten - dafür durchströmt sie um so mehr Saft, den sie mit den anderen Beeren derselben Traube teilt.

Die einzelne Weinbeere reift somit kontinuierlich, harmonisch nur so lange, wie sie mit den anderen Weinbeeren zusammen eine Traube bildet und als solche am Saft- und Kraftkreislauf des Weinstocks beteiligt bleibt.

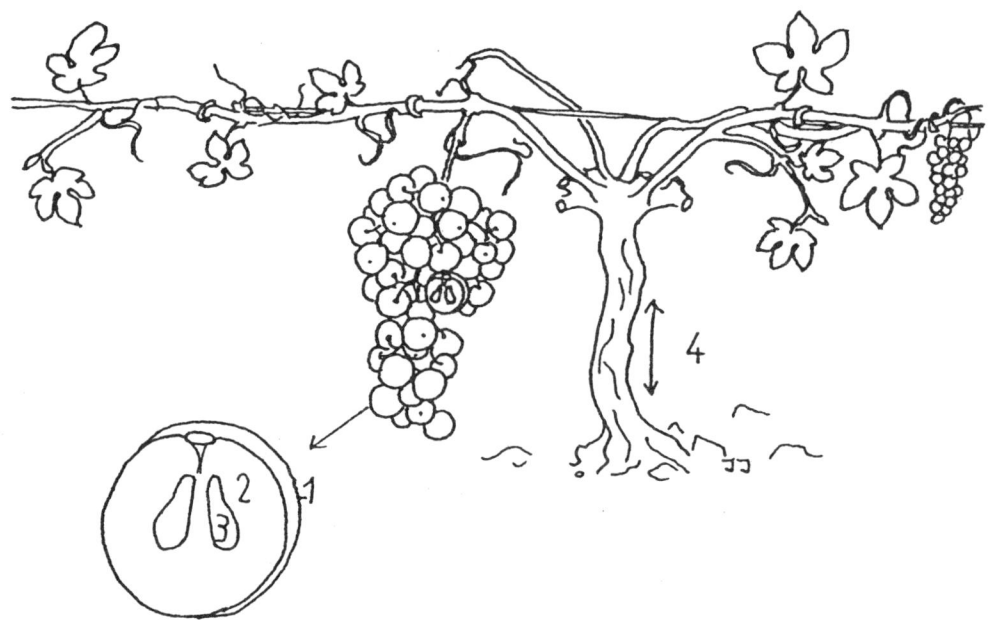

Zeichnung 42
Die Psyche des Pferdes; die am Weinstock reifende Traubenbeere

1) Außenhaut = instinktives Außenbewußtsein und individuelles oder verglei-
chendes Erinnerungsvermögen
2) "Saftfleisch" = kollektives Herdenunbewußtes = Instinktsphäre
3) Traubenkerne = kollektives Gedächtnis
4) Saftstrom aus dem Wurzelstock und der Erde = kollektives Selbst

Ihre durchscheinende Außenhaut, die nicht, wie beim Apfel, das Außenbewußtsein, sondern lediglich einen Grenzbereich zwischen innen und außen symbolisiert, erlaubt den Sonnenstrahlen, den Traubensaft von außen chemisch umzuwandeln und den Traubenzucker in der Beere zu konzentrieren.

Kurz, in der Weinbeere begegnet die Sonne unmittelbar den Lebenssäften und der Lebensenergie des Weinstocks und der Erde - tiefenpsychologisch ausgedrückt: dem Selbst -, wodurch die einzelne Beere lediglich als ein Organ oder eine Zelle des Lebens erscheint, in der die "chymische Hochzeit" (die alchemistische Wandlung) zwischen innen und außen, unten und oben und Yin und Yang stattfinden kann.

Die Natur, das Leben oder der "große Wandlungsprozeß" pflegt in allen Schöpfungsbereichen stets denselben Grundprinzipien zu folgen; so selbstverständlich auch in dem der Pferde... insofern sich diese vom Menschen nicht bereits als unwiderruflich "selbstentfremdet" erweisen.

Tatsächlich stellt das einzelne - noch einigermaßen naturbelassene - Pferd in seiner angestammten Herde ebenfalls kaum mehr als ein Organ oder eine Zelle des Herdenverbandes dar. Tiefenpsychologisch formuliert, manifestiert sich das Leben oder Selbst somit weit mächtiger auf der Ebene des kollektiven Unbewußten der Herde als im individuellen Anteil jedes einzelnen Pferdes daran.

Diese Beobachtung untermauert die Erfahrung vieler Herdenhalter, der zufolge Hengste aus den oberen Rängen der Herdenhierarchie für heutige Menschen wesentlich schwieriger zu durchschauen und zu verstehen sind als Jungpferde oder Stuten aus den unteren Rängen.

In Wirklichkeit nehmen die Hengste aus der Umgebung des Herdenchefs lediglich ihre Verantwortung für das Gemeinwohl wesentlich ernster, weil sie das "Herdengedächtnis" und dessen Wertungen aller Ereignisse, welche in der Psyche des Herdenchefs am deutlichsten konzentriert erscheinen, fortwährend mit diesem teilen.

Pferde verfügen demnach über eine Art "unbewußten Bewußtseins" (= Instinkt), das ausschließlich im Dienst des Herdengemeinwohls steht und das die Hengste der oberen Ränge den übrigen Herdenmitgliedern ähnlich entrücken kann wie dem modernen Menschen.

Die Kommunikation, das heißt die Anordnungen, Anweisungen und Warnungen des Herdenchefs, deren Hintergründe nur die Herdenoberen unmittelbar durchschauen, läuft jedenfalls über das kollektive Herdenunbewußte stets von oben nach unten, schließt bei den Tieren der unteren Ränge aber nicht unbedingt auch die Motivation für die Anweisung mit ein.

Deswegen tun sich Pferde aus den unteren Herdenrängen oft so schwer, zu verstehen, was die Menschen von ihnen erwarten, und haben ein um so größeres Bedürfnis, zu begreifen, weshalb und wozu sie was tun oder lassen sollen.

Für den modernen Reiter, der von der Natur – auch von der des Pferdes – weitgehend abgenabelt ist, sind und bleiben sie dennoch die "idealen Pferde"; weil leicht zu durchschauen, leicht zu behandeln bzw. leicht einzuschüchtern und zu manipulieren.

Von Hengsten aus den oberen Rängen vor allem der südwesteuropäischen Herden und der Atlasberber heißt es indessen nach wie vor, sie ließen sich ausschließlich von alten Hasen unter den Pferdeleuten gymnastizieren, die echt und wirklich "auf der Seite der Pferde stehen", und kaum je "dressurmäßig arbeiten" oder, wie im Zirkus, "dressieren".

Hier, in Südfrankreich, versteht sich das von selbst. Denn, wie die dem Weinstock und Saftstrom nächsten Weinbeeren die größten und süßesten sind, pflegen in der Regel die Hengste aus den obersten, der Lebendigkeit des Lebens nächsten Rängen, auch die für den Umgang beispielsweise mit Kampfstieren aufmerksamsten und wendigsten, kurz, die geeignetsten "Stierpferde" darzustellen.

Verfügen hochrangige Pferde somit dennoch über ein ihnen bewußtes Bewußtsein, wie der Mensch?

Das bestimmt nicht! Hingegen lehnen sie sich in der Regel um so ungestümer gegen jede Maßnahme auf, je weniger sie deren Grund verstehen oder je deutlicher diese sie ihrer spezifischen "Lebensaufgabe" zu entfremden droht.

Heißt das, daß Pferde somit trotz allem über mindestens ein individuelles oder "persönliches" Unbewußtes und über die diesem entsprechenden Affekte verfügen?

Herdentiere leben stets vor allem in und aus dem kollektiven Unbewußten ihrer Herde. Dennoch haften in ihrer individuellen Erinnerung durchaus auch "persönliche" Erfahrungen, welche die kollektive Herdenpsyche nicht unbedingt zu tangieren brauchen.

Ersetzt diese "Erinnerung" dem Pferd somit teilweise das, was wir unser "Bewußtsein" und das "persönliche Unbewußte" nennen?

Dem scheint tatsächlich so zu sein! Denn auch Pferde werten, ähnlich wie der Mensch, die Ereignisse in ihrer Umwelt, wenn auch nicht als Spiegelbilder oder abstrakte Kategorien, sondern stets im Vergleich mit früher gemachten Erfahrungen und dem dabei erlebten Wohlgefühl oder Ungemach und den Folgen daraus für das Herdenwohl.

Einige Alte Reitmeister behaupteten früher, Pferde unterwürfen sich lediglich der Angst vor Strafe. Ungewollt würdigten sie damit auch ihrerseits vor allem das Gedächtnis ihrer Pferde.

Andere Reitmeister, die ausschließlich gymnastizierten, anstatt zu dressieren, stellten mit Verwunderung fest, daß ihre Pferde, allein schon dank der Bodenarbeit, deutlich an "Selbstbewußtsein" gewannen. Sprachen sie damit den Pferden letztlich nicht ebenfalls eine Art Bewußtheit zu?

Aus eigener Erfahrung weiß ich, daß Pferde durch pferdegemäß betriebene Gymnastik an der Longe, wie unter dem Sattel, tatsächlich "selbstbewußter" werden. Wie äußert sich das?

Nach dem Anreiten in die Herde zurückgebracht, erkämpfen sie sich in der Regel in nur wenigen Tagen oder Wochen einen deutlich höheren Rang in der Herdenhierarchie. An der Longe brillieren sie oft, indem sie sich plötzlich vollkommen loslassen, regelmäßiger biegen, die Hanken beugen, sich vorne hoch aufrichten und sich hinten mit viel Schwung von selber stark versammelt setzen.

Der schönste Ausdruck ihres neuen "Selbstbewußtseins" ist indessen weder eine erste Passage oder ein erster Redopp, sondern ist die sicht- und fühlbare Freude des Junghengstes an seinen eigenen Bewegungen und an deren neuer Schwerelosigkeit.

Letztlich liegt damit auch dem sogenannten "Selbstbewußtsein" des Pferdes wohl nichts anderes zugrunde, als die Erinnerung oder Erfahrung, wieviel Mühe und Kraftaufwand es ähnliche Bewegungen früher gekostet haben.

Die vier "Psychoanalysen" in diesem Anhang zusammenfassend und sich gegenüber stellend, kann man somit die psychische Struktur
1.) des aktuellen, modernen Menschen als in vier Kammern unterteilt erachten; nämlich in das Bewußtsein, das persönliche Unterbewußtsein, das kollektive Unbewußte und das Selbst, welches den energetischen Lebenskern sowohl des Individuums als auch sämtlicher anderer Lebewesen darstellt
2.) des archaischen Menschen - und des Alten Berbers - als dreidimensional betrachten, weil sich sein Bewußtsein nicht vor allem am Außen, an der realen Wirklichkeit, sondern vordringlich am kollektiven Unbewußten seines Clans, seiner Herden, des Wildes und des Lebens in und mit der Natur orientierte, welches er demnach "von innen heraus", nicht, wie wir, von außen und bloß "wissenschaftlich" oder intellektuell zu verstehen suchte

3.) des Pferdes als lediglich zweischichtig veranlagt ansehen; nämlich einerseits als noch nahezu ausschließlich und direkt mit dem lebendigen Leben seiner Herde, deren kollektivem Unbewußten und spezifischen Lebensaufgaben verbunden, andererseits als dank seines vergleichenden Erinnerungsvermögens und seiner "wertenden" Intelligenz durchaus befähigt, sowohl persönliche Erfahrungen als auch kollektive Regungen der Herde unmittelbar zu verstehen und entsprechend zu beantworten.

Das bedeutet für uns Pferdefreunde und für unseren alltäglichen Umgang mit den Pferden:
1.) daß das Sprichwort zwar recht zu haben scheint, welches behauptet, der Apfel falle nie weit vom Stamm; aber "abgefallen" ist er damit dennoch und zwingt uns im Umgang mit Pferden, unseren "Zugang" zu ihnen, wie den zum lebendigen Leben oder Weinstock, aus einer ganz anderen Optik oder Einstellung heraus – also grundsätzlich und grundlegend – neu zu suchen. Dann "erfahren" wir unsere Pferde nicht nur, sondern empfinden auch als "selbstverständlich",
2.) daß alle Pferde, die nicht ganzjährig in Herden im Freien gehalten werden, je nach ihrem ehemaligen Rang früher oder später psychisch verkümmern müssen
3.) daß Pferde langfristig nur gesund und munter bleiben, wenn sie ihre Bezugsperson und deren Affektivität nahtlos mit in ihre Gruppenpsyche integrieren können, so daß der Mensch für sie eine Art "klüger vorausdenkendes Mitpferd" darstellt, das sie nie verunsichert und sich allem enthält, was sie als Pferde nicht verstehen können
4.) daß deshalb kein Pferdefreund darum herumkommt, sowohl die körperliche Bewegungssprache als auch die affektiven Äußerungen seiner Pferde nicht nur zu "lesen" und zu verstehen, sondern auch pferdegemäß zu beantworten
5.) daß, wie auch Meister Oliveira sagte, Leute, die nicht echt und wirklich – vor allem psychisch, affektiv – "auf der Seite der Pferde stehen", zum Wohl der Pferde und deren ureigener, "persönlicher" Lebensaufgabe, sich besser anderem zuwenden!

☆ ☆ ☆

Anhang V
DAS SCHICKSAL DES BERBER VOLKES

Die Geschichte der Berber beginnt - wie alle Geschichte - in der "vorgeschichtlichen Zeit"; nämlich im 6., 5. und 4. Jahrtausend v. Chr., in welcher die Berberahnen als die letzten Epipaläolithiker Südwesteuropas (= Jäger-und-Sammler-Nomaden) über die Straße von Gibraltar nach Nordwestafrika einwanderten. Dies geschah höchstwahrscheinlich "wellenweise", was annehmen läßt, daß die Jägernomaden jeweils irgend einem Druck wichen; wohl erst dem der niedergelassenen Mesolithiker, dann dem verschiedener Einwanderer aus dem Norden, schließlich dem der Iberokelten auf sie, ihre Wildherden und auf ihre vormaligen Lebensräume.

Die Neigung, Druck eher zu weichen, als sich ihm zu unterwerfen, und die Konsequenz daraus, selber niemals offensiven Druck auf andere Lebewesen auszuüben, wurden spätestens damals zu charakterlichen Hauptmerkmalen der später sogenannten "Berber", deren Name vom griechischen "Barbaroi" und dem arabischen "brabra" abstammt und Menschen bezeichnet, deren Sprache man nicht versteht (J. Servier).

Daß die Berberahnen wellenweise nach Nordwestafrika einwanderten, legen unter anderen drei Fakten nahe; nämlich

1.) die soziale Organisation ihrer Stämme und innerhalb dieser jene in weitgehend voneinander unabhängige Clane, die sich gegenseitig aus dem Weg zu gehen pflegten

2.) ihr im Laufe der Jahrtausende immer stärker werdender Hang, sich, wie die Mesolithiker Iberiens, gruppenweise ebenfalls als Viehzüchter in claneigenen Weilern fest niederzulassen - oder aber

3.) ihre Symbiose mit Pferdeherden neu zu suchen und beizubehalten und als Jäger-Hirten-Nomaden die Steppenteile der Sahara und des Atlas zu bewandern.

Tatsächlich schob jede neue Einwanderungswelle die hier bereits länger lebenden Nomaden vor sich her nach Süden, Südosten und Osten, bis schließlich" im Morgengrauen der historischen Zeit; im 3. Jahrtausend v. Chr., in der Cyrenaica (an der libyo-ägyptischen Grenze - SGS) dort bisher unbekannte Nomadenstämme mit hellen Haaren, blauen Augen und weißer Haut" auftauchten (H. Gueneron "La Libye" PUF, Paris 1976).

Die Ägypter nannten sie "Temehous" und "Lebous" (J. Servier "Les Berbères" PUF, Paris 1990). Ging es um Erkundungen bisher unbekannter Regionen, so konnten sich diese beiden Berberstämme durchaus auch einmal zusammenschließen. So beispielsweise 1229, 1194 und 1188 v. Chr., als sie gemeinsam das untere Niltal besetzten, und 950 v. Chr., als sie hier eine Pharaonendynastie unter Scheschonk I. begründeten.

Rund 700 Jahre früher waren die semitischen Hyksos mit pferdebespannten Streitwagen (Stein) von Osten und, 250 Jahre zuvor, die "europäischen Seevölker" von Norden über das Mittelmeer in Ägypten eingefallen (Stein "Kulturfahrplan", Berlin 1946).

Verschiedenen älteren Historikern zufolge, sollen Pferde den Ägyptern bis ins 16. Jh. v. Chr. unbekannt gewesen sein, was bei dem Pferdereichtum Nordafrikas im 2. Jahrtausend v. Chr. mindestens unwahrscheinlich klingt. Diese Annahme wird indessen erklärbar, wenn man bedenkt, daß die Libysche Wüste damals die gesamte Cyrenaica, von der Mittelmeerküste bis ins südliche Tibesti-Gebiet, umfaßte und für Pferde als absolut unüberwindbar galt (vgl.: Karte, Z 23, Seite 136).

Andere ältere Historiker behaupten, es seien die "europäischen Seevölker" gewesen, die die ersten Pferde nach Nordafrika eingeführt hätten, was nicht nur angesichts der Boote, über welche die Seevölker verfügten, als höchst zweifelhaft erscheint, sondern vor allem auf Grund der viel früheren Datierungen von Pferdedarstellungen in Nordwestafrika.

Richtig ist indessen, daß sich die Berber etwa vom Jahr 1200 v. Chr. an allmählich "in die Defensive" gedrängt fühlten. Die meisten Nomaden unter ihnen stießen deshalb immer weiter in die Wüstengebiete vor, so teils bis in die Aouker-Region in Mauretanien, bis an den Niger-Strom in Mali und in das Aïr-Gebiet im Lande Niger, wo auch heute noch die meisten Touaregs weiter als Nomaden leben.

Was war um 1200 v. Chr. geschehen?

In Ägypten herrschte die 20. Dynastie mit den Pharaonen Sehtnacht und Ramses III. bis XI., unter denen das Land nicht nur seine Kolonien einbüßte, sondern zudem "seine Kultur erstarren ließ" (Stein).

Die "Große Völkerwanderung" führte die "europäischen Seevölker" zuerst in den Vorderen Orient und dann zur Bedrohung Ägyptens. Sie zerstörten jedenfalls das ursprüngliche Hethiterreich und die mykenische Kultur und sollen sogar für den Untergang des sagenhaften Atlantis mit verantwortlich gewesen sein. Sechzig Jahre später eroberten die Israeliten dennoch das Land Kanaan.

Um 1000 v. Chr. "treiben die Phönizier, gestützt auf die Hafenstädte Tyros und Sidon eine selbständige Politik und besetzen Cypern. Bis 800 v. Chr. unternehmen sie ungewöhnlich weite Seefahrten in das westliche Mittelmeer (...) und gründen (der ganzen nordafrikanischen Küste entlang und) an der Westküste Marokkos Handelsplätze, Städte und Kolonien, wie Karthago in der Nähe des heutigen Tunis, 814 v. Chr." (Stein "Kulturfahrplan", Berlin 1958).

Als somit, nach 1200 v. Chr., der Druck erst der Seevölker, Phönizier und Griechen, dann auch der Perser, Iberokelten und Römer auf Nordafrika immer mächtiger wurde, zogen sich die Berber Nomaden ein weiteres Mal in die unwegsamsten Gebiete zurück, um sich hier nun jedoch einzuigeln und von den Oasen aus Überraschungsangriffe gegen die fremden Eindringlinge zu führen. Hierdurch gewannen sie schnell den Ruhm, die kühnsten Krieger und Reiter der damaligen Welt zu sein.

Als solche lernte sie auch Herodot (griechischer Geograph, Ethnologe und Reporter, 480 - 428 v. Chr.) kennen und schätzen, als er die Cyrenaica in der Libyschen Wüste bereiste. Und solche blieben sie bis ins 19. Jh. unserer Zeitrechnung (vgl.: Zeittafel IV, Seite 115 ff).

264 v. Chr. führte der Streit zwischen den Phöniziern in Karthago (erst "Punier", dann "Numiden" genannt) und den Römern zum "Ersten Punischen Krieg", der vierundzwanzig Jahre dauerte. Ivar Lissner schrieb zu diesem und den beiden folgenden: "Für die damalige Zeit waren es Weltkrieg I, Weltkrieg II und Weltkrieg III. Die drei Kriege erstreckten sich über einen Zeitraum von 119 Jahren. 146 v. Chr. war das blutige Spiel zu Ende: Karthago wurde zerstört. Es wurde römische Provinz in Afrika".

Während 119 Jahren bauten die Punier "auf den Mut der angeheuerten Berber, auf große Herden von Kriegselefanten, auf ihre herrliche Flotte" (Lissner) und auf ihre ruhmreiche Kavallerie, die unter den Berber Reitergenerälen Hamilcar und dessen Söhnen Hannibal und Hasdrubal Sizilien und Südiberien erobert hatte. Diese korn- und olivenölreichen Gebiete mit Kupfer-, Silber- und Goldminen beanspruchten nun auch die eben erstarkenden Römer.

Als Hannibal im Jahr 219 v. Chr. die Römersiedlung Sagunt von der südostiberischen Stadt "Neu-Karthago" (= Cartagena) aus eroberte, kam es zum "Zweiten Punischen Krieg". Ivar Lissner schrieb dazu:

"Im Mai des Jahres 218 v. Chr. war Hannibal einunddreißig Jahre alt. (...) Ende Mai überschritt er den Ebro, dann die Pyrenäen. Hier (...) mußte er sich jeden Meter gegen feindliche Stämme erkämpfen. Er setzte über die Rhône und erreichte durch das Tal der oberen Isère die Hochalpenkette beim Kleinen-Sankt-Bernhard-Paß. (...) Hier lagerte Hannibal mit seiner Infanterie und deckte (...) den Zug der mühsam heraufklimmenden Pferde, Saumtiere und Elefanten. Dabei kam es unentwegt zu blutigen Gefechten".

"Wie groß war seine Armee?"

"Sie bestand aus 50.000 Mann Infanterie, 9.000 Reitern und 37 Kriegselefanten; (... größtenteils) karthagische Veteranen (= kriegserfahrene Fußsoldaten), libysche Berber und spanische Reiter".

"Hannibal hatte (endlich) die Alpen überquert. Aber mehr als die Hälfte seines Heeres war auf der Strecke geblieben. Der Feldherr hatte nur noch 20.000 Mann Infanterie, 6.000 Reiter und 15 bis 20 seiner Elefanten. (...) Die Römer hielten (indessen) 40.000 Mann unter Waffen. Als diese sich ihm in der Po-Ebene entgegenstellten, wurden sie von den Karthagern überrannt".

"In dieser furchtbaren Not fand Rom einen jungen strahlenden Feldherrn, Publius Cornelius Scipio ("der Ältere"), der in Spanien Cartagena angriff und einnahm. (Er) zerschlug eine Nachschubquelle (Hannibals – SGS) nach der anderen. Dieser Scipio kehrte schließlich als Sieger nach Rom zurück. Er erhielt ein Heer und eine Flotte und segelte aus, Karthago anzugreifen" (Ivar Lissner "So habt ihr gelebt", Walter, Olten 1963).

201 v. Chr. endete der Zweite Punische Krieg mit dem Sieg Scipios über die Karthager unter Hannibal in der Schlacht bei Zama in Nordafrika. Massinissa, ebenfalls ein Berber, hatte kurz zuvor eine recht zweifelhafte Rolle zu spielen begonnen, indem er und seine Reiter mit den Römern eine Verschwörung gegen Hannibal eingegangen waren und Scipio halfen, die Karthager auf afrikanischem Boden zu schlagen.

182 v. Chr. sollte Hannibal, der ins Exil geflüchtet war, den Römern ausgeliefert werden. Um diesem Schicksal zu entgehen, nahm er sich das Leben. Massinissa wurde von Rom dafür als König Numidiens (= etwa des heutigen Algeriens) anerkannt, und seine Streitigkeiten mit Karthago wurden tatkräftig unterstützt. Diese Einmischungen Roms in die lokalen nordafrikanischen Konflikte führten schließlich 149 v. Chr. zum Dritten Punischen Krieg.

"Mit der Eroberung und restlosen Zerstörung Karthagos durch die Römer, 146 v. Chr. (von ca. 500.000 Einwohnern blieben nur 50.000 als Sklaven übrig – sic), endete der Dritte Punische Krieg" (Stein op.cit.).

Während der nächsten vierzig Jahre blieb das Hinterland Karthagos, das sogenannte Tripolitanien, eine relativ selbständige Provinz des numidischen Königreiches unter Micipsa, ebenfalls einem Berber. Juba I., sein Nachfolger, fand sich während des römischen Bürgerkriegs zwischen Cäsar und Pompeius im Jahr 49 v. Chr. unwillkürlich im Lager des künftigen Verlierers wieder.

Nach dem Sieg Cäsars, 47 v. Chr., wurden deswegen die Numidischen Königreiche aufgelöst und ganz Nordafrika eine römische Kolonie, die von Mauretanien über Marokko, Algerien und Libyen bis nach Ägypten reichte. Diese wurde nun in das sogenannte "Africa Vetus" (Nordostafrika) und "Africa Nova" (Nordwestafrika) aufgeteilt.

Die ansässigen Berberstämme beider Teile wurden Rom gegenüber tributpflichtig und lieferten ihren Kolonisatoren jährlich 10.000 Hektoliter Olivenöl. Dem römischen Historiker Oppian zufolge, hatten die Berber Nomaden Rom zudem stammweise jährlich je 10.000 Reithengste abzuliefern. Anderen römischen Geschichtsschreibern zufolge, bezog Rom jährlich bis zu 60.000 Berber Pferde allein aus Nordwestafrika. Etwa zur Zeit um Christi Geburt züchteten die Berber jedenfalls Pferde in so großer Zahl, daß es sich für die Nomaden unter ihnen lohnte, den römischen Tributeintreibern nochmals weiter nach Süden in die Wüste auszuweichen. Welche waren diese Nomadenstämme?

Bereits Herodot schrieb um 445 v. Chr.: "zehn Tagereisen im Westen der Oase Augila (in der Libyschen Wüste - SGS) lebte eine große Berber Nation mitten zwischen Salzhügeln, Süßwasserquellen und zahlreichen Palmengärten, die Garamanten. Dieser Stamm, dessen Angehörige sich tätowierten, polygam lebten, dem Ahnenkult und der Sonnen- und Mondverehrung anhingen, bewohnten damals vor allem das Gebiet um das Wadi-El-Agial im Fessan (im Südwesten Libyens - SGS) und verfügte dort sogar über eine feste Hauptstadt, nämlich Garama" (H. Gueneron "La Libye", PUF, Paris 1976).

In den zwanziger Jahren vor unserer Zeitrechnung fürchteten die Römer die Garamanten so sehr, daß sie ihnen die römische Afrikaarmee unter Cornelius Balbus 800 km weit in die Wüste nachschickten, ohne nennenswerten Erfolg. Wie die Garamanten, legten sich auch die Nazamonen immer wieder mit den Römern an, wenn auch weiter im Norden Libyens, in Tripolitanien. Im Südosten des Fessan und der Garamanten lebte indessen der Berber Stamm der Lebou, die mit Bumerangs Antilopen und Strauße jagten und dem Land Libyen schließlich ihren Namen liehen.

Im Maghreb, in Nordwestafrika, wanderten zu Herodots Zeiten vor allem die Imazighen und Macares und später, im 3. Jh. n. Chr., die Mazices, Mauri, Gaetuli und Afri als Nomaden mit Pferdeherden. Die Gaetuli waren die Ahnen der heute sogenannten Touaregs, die sich selber "Kel Tamacheq" nennen; "die die Sprache Tamacheq sprechen". Wie die Touaregs leben auch die mit ihnen heute oft verschwägerten Mauri immer noch als Nomaden in Mauretanien und Mali.

Die ansässigen Berber Stämme, die sich teils der Mittelmeerküste entlang, teils im "fruchtbaren Streifen" zwischen dem Tellatlas und der Wüste, teils sogar auf den Hochebenen der östlichen Atlasausläufer fest niedergelassen hatten, blieben weiterhin sämtlichen Invasionen schutzlos ausgeliefert. Ihre Nachfahren werden heute unter dem Namen "Kabylen" zusammengefaßt.

Während der ersten fünfhundert Jahre nach Christi Geburt nisteten sich jedenfalls Flüchtlinge, Abenteurer, ja ganze meuternde Truppenteile aus der damaligen Mittelmeerwelt und selbst Persien in Nordafrika ein, was die Berber Nomaden nun mit Razzien, Überfällen und Raubzügen ahndeten.

Im Jahr 429 n. Chr. lud so der römische "Comes Africae" (Afrika-Verwalter) Bonifazius, der sich von Rom loszusagen trachtete, den Vandalenkönig Geiserich ein, ihm bei diesem Unterfangen zu helfen. Geiserich, der mit seinem Volk aus dem Donaugebiet über Frankreich nach Spanien eingewandert war, ließ sich nicht zweimal bitten. Mit 80.000 Männern, Frauen und Kindern - darunter 15.000 Kriegern - landete er in Marokko und überrollte von hier aus ostwärts den gesamten Mittelmeerküstenstreifen bis nach Libyen.

Kaum fünfzig Jahre später hatten die Berber den Küstenstreifen zurückerobert und nutzten ihn von neuem für die Zucht von jetzt vor allem Rindern, Kamelen und Pferden. Westrom war am Ende seiner Kräfte. Deswegen versuchte Justinian I., der oströmische Kaiser, Nordafrika nun für Byzanz einzunehmen, was ihm lediglich zeitweilig und nur dem äußeren Küstenstreifen entlang gelang.

Hundert Jahre später - im Jahr 634 n. Chr. - ließ Omar I., der zweite Kalif der eben erstarkenden Mohammedaner, im Namen des Islams Syrien, Persien und Ägypten erobern. Da Nordwestafrika den Arabern der libyschen Wüste wegen allzu schwer erreichbar erschien, nannten sie es "Djazirath el Maghreb", die "Insel des Sonnenuntergangs", und verzichteten einstweilen auf seine Eroberung. Allerdings nicht lange!

642 n. Chr. fielen sie abermals in Ägypten ein und versuchten in der Folge von hier aus westwärts, den einstigen byzantinischen Küstenstreifen zu besetzen.

Damit begann der zweieinhalb Jahrhunderte dauernde Partisanenkrieg der Berber Nomaden gegen die Araber; gegen die ersten Eindringlinge, die sich ihnen sowohl durch ihre Lebensweise als auch reiterlich und kriegerisch als ebenbürtig erwiesen. Dennoch brauchten diese nochmals fünfzig Jahre, um auch Westalgerien und Marokko zu erobern.

Hervé Gueneron schrieb zu diesen fünfzig Jahren: "Fanden die Araber bei den byzantinischen Kolonisatoren (...) auch nur wenig Widerstand, so setzten ihnen die Berber Nomadenstämme dafür um so hartnäckiger zu. Letztere waren in die Bergregionen der Sahara ausgewichen und überfielen sie von hier aus unablässig".

"Im Jahr 680 besetzten sie das Kairouangebiet mitten in Tunesien und schnitten den Arabern so die Nachschubwege aus Ägypten ab. Etwas später erhoben sich sämtliche Berber (Nomaden und Niedergelassene - SGS) zwischen dem algerischen Aurès und dem Djebel Nefousah in Libyen, wie ein Mann, und zwangen die Araber zum Rückzug bis in die Cyrenaica (längs der ägyptischen Westgrenze).

Die Niederschlagung dieses Aufstandes durch die Araber und deren Massaker, Geiselnahmen, Brandschatzungen und Felderverwüstungen zwangen daraufhin den überlebenden ansässigen Berbern den mohammedanischen Glauben auf, obwohl sie für lange Zeit (teils bis heute - SGS) sowohl an ihrer Sprache und Kultur als auch an ihrem Fremdenhaß festhielten" (H. Gueneron "La Libye" PUF, Paris 1976).

Im Jahr 711 setzten die Araber mit der Hilfe des ortskundigen Berber Stammesfürsten Tarik und dessen Kriegern über die Meerenge von Gibraltar und schlugen auf der Iberischen Halbinsel das Heer der hierher eingewanderten Westgoten unter Roderich. Im Jahr darauf eroberten sie das andalusische Sevilla, 716 Lissabon und Portugal, 720 Narbonne und ganz Südfrankreich.

732 schlug Karl Martel die Araber schließlich in der Schlacht zwischen Tours und Poitiers in Mittelfrankreich, obwohl die arabische Reiterei der seinen deutlich überlegen war.

Nordafrika wurde inzwischen zum Schauplatz einer ganzen Reihe religiöser, politischer und kriegerischer Auseinandersetzungen. Tatsächlich bot das Schisma des Islam nach dem Tod Mohammeds (632) den nordwestafrikanischen Kharidjiten und Ibaditen einen willkommenen Anlaß, um sich gegen die mohammedanische Zentralverwaltung in Damaskus aufzulehnen und in Libyen, wie im Maghreb, gleiches Recht für alle einzufordern, seien sie Araber, konvertierte oder nicht arabisierte Berber.

Zu dieser Zeit verlegten die islamitischen Abassiden die Zentralverwaltung ihres Reiches eben von Damaskus nach Bagdad, wodurch diese Nordafrika noch ferner rückte. Der Berber Stamm der Zenata nutzte die Gelegenheit, um die arabisierte Stadt Tripolis (in Tunesien) einzunehmen und seinen eigenen Iman, Abou El-Kattab, als religiöses Oberhaupt anzuerkennen.

Durch die eilig anrückende arabische Afrikaarmee aus Tunesien vertrieben, gründeten die Zenata und einige andere Berber Ibaditen-Stämme im Mursuq-Gebiet des südlibyschen Fessan das vereinte Königreich von Sawila, das rund zwei Jahrhunderte lang bestehen blieb.

Selbst als im Jahr 910 die Berber Dynastie der Fatimiden die Stadt Tripolis und deren Hinterland besetzte, lehnten sich die Berber Nomaden der Zenata weiter gegen ihre islamitische Oberhoheit auf und eroberten Tripolis in den Jahren 1000 und 1022 noch zweimal.

"In Wirklichkeit stellten die Araber in Nordafrika seit der ersten Einwanderungswelle (643) hier lediglich eine Minderheit unter den Berbern dar, die sich zwar als Elite fühlte und ausgab, sich aber dennoch aufrichtig um ihre Integration in die ansässige Bevölkerung bemühte".

"Dieses Bild änderte sich erst mit der Ankunft der zweiten arabischen Einwandererwelle um das Jahr 1060 herum" (H. Gueneron, op. cit.).

Zu dieser Zeit fiel eine Horde raubender und plündernder Araber (Beni-Hilal und Beni-Soulaïm), deren Kopfzahlstärke heute auf eine Million Männer, Frauen und Kinder geschätzt wird, zuerst in Ägypten ein und wurde, zehn Jahre später, von dem Emir El-Moia aus dem Niltal nach Westen getrieben.

Erst unter dem Einfluß dieser neuen, arabisch sprechenden, Mehrheit arabisierten sich in der Folge die ansässigen Berber von Libyen aus bis in den Maghreb, während die Berber Nomadenstämme der Sahara sowohl ihrer Lebensweise und Religion als auch ihrer Sprache und Kultur treu blieben. Damit büßten sie ein weiteres Mal jeglichen Vorwand ein, zu den Berber Bauern im Norden mehr als bloße Handelsbeziehungen aufrecht zu erhalten. Zudem führten die verschiedenen Schismen (Glaubensspaltungen) des Islam unter den ansässigen Viehzüchtern zu immer weiteren religiösen Abweichungen und sogar zu Stammesspaltungen.

Jean Servier schrieb hierzu: "Im westlichen Maghreb und hier vor allem in Marokko empfing der Stamm der Aouraba so die (Sekte der) Idrissiden, anerkannte ihre Mitglieder als Imams und erreichte sogar, daß sämtliche Zenetenstämme zwischen Tanger und dem Chétif diesen ebenfalls huldigten".

"Am anderen Ende der Berberei, in Tunesien, regierte inzwischen die Dynastie der Aghlabiden (...). Die Berber Welt zerfiel dadurch in drei große Regionen, die von keiner zentralen Verwaltungsstruktur mehr wirksam zu kontrollieren waren" (J. Servier: "Les Berbères" PUF, Paris 1990).

Auf der Iberischen Halbinsel hatten die Araber inzwischen die Städte Granada und Cordoba gegründet. Abd-ar-Rahman aus der Omajjaden-Dynastie versuchte, das neue "Reich von Cordoba" von der arabischen Verwaltung in Bagdad zu lösen, um dessen iberischer Bevölkerung würdigere Lebensbedingungen bieten zu können. Dadurch erwies er sich einerseits als eine Art "Berber im Geiste des luxusfeindlichen Islam" und andererseits als einer der ersten großen Humanisten aus arabischem Geschlecht.

Im Jahr 778 versuchte Karl I., "der Große", die Araber von der Iberischen Halbinsel zu vertreiben. Das Abenteuer mißlang. Auf dem Rückzug über die Westpyrenäen verlor er im Baskenland seinen treuesten Vasall, den (seither) legendären Roland, der die Nachhut seiner Armee angeführt hatte.

929 wurde das iberoarabische Cordoba-Reich endlich ein unabhängiges Kalifat, dessen Regierungen – ganz im Sinne Abd-ar-Rahmans – bewußt sowohl die südiberische Wirtschaft und Kultur als auch die arabischen Wissenschaften mit allen Kräften förderten, indem sie die ersten Universitäten des Mittelmeerraumes gründeten.

Zwischen 1008 und 1028 herrschte im ganzen Vorderen Orient und in Nordafrika der sogenannte "Große arabische Bürgerkrieg", der vielen Berber Fürsten erlaubte, sich von Bagdad zu emanzipieren und unabhängig zu werden.

Im Süden Nordwestafrikas, im heutigen Mauretanien oder Mali, schlossen sich Berber Nomaden verschiedener Stämme zu einer religiösen Kriegergemeinschaft unter Abou-Yasin zusammen, um das alte Ideal der Berber Kharedjiten, den asketisch von allem Weltlichen gereinigten Glauben, wieder auferstehen zu lassen. In verblüffend kurzer Zeit wuchs ihre Zahl auf 30.000 Krieger an, die den Maghreb nun zu Pferd von Süden nach Norden eroberten.

Sie nannten sich Almoraviden oder Mauren, gehörten die meisten unter ihnen doch dem Berber Stamm der Mauri an. Als Mauren nahmen sie jedenfalls den ganzen "arabischen" Süden der Iberischen Halbinsel ein, "indem sie jener andalusischen Zivilisation zur höchsten Blüte verhalfen, die im Laufe der Jahrhunderte der eigentliche Grundstock dessen blieb, was man allgemeinhin 'die arabische Hochkultur' zu nennen pflegt" (J. Servier, op. cit.).

Diese Hochkultur begann im Jahr 1086 zu blühen und welkte erst 1147. Fünfzig Jahre zuvor hatte die sogenannte "Reconquista", die Rückeroberung einiger arabischer Teile Spaniens durch die christlichen Nachbarstaaten, begonnen.

Zwischen 1150 und 1250 regierten die Almohaden Südspanien. Sie waren – obgleich "offiziell" Mohammedaner – ebenfalls reinblütige Berber oder "Mauren" und förderten die von den Almoraviden übernommene hispano-maurische Kultur durchaus in deren demokratisch-tolerantem Sinn weiter bis zum Ende der Reconquista im Jahr 1260.

In Andalusien hielt sich danach nur noch eine kleine maurische Kolonie; das Emirat von Granada, das 1492 von Kastilien eingenommen wurde.

Zwischen 1500 und 1830 änderte sich an der Lebensweise, Kultur und Religiosität der Berber Nordafrikas kaum mehr Nennenswertes. Die Bevölkerung blieb im fruchtbaren Norden in ansässige Bauern und Viehzüchter und in der Sahara in Pferde und teils auch Kamele züchtende Nomadenstämme aufgeteilt, die lediglich oberflächliche Handelsbeziehungen unterhielten. Auf den großen vierteljährlichen Märkten boten die Nomaden Pferde, Kamele, Sklaven, Leder und Salz an, während die Bauern Rinder, Esel, Ziegen, Schafe, Korn, Rohmetalle, Stoffe und Holzkohle zu tauschen trachteten.

Die Traditionalisten unter den Berbern hielten weiterhin an ihren Sonnen- und Mondsymbolen, dem Ahnenkult, der Pferde- und Reitkultur, der Verehrung heiliger Haine und Gräber, Felsen, Quellen und Bäume fest. Bei den ansässigen Bauern und Viehzüchtern wurde dieser religiöse Grundstock etwas mehr, bei den Nomaden dafür um so weniger durch den mohammedanischen Glauben an Allah, den einen Gott, an Mohammed, seinen Propheten, und an die Botschaft des Korans überlagert. Das heilige Buch des Islam fand zwar auch bei den Berber Nomaden ein um so offeneres Ohr, als es das Pferd zu Allahs liebstem Tier erklärt und nicht wenige praktische Anweisungen zu seiner Pflege enthält. Sein vor allem religiöser Inhalt war ihnen indessen etwas zu oberflächlich, das heißt nie "mystisch" oder esoterisch genug.

Während der rund 330 Jahre bis zur Kolonisierung des Maghrebs durch Frankreich "arabisierte" und "islamisierte" sich Nordafrika jedenfalls nur zögernd, oberflächlich und nennenswert lediglich unter den ansässigen Bauern und Viehzüchtern des fruchtbaren Küstenstreifens, der inzwischen längst regelmäßig von türkischen Piraten, Korsaren und Freibeutern heimgesucht wurde.

Dieser absoluten Unsicherheit des Westlichen Mittelmeers und seiner Küsten versuchte Frankreich 1830 einen Riegel vorzuschieben, indem es ziemlich selbstherrlich den Engländern, die den gleichen Plan hegten, zuvorzukommen suchte und kurzerhand in Algerien einfiel.

"Wie einst Rom, sah sich Frankreich nun unvermittelt Problemen gegenüber, die zu lösen es alles andere als gewohnt war. (...) So ignorierte es in seiner Beziehung zu der einheimischen Bevölkerung kurzerhand die Unterschiede (zwischen z.B. niedergelassenen und nomadisierenden, mohammedanischen und kaum arabisierten Berbern, nur arabisch und nur die Berber Sprache sprechenden Bauern – SGS) und führte geradlinige Grenzen (mitten durch einheitliche Stammesgebiete) ein" (J. Servier).

Nahezu überall stieß die französische Besatzungstruppe auf lokalen Widerstand, der aber dank der Uneinigkeit der Berber unter sich in der Regel schnell gebrochen wurde. 1845 annektierte Frankreich den Aurès, 1853 Soummam-Kabylien und 1857 das eigentliche Kabylien. "Erst wesentlich später begegnete es in der algerischen Sahara endlich auch den nur die Berber Sprache sprechenden Touaregs".

Heute "ist es noch zu früh, um sich eine Meinung über den Ursprung jener Berberaufstände zu bilden, die (in unserem Jahrhundert) schließlich zur Unabhängigkeit des Maghrebs geführt haben. (...) Wir können aber nachweisen, daß die Berber dabei eine nicht zu unterschätzende, ja bedeutende Rolle gespielt haben (...)" (J. Servier "Les Berbères" PUF, Paris 1990).

"Zum Dank dafür" werden die Berber im gegenwärtigen Algerien sowohl von den islamitischen Integristen familien- und dörferweise bestialisch abgeschlachtet als auch von der offiziellen Regierung sprachlich, kulturell und in ihren Traditionen drangsaliert. Vermutlich ist es heute (1998) bereits zu spät, um die so einzigartige Kultur der Landbevölkerung Kabyliens zu retten.

Den Berber Nomadenstämmen der Südsahara geht es inzwischen kaum besser. So litten die Touaregs – dieser Name wurde ihnen von den Arabern verliehen und bedeutet "die von Gott Verlassenen" – in den Jahren 1973 und 1984 besonders hart unter der Dürre im Sahel, die sie nahezu alle ihre Pferde- und Kamelherden verlieren ließ.

"Ihre Aufstände in den Jahren 1990 und 1995 kosteten sie nochmals Tausende von Toten. Daraufhin wurden die Menschen verjagt, ihre Tiere getötet, ihre Brunnen vergiftet: die Touaregs verloren buchstäblich alles, was sie je besaßen" (M. Vautier in "Paroles de Touaregs", Albin Michel, Paris 1997).

Heute, in den letzten beiden Jahren unseres Jahrtausends, verbieten nun auch die Regierungen der Staaten im Süden der Sahara, in welche die letzten Touaregs und Mauri geflüchtet sind, den Berbern das Tragen der traditionellen Säbel und Dolche, obgleich sie wissen, daß jeder männliche Touareg lieber sein Leben als seine Waffen und sein Pferd hergibt. In Mitteleuropa verkleiden sich derweil Damen an Pferdeschauen mittels blauen Leintüchern als Touaregs und simulieren "Fantasias", obgleich kein Berber Nomade, der auf sich hält, je an solchen teilzunehmen pflegt.

Gleichzeitig "entdecken" jedes Jahr mehr Franzosen, Deutsche, Belgier und Schweizer in der Sahara eine Art "letzter Spielwiese" für reiche Leute und veranstalten hier privat, wie offiziell, pseudoarchäologische Safaris, Razzien auf versteinerte Bäume und geologische oder mineralogische Raritäten; Auto- und Motorradrennen, bei welchen regelmäßig einheimische Kinder und Kleinvieh überfahren werden...

Glücklicherweise gab es im Laufe der Berber Geschichte auch immer wieder Reisende, Wissenschaftler, Saharaspezialisten, wie Herodot, Ibn Khaldoun, Eugen Daumas, Henri Lhote u.a.m., die der Sahara und den Berbern nicht nur etwas zu entlocken, sondern auch viel für sie zu bewirken hatten...

So wurde beispielsweise der französische General Eugène Daumas seinerzeit beauftragt, die Berber Pferde der Sahara zu begutachten und zu studieren und für die Kavallerie nützliche Informationen über den Umgang der Berber Reiter mit ihnen zu sammeln.

Im Jahr 1851 erschien seine Arbeit unter dem Titel "Die Pferde der Sahara" in Paris und weckte unversehens nicht nur das Interesse des französischen Generalstabs für die Berber Pferde, sondern zudem auch das Verständnis der französischen Zivilbevölkerung für die (ansässigen) Berber Pferdezüchter und ihre Anliegen. (Das zweiteilige Werk liegt in einer guten zeitgenössischen Übersetzung (Berlin 1854) im Olms Verlag in Hildesheim vor.)

Tatsächlich studierte General Daumas während der sechzehn Jahre, die er - ab 1837 - in Nordwestafrika als französischer Konsul bei dem Berber Emir Abd-el-Kader und als "Zentraldirektor für arabische Angelegenheiten" verbrachte, nicht nur Pferde, sondern ebenso eingehend auch ihre Züchter, Ausbilder und Reiter und deren Traditionen, Sitten und Gebräuche.

Letztere erscheinen in seinem Buch zwar in einem etwas schiefen Licht, weil auch er damals weder zwischen arabisierten, im fruchtbaren Tiefland ansässigen Züchtern von Araboberbern und den Berber Nomaden, den Züchtern reiner Atlasberber, unterschied, noch anscheinend je reine Berber Pferde aus dem Hochatlas zu Gesicht bekam. Dennoch kann man sein Buch Pferdefreunden durchaus empfehlen.

☆ ☆ ☆

Anhang VI
WIE RITT FRANCOIS ROBICHON DE LA GUERINIERE?

François Robichon de la Guérinière (1688-1751), der international unbestritten größte Reitmeister der Barockzeit, gilt weniger als ein Neuerer denn als der Reitmeister, der das gesamte hippologische und "reittechnische Wissen und Können" seiner Zeit gesammelt, auf seinen Pferden erprobt, wo nötig korrigiert und sanfter gestaltet, nochmals durchdacht und schließlich in seinem Buch "Ecole de Cavalerie" der Nachwelt überliefert hat.

Die "Ecole de Cavalerie" wurde so, seit ihrem Erscheinen im Jahr 1733, zur reiterlichen "Bibel" all jener Pferdefreunde, die ihre Tiere nicht dressieren, sondern gymnastizierend ausbilden und reiten wollen. Früher oder später wurde sie denn auch in die meisten europäischen Sprachen übersetzt. Leider erwiesen sich aber die Übersetzer oft als reiterlich nicht beschlagen genug, um La Guérinières Erkenntnisse richtig zu verstehen. Oder sie fühlten sich ihrer eigenen Reitweise so sehr verbunden, daß sie die seine nicht einmal in Gedanken nachvollziehen konnten. Oder sie kannten sich einfach viel zu wenig in La Guérinières Zeit, Sprache und Reitkultur aus, um den vielschichtigen Bedeutungen seiner Fachbegriffe umfassend gerecht zu werden.

Trotzdem dienen ihre Übersetzungen weiterhin vor allem jenen Reitern als Basistexte, die heute versuchen, entweder "barock" oder "iberisch" oder beides zu reiten, obgleich sie in der Regel zwischen Pferdedressur und Pferdegymnastik ebensowenig unterscheiden wie die meisten Übersetzer La Guérinières.

Tatsächlich stellen sich heute jedesmal, wenn einem Bücher, Artikel und Bilder zur aktuellen "iberischen" oder "Barockreiterei" unter die Augen geraten, die gleichen Fragen; nämlich, was die jeweiligen Autoren und die Reiter auf den Bildern - abgesehen von ihrer mehr oder weniger exotischen Verkleidung - eigentlich anders handhaben als jeder Reitschüler im Tattersall, und weshalb sie ihre Dressurarbeit "barock" oder "iberisch" nennen, verfügen sie doch offensichtlich weder über die barocke Losgelassenheit noch über La Guérinières geschmeidigen Sitz mit nach hinten abgekipptem Becken!

Kann man, frage ich mich weiter, in Mitteleuropa überhaupt den Reitanweisungen der französischen Barock-Reitmeister folgen, wenn man weder ihr Französisch, noch ihre Fachausdrücke in der damaligen Bedeutung, noch die französische Kultur ihrer Zeit erfaßt?

Die erste schlüssige Antwort auf diese und ähnliche Fragen fand ich in einer Diplomarbeit über die Übersetzung der "Ecole de Cavalerie" von dem deutschen Oberst Siegfried von Haugk (1940); das heißt in der Übersetzungskritik von Frau Claudia Stevens, welche dem Prüfungsamt der Gutenberg-Universität Mainz in Germersheim im Wintersemester 1992/93 vorgelegt und von den Prüfern mit der Note 1.0 ausgezeichnet wurde.

Frau Stevens kommt darin ebenfalls zu dem Schluß, daß man La Guérinière und seine "Ecole de Cavalerie" nur in deutscher Übersetzung weder richtig verstehen, noch nach ihm reiten kann, weil seine "Intentionen (...) verzerrt wiedergegeben werden":

"Die Fehlübersetzungen beruhen auf der Mißachtung der grundlegenden (...) Geisteshaltung des Autors (und seiner Zeit - SGS). Diese Anschauung, die vom Übersetzer offensichtlich völlig ignoriert wurde, hätte sich durch eine vorherige Untersuchung des kulturellen Umfeldes erschließen lassen, die aber hier (in der Haugk-Übersetzung - SGS) wohl nicht vorausging. Statt dessen übertrug von Haugk bei der Wiedergabe seine eigene Einstellung auf den Text, die aber von der de la Guérinières völlig verschieden ist.

Diese grundlegende Verschiedenheit mag überraschen, handelt es sich hier auf den ersten Blick doch um ein genau eingegrenztes und homogenes Sachgebiet, auf dem überdies Autor und Übersetzer profunde Fachkenntnisse besitzen. Bei genauerem Hinsehen läßt sich aber feststellen, daß sich hier zwei einander geradezu entgegengesetzte Zielrichtungen des Reitens gegenüberstehen: auf der einen Seite 'ziviles' Reiten als Selbstzweck, als Streben nach einem vielleicht nie zu erreichenden Ideal der Vollkommenheit, keinen äußeren Zwängen unterworfen; auf der anderen Seite 'militärisches' Reiten als Mittel zum Zweck, für das blinder und jederzeit gewährleisteter Gehorsam des Pferdes wichtigstes Kriterium war" (...).

Wie ritt nun La Guérinière in Wirklichkeit und dem Urtext der "Ecole de Cavalerie" von 1733 zufolge?

Um mich nicht dem Verdacht einer ebenfalls "sinnbeugenden" eigenen Übersetzung auszuliefern, bat ich Frau Claudia Stevens und Frau Riek Walther, beide diplomierte deutsche Berufsübersetzerinnen und zudem Reiter, das so oft falsch zitierte 6. Kapitel aus dem zweiten Teil der "Ecole de Cavalerie" in extenso so präzis wie nur möglich neu zu übersetzen. Die beiden so entstandenen Versionen wurden sodann von Frau Stevens, Frau Walther und mir in Zusammenarbeit wort- und sinngetreu zusammengefaßt. (Auslassungen wurden mit (...) signalisiert und

Zusätze von mir zwischen Klammern mit – SGS. Die hervorgehobenen Sätze wurden von mir kursiv gesetzt.) Diese Kompilation stellt zur Zeit die objektiv wohl genaueste Übersetzung der strittigen Passagen dar. Frau Stevens und Frau Walther sei hiermit sehr herzlich für ihre Arbeit gedankt.

"VON DER GUTEN HALTUNG DES REITERS (zu Pferd – SGS) UND VON DEM, WAS VOR DEM AUFSTEIGEN ZU BEACHTEN IST

Die Anmut ist ein so schöner Schmuck für den Reiter und zugleich ein so bedeutender Schritt auf dem Weg zur Reitkunst, daß alle jene, die Pferdeleute werden wollen, vor allem die nötige Zeit aufwenden müssen, um diese Anmut zu erlangen. Ich verstehe darunter ein Gefühl von Ungezwungenheit und Losgelassenheit, das es in der aufrechten und lockeren Haltung (zu Pferd – SGS) zu bewahren gilt. (...)

Man muß sich genau in die Mitte des Sattels setzen und (...) das Gesäß nach vorne schieben, damit man nicht zu nahe am Hinterzwiesel sitzt (und Raum für das Abkippen des Beckens nach hinten bleibt – SGS); man muß die Lendenpartie beugen und (mit dem Oberkörper belastend – SGS) mit ihr geschmeidig die Bewegung des Pferdes ausfedern. (...)

Der Kopf muß gerade und ungezwungen über den Schultern getragen werden, der Blick zwischen den Pferdeohren hindurch (auf den Weg des Pferdes – SGS) gerichtet; die Schultern losgelassen und ein wenig zurückgenommen; denn würde man Kopf und Schultern nach vorne bringen, so würde das Gesäß aus dem Sattel gehoben, was nicht nur ein schlechtes Bild abgibt, sondern das Pferd zudem auf die Schultern wirft (...).

Was die Schenkel anbelangt (...), so sollten sie aus dem Knie heraus gerade und locker nahe am Pferd herabhängen (...), dabei sollten die Oberschenkel und die Kniekehlen nach innen gewandt sein, *so daß die Unterseite des Oberschenkels sozusagen am Sattelblatt klebt* (...). Der Absatz sollte etwas tiefer hängen als die Fußspitze, aber nicht allzu sehr, weil sonst das Bein steif wird. Er sollte etwas einwärts gedreht sein (...) (d.h. die Fußspitzen nach außen gerichtet = offene Oberschenkel und Knie = "offener Sitz" nach Steinbrecht – SGS). *Eigentlich sind es nicht die Unterschenkel, die zu Pferd gedreht werden müssen, sondern die Oberschenkel aus der Hüfte heraus* (...).

Zeichnung 43: Pferdedressur oder Pferdegymnastik? – Der Dressurreiter
Das "gut durchgearbeitete" Dressurpferd besticht durch seine unüblich kurze
Basis mit gut abgehobenen Hufen. Die Kruppe erscheint leicht abgekippt, der
Pferderücken jedoch festgehalten. Die Hankenbeugung erweist sich wegen des
nach vorne gekippten Reiterbeckens, des Knieschlusses und der verkrampften
Waden in zu kurzen Bügeln, als "in der Pferdekruppe steckengeblieben". Die
kurze Basis, die Aufrichtung und Kopfhaltung des Pferdes "hinter dem Zügel"
erscheinen dadurch als andressiert. Das Schweifschlagen, die steife Vorderhand
und der Schwerpunkt des Pferdes unter dem Reiterknie, anstatt in der Pferdemitte, sprechen gegen jede Lockerheit der Haltung dieses Dressurpferdes in der
Piaffe.

Zeichnung 44: Pferdedressur oder Pferdegymnastik? – F. R. de la Guérinière
Das sichtlich "gymnastizierte", anstatt dressierte, Pferd La Guérinières zeigt
seine Kruppe locker abgekippt und die Gelenkwinkel der Hinterhand vorbildlich
gebeugt. Es trägt sich somit in lockerer Selbsthaltung vor allem mit der Hinterhand und richtet sich in der Halsbasis auf, weil es vom Reiter losgelassen und
locker von hinten nach vorne belastet wird. Der Reiter sitzt mit nach hinten
abgekipptem Becken, somit "gebeugten Lenden", und belastet sein Gesäß locker
und entspannt mit den losgelassenen Schultern, um so am Sattel klebend, geschmeidig in jede Pferdebewegung einzugehen. Deswegen tritt das Pferd anscheinend mühelos seine Piaffe.

Nur indem man nach und nach dazulernt, erlangt man jene Sicherheit, die aus dem Gleichgewicht herrührt und nicht aus dem eisernen Knieschluß, den man den Roßtäuschern für ihre halsbrecherischen Kunststückchen überlassen sollte.

Allmählich und ohne sich dessen bewußt zu werden, findet der Reiter so zu einem sicheren und aufrechten Sitz ohne jede Steifheit noch Verkrampfung; seine Haltung wird locker und gewandt, ohne nachlässig oder affektiert zu sein, und er wird sich vor allem niemals nach vorne neigen, was der größte aller Fehler ist (...)" (sic F.R. de la Guérinière 1733, übersetzt von Claudia Stevens und Riek Walther).

Um La Guérinière selber nicht nur zu Wort kommen, sondern sein "barockes" Reiten auch selber demonstrieren zu lassen, bat ich die Zeichnerin der schematischen Darstellungen im "Gymnasium des Freizeitpferdes", Frau Josefine Jacksch, den einzigen noch existierenden Stich von ihm zu Pferd aus "Reiter Reiten Reiterei" (Tafel IV, Bild 7) nachzuzeichnen und der Silhouette des Dressurreiters gegenüber zu stellen, von dem Herr Dr. Stricker in einem Pegasus-Artikel (PPM 7/93, S. 20) behauptete, er übe den wahren Sitz La Guérinières.

Aus dieser Gegenüberstellung müßte selbst Laien klar werden (vgl.: Z. 43 & 44, S. 248 & 249), daß der korrekte deutsche Dressursitz ziemlich genau das zeitigt, was La Guérinière den "größten aller Fehler" nennt, nämlich das Sich-nach-vorne-Neigen mit steif aufgerichtetem Becken, Hohlkreuz und Oberschenkelschluß, und daß La Guérinière selber gänzlich anders ritt, nämlich mit Lockerheit und Losgelassenheit, das Becken bequem nach hinten abgekippt und mit den lockeren Schultern belastet, somit ohne Hohlkreuz, dafür mit offenem, lockeren Schenkelhang und losgelassenen Zügeln.

Die Gütezeichen alles authentischen barocken und iberischen Reitens waren im 18. Jahrhundert tatsächlich vor allem die lockere Losgelassenheit des offenen Sitzrahmens, aus dem die Schenkel nahezu vertikal, also lang, herabhingen, und waren die einhändig geführten Zügel, weil den echten Barockreitern durchaus noch bewußt war, daß man zum Reiten mit zweihändig geführten Zügeln "weder ein gut gerittenes Pferd, noch selbst ein guter Reiter zu sein" braucht, wie O.M. Stensbeck in "Grundzüge der Reitkunst" schrieb (2. Reprintauflage Olms, Hildesheim 1996, S. 24).

☆ ☆ ☆

Anhang VII
PFERDEDRESSUR – PFERDEGYMNASTIK? oder
"GIB DEM PFERD DIE HALTUNG UND LASS ES GEWÄHREN!" –
(N. Oliveira)

Im Spätwinter 1982 weilte ich mit einer französischen Reitlehrerin
zusammen bei Meister Nuño Oliveira in Avessada (Portugal). Da wir
beide ursprünglich von der Dressur- und Military-Reiterei herkamen,
meine Begleiterin indessen hier, bei mir, vor allem das Gymnastizieren
von Pferden an der Hand und unter dem Sattel erlernen wollte, kreisten
unsere Gespräche während der dreitägigen Fahrt vordringlich um die
Frage, was Pferden letztlich besser und nachhaltiger bekomme, bzw.
was ihnen "gemäßer" sei: Dressur oder Gymnastik?

Am Freitagabend erreichten wir Avessada und fanden schließlich den
Weg zu Meister Oliveiras Picadeiro (= Reitbahn). Ab Samstagmorgen
sahen wir dem Meister täglich zwischen sieben und zehn Stunden lang
zu, wie er seine Pferde an der Hand gymnastizierte und ritt. Um nichts
zu vergessen, schrieb ich, was mir auffiel, mit und "klaute" ihm, wie er
einmal grinsend rügte, mittels Skizzen die Bodenpläne seiner subtilsten
Hufschlagfiguren.

Ab Montag erhielten wir täglich zwei Reitlektionen; erst zu zweit,
dann zu viert, schließlich zu sechst. Ab Mittwoch lud uns der Meister
mehrmals zum Abendessen und zu Diskussionen ein, die jeweils bis in
die frühen Morgenstunden dauerten. Selbstverständlich stellten wir ihm
dabei auch die Frage, in welchem Umfang er seine Junghengste gym-
nastiziere und in welchem er sie dressurmäßig arbeite.

Pferde, die er später an Dressurreiter im Ausland verkaufe, sagte er,
müsse er mindestens zu einem Drittel dressurmäßig ausbilden und dürfe
dabei zwei Drittel reiner Gymnastik nie überschreiten.

"Verfügen Sie", fragte meine Schülerin, "im Augenblick auch über
ein Pferd, das Sie ausschließlich gymnastiziert haben?"

"Ja, über mein 'Jahrhundertpferd', Soante! Deswegen", er grinste,
"läßt der sich auch nicht 'dressurmäßig bearbeiten'!"

Während der vierten oder fünften Reitlektion hörten wir Meister
Oliveira einmal einem japanischen Arzt seine berühmte Mahnung er-
teilen: "Gib dem Pferd die Haltung und laß es gewähren!" Während
unserer abendlichen Diskussion kam ich prompt hierauf zurück:

"Sagen Sie, Maître, wenn ein Reiter seinem Pferd eine gewünschte
Haltung nahelegt, dressiert er es oder gymnastiziert er es dann?"

"Das hängt davon ab, *wie* er sie ihm vermittelt! Zwingt er sie ihm

Zeichnung 45
Meister Nuño Oliveira in der Piaffe auf Soante, seinem "Jahrhundertpferd"

über Schenkel- und Zügelhilfen auf, so dressiert er und verkrampft es damit zweifellos. Hilft er ihm hingegen, ausschließlich dank seines lockeren Sitzes und Gewichtseinsatzes, die gewünschte Haltung selber zu finden, so erreicht er das bessere Ergebnis allein durch den Verzicht auf jegliche Behinderung; somit lediglich 'gymnastizierend'. Das Pferd bleibt in diesem Fall locker entspannt und kann so nicht nur mitarbeiten, sondern sich auch selber ausdrücken. Die vielbesungene Brillanz meiner Pferde ist in Wirklichkeit nur in diesem Sich-ausdrücken-lassen begründet."

"Also", bohrte ich weiter, "unterscheidet sich die Gymnastik von der Dressur lediglich durch die bessere Gleichgewichtshaltung des Pferdes dabei?"

"Nein, nicht nur durch die bessere Haltung, sondern vor allem durch die Ungezwungenheit, Losgelassenheit und Leichtigkeit jeder Pferdebewegung in jeder Haltung und dadurch, *wie* ihm diese nahegelegt wurde."

Im Verlauf des nun folgenden Monologs erklärte Meister Oliveira, um den Unterschied zwischen Pferdedressur und Pferdegymnastik nicht nur zu sehen, sondern beim Umgang mit lebendigen Pferden auch zu erfahren, habe man stets den endlichen Verwendungszweck jedes einzelnen Pferdes im Auge zu behalten und jede Pferdebewegung auch von der Aufgabe aus zu betrachten, die das Pferd damit zu erfüllen habe. Zum leichteren Verständnis dessen, was er meinte, zog er drei Beispiele heran:

    1.) die Haltungen der Wildequiden in der Natur
    2.) den "Stress" bei kriegerischem und sportlichem Einsatz des Pferdes
    3.) die Losgelassenheit der Reitpferde beim Umgang mit Kampfstieren.

Tatsächlich ist den meisten Wildequiden auf freier Wildbahn sowohl jede Art und Form des Dressiertwerdens als auch jegliche von außen aufgezwungene Verspannung oder Verkrampfung fremd, nicht aber die Gymnastik, die ihnen die Gruppen- und Herdenoberen vom zweiten oder dritten Lebensjahr an nahelegen.

Wie wir dank der neuesten Erkenntnisse der Paläontologie heute wissen, nahmen bereits die Jägernomaden, die früher in die großen gemischten Wildherden Südwesteuropas mit dem sogenannten "Folgewild" zusammen voll integriert waren, den Gruppen- und Herdenchefs spätestens im Magdalenien (vor rund 17.000 Jahren) auch die Gymnastizierung der Junghengste im Herdenverband ab.

Auch deswegen liegt jedenfalls die ausschließlich gymnastizierende Ausbildung den südwesteuropäischen Pferden (Alter Real, Andalusier, Asturcone, Berber, Camargue-Pferd, Cartujano, Garraño, Landais, Lusitano, Mérens, Pottock, Sorraia u.a.m.) nach wie vor wesentlich näher als jede noch so sanfte oder gutgemeinte Dressur.

Die ersten und ältesten Domestizierungsversuche von Wildpferden waren die der "Mesolithiker", der ersten seßhaften Bauern auf der Iberischen Halbinsel, die durch das Einfangen mit Lassos und Bolas, Einpferchen und Abrichten, somit mittels Gewalt und Dressur, zuerst nur die Tragekräfte der Wildpferde, dann auch deren Behendigkeit unter dem Reiter auf Kriegszügen zu nutzen trachteten.

Dies geschah im 6. und 5. Jahrtausend v. Chr., somit zu einer Zeit, in der die epipaläolithischen Jägernomaden noch immer mit Wildpferde-gruppen auf freier Wildbahn zusammenlebten und zusammen wanderten. Ihre Jungpferde ließen sich halftern, führen, anhalten und sogar vom Boden aus versammeln, ohne daß die Epipaläolithiker sie je, wie die Mesolithiker, mit Lasten oder dem eigenen Reitergewicht zu behindern versucht hätten.

Im 5. und 4. Jahrtausend v. Chr. begannen die seßhaften altiberi-schen Bauern den Jägernomaden und ihren Herden an deren traditio-nellen Wanderwegen aufzulauern, sie beritten anzugreifen und sie aus der Gegend zu vertreiben, um das Weideland für ihre eigenen, inzwi-schen domestizierten, Herden zu schonen. Ein Teil der Jägernomaden wich dem Druck nach Nordafrika aus und begründete hier die Nation der Berber. Ein anderer Teil blieb den immer kleineren Wildherden treu. Ein dritter Teil verdingte sich bei den ansässigen Grundbesitzern als Rinder- und Pferdehirten, Bereiter und Reitlehrer.

Letzteren verdanken wir die Tatsache, daß sich die traditionelle, den Herdenchefs abgeschaute, gymnastische Pferdeausbildung in Südwest-europa bis vor kurzem vor allem bei den Campinos, Gardians und Va-queros mehr oder weniger rein erhalten hat.

Der naheliegende Gedanke Nuño Oliveiras und Meister Egon von Neindorffs, Pferdegymnastik mit Pferdedressur zu kombinieren, ver-langt nun aber tatsächlich große und größte Meister; nämlich sowohl des Sehens und Verstehens, wie jedes einzelne Pferd veranlagt und wie weit es zu gymnastizieren oder zu dressieren ist, als auch große Meister "in beiden Sätteln", wie man hier in Südwesteuropa sagt, das heißt sowohl der "Gineta"-Ausbildungs- und Reitweise (= altiberische Dres-sur) als auch jener "à la Brida" (des gymnastizierenden Ausbildens).

Was aus Kombinationsversuchen von Amateuren wird, ersieht man aus den Bildern von Pferden, die der heute eben modischen "Freiheitsdressur" in Paddocks, Picadeiros und Korralen unterzogen werden. Das longenlose Herumscheuchen nimmt ihnen erfahrungsgemäß jede Neigung, Freude oder Lust, auch bei sich lohnenden, echten Aufgaben je wieder mit dem Menschen zusammen zu arbeiten.

Aber genau hieran scheinen sich heute die Geister zu scheiden: geht es um Show, Spiel und Sport, so muß sich ein Pferd möglichst schnell in einer spektakulären Zirkusnummer vorstellen lassen. Durch entsprechende Dressur gewöhnt man ihm jede eigene Äußerung und Initiative ab, "diszipliniert" seine natürlichen Reaktionen und zwingt es, gewisse Hufschlagfiguren in Haltungen zu treten, die diesen kaum jemals entsprechen. Das wiederum gelingt dem Pferd lediglich verkrampft dadurch, daß es sich auseinanderfallen läßt, den Rücken wegdrückt und so die Hufe kaum mehr vom Boden abheben kann.

Frühere Meister der Dressur, wie Steinbrecht, Bürkner und der große Schweizer Major Moser, waren sich dieser Tatsache durchaus noch bewußt und behaupteten, bis heute unwidersprochen, die wirksamste Belohnung eines Pferdes bei der dressurmäßigen Ausbildung sei nach wie vor das Aufhören, Absteigen und In-Ruhe-lassen.

Scheint somit jedes Dressurpferd sowohl im Training als auch in der Prüfung erst aufzuatmen und sich zu entspannen, wenn das Schlimmste endlich überstanden ist, so drängeln nur gymnastizierte Stier- und Freizeitpferde meistens geradezu zur Arbeit.

Wer je zu Pferd mit Kampfstieren umgegangen ist, wird sich tatsächlich gewundert haben, wie ungeduldig munter das Pferd unter seinem Sattel täglich den Weg zur Herde unter seine Hufe nahm, und wie schnell es sich von selber losließ, versammelte und sein Gewicht mit gebeugten Hanken zu tragen begann, sobald man auch nur in die Nähe der Rinder gelangte.

Denn in Südwesteuropa "weiß" nahezu jedes Pferd, daß nichts Aggressionen seitens kapitaler Bullen unmittelbarer herausfordert als verkrampft hektisch getretene Bewegungsfolgen eines vom Reiter festgehaltenen Hengstes, "der sich auf den Schultern schleppt" und so für den Stier jede Eigeninitiative, Wendigkeit und Reaktionsfähigkeit verloren zu haben scheint.

Sind die vordergründigen Ziele jeder Dressur somit Disziplin und Zuverlässigkeit, Gehorsam oder Unterwürfigkeit dem sogenannten "Dominieren", d.h. dem Willen und den Absichten des Reiters gegenüber, so sind jene der rein gymnastizierenden Ausbildung das blanke Gegenteil hiervon.

Tatsächlich haben wir dem Pferd beim Gymnastizieren, wie Meister Oliveira sagte, sämtliche Anlagen, Eigenheiten und Fähigkeiten, die es als Fohlen charakterisierten, nicht nur vollumfänglich zu erhalten, sondern so weit zu fördern und zu vervollkommnen, daß es sie später jederzeit locker, losgelassen lediglich durch Haltungsänderungen um so kräfteschonender und ausdauernder einzusetzen vermag.

Zu diesen Anlagen und Eigenheiten gehören selbstverständlich auch die Lust oder Freude des Fohlens an den eigenen Bewegungsfolgen, die Eigeninitiative, das "Mitdenken" bei der Lösung schwieriger Aufgaben, die Konzentration und die Neigung, mit anderen Tieren oder Menschen in gleichberechtigter Partnerschaft zusammenzuwirken und nicht zuletzt das Selbstbewußtsein und Vertrauen in den Longenführer und Bereiter, stets nur zu seinem Wohl gymnastiziert zu werden.

Ist demnach jede Dressur späterer militärischer, sportlicher oder menschlich egozentrischer Zielsetzungen wegen gezwungen, der Pferde Individualität, Eigenwille und Eigeninitiative erst einmal zu beschneiden, wenn nicht sogar zu brechen, so lebt die konsequente reine Pferdegymnastik davon, daß das Jungpferd vor allem zu sich selber, zu seinen ureigenen körperlichen wie potentiellen psychischen Fähigkeiten und Möglichkeiten geführt wird.

Dabei muß es sich deutlich wohler fühlen, als wenn es in Ruhe gelassen wird, nur weil der Longenführer oder Reiter ihm echt und wirklich "hilft", z.B. weiter unterzutreten, sich leichter zu biegen, die Vorteile der Hankenbeugung zu entdecken, Gewicht mit dem Innenhinterhuf aufzunehmen, sich von selber zu versammeln und sich locker losgelassen auch selber zu tragen. (Vgl.: Solinski "Reiter Reiten Reiterei" und "Das Gymnasium des Freizeitpferdes", Olms Verlag, Hildesheim 1983/93/97 bzw. 1991/96 und die Werke von Meister Nuño Oliveira, die ebenfalls im Olms Verlag erscheinen.)

Soll man somit Freizeitpferde dressieren oder gymnastizieren?

Meister Oliveira hätte hierauf geantwortet: "Gib dem Pferd die Haltung (derer es zur Lösung seiner jeweiligen Aufgabe bedarf - SGS) und laß es gewähren! Dann reite locker losgelassen mit offenem Sitz von hinten nach vorne und vergiß dabei nicht: Wer auf dem Pferd arbeitet, hat da nichts zu suchen!"

Anhang VIII
"REITEN BEDINGT, SEIN PFERD TÄGLICH BESSER ZU VER-
STEHEN" (N. Oliveira)

Wir saßen im einzigen Raum des Häuschens neben der Reithalle, der
Meister Nuño Oliveira als Büro und Studierzimmer diente, beim Apéri-
tif. Es war an einem feucht-kalten Spätwinterabend. Eben hatten wir die
zweite Reitlektion des Tages erhalten. Der Meister faßte die Fortschritte
und gröbsten Fehler jedes einzelnen Reiters zusammen und erteilte uns
Ratschläge für die Zukunft mit und auf unseren eigenen Pferden; englisch, französisch und portugiesisch...
In einer Gesprächspause fragte unvermittelt eine Reiterin aus Frankreich: "Maître, warum reiten Sie Ihre Pferde eigentlich alle selber?"
"Na, um sie täglich besser zu verstehen!"
"Was haben die Pferde davon, wenn wir sie täglich besser verstehen?"
"Wer sein Pferd nicht versteht, darf auch nicht erwarten, daß er es je
pferdegemäß gymnastizieren, reiten oder weiter ausbilden kann..."
Meister Oliveira nahm einen Schluck aus seinem Glas und hob zu einem seiner berühmten Monologe an, in denen jeder Satz einen Grundsatz darstellte. Ich schrieb eifrig mit, was er mir dadurch erleichterte,
daß er die meisten seiner französischen Sätze zuerst auf englisch und
dann auf portugiesisch wiederholte.
So wurde mir damals und in den fünfzehn Jahren seither allmählich
bewußt, daß ich mich offenbar schon seit längerer Zeit auf dem Weg
zum "Verstehen der Pferde von der Pferdeseite her" befand, mir
darüber aber kaum je Rechenschaft abgelegt hatte. (Vgl.: S.G. Solinski,
"Das Gymnasium des Freizeitpferdes", Hildesheim 1991/96)
Während meiner fünfjährigen Kampfstierhirten- und Zureiterlehre in
der Camargue hatte es anfänglich immer nur geheißen: "Escoutes toun
chivau!" ("Lausche in dein Pferd!") und später "Vejo li biou!" ("Achte
auf die Stiere!"). Und prompt hatten mir die Pferde und Stiere und der
Umgang mit ihnen eine Art der Achtsamkeit und "wachen Konzentration
des Bauches" (anstatt des Gehirns) vermittelt, die mir endlich kaum eine
hektische, verspannte oder auch nur unnatürliche Bewegung eines Stie-
res oder Pferdes mehr entgehen ließ - oft nicht einmal hinter meinem
Rücken.
So lernte ich jedenfalls nach und nach jede einzelne Bewegung meiner
Schutzbefohlenen als Absichten, Zeichen und Winke zu erkennen, zu erfahren und zu verstehen, mit denen sich die Pferde, wie die Stiere, untereinander, wie mit meinem Pferd und mir zu verständigen versuchten.

Meister Oliveiras Monolog zeigte mir jedoch erst vor rund zwanzig Jahren die Zusammenhänge auf, die aus dem intuitiven Beobachten und Sehen das Voraussehen, Erkennen und Erfahren und schließlich eine Art "Röntgenverständnis" sowohl für den Tierkörper und seine Bewegungen als auch für die psychischen Belange der Pferde entstehen lassen. Aber erst dieses Verständnis der Zusammenhänge macht das "Sehen-Erkennen-Erfahren-Verstehen" schließlich auch Reitschülern übermittel- und nachvollziehbar (was ich seit 1997 in speziellen "Sehkursen" immer wieder von neuem erfahre).

An sich ist das alles andere als neu! Bereits zu Pignatellis Zeiten (16. Jh.) unterrichteten die Spanier die späteren italienischen Reitmeister vor allem in der Pferdepflege, Hippologie und im Stalldienst. (Vgl.: S.G. Solinski, "Reiter Reiten Reiterei", Olms Hildesheim 1983/93/97) Und noch in den fünfziger Jahren unseres Jahrhunderts gehörten sowohl der Umgang mit Pferden vom Boden aus als auch Pferdepflege und Stalldienst in jeder besseren französischen Reitschule untrennbar zum Reitenlernen.

Heute "sehen" indessen die meisten Freizeitreiter nicht einmal, ob ein Pferd an der Longe Innen-, Außen- oder Kreuzgalopp geht, ob es links oder rechts gebogen, gerade oder verbogen tritt, ob es den Rücken hergibt, festhält oder wegdrückt, sich versammelt oder auseinanderfällt oder die eine oder andere oder beide Hanken beugt!

Wie aber will ein Longenführer oder Reiter Fehler seines Pferdes korrigieren, die er nicht einmal wahrnimmt? Wie beispielsweise sein Pferd versammeln, das er von vorne nach hinten longiert, oder dem er eben den Rücken wegdrückt, ohne sich dessen bewußt zu werden? Kurz, was ein Reiter oder Longenführer nicht erkennt, kann er weder anstreben, noch korrigieren, noch vervollkommnen.

Das zeigt auch meine Erfahrung als Reitlehrer. Unter den Stammgästen meines ehemaligen Reitbetriebs haben nur die Reiter ihre Pferde wirklich weiter gymnastiziert, die hier eindeutig auch ihr Sehen und Erfahren geschult und damit die Bewegungssprache der Pferde nicht nur zu verstehen, sondern auch zu beantworten gelernt haben.

Selbst wenn man bereits zu sehen und zu verstehen vermeint, öffnen sich einem - wie mir bei Meister Oliveira immer wieder geschehen - die Augen weiter und weiter. Da wird jede Pferdebewegung von selber zu einer eigenen Erfahrung, anstatt lediglich als Bild, Wissen oder momentane Erkenntnis bloß im Gehirn noch eine Weile nachzuwirken.

"Erfahrendes Zusehen" kann so oft mitreißender und aufregender sein als sogar das selber Reiten oder selber Longieren. Denn beim Zusehen "sieht" man hin und wieder sogar hinter Lehrsätze, wie beispielsweise den Meister Oliveiras: "Gib dem Pferd die Haltung und laß es gewähren!", und "sieht", was diese sowohl für das Pferd als auch für alles gymnastizierende Reiten in Wirklichkeit bedeuten.

Ausschließlich im Fall beispielsweise des "Gewährenlassens", "helfen" so die sogenannten reiterlichen "Hilfen", die in der Praxis meistens Strafen darstellen, dem Pferd tatsächlich, mit den Hinterhufen etwas früher abzuhufen, etwas später aufzuhufen, Gewicht aufzunehmen und zu tragen, dabei die Hanken zu beugen, sich stärker zu versammeln und vorne höher aufzurichten, ohne daß die Zügelhand die Kandare auch nur in Anschlag bringt. (Vgl.: S.G. Solinski: "Reiter Reiten Reiterei", Olms Hildesheim 1983/93/96 und Zeichnung 45, Seite 252)

Wie läßt sich dieses "Sehen-Erkennen-Erfahren-Verstehen" nun am einfachsten erlernen?

Anfänglich wohl nur dadurch, daß man sich beim Zuschauen, wenn Pferde weiden, spielen, longiert oder geritten werden, vor allem auf ihre jeweilige Haltung und die Lage ihres Schwerpunktes konzentriert, und indem man in jeder einzelnen ihrer Bewegungen den Ausdruck und die natürliche Konsequenz der eben erfolgten Schwerpunktsverschiebung zu erkennen versucht.

Wenigstens sollen es sowohl die Solutréer, Magdalenier und Epipaläolithiker Südwesteuropas als auch die Berber Nordafrikas ursprünglich genau so erlernt haben. Indem diese nämlich in den Körperhaltungen der Pferde auf freier Wildbahn nicht nur das "Gleichgewicht in Bewegung" verehrten, sondern indem sie letzteres zudem als Omen, Zeichen und "Wink" des "Laufes der Welt" zu deuten versuchten, zwangen sie sich selber, auch jede einzelne Pferdebewegung vollumfassend zu verstehen.

Dieses "erfahrende" (anstatt nur "denkerische") Pferdeverständnis verinnerlichte sodann sowohl den Herden- und Fluchttiercharakter als auch die Erkenntnis in den Berbern, daß man Pferden bei deren Sichbewegen nur echt und wirklich "helfen" oder "beistehen" kann, indem man die Tragekräfte der Hinterhand mobilisiert und schult und deren Bewegungen zu vervollkommnen versucht.

Das "Schulen und Vervollkommnen" der Hinterhandbewegungen, das die eigentliche Pferdegymnastik darstellt, muß nun aber unbedingt und ausschließlich in Fluchtrichtung, somit von hinten nach vorne erfolgen.

Die Berber vermieden dabei sogar, ihre Pferde an der Longe je mit der gedachten Geraden aus ihrem Nabel oder ihrer Front auch nur kurz oder unabsichtlich zu "berühren". Nach ihrer Auffassung hatte "das Tor" oder "der Fluchtweg" des Pferdes nicht nur nach vorne, sondern auch vorne seitlich, nach innen wie nach außen, fortwährend "offen zu stehen" und "offen zu bleiben", da sie ihre Hengste anderenfalls zu verunsichern glaubten und tatsächlich deren lockere Anlehnung an die Longe oder den Zügel, den Longenführer oder den offenen Reitsitz kaum je mehr "geschenkt" erhielten. (Aus dem gleichen Grund galt bei ihnen auch jegliche "Freiheitsdressur" (= ohne Longe) in einem Paddock oder Picadeiro (= portugiesisch: "Reitbahn") als alles andere denn "pferdegemäß").

Kurz, wer somit dem Weg der Alten Berber und Meister Oliveiras zum "Sehen-Erfahren-Verstehen" des Pferdes auch nur mit etwas Konsequenz und Ausdauer zu folgen bereit ist, wird mehr oder weniger schnell, dafür aber um so nachhaltiger, sowohl jede Pferdebewegung in der Hinterhand entstehen und über die Hanken und den Pferderücken bis in das Genick und in die Ganaschen gelangen "sehen" als sie unter dem Sattel auch erfühlen und die "Reinheit" ihrer Übertragung ("katzenartig", "wie im Öl") "erfahrend" zu beurteilen und "von der Pferdeseite her" zu "verstehen" lernen.

Hat man darin etwas Übung, so lohnt es sich, einem Longenführer oder Reiter, der Pferde durch und durch versteht und fortwährend erklärt, wie, in was und warum er eingreift oder weshalb er etwas zuläßt, bei dessen gymnastizierender Arbeit immer wieder zuzusehen.

Nun kann man sich zur Übung auch der bunten Bilder in Pferdebüchern und -zeitschriften bedienen, indem man deren Unterschriften mit dem vergleicht, was man auf den Bildern selber erkennt... und wird dadurch oft und lange mit herben Enttäuschungen zu kämpfen haben...

Denn "Sehen" heißt erkennen, wie sich ein Pferd bewegt. "Erkennen" nennt man das "erfahrende Ausloten", warum es sich so und nicht anders bewegt. "Verstehen" verlangt daraufhin Identifizierung, also "das am eigenen Leib Erfahren", wie und wann genau man ihm helfen kann, sich immer weiter zu entspannen und mehr und mehr Freude an der Leichtigkeit seiner eigenen Bewegungen, wie an der Zusammenarbeit mit dem Menschen zu gewinnen.

☆ ☆ ☆

Anhang IX
DIE PRAXIS DER PFERDEGEMÄSSEN PFERDEAUSBILDUNG

A) FÜHREN (vgl.: Das A-B-C des Freizeitreiters im 3. Teil)

Die schonendste und Jungpferden dadurch gemäßeste Vorbereitung auf das Angerittenwerden ist nach wie vor das "Spazierenführen" oder der kurz "Führen" (franz.: "Mener") genannte erste Teil der "Arbeit an der Hand".

In Südwesteuropa verfahren dabei gewissenhafte Pferdeausbilder heute nach zwei, nur wenig voneinander abweichenden Methoden; nach der der Alten Berber und Iberer, die sich grundsätzlich für alle Pferde eignet, und nach jener der Campinos und Gardians, die sich - schneller und leichter zu erlernen - vor allem bei mit Menschen bereits vertrauten Tieren bewährt. Letztere Methode habe ich im "Gymnasium des Freizeitpferdes" (Olms, Hildesheim 1991/96) ausführlich beschrieben. Ihre theoretische Grundlage ist dieselbe wie die der Berber Methode, denn beide verfolgen auch dieselben Ziele; nämlich:

1.) dem Jungpferd die Erziehung angedeihen zu lassen oder zu vervollkommnen, die es normalerweise von Fohlenbeinen an in seiner angestammten Herde genießt, und ihm so zu suggerieren, "daß Menschen auch nur Pferde sind" (= Aufbau gegenseitigen Vertrauens)

2.) es ausschließlich gymnastisch so weit zu fördern, daß es selber dahinter kommt, wie frei, leicht und wohl es sich fühlt, wenn es sich auf den Longenführer konzentriert, dessen Hilfen annimmt und sich dadurch in sich auszubalancieren lernt (= Förderung des Gleichgewichts und höherer Geschicklichkeit)

3.) sein Vertrauen in den Longenführer so weit zu vertiefen, daß dadurch und dank der höheren Geschicklichkeit sowohl sein Selbstvertrauen und seine Eigeninitiative als auch seine Lust zur Mit- oder Zusammenarbeit wachsen.

Wie die Alten Berber diese Ziele angesteuert haben, lese man im 8. Kapitel dieser Arbeit nach. Wie wir heute dabei zu verfahren haben, beschreibe ich in der Folge kurz hier, da ich seit dem Erscheinen des "Gymnasiums" vergeblich darauf warte, daß in Mitteleuropa wenigstens einige Berufsbereiter die Berber Methode selber aus der der Gardians abzuleiten versuchen. Eigenartigerweise haben dies bisher allein einige "Anfänger" im Umgang mit Pferden geschafft, das dafür aber um so vollkommener!

Beginnen wir das Führen unseres Zwei- bis Vierjährigen immer mit dem Kappzaum oder Bosal an der Longe in einer umgrenzten Bahn, indem wir ihn irgendwo auf dem Außenhufschlag parallel zur Wand anhalten. Nun treten wir so "hinter ihn", daß die gedachte Gerade (bzw. der rechte Winkel) aus unserem Nabel schräg oder in einem leichten Bogen von hinten auf seinen Außenoberschenkel weist, ohne die Kruppe je zu "berühren" und ohne daß das Pferd uns je aus seinem Innenauge verliert. In der Regel reicht bereits der "Schritt hinter das Pferd" aus, um dieses im Schritt antreten zu lassen, besonders natürlich, wenn wir dabei den Innenhinterfuß mit der Gerte touchieren. Wir folgen ihm nun aus einer guten Gertenlänge Entfernung sowohl innerhalb seines Hufschlags als auch hinter seiner Kruppe, indem wir selber im Rhythmus beider Hinterfüße seitwärts gehen (Nabel am Außenoberschenkel) und den Innenhinterhuf bei jedem Abhufen mit der Gerte bis zum Auffußen begleiten.

Solange wie wir dabei die Pferdekruppe nie mit der Geraden aus unserem Nabel "berühren", wird das Tier Schritt gehen. Trabt es dennoch einmal an, so lassen wir es an der ständig leicht durchhängenden Longe eine Volte um uns legen und versuchen, es mit beruhigenden Stimmkommandos anzuhalten, was am leichtesten gelingt, wenn sich das Jungpferd parallel zur Bande eben wieder gerade stellt. Hierbei haben wir selber ostentativ stehen zu bleiben, den Innenhuf mit der Gerte begleitend, weiter unter den Pferdeleib zu schieben, gleichzeitig die Longenhand zu öffnen und ein bis zwei Meter Longe vom Pferd "mitnehmen" zu lassen. Hält es daraufhin an, so treten wir in einem weiten Bogen an seine innere Schulter (ohne seinen Körper mit dem "Nabel" zu streifen) und loben es ausgiebig.

Hält das Pferd nicht an, so versuchen wir es mit beruhigender Stimme wenigstens in den Schritt zurückfallen zu lassen und gehen weiter "ganze Bahn", indem wir die Longe vorsichtig solange verkürzen, bis wir wieder in unserer ehemaligen Führposition angelangt sind und ohne daß sich die Anlehnung an den Kappzaum je verstärkt.

Hält das Pferd den Hufschlag der "ganzen Bahn" im Schritt, so beginnen wir, in den Bahnecken große Zirkel anzulegen. Sie erlauben uns, die ersten Handwechsel zu üben, wobei die Gerade aus unserem Nabel wiederum den Pferdekörper weder streifen noch behindern darf. Trabt das Pferd beim Wechseln an, so vergrößern wir den Abstand zu seiner Kruppe. Geht es im Schritt zu langsam, so verkleinern wir diesen und legen sogleich die ersten Volten (3-4 Meter Durchmesser) in die Bahnecken.

Zum Abwenden auf eine Volte brauchen wir lediglich, für das Pferd sichtbar, einen deutlichen halben Schritt auf den Außenoberschenkel zu zu machen und diesen vielleicht zudem mit der Gertenspitze anzutippen.

Tritt das Pferd beim Anhalten anstandslos weiter unter, im Schritt ruhig "ganze Bahn", gleichmäßige runde Zirkel und Volten, und hält es bei den Handwechseln von selber nicht mehr an, so begleiten wir es "führenderweise" auf einen nicht zu großen Zirkel (4-6 Meter Durchmesser) in eine Bahnecke und umrunden diesen, bis das Pferd den Hufschlag von sich aus hält. Nun verlängern wir allmählich die Longe und gehen selber auf einem kleinen Kreis (1 Meter Durchmesser) um den Zirkelmittelpunkt mit, indem wir den Mitgehrhythmus, die Nabelposition "hinter dem Pferd" und unseren neuen Abstand von der Pferdekruppe peinlich genau einhalten. Sobald sich das Tier auf unseren jetzigen Abstand eingestellt hat, üben wir das Anhalten durch Untertreiben erst aus dem Schritt, später aus dem Trab, indem wir es wieder bei jedem Untertreiben die Longe "mitnehmen" lassen.

Die wichtigsten, weil wirksamsten, gymnastizierenden Übungen beim Führen im Schritt sind somit:

1.) das Anhalten allein durch Untertreiben mit der Gerte von hinten nach vorne bei losgelassener Longe aus der Nabelposition "hinter dem Pferd",

2.) das Biegen und Versammeln durch Untertreiben in Bahnecken, auf kleinen Volten (2-3 Meter Durchmesser) und halben Volten und später bei Handwechseln "durch die Volte",

3.) Kruppeherein auf beiden Händen und auf der innersten Volte, die aus der "Schnecke" oder "Spirale" im Zirkel (= Zirkelverkleinern) entwickelt wurde,

4.) Schulterherein auf beiden Händen, das sich in den Bahnecken und auf kleinen Volten dank des "Durch-die-Ecke-Tretenlassens-an-der-Hand" wie "von selbst" ergeben muß,

5.) die Handwechsel zuerst dank halber Volten und durch den (kleineren) Zirkel, dann auf Schlangenlinien durch die ganze und die halbe Bahn und aus einem Zirkel auf den anderen (Conterzirkel), schließlich aus einer Volte auf die Contervolte und "durch die Volte" (vgl.: Zeichnung 14, Seite 66 im "Gymnasium des Freizeitpferdes", Hildesheim 1991/96 und die Zeichnungen 36, Seite 174 und 46, Seite 264 in dieser Arbeit).

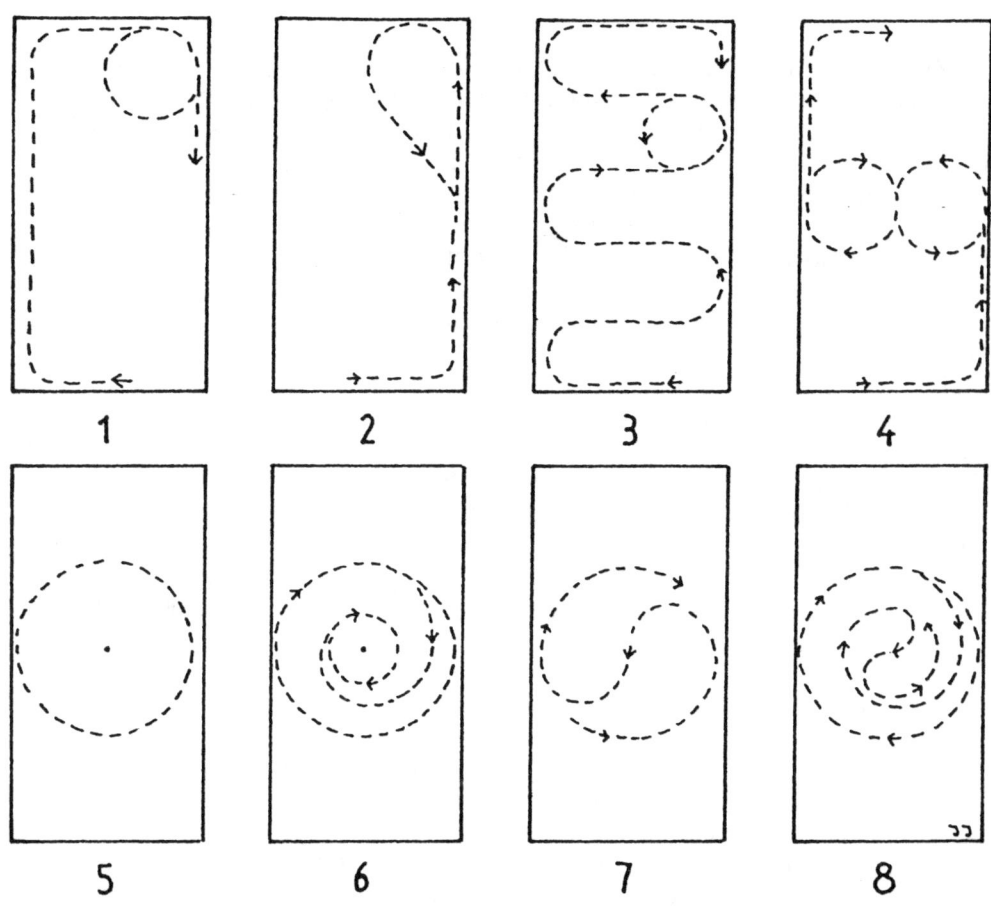

Zeichnung 46:   Bodenpläne des Pferdes
(obere Reihe:)   bei gymnastizierendem Geführtwerden auf der
                    1) Volte
                    2) halben oder Kehrtvolte
                    3) Schlangenlinie mit Volte
                    4) Doppelvolte mit Handwechsel
(untere Reihe:)   bei gymnastizierender Longenarbeit
                    5) auf dem Longenzirkel
                    6) auf der Spirale oder "Schnecke"
                    7) beim Handwechsel durch den Zirkel
                    8) beim Handwechsel durch die Spiralvolte
(vgl.: "Das Gymnasium des Freizeitpferdes", Olms, Hildesheim 1991/96)

Die am häufigsten zu beobachtenden Fehler des Pferdes beim Geführtwerden im Schritt und deren Ursachen sind:

1.) das Pferd geht weder "gerade" noch gleichmäßig von hinten nach vorne gebogen, sondern in der Lendenwirbelsäule oder im Hals "geknickt" oder "verbogen", weil es der Longenführer an der Longe zu unnachgiebig festhält, dabei mit der Gerte zu wenig untertreibt, zu nahe an der Kruppe oder im falschen Rhythmus mitgeht, seine Bewegungen mit dem Nabel behindert (= "dem Pferd im Weg steht") und die "sieben Anlehnungen" mißachtet (vgl.: 8. Kapitel und Fachwort "Anlehnung" im "ABC des Freizeitreiters" - 3. Teil)

2.) das Pferd wendet immer wieder nach innen oder außen ab, legt sich auf den Kappzaum und die Longe oder wirft sich herum, um auf die andere Hand zu gelangen, weil der Longenführer - wie bei 1.) - mit der Longenhand zu wenig nachgibt, zu wenig untertreibt und die Anlehnungen mißachtet

3.) das Pferd trabt dauernd an oder bleibt ständig stehen und dreht sich dabei um, weil der Longenführer die Anlehnungen zu wenig oder zu hektisch als "Rahmenhilfen" einsetzt

4.) das Pferd geht nur schleichend oder unregelmäßig vorwärts, wenn der Longenführer den Innenhinterhuf mit der Gerte nicht genau beim Abhufen antippt oder zu wenig weit nach vorne begleitet. Aus dem gleichen Grund könnte das Pferd auch nach der Gerte oder nach dem Longenführer ausschlagen.

B) LONGIEREN

Für ein gewissenhaft im Schritt gymnastiziertes Pferd stellt das Longiertwerden nichts anderes dar, als die logische Fortsetzung des Geführtwerdens, wenn nun auch aus größerer Entfernung (des Longenführers), dafür aber vor allem im Trab und erst viel später zudem im Galopp. Die Grundprinzipien sowie die Bahnfiguren des Führens bleiben somit hierbei im großen Ganzen dieselben, verlangen aber vom Longenführer erhöhte Konzentration auf den Innenhinterhuf, mehr Präzision bei der Beachtung der "sieben Anlehnungen" und ein entsprechend trainiertes Reaktionsvermögen.

Wer darüber noch nicht verfügt, lerne das Longieren möglichst zuerst von und mit älteren, zuverlässigen Tieren und versuche es erst danach nochmals mit Jungpferden.

An der Longe galoppieren läßt man Jungpferde frühestens in ihrem fünften oder sechsten Lebensjahr und ausschließlich wenn sie den Galopp (beispielsweise während eines regelmäßigen Handwechsels durch den Zirkel) von sich aus anbieten. Dafür beginnt man dann aber sogleich mit der "versammelnden Galopparbeit"; das heißt mit dem Anhalten aus dem Galopp, Angaloppieren aus dem Stehen, mit immer kleineren Galopp-Volten ohne Longenhilfe, Kruppeherein- und Schulterherein-Galopp und fliegenden Galoppwechseln beim Handwechsel "durch die Volte".

Die Ziele des Longierens, die, wie angedeutet, dieselben wie die des Führers sind, lassen sich mit der traditionellen südfranzösischen Bereiterformel zusammenfassen: "Incurver – Rassembler – Abaisser les Hanches", was dem deutschen "Biegen – Versammeln – (die Hanken) Beugen" entspricht, das ebenso auch für das Reiten gilt.

Im Unterschied zum Führen, longieren wir Jungpferde lediglich in einer Bahn, einem Paddock oder in einem täglich neu abgesteckten Viereck (von 6-8 Meter Seitenlänge) auf freiem Feld, weil hierbei die "Anlehnung an die Bande" anfänglich eine erhebliche Rolle spielt.

Das Pferd trägt hierbei wiederum einen leichten, ledernen Kappzaum oder Bosal (der so satt zu verschnallen ist, daß er am Pferdekopf dort, wo sich bei Arabern der "Knick" befindet, fest und unbeweglich anliegt, somit weder rutschen noch scheuern kann) und eine (5-8 Meter lange) Longe, die in den mittleren Kappzaumring eingehängt wird. Der Longenführer hält die Longe, die sich auch in sogenannten "Notfällen" nie straffen darf, locker in der dem Pferdekopf zugewandten Hand und trägt die Longierpeitsche, deren gedachte Verlängerung der Spitze ebenso wie die gedachte Gerade aus dem Nabel, niemals auf den Pferdekörper zielen darf, gleichmäßig ruhig einen bis zwei Meter hinter der Pferdekruppe auf den Boden gerichtet.

Dadurch, daß der Longenführer auf dem kleinen Kreis (1 Meter Durchmesser) um den Zirkelmittelpunkt herum mit dem Pferd mitgeht, nähern sich der Peitschenstiel und die Gerade aus seinem Nabel von selbst den Pferdehinterfüßen und lassen so den Innenhinterhuf weiter ausgreifen, ob das Pferd Schritt geht, antrabt oder angaloppiert.

Die wirksamsten pferdegemäß versammelnden Übungen bei dem Longieren sind:
1.) das Anhalten aus und das Antreten in den Trab und Galopp
2.) das "Schnecke" oder "Spirale" oder "Zirkelverkleinern" genannte "Aussteuern" des Pferdes von hinten nach vorne, allein zwischen der Geraden aus dem Nabel, dem Peitschenstiel und der deutlich durchhängenden Longe, die man dabei so verkürzt, daß die urspüngliche Anlehnung des Pferdes stets genau dieselbe bleibt, bis es auf der innersten Volte angelangt ist (vgl.: Z 36 & 37, Seiten 174 & 176)

3.) die Volte um den Kreismittelpunkt, die, regelmäßig rund, das Pferd entsprechend regelmäßig gebogen halten muß, ohne daß es sich hier je überbiegt, verbiegt oder geraderichten und "sich in die Kurve legen" oder mit den Hinterhufen ausfallen darf
4.) die versammelnden Volten in den Bahnecken, die später bei der Galopparbeit bewirken, daß man das Pferd dann auch in abgekürztem Galopp "spazierenführen" kann
5.) die Handwechsel "durch den Zirkel", "aus der Volte auf die Contervolte" und später "durch die Volte", mit welchen man Pferden bei der Galopparbeit "an der Hand" zwanglos sowohl "fliegende" als auch Redoppwechsel beibringen kann
6.) die Trab- und Galopp-Pirouetten auf und in der innersten Spiralvolte.

Beim Longieren beruhen, wie beim Führen, nahezu alle zu beobachtenden Fehler stets nur auf Verstößen gegen die "sieben Anlehnungen", deren sämtliche Pferde und Maultiere, teils wohl sogar "genetisch bedingt", bei ihrer Zusammenarbeit mit dem Menschen unverzichtbar bedürfen.

C) PFERDEGEMÄSSES REITEN

Meister Nuño Oliveira rechnete mit zwei bis drei Jahren, um einen Junghengst von der Koppel zur Hohen Schule zu führen. Auf meinen Einwand hin, an der Spanischen Hofreitschule nehme man sich dafür acht Jahre Zeit, entgegnete er, es sei die nur gymnastizierende Pferdeausbildung, welche den Weg ungemein abkürze, denn für die Dressur, die er den durchgymnastizierten Pferden zusätzlich angedeihen lasse, brauche auch er wesentlich mehr Zeit.

Ich, für mein Teil, sehe rund vier Jahre vor, um ein Jungpferd ausschließlich gymnastizierend bis zu den sogenannten "höheren Schulen" zu führen, setze es aber schon während der Ausbildung vor allem auch im Gelände und auf Wanderritten ein.

Wie erwähnt, beginnt alle gewissenhafte Freizeitpferdeausbildung stets und überall mit dem "Führen" und "Longieren", für deren Vervollkommnung ungefähr zwei Jahre zu veranschlagen sind.

Zur Zeit - im Frühjahr 1999 - habe ich einen zweieinhalbjährigen Partbred-Araber in Arbeit, den ich folglich kaum vor seinem fünften Frühling anreiten werde. Denn frühestens dann wird er, wenn auch dank der Arbeit an der Hand nahezu perfekt gebogen, versammelt und in sich ausbalanciert, das Reitergewicht ohne Schaden mit der Hinterhand tragen, anstatt es lediglich mit der Vorhand schleppen können.

Dafür wird er bereits die Seitengänge Kruppeherein und Schulterherein im Schritt und im Trab beherrschen, so daß ich ihm nur wenige
Monate später Travers und Renvers (vgl.: ABC des Freizeitreiters) und
stärkere Hankenbeugungen zumuten kann. Der Weg zur Passage und
danach zur Galopparbeit, sowohl an der Hand als auch unter dem Sattel,
dürfte dann nicht mehr weit oder beschwerlich sein, selbst wenn ihn
seine Besitzerin - ein elfjähriges Mädchen aus der Nachbarschaft -
ausschließlich im Gelände reitet.

In der Folge fasse ich die wichtigsten Übungen eines Jungpferdes,
das vor dem Angerittenwerden ausgiebig und korrekt an der Hand
gymnastiziert (= geführt) und longiert wurde, in einer "Musterlektion"
zusammen, die auch jedem älteren, abgestumpften oder zu korrigieren-
den Pferd bekommen würde und zudem zur Grundlagenprüfung jedes
"fertig ausgebildeten Pferdes" dienen kann.

Führen wir unser Pferd gesattelt und mit Kappzaum und Kandare
zusammen oder nur auf blanke Stange gezäumt auf die Mittellinie in die
Bahnmitte. Gurten wir nach und steigen wir auf. Nachdem wir unser
Gesäß in der genauen Sattelmitte möglichst weit nach vorne gerückt
haben, entspannen wir bewußt unsere Bauch- und Rückenmuskulatur so
vollkommen, daß unser Becken dabei von selbst nach hinten kippt.
Daraufhin entspannen wir ebenso bewußt unsere Schultern und
Schenkel, so daß letztere steil, lang und tief, den Pferdeleib locker um-
rahmend, "nahtlos" an diesem herabhängen und die Absätze uns das
richtige Maß zum Verschnallen unserer Bügellänge geben.
Am stehenden Pferd sollten die Reiterschenkel der Hand entsprechend, auf die man am Ende der Mittellinie abzubiegen wünscht, leicht
so diagonalisiert anliegen, daß beispielsweise der linke Schenkel am Gurt
vom Pferd als Innenschenkel und der rechte, eine Handbreite hinter dem
Gurt, als Außenschenkel zu identifizieren ist.
Um anzureiten, öffnen wir den linken Oberschenkel diskret, ausschließlich durch eine feine Drehung im Hüftgelenk, legen die Zügelhand
(in der Regel die Linke) auf den Mähnenkamm und entspannen unsere
Rückenmuskulatur ein weiteres Mal, worauf das Pferd sogleich mit dem
linken Hinterhuf antritt. Sowie es mit dem rechten Hinterfuß abhuft,
öffnen wir zudem den rechten Oberschenkel und versuchen nun beide
Schenkel "offen" zu bewahren, ohne deswegen unser Becken aufzurichten oder unser Gesäß absichtlich stärker zu belasten.

Von nun an konzentrieren wir uns ausschließlich auf die Hinterhand und nutzen das nächste Abhufen des Innenhinterhufes, um diesen durch eine erneute Drehung des (beispielsweise) linken Oberschenkels und Knies (allein aus dem Oberschenkelgelenk, bei "nahtlosem", aber passivem Hängen des rechten Außenschenkels hinter dem Gurt) weiter nach vorne (= unter den Pferdeleib) zu holen.

Dadurch beginnt unser Pferd, sich gleichmäßig von hinten nach vorne nach "links zu stellen", somit leicht zu biegen, und weiß zudem, auf welche Hand wir am Ende der Mittellinie abzuwenden gedenken.

Kurz vor dem Ende der Mittellinie öffnen wir - wiederum genau beim Abhufen des Innenhinterhufes - nochmals den Innenoberschenkel und - beim Abhufen des Außenhinterhufes - zudem nochmals den Aussenschenkel, um damit unserem Pferd zu helfen, sich ohne mit seinem Außenhinterhuf auszufallen, stärker zu biegen und nach links abzuwenden. Unsere Zügelhand bleibt dabei, wie bisher, entweder auf dem Mähnenkamm ruhig liegen, oder sie verschiebt sich zwei bis drei Zentimeter weit nach vorne links (= Nachgeben).

Unser Pferd ist inzwischen tief "durch die Ecke getreten", hat - von uns unbehindert - seine starke Eckenbiegung wieder etwas aufgegeben und steuert munter die nächste Ecke an. Erneute leichte Oberschenkeldrehungen präzis im Abhufrhythmus des gleichseitigen Hinterhufes verstärken die Biegung wieder so, daß wir die nächste Ecke noch tiefer durchreiten können, ohne je an den lockeren Zügeln auch nur zu rühren.

Mitten in der Ecke lassen wir unser locker abgekipptes Becken durch die Pferdebewegungen weiter nach vorne schieben und unsere offenen Schenkel tiefer am Pferdeleib herabhängen, so daß unser Pferd seine starke Biegung des "Durch-die-Ecke-Tretens" eine halbe Bahnbreite weit beibehält, obwohl es auf drei Hufschlaghälften "gebogen geradeaus geht". Dieses, aus der geradegestellten Hinterhand knicklos nach vorne gebogene Geradeaustreten, bei dem das Reiterinnenknie, der Innenvorderhuf und das Außenohr des Pferdes auf einer, zur Wand parallel verlaufenden Linie liegend, die dritte, innere Hufschlaghälfte bezeichnen, nennt man die "Schulterhereinübung". Meister Oliveira zufolge, stellt sie das "Aspirin" aller Pferdeausbildung dar, weil sie "alles einleitet, alles bewirkt und alles heilt" und, übertrieben abgestellt, beispielsweise auf vier Hufschlaghälften als "Schenkelweichen" anstatt auf nur dreien geübt, Pferde nicht nur nicht versammelt, sondern sogar auseinanderreißen, somit auch alles zerstören kann.

In der nächsten Ecke legen wir nun, auf die gleiche Art und Weise, wie oben für das "Durch-die-Ecke-Treten" beschrieben, eine enge Volte (2-4 Meter Durchmesser) an. Dabei achten wir darauf, daß sich das Pferd im Ecken- oder Voltenausgang lediglich in der Vorderhand gerade stellt, dafür aber in den Lenden um den offenen Innenschenkel leicht gebogen bleibt, ohne daß wir weder an unserem tiefen Sitz und Schwerpunkt in der genauen Sattelmitte noch an der lockeren Zügelhaltung auf dem Mähnenkamm etwas zu ändern versuchen. Unser Pferd tritt so erneut auf drei Hufschlaghälften, wenn diesmal auch im sogenannten "Kruppeherein", in dem sein Innenhinterhuf und unser Innenknie wiederum auf einer Parallelen zur Wand die dritte, innerste Hufschlaghälfte besetzen.

Fügt man später dem Kruppeherein, aus der zweiten Ecke einer kurzen Seite kommend, die Schulterhereinstellung hinzu, so bleibt dem Pferd keine andere Wahl, als augenblicklich über die Bahndiagonale, nun aber auf vier Hufschlaghälften und dahin blickend, wo es hintritt, vorwärts-seitwärts zu "traversieren", ob wir nun mit beiden Zügeln in einer Hand, mit geteilten Zügeln oder "drei zu eins", Schritt, Trab oder Galopp reiten.

Von Bedeutung ist dabei lediglich, daß wir absolut locker und losgelassen mit zwanglos tief nach hinten abgekipptem Becken, losgelassener Rücken- und Bauchmuskulatur, beinahe senkrecht herabhängenden Schenkeln ruhig sitzen und die offenen Oberschenkel und Waden in leichtem, aber "nahtlosem", Kontakt mit dem Pferdeleib halten. Unsere lockere Zügelhand darf sich dabei nicht von ihrem Platz auf dem Mähnenkamm wegbegeben, während unser Schwerpunkt und unsere Wirbelsäule unverrückbar genau in der Achse des Pferdes ruhen.

Wer diese Basislektion - mit einiger Übung - in allen drei Gangarten genau so "schafft", darf sodann mit Recht von sich behaupten, er verstehe Pferde "pferdegemäß gymnastizierend auszubilden".

Erfahrungsgemäß gibt es unter zehn ihre Pferde echt und umfassend verstehenden Reitern - unter denen heute die Damen in der Überzahl sind - kaum einen, der seinem Tier obige Grundlektion nicht in kurzer Zeit beizubringen vermag. Ergeben sich dennoch Schwierigkeiten, so stelle man nicht das Pferd in Frage, sondern sein eigenes Pferdeverständnis, seinen eigenen affektiven Zugang zum Pferd, sowie seinen eigenen alltäglichen Umgang mit ihm.

☆ ☆ ☆

Anhang X

VOM WEISEN UMGANG MIT FACHBEGRIFFEN

Unser "Wissen" und unser "Wissen-Wollen" beschäftigt sich, wie die meisten heute eben "modischen" Fachbegriffe, vor allem mit vordergründigen Fakten und Gegebenheiten der sogenannten "Wirklichkeit"; mit Angelesenem, angeblich So-Gesehenem, Gehörtem, jedenfalls So-Interpretiertem, und hält damit lediglich "Anscheinendes" und "Scheinbarkeiten", nie die Wirklichkeit selber, im Gedächtnis fest (vgl.: Anhang I).

Die sogenannte "Weisheit" entstammt demgegenüber der Sphäre oder Ebene der selber gemachten Erfahrung und kümmert sich weniger um die greifbare Wirklichkeit als um "Zwischendinge" (G. Benn), Zusammenhänge, Beziehungen und "Ahnungen vom Lauf der Welt".

Stellt somit die offenkundige, in Worte kleidbare Scheinbarkeit die Domäne des bewußten, intellektuellen Denkens dar, so erfaßt die meistens unterbewußte, intuitive oder affektive Erfahrung vor allem das "sich-Auswirken-des Seins" (G. Benn) oder eben "den Lauf der Welt" (chin.: Tê) in der Kultur - auch in der Pferde- und Reitkultur -, in der Kunst - auch Reitkunst -, Philosophie, Psychologie, Mystik, ja sogar in der modernen Astrophysik, in der die letzten Erkenntnisse längst nicht mehr in Worte zu kleiden, sondern nur noch mathematisch zu formulieren sind.

Was geht uns dies als Reiter, Pferdefreunde und Pferdebesitzer an?

Erfahrungsgemäß verhalten sich Pferde unserem Wissen gegenüber, "wie Ochsen am Berg". Unserer Erfahrung indessen vermögen sie sich um so leichter anzuvertrauen, als diese der gleichen psychischen Ebene entstammt wie ihre eigene Aufmerksamkeit.

Letztere Tatsache hat bei nicht wenigen "gewieften Geschäftsleuten" unserer Zeit zur Vermutung geführt, den lediglich "wissenden" Reitern müßten somit Erfahrungen im Umgang mit Pferden recht gut zu verkaufen sein. Gesagt, getan!

In nur wenigen Jahren fügte sich den seit Jahrzehnten renommierten Reitsport-Zeitschriften, die das Publikum mit sachlich hieb- und stichfesten Informationen versorgten, eine ganze Reihe neuer Pferdepublikationen an; zuerst Freizeitreiterjournale, dann Freizeitpferdebücher und schließlich eine Art "Freizeitreiterselbstdarstellung" in Video- und Buchform, nach dem Motto: "Ich bin der Größte".

So begrüßenswert der "frische Wind" auch war, den die ersten Freizeitreitermagazine am Ende der sechziger Jahre in die "Pferdeszene" brachten, so viel "Nie- und Unerhörtes" man damals auch aus den neuen Magazinen lernen konnte, beispielsweise über Pferdehaltung auf der Weide anstatt im Stall, über Pferdemedizin, Erste Hilfe auf Wanderritten, andere Reitweisen, andere Pferderassen, andere Umgangsformen mit Pferden, so wenig ist beim breiten Publikum schließlich davon hängengeblieben, begann dieses am Ende der siebziger Jahre doch bereits, Freizeitreiten mit Freistilringen zu verwechseln.

Den Zeitschriften standen nur noch zwei Wege offen: entweder walzten sie ihre frühere "Erfahrungsberichterstattung" nochmals aus und näherten sich damit dem Kindergartenniveau, oder sie folgten dem Hang der Gesellschaft zum Modischen, Neuen, Spektakulären und vergaßen darüber die Pferde und die "Erfahrung" im Umgang mit ihnen.

Neue Autoren, erst seit kurzem überhaupt an Pferden interessiert und entsprechend arm an Erfahrung, schrieben sich ins "Licht der Welt", priesen Tricks und Winkelzüge an, denen sie mit Lehrsätzen großer Reitmeister Bedeutung zu vermitteln versuchten, wenn sie diese nicht sogar sich selber zuschrieben. Ihr Publikum war jedenfalls begeistert. Die Freizeitreiter-Zeitschriften rissen sich deshalb um die selbsternannten Gurus. Die Umwertung aller Werte, die Umdefinierung aller Fachbegriffe hatte begonnen. Sachkundige Zeitschriftenleser, die sich dadurch "auf den Arm genommen" fühlten, schworen entweder, nie wieder ein Freizeitreitermagazin zu lesen, oder kauften nun traditionelle Sportpferdezeitschriften, die ihr Publikum weniger hinters Licht führten.

Die Umbenennung der Fachbegriffe ging indessen weiter. Unter einem Bild, auf dem einem Schimmel über die Longe eben ein harter Ruck auf die Nase verpaßt wurde, so daß er erschreckt die Vorderhufe in den Boden stemmte und den Rücken wegdrückte, stand, es handele sich dabei um einen "Stopp auf der Hinterhand"."Auseinandergefallene" Tiere wurden als "schön versammelt" gelobt. Mittelmäßige Passagen wurden als Piaffen vorgestellt, schlechte deutsche Dressurreiterei als "Doma vaquera", das Steigen eines Hengstes als Levade, sichtbar eingeschüchterte Robustpferde als losgelassen, brutales Zerren am Zügel als besonders feine Parade...

Das erfahrende "Sehen-Unterscheiden-Verstehen" der mitteleuropäischen Freizeitreiter krankt somit gewiß auch am mangelnden Sachverstand der Zeitschriftenautoren und -redakteure, an deren Umdeutung der Fachbegriffe wie am Manko Gutes dokumentierender Bilder.

Folgte ihnen ihre Leserschaft indessen auch nur etwas weniger kritiklos, blind und gleichgültig, so wären sie dieser ebenso schnell ledig wie jener der sachverständigen Freizeitreiter, die sich heute französische und englische Magazine halten und Lehrsätze prinzipiell nur noch aus Urtexten, wie solchen der DOCUMENTA HIPPOLOGICA (Olms, Hildesheim), zu schöpfen bereit sind.

Dank der heute allgemeinen Begriffsverwirrung haben so wenigstens die Sachverständigen unter den Freizeitreitern eingesehen, daß einerseits niemand ohne genau definierte Sach- und Fachbegriffe auch nur mitreden kann und daß andererseits lediglich die großen Reitmeister der Vergangenheit in ihren Lehrsätzen nicht nur vordergründigen Einzelheiten, sondern zudem auch tiefen Erfahrungen beim Umgang mit ihren Pferden Ausdruck verliehen haben.

Johann Fayser, der Übersetzer Federigo Grisones ins Deutsche, nannte so manche Maßnahmen Grisones zu Pferd nicht "Hilfen", sondern das, was diese für dessen Pferde darstellten, nämlich "Strafen". Und Grisone selber gab am Anfang seines Buches zuerst einmal seiner Erfahrung Ausdruck, der zufolge die Grundlage "und alle volkomenheit der Ritterlichen ubung, die Pferd künstlich abzurichten, aigentlich beruhet auff dem scharpffsinnigen erkenntnuß der aigenschafften (...) derselbigen" (Augsburg 1570, Olms Hildesheim 1972).

Antoine de Pluvinel umschrieb seinem König (Louis XIII.) das erste Anreiten eines Jungpferdes im Jahr 1612 wie folgt: "Wann nun das Pferd (das zuvor ausgiebig an der Hand oder Longe gymnastiziert wurde - SGS) nur ein wenig Kräfften hat, so wird es sich selbst tummeln und ein gutes Anlehnen fassen; und kan man solche Lection continuiren, biß daß es im Tummeln die Faust annehme und auff dieselbe warte. Jedoch muß derjenige so auffsitzt Achtung geben, daß er sich dieser Lection mit Bescheidenheit gebrauche und das Pferd mit dem Zaum nicht plage" (Frankfurt a. M. 1670, Olms Hildesheim 1989).

Einhundert Jahre später erklärte F.R. de la Guérinière das Nachgeben (franz.: céder) oder Öffnen des Schenkel- oder Sitzrahmens und der Zügelhand zur bedeutendsten Reiterhilfe schlechthin, weil er, wie einst die Alten Berber, selber erfahren hatte, wie gerne Pferde mit dem Reiter zusammenarbeiten, wenn man sie dabei nur nicht behindert.

Gewisse neuere Autoren nennen dieses allmähliche Nachgeben und sanfte Öffnen des Schenkelrahmens heute das "Aussetzen" aller Hilfen und suggerieren damit Freizeitreitern ungewollt, daß man zum "Aussetzen" der Gewichtshilfe wohl am besten vom Pferderücken springt.

Glücklicherweise kränkt solcher Unsinn weder La Guérinière noch Meister Oliveira mehr, wohl aber Hunderte von Pferden, die ihrerseits nach wie vor alles Abrupte, Überraschende und Erschreckende wie den Teufel fürchten. Selbst unter meinen Reitgästen werfen heute manche die Zügel lieber weg, als daß sie mit der ganzen Zügelhand vorsichtig sanft nach vorne-abwärts nachgeben. Die Begriffsverwirrung greift um sich... und führt mir jetzt, nach der Schließung meines Reitbetriebes, mehr und mehr Gäste ins Haus, die hier lediglich ihr Sehen-Unterscheiden-Verstehen schulen oder vervollkommnen wollen.

Gemeinsam studieren wir sodann täglich praktisch in der Bahn die Schwerpunktsverlagerungen meiner Pferde beispielsweise im Schulterherein auf drei und vier Hufschlaghälften an der Hand und unter dem Sattel und deren Konsequenzen für ihre Bewegungen, ihr Gleichgewicht und für ihre Mitarbeit. Dann geht es um Travers und Renvers im Schritt, Trab und Galopp, um die Voraussetzungen dazu und die Folgen für das Gleichgewicht und die Aufrichtung, vielleicht auch um die Fußfolgen bei "fliegenden" Galopp- und Redoppwechseln oder um das gymnastizierende Erhöhen der Trabgesten bis zur Passage und Piaffe.

Schließlich "sichern" wir unsere Beobachtungen, Folgerungen und Erfahrungen, indem wir sie mit jenen La Guérinières, Marialvas, Oliveiras und aller Reitmeister vergleichen, die sich zur einen oder andern Erfahrung oder zu diesem oder jenem Fachbegriff besonders prägnant geäußert haben.

Allein dank dieser Vorgehensweise, die ich größerenteils von Meister Oliveira übernommen habe, glaube ich heute sowohl der Iberoberber Tradition des pferdegemäßen Freizeitreitens "à la Brida" als auch den wenigen echt lernwilligen Freizeitreitern, die ich heute privat empfange, angemessen dienen zu können. (Wer sich für meine Work-shops interessiert, obgleich er dabei meine Pferde weder selber reiten, noch an der Hand arbeiten wird, fordere weitere Informationen und Anmeldeformulare an bei: Sadko G. Solinski

Mas du Malibaud

F 30430 BARJAC (France)

☆ ☆ ☆

3. Teil
Das ABC des FREIZEITREITERS

DIE REITLEHRE DER GROSSEN REITMEISTER

DAS FACHWÖRTERBUCH DES FREIZEITREITERS

ZEITTAFEL VI: GROSSE REITER, REITMEISTER & REITAUTOREN

	des Jagd–, Kriegs– und Dressurreitens	des pferdegemäß gymnastizierenden Reitens
5.–2. Jrtsd. v.Chr.		Berber Nomaden im Seitsitz
17. Jh. v.Chr.	Hyksos: Streitwagenfahrer	Berber Nomaden
14. Jh. v.Chr.	Südaraber, Ägypter	Berber Nomaden
um 1.300 v.Chr.	Kikkuli aus Mitanni	Berber Nomaden
um 700 v.Chr.	Assyrer, Perser, Chinesen	Berber und Iberer
5. Jh. v.Chr.	Xenophon: Grundlage aller europ. Jagd– u. Kriegsreiterei	Berber u. Iberer Söldner reiten teils im Spreizsitz
1. Jrtsd. n.Chr.	Reger Pferdeaustausch zwischen Afrika und Iberien	
12. und 13. Jh.	Kreuzzüge: die christl. Ritter reiten nach Xenophon	Berber reiten im Spreizsitz
14. Jahrhundert	Don Giraldo: "Gineta–Sitz" in Portugal	Iberer "Brida–Sitz" für Pferdeausbildung
15. Jahrhundert	Spanier in Süditalien	Duarte von Portugal empfiehlt den "Brida–Sitz"
16. Jahrhundert	Pasquale Carraciolo Federigo Grisone beide in Neapel	Vicola Pagano, Caesare Fiaschi, Giov. Pignatelli in Ferrara und Neapel
17. Jahrhundert	Salomon de la Broue, Paris Duke of Newcastle, Anvers	Antoine de Pluvinel, Paris Ersch. v. d. Aues "Pferd–Schatz" in Frankfurt a. M.
18. Jahrhundert	Baron von Eisenberg Ludwig Hünersdorf	F. R. de la Guérinière Marquis de Marialva
19. Jahrhundert	Max von Weyrother, Wien Louis Seeger, Berlin Gustav Steinbrecht, Berlin François Baucher, Paris Alexis L'Hotte, Saumur	B. von Oeynhausen, Wien Gustav Steinbrecht, Berlin
20. Jahrhundert	Felix Bürkner, Berlin Udo Bürger, Berlin Hans Moser, Bern Kurt Albrecht, Wien Egon von Neindorff, Karlsruhe	J. G. de Miranda, Portugal Nuño Oliveira, Portugal Michel Henriquet, Paris Mme. J. Boisseau

Die Werke der meisten oben aufgeführten Reiter und Reitautoren liegen in der "DOCUMENTA HIPPOLOGICA" des Olms-Verlages in Hildesheim vor.

A

– Abaissement des Hanches, s.a. Hankenbeugung, Versammlung
Definition (SGS): Beugung (= Verengung) der fünf Gelenkwinkel der Hinterhand (von oben nach unten): zwischen der Wirbelsäule und dem Becken, der
Hüftgelenke, Kniegelenke, Sprunggelenke und Fesselgelenke.
La Guérinière 1730: "das Ziel (aller Bahnarbeit) ist, die Pferde zu gymnastizieren, sie leichtrittig und aufmerksam zu machen und sie auf die Hanken zu
setzen, ohne was kein Pferd, weder das Kriegspferd noch das Jagdpferd, noch
das Schulpferd, angenehm in seinen Bewegungen, noch für den Reiter bequem
sein kann..."
Steinbrecht 1880: "Sind die Hinterfüße (dank Hankenbeugung – SGS) in der
Gewalt des Reiters, d.h. kann er den Grad ihrer Belastung und Thätigkeit bestimmen, so ist das ganze Pferd gewonnen".
N. Oliveira 1975: "Man (...) gymnastiziert die Hinterhand und fixiert den Hals
und die Vorderhand (...) dank korrekter Biegung und Beugung der Hanken".

– Abrichtung s. Ausbildung, Dressur, Gymnastizierung

– l'Accord des Aides
Definition (SGS): das Zusammenwirken in der richtigen Reihenfolge und zum
richtigen Zeitpunkt und das Sich–Ergänzen der einzelnen Reiterhilfen.
La Guérinière 1730: "... es ist notwendig, daß die Schenkel der Hand nie
widersprechen, da sonst die Hilfe der Hand nie genau genug wirkt; dies nennt
man in der Fachsprache, die Hand und die Schenkel sich abstimmen lassen, und
führt zur Vervollkommnung sämtlicher Hilfen".
Hünersdorf 1798: "... die Kunst (ist): Hand und Schenkel mit einander über-
einstimmend zu machen".

– "à l'aise" (franz.: "se sentir ..." oder "être à l'aise")
Definition (SGS): ein Schlüsselbegriff des pferdegemäßen Reitens, der sowohl
für den Reiter als auch für das Pferd gilt. Von Pluvinel und La Guérinière wird
er häufig im Sinne folgender Begriffe verwendet:
Synonyme (SGS): locker, losgelassen, entspannt, bequem, in sich ausbalanciert, ausgewogen, austariert, im Gleichgewicht, mit Freude bei der Sache,
aufmerksam, auf die Arbeit konzentriert, munter, rund.

– ALBRECHT, Kurt
General der österreichischen Armee, Chefbereiter und Leiter der Spanischen
Hofreitschule in Wien von 1974 – 1985, Autor der Bücher "Meilensteine auf

dem Weg zur Hohen Schule" (4. Aufl. Hildesheim 1999) und "Dogmen der Reitkunst" (2. Auflage Hildesheim 1996), Mitherausgeber der DOCUMENTA HIPPOLOGICA des Olms-Verlags in Hildesheim. Neben Egon von Neindorff einziger international anerkannter Reitmeister deutscher Sprache.

– Alter (das beste Alter für ein Pferd, um ausgebildet zu werden)
Newcastle 1657: "Ein Pferd von drey Jahren, als welches noch sein völliges Gewächse (= Wachstum) nicht hat, ist so zart und weich, dass man es leichtlich verderben kan, wann man es reitet (...)".
La Guérinière 1730: "Das beste Alter, um ein Pferd auszubilden, ist dessen sechstes, siebtes oder achtes Jahr".
Eisenberg 1748: "Ich setze zum Voraus, dass die Pferds-Verständigen wissen, dass ein Pferd vor 4 oder 5 Jahren nicht im Stande sey, auf die Schule geführt zu werden".

– Alter Real
Berühmte portugiesische einfarbig braune Pferderasse, die ursprünglich, 1748, aus andalusischem und Karthäuserblut, 1801 etwas französischem, 1813 arabischem, 1828 nochmals andalusischem und neuem arabischem und Berberblut über Inzucht rein erhalten wurde und heute noch im staatlichen Gestüt von Alter do Chão weiter gezüchtet wird.

– "Andalusier"
Eine in Spanien ungebräuchliche Pferderassenbezeichnung für die südspanische Pferderasse aus Asturconen-, Araber- und Berberblut, die in Reinzucht ausschließlich als "Cartujano" bis in unsere Zeit überlebt hat. Die Spanier behaupten Fremden gegenüber gerne von jedem Pferd, es sei ein Andalusier, denn offiziell werden auch die "Karthäuser" nur als "von reiner spanischer Rasse" geführt.

– de ANDRADE, Manoel Carlos
Autor des bedeutendsten alten Werkes über das Reiten auf der Iberischen Halbinsel, des Buches "Luz da Liberal e Nobre Arte da Cavaleria", das 1790 vom 4. Marquis de Marialva inspiriert erschien. (Ein Faksimiledruck steht bei Olms in Hildesheim zur Subskription).
Dr. M. Leitao: "Dieses Buch ist eines der besten dieser Art, in dem sehr schöne Stiche alle Übungen im Bild zeigen (...) vergleichbar nur mit den Werken Pluvinels und La Guérinières" (in "Plaisirs Equestres" 12/79).

– Anhalten (franz.: arrêter)

Newcastle 1657: "Das sicherste Mittel ein Pferd wol zusammen zu rücken (= zu versammeln) (...), ihm das Maul zu versichern (= zu schonen) (...), die Hüfften recht zu richten, (...) besteht allein in der Vollkommenheit und *Zärtlichkeit* des Stillhaltens (...)".

La Guérinière 1730: "... man beginnt das Anhalten des (Jung–) Pferdes (...) indem man es nach und nach sanft (mittels der Gewichtshilfe) zurückhält (...)".

Seeger 1844: "Hieraus ergiebt sich der Unterschied zwischen Arrêt und Parade. Jener (der Arrêt) äußert seine Wirkung in Beugung der Sprunggelenke, diese (die Parade) in Beugung der Hanken (...)".

N. Oliveira 1965: "Bevor man das Anhalten abruft, muß man das Pferd zur Kugel gemacht haben". – "Um anzuhalten, ziehen Sie Ihre Hände nie zurück, sondern schieben Sie Ihr Becken Ihren Händen entgegen".– "Das Pferd darf nie auf steifen Hinterfüßen anhalten, sondern stets nur dadurch, daß es sanft seine Hanken beugt".

– Anlehnung (franz.: Appui)

La Guérinière 1730: "Anlehnung nennt man den leichten Druck, den die Kandarenwirkung in der Hand des Reiters, und umgekehrt, den die Reiterhand auf den Unterkiefer des Pferdes ausübt". – "Ein Pferd, das nicht mit dem Kappzaum ausgebildet wurde, wird niemals jene angenehme Anlehnung besitzen, welche gute Pferde haben müssen und welche gleichmäßig, stet und leicht zu sein hat".

Oeynhausen 1852: "So lange das Thier gut geführt und vernünftigen Befehlen unterzogen wird, hat das Mundstück in einem ausgebildeten Maule eine gelinde Anlehnung und *die Faust des Reiters trägt nichts als das Gewicht der Zügel,* und die geringste Bewegung (= Drehung der Hand) reicht zu, dem Pferd einen Wink zu geben, auf den es in guter Ordnung gehorchen kann".

Oliveira 1975: "Es ist das Pferd, das dank der Impulsion (vgl. dse.) und der Gewichtsübernahme der Hinterfüße die Anlehnung suchen muß".

Taylor 1968: "Tight reins and spoiled horses go together" – "Angezogene Zügel und verdorbene Pferde bedingen sich".

– Anlehnungszügel, auch: Anliegezügel, Außenzügel, franz.: Rêne d'appui

Hünersdorf 1798: "... wenn wir (das Pferd) (...) völlig im Wenden geschickt gemacht haben, so gewöhnen wir es dann erst und nicht eher, daß es sich (...) durch den auswendigen Zügel allein, wenden lasse, welcher aber hier als nichts anderes, als ein bloßes Zeichen angesehen werden kann"; die eigentliche Biegung und Wendung leiten die Schenkel und der Sitz ein.

Oliveira 1975: *"Es ist der Außenzügel, der das Pferd geraderichtet, indem er die Schultern vor die Hanken führt"* (J. Boisseau).

– Araber, auch: Asil– bzw. Vollblut–Araber
Wrangel 19. Jh.: "Das arabische Pferd reiner Rasse steht auf der Grenze zwischen den natürlichen und den Kulturrassen. Es wird sowohl von dem Hippologen als auch von dem Poeten als das edelste Tier der Schöpfung gepriesen. (...) Was (...) das Alter der arabischen Rasse betrifft, so ist dasselbe keineswegs so (genau definiert – SGS), als wohl hier und da angenommen wird. (...) Bis zum 7. Jahrhundert, zur Zeit Mohammeds, besaßen die Araber nur eine kleine Anzahl von Pferden. (...) Der arabische Mensch ist ein noch größerer 'Reinblut–Fanatiker', als der englische Vollblutzüchter. Fragt man einen Aeniza Shekh, ob dieses oder jenes seiner Fohlen 'a–sîl', d.h. reinblütig, ist, so wird er ausrufen: 'Bei Allah, mit ihm könnte man auch im Dunkel der Nacht züchten'".

– Arbeit an der Hand, s.a. Führen, Longieren, Schulterherein a.d. Hand
Albrecht 1983: "Wer mit seinem Pferd eine höhere Dressurausbildung anstrebt, kann während der Phase der Hinterhandausbildung zum Zwecke einer gezielten Hankengymnastizierung auch 'Arbeit an der Hand' einbauen. (...) Es soll hier nicht etwa wettgemacht werden, was dem Reiter aus dem Sattel nicht gelingt, sondern dem Pferd in diesem Ausbildungsstadium an erster Stelle das Wollen des Menschen verständlich gemacht werden, und es soll zweitens 'den Takt finden lernen' (...) und drittens ist es eine hervorragende Möglichkeit, (das Miteinander, anstatt das Gegeneinander) weiter zu festigen".

– Arrêt, s.a. Anhalten, Parade, halbe Parade, ganze Parade
Albrecht 1983: "Um von versammelnden Arrêts eine Wirkung erwarten zu können, *bedarf es natürlich einer in den Hanken gebogenen (= gebeugten) Hinterhand,* die solche Impulse ohne Schwierigkeiten umsetzen kann".

– Aufrichtung
Steinbrecht 1880: "Die Aufrichtung der Vorhand bildet sich (...) von selbst in dem Grade, als die Hinterhand mehr gesenkt und gebeugt ist. Gegen diese Regel wird vielfach gefehlt, namentlich von allen Reitern, die wegen einer zu steifen Körperhaltung todte Schenkel haben und deshalb stets versucht sind, diesen Mangel durch verdoppelte Thätigkeit der Hand zu ersetzen".
Plinzner 1888: "Das durchgearbeitete Reitpferd wird sich (...) im Halse um so mehr aufrichten, je mehr die *tragenden,* und um so tiefer stellen, je mehr die *schiebenden* Kräfte der Nachhand vorherrschend wirken".

Hans Moser 1963: "Die richtige Aufrichtung kommt aus der richtigen Rückentätigkeit (Losgelassenheit & Durchlässigkeit), aus der richtigen Auswertung des
Schwunges und aus den tätigen, richtig funktionierenden Hinterhandgelenken".

- **d'AURE**, Antoine Philippe Cartier, Graf d'Aure (1799 – 1863)
L'Hotte 1890:   "Graf d'Aure ging aus der Offiziersschule von Saint-Cyr
hervor; ab 1821 Bereiter der Reitschule von Versailles, Bereiter-Adjudant
Ludwigs XVIII. und Karls X. von Frankreich, Chefbereiter der Cavallerieschule
von 1847 bis 1855". - Lehrer L'Hottes, Gegner F. Bauchers, Prototyp des
kühnen, hochkultivierten französischen Geländereiters.

- **Ausbildung (des Pferdes)**, s.a. Dressur, Gymnastizierung
Hünersdorf 1798: "Ein ausgebildetes Pferd ist ein solches, das:
1. (...) ins Gleichgewicht gesetzt ist (...)
2. alle Hülfen und ihre Grade richtig versteht (...)
3. vorwärts, rückwärts und seitwärts mit gleich gutem Willen gehet (...)
4. geschickt laufen, sich mit einem mal wieder aufhalten, und die engsten
Wendungen mit Gewandtheit, Leichtigkeit und Sicherheit machen kann".
Weyrother 1820: "Gehen, geschickt gehen können und wollen, muß sowohl
das Pferd des gemeinen Cavalleristen, als das Schulpferd, und beyde müssen,
als Begründung ihrer Dressur, gehen, geschickt gehen lernen".
Oeynhausen 1850: "*Gute, sanfte und ernste (= nicht strenge, sondern konsequente) Behandlung in Verbindung mit zweckmäßiger Belehrung sind die un-
fehlbaren Mittel hierzu*".
Plinzner 1888:   "Alle Ausbildung bestehet darin, dem Pferd solche Richtungen (= Haltungen, Stellungen - SGS) anzuweisen, in denen es gezwungen
ist, sich selber zu arbeiten (= zu gymnastizieren - SGS)".
H. Moser 1963:   "Durch die Ausbildung des Pferdes erstreben wir die Entwicklung und Förderung der natürlichen Anlagen und der Kräfte. *Dazu bedarf
es einer logischen gymnastischen Durchbildung, deren Grundzüge die Natur des
Pferdes vorzeichnet. Wer hier die Naturgesetze beachtet und respektiert, wird
sein fernes Ziel erreichen; wer aber Gewalt antut oder irgendwelche Kom-
promisse eingeht, scheitert sicher*".
Oliveira 1980:   "Die Ausbildung bezweckt nur die gymnastische Vervollkommnung der drei natürlichen Gangarten des Pferdes. Aus dem Ergebnis macht
die Reitkunst dann erst reine Poesie" (J. Boisseau).
Albrecht 1983:   "Die Leistungsfähigkeit und Lebensdauer des Pferdes sind in
einem sehr hohen Maße von der Korrektheit der Ausbildung abhängig". - "Nicht
umsonst haben die alten Reitmeister der Biegung (des Pferdes) den wichtigsten
Platz im täglichen Ausbildungsvorgang eingeräumt".

– Ausbildungsprogramm eines jungen Freizeitpferdes

Dreijährig: Führen im Schritt in einer großen Bahn, später zudem im Gelände, entweder nach der Gardian– (vgl.: Solinski, "Das Gymnasium des Freizeitpferdes", Hildesheim 1991/96) und / oder nach der Berber Methode (vgl.: Anhang IX).

Dreieinhalbjährig: Longieren im Trab auf einem dafür eingezäunten Longier– zirkel oder in der Ecke einer großen Reitbahn; entweder nach der Gardian– oder der Berber Methode (= der rechte Winkel aus der Front des Longenführers "berührt" dabei den Pferdekörper nie! – Vgl.: Z 46, S. 264).

Vierjährig: Beim Führen und Longieren das Pferd sich zwanglos ausba– lancieren lassen, teils auch schon in Plié–Stellung, und erstmals kurzzeitig auch unter dem Reitergewicht an langen – aber nicht "weggeworfenen" – Kapp– zaum– und Kandarenzügeln (Zügelführung 3:1, vgl: "Das Gymnasium des Freizeitpferdes", Hildesheim 1991/96) in der Bahn und in Begleitung eines erfahrenen Reiters und Pferdes auch im Gelände auf weichen Böden. (Ziel: Schulung der Längsbalance, des Raumgriffes, des geradegerichteten Vorwärtsgehens, des Vertrauens des Pferdes in den nichtbehindernden, offenen, schmiegsam–weichen Reitsitz und Schenkelhang des Ausbilders.)

Daraufhin: Verlangsamen und Anhalten an der Longe ausschließlich durch stärkeres Untertreiben; unter dem Sattel ausschließlich mittels sanfter Schenkel– und Sitzöffnungen, nun aber auch mitten in Abhängen und allmählich auch aus dem – stets ausgesessenen – Trab. (Ziel: Schulung der Selbsthaltung des Pferdes im (horizontalen) Gleichgewicht (vor allem beim Anhalten), Beginn zwangloser Versammlung ohne Zügelhilfen.)

Daraufhin: Beginn der Lateral– (= Seiten–) Biegung allein durch Schenkel– und Sitzöffnungen bei etwas kürzeren Kappzaumzügeln, einhändiger Zügelführung mit lockerer Anlehnung, in der Bahn und im Gelände, im Schritt und im Trab. (Ziel: Zwangloses Durch–die–Ecke–Treten, Zirkel, Volten, Kruppeherein, Schulterherein.)

Fünfjährig: Schulung der Selbsthaltung und der Hankenbeugung an der Hand und unter dem Sattel auf Schlangenlinien, halben und ganzen Volten. Biege–, Beuge– und Versammlungsübungen: Schulterherein, Kruppeherein, Travers, Renvers, Schulschritt, Schultrab (letztere vor allem in der Bahn). (Ziel: Vervollkommnung des Gleichgewichts, der Gewichtsübernahme mit dem Innenhinterfuß und der Versammlung. Zwangloser Beginn gezielter Hankenbeugung durch Viereck–Verkleinern und –Vergrößern im Travers und Renvers, im Schritt und im Trab.)

Sechsjährig: Schulung und Vervollkommnung der Hankenbeugung (nun ohne Kappzaum) bei leicht durchhängenden Kandarenzügeln im Schritt und Trab und beim Anhalten aus dem Galopp und Angaloppieren aus dem Stehen, in der Bahn und im Gelände. (Ziel: Gymnastizierung vor allem der Tragekräfte des Pferdes, seiner Hinterhand und Lenden, der Schulterfreiheit und der Aufrichtung.)

Siebenjährig: Vervollkommnung der Lateralbiegung bei gebeugten Hanken und viel Impulsion im Schulterherein, Kruppeherein, Travers, Renvers und bei Arrêts aus dem Trab und Schultrab und versammeltem Galopp.

Acht- bis zehnjährig: Vervollkommnung und / oder Erhaltung der gymnastischen Biege- und Beugefähigkeiten des Pferdes in allen Seitengängen (außer: Schenkelweichen), im Schulschritt, Schultrab, Schulgalopp und –Redopp, in der Piaffe, Passage, auf Schritt-, Trab- und Galopp-Pirouetten. (Ziel: Das Pferd "auf den Hanken" in permanenter Selbsthaltung und Impulsion, absoluter Losgelassenheit und Leichtigkeit, mit permanentem Schwung in sämtlichen Haltungen und Gangarten; kurz, das fröhliche, nur "mit Gedankenübertragung zu reitende", selbstbewußte, aber stets "mitmachende" Pferd.)

Während dieser sieben Jahre wird das Pferd möglichst täglich gymnastiziert und vor jedem Satteln 15 – 25 Minuten lang an der Longe gelockert, gebogen, aufgewärmt, angymnastiziert und in sich ausbalanciert, bevor es der Reiter besteigt. Selbst das "Führen" wird insofern beibehalten, als es sehr schnell und einfach zur "Arbeit an der Hand" weiterentwickelt werden kann, mit der wir unserem Pferd nach jeder Galoppreprise an der Longe, dank Schulterherein, Kruppeherein, Travers und Renvers im Schritt, "an der Hand" Ruhe gönnen.

– Ausbildungsprogramm für junge Freizeitreiter

1. Lehrabschnitt: Der Reitanfänger lernt auf einem gut ausgebildeten Pferd an der Longe eines verständnisvollen Reitlehrers A) sich in und mit seinem Körper "in sich selber auszubalancieren", indem er B) seinen Sitz- und Schenkelrahmen – so unverkrampft, locker und losgelassen wie ein Kind – nach und nach der Form des Pferdekörpers anpaßt. (Ziel: Das "normale" = bequeme = tiefe = rundum entspannte, ruhige Sitzen mit permanent leicht nach hinten abgekipptem oberen Beckenrand, bei vollkommen entspannter Rücken- und Bauchmuskulatur und lang, steil und *offen* herab*hängenden* Schenkeln *am* Pferd.)

2. Lehrabschnitt: Der in sich locker ausbalancierte Reiter lernt, Schwerpunktsverschiebungen, die ihm die Bewegungen des Pferdes vermitteln, entweder A) zuzulassen (z.B. auf engen Volten nach vorne–innen) oder B) nicht zuzulassen (z.B. wenn das Pferd auf dem Zirkel hinten ausfällt).

Ziel (2. Abschnitt): Der Reiter schreibt dem Pferd mit seinem, zwischen den Pferdeohren hindurch auf den Boden gerichteten, Blick dessen genauen Weg vor, sitzt präzis "in der Achse" des Pferdes und lernt, mit seinem lockeren, offenen, "nahtlosen" Schenkelhang am Pferdeleib, das Tier passiv richtig "auszusteuern". Seine lockere, einhändige Zügelführung (Kappzaum und / oder Kandare) "begleitet" lediglich die Biegungen der Vorderhand nach vorne–seitwärts–höher, um sogleich zur Ausgangsstellung auf dem Mähnenkamm zurückzufinden. (Dieses Ziel wird anfänglich an der Longe, später im Einzelunterricht und / oder in der Abteilung sowohl im Schritt als auch im Trab verfolgt.)

3. Lehrabschnitt: Sobald der Reiter die gesamte Muskulatur seines Körpers vollkommen zu entspannen und loszulassen versteht, somit zum natürlichen Reitsitz, zum offenen, lockeren Schenkelhang am Pferd und zur lockeren, einhändigen Führung des bloßen Zügelgewichtes (+/– 10 Gramm) gefunden hat und sämtliche Bahnfiguren (außer den Seitengängen, "höheren Schulen" und der Galopparbeit) sowohl als Einzelreiter als auch in der Abteilung beherrscht, kann er mit der Vorbereitung und den eigentlichen Seitengängen im Schritt und Trab beginnen; somit mit dem Durch–die–Ecke–Treten, mit Schulter– und Kruppeherein und etwas später mit Travers und Renvers und mit deren Ergebnissen; Schulschritt, Schultrab und Doux–Passage.

4. Lehrabschnitt: Sobald die gesamte "reiterliche Technik der Verständigung mit dem Pferd" vom Reiter, wie vom Pferd, vollkommen assimiliert ist; sowie dem Reiter und dem Pferd auch die unbewußten, spontanen Eingriffe in egal welcher Situation "pferdegemäß", d.h. reiterlich genau und richtig dosiert und dem Pferd verständlich zur Verfügung stehen, läßt sich, wenn auch erst jetzt, das Reiten "transzendieren", führt so zur Harmonie und kann durch immer weiteres Verfeinern des beiderseitigen Gefühls für die Wünsche, Erwartungen und Hilfen des Anderen schließlich sogar zur Reitkunst werden.

– Aussitzen

H. Moser 1963: "Der Trab kann nur *ausgesessen* richtig entwickelt werden, denn nur hier ist es möglich, die Hinterhand heranzuholen; was hinten nicht gefordert werden kann, wird sich vorne nicht entwickeln".

– Auswahl von Pferden

Newcastle 1657: "Pferde müssen erwählet werden nach ihrem Gewächse (Gebäude), Leibs–Beschaffenheit und natürlichen Fähigkeiten, zu was sie am besten taugen, und zu was für Übungen sie gleichsam von Natur scheinen entsprossen zu seyn, dazu muß man sie auch anhalten (ausbilden) und gebrauchen".

B

– Balance, auch: Balancesitz (des Reiters)
Definition (SGS): lockere, losgelassene, in sich (rechts–links, vorne–hinten) ausgewogene, "ausbalancierte" Gleichgewichtshaltung des Reiters, der *"in der Bewegung"* sitzt und dadurch sein Pferd weder stört noch behindert.
Steinbrecht 1880: "... das weiche Anschmiegen an alle Bewegungen des Pferdes, worauf der gute und sichere Sitz weit mehr beruht, als auf dem so hochgepriesenen festen Schluß".
Stensbeck 1930: "... wenn der Reiter geradeaus dem Pferde zwischen den Ohren hindurchsieht (und so auf dessen Weg "zielt"), hat er die Balance noch, oder bekommt sie, falls er ins Rutschen kommen sollte, leichter wieder".

– Barock–Reitweise, heute auch: "iberisches Reiten"
Definition 1 (SGS): Reitweise der Alten Meister der Barockzeit (17. & 18. Jahrhundert), die es in einer pferdegemäßen (Schule La Guérinières) und einer nicht pferdegemäßen (Schule Newcastles) Form gab. Aus ersterer gingen später die gymnastizierenden, "romanischen", aus letzterer die dressierenden, "germanischen" Pferdeausbildungsweisen hervor.
Definition 2 (SGS): Charakteristisch für die vor allem gymnastizierende Reitweise La Guérinières und seiner Nachfolger waren:
1.) die *vollkommen losgelassene Haltung des Reiters* mit zwanglos nach hinten abgekipptem Becken in der präzisen Sattelmitte und Achse des Pferdes,
2.) der *offene, lockere, beinahe vertikale Schenkelhang mit den Waden am Pferd* in sehr langen Bügeln (vgl. dse),
3.) die *lockere einhändige Zügelführung sowohl des Kappzaums als auch der Kandare*,
4.) die *losgelassene hohe Versammlung des Pferdes,* das stets zwanglos von hinten nach vorne (anstatt, wie heute, umgekehrt) geritten wurde.
Definition 3 (SGS): Kurzlebige modische Bezeichnung oft schwacher Dressurvorführungen gewisser "barock" oder "iberisch" verkleideter Freizeitreiter in den siebziger und achtziger Jahren unseres Jahrhunderts. Heute wird, dasselbe auf iberischen Pferden oder Araobberbern geübt, "iberisches Reiten" genannt, obgleich es weder mit den pferdegemäßen Methoden La Guérinières noch mit jenen Marialvas auch nur entfernt übereinstimmt. (Vgl.: Anhang VI, S. 245)

– Basis, auch: kurze Basis, lange Basis
Bürger 1959: "Je kleiner die Unterstützungsfläche (= "Basis" des Pferdes) im Laufe der Schulung wird, desto unsichtbarer werden die Fehler gegen die Balance (hier: Gleichgewichtshaltung des Pferdes), desto feiner werden die

Korrekturen, desto wendiger wird das Pferd. – Dann scheinen die Hilfen wirklich nur noch Gedanke zu sein; Reiter und Pferd sind wie ein einziges Lebewesen".

– BAUCHER, François (1796 – 1873)
Vielgelobter und vielgeschmähter genialer französischer Reitmeister, Gegner des Grafen d'Aure und Gustav Steinbrechts, Lehrer – neben d'Aure – General Lhottes, Autor eines halben Dutzends höchst instruktiver Werke zum Reiten, die teils deutsch im Olms Verlag in Hildesheim erschienen sind.

– Beizäumung
Definition (SGS): als korrekt postulierte Kopf- und Halshaltung des Dressurpferdes. Bei pferdegemäß gymnastizierten Pferden ist die Beizäumung in der in Dressurreglements geforderten Form kaum jemals anzutreffen.
Dreyhausen 1935: "Die Beizäumung, *richtiger eigentlich das Sich–Loslassen des ganzen Pferdes,* entsteht durch den von hinten herankommenden, von Schenkel und Sitz erzeugten, Schwung an die für diesen Zweck passive (...) Hand".

– Belohnung (des Pferdes)
Pluvinel 1615:   "Doch will ich noch weiter sagen, daß man sie (die Pferde) allerdings nit schlagen solle (...), daß man sie mit der Güte gewinne, (anstatt) mit der Schärffe".
La Guérinière 1730: "Das Nachgeben (vgl. ds.) der Hand hat jedes Nachgeben des Pferdes zu begleiten; (nur) so wird der schlechten Gewohnheit der Pferde vorgebeugt, sich auf dem Gebiß abzustützen".

– Berber, Berber Pferde
Pluvinel 1615:   "Ich halte viel von den Barbarischen Pferden zum Carier-Reiten (= Schul- und Freizeitreiten in der Bahn) wegen der sonderlichen Zuneigung so sie haben, sich zierlich und mit sonderer Lust zu thummeln..."
Newcastle 1657: "Der Barber ist, nach dem Spanischen Pferd, das Vernünfftigste, doch ist es nicht so arglistig, und also um so viel leichter (ab-) zu richten".
Fugger, ca. 1670: "Die berberischen Pferde sind gar köstliche adeliche Roß; sie sind schnell, stark und können große Strapazen aushalten, und hätten sie die Größe, wie die europäischen Pferde, so könnte man keine bessern Pferde zum Gebrauche im Kriege finden". (Zit. v. K. W. Ammon in "Pferdezucht der Araber" Olms, Hildesheim 1983)

La Guérinière 1730: "Das Berber-Pferd ist kühler und nachlässiger in seinen Gängen (als das spanische Pferd); wenn man richtig mit ihm umgeht, entdeckt man aber viel Nerv, Leichtigkeit und Ausdauer in ihm. Es eignet sich vollkommen für die höheren Schulen (...). In Frankreich verläßt man sich in der Pferdezucht lieber auf Berber als auf spanische Hengste. Denn sie sind großartige Vererber (auch) wenn es darum geht, Jagdpferde zu züchten".

Abd-el-Kader 1852: "Man unterscheidet (in Nordafrika), obschon sie ein und derselben Familie angehören, zwei Arten von Pferden; die eine ist die arabische Rasse, die andere die der Beradin (= der reinen Berber-Pferde)". (In seinen "Bemerkungen" zu General Daumas' Buch "Die Pferde der Sahara", Olms, Hildesheim 1988.)

Daumas 1853:   "Die Stämme, welche die Sahara bewohnen, haben stets besser als die im Teull sich den räuberischen und herrschsüchtigen Gelüsten der verschiedenen Eroberer Afrikas zu entziehen vermocht, daher hat bei ihnen auch augenscheinlich die Berberrasse alle jene Eigenschaften; Eleganz, Schnelligkeit und Mäßigkeit bewahrt, die man ihr allgemein zuschreibt".

Wrangel 1880:   "Als die Araber 700 n. Chr. zum erstenmal in Afrika eindrangen, zählte ihr Heer auch viele Reiter. Es liegt auf der Hand, daß das einheimische numidische Pferd (...) nicht unberührt von einer solchen Invasion bleiben konnte. Es fanden (...) zahlreiche Kreuzungen zwischen diesen beiden Rassen statt (...). Trotzdem wäre es sehr unrichtig, wenn man den Berber mit dem Araber sozusagen in einen Topf werfen wollte. Zwischen den beiden Rassen bestehen nämlich deutliche, selbst Laien sichtbare Unterschiede in der äußeren Form" (und nicht nur da - SGS).

– **Berber** (Reiter)

Montaigne 1580: "Die Numidischen Reuter führten noch ein ander Pferd an der Hand, um mitten in dem (Gefechte) wechseln zu können". (Dieses und die drei folgenden Zitate stammen aus dem auch für Reiter äußerst interessanten Werk: Michel de Montaigne "Essais", Diogenes Verlag, Zürich 1992.)

Titus 27 v. Chr.: "... mitten in dem Treffen verließen sie das abgemattete, um sich auf das frische zu schwingen. So geschickt waren sie, und so wohl abgerichtet ihre Pferde" (zit. v. Montaigne).

Lucan 60 n.Chr.: "Und das Maßilen Volk (ein Berber Stamm - SGS) so ohne Zaum daher auf bloßem Rücken reit, und weiß das Maul zu lenken mit einer leichten Ruth" (zit. v. Montaigne).

Titus 27 v. Chr.: "Ihre Pferde, die keine Zäume haben, laufen unbändig hin mit langem Halse und die Nase nach dem Winde" (zit. v. Montaigne).

– Beschlagen (mit Hufeisen und Hufnägeln)
Ratschlag (SGS): soll man als Freizeitreiter für Notfälle auf großen Wanderritten unbedingt lernen, es aber dennoch stets dem Berufsschmied überlassen!

– Bestrafung (des Pferdes)
Pluvinel 1615:   "... wer ein Pferd anderst nicht dann mit Gewalt und Zwang
abrichten kan, (ist) ein ungeschickter und in allem unerfahrner Reuter".
La Guérinière: "Wir haben (...) auf den Zirkel zurück zu kommen, wenn
sich ein Pferd versteift, verkrampft oder auf einer Hand widersetzt; (...) deswegen rate ich immer wieder, jedes sich widersetzende Pferd von neuem an
der Longe zu arbeiten (...): diese Art (...) zeitigt mehr Wirkung und korrigiert
das Pferd besser, als jede andere Bestrafungsweise".

– Bewegung
Steinbrecht 1880: "Bewegung ist das Element des Pferdes und alle Bewegung
geht von der Hinterhand aus. (...) Hieraus geht hervor, daß es nur von sehr
geringem Werthe sein kann, einzelne Theile des Pferdes, z.B. das Genick im
Stillhalten, zu bearbeiten (= Flexionen), weil es sehr die Frage ist, ob dadurch
für das bessere Funktionieren der ganzen Maschine in der Bewegung etwas
Wesentliches gewonnen ist".

– Biegung
Definition (Plinzner): "Ist die Bewegung rein, d.h. verläuft die Wirbelsäule von
hinten nach vorne als Theil eines Kreisbogens (...), so bleibt das Pferd auch in
den stärksten Biegungen in dem Sinn gerade, daß auch dann Vorhand und
Nachhand ungeschwächt (symmetrisch treten können)".
Oeynhausen 1852: "Für junge Pferde ist das mäßige Reiten in die Ecken die
erste Übung, um sie Hand und Schenkel kennenlernen zu lassen. Anfangs muß
der innere Zügel und Schenkel etwas vorherrschend wirken, um dem Pferd das
Hohlbiegen dieser Seite begreiflich zu machen, bis dann später mit der
zunehmenden Aufrichtung (s. dse.) auch der auswendige Schenkel gut wirkt,
um das Pferd beisammen (versammelt) zu halten und das Ausfallen der Kruppe
zu verhindern".
Steinbrecht 1880: "Die Rippenbiegung oder Seitenbiegung der Rückenwirbel,
richtig und wohlbegründet ausgebildet, ist mit ein Haupterforderniß des gut gerittenen Pferdes; durch sie wird die harmonische Zusammen- und Wechselwir-
kung zwischen Hinter- und Vorderhand in den schulgerechten Gangarten richtig
vermittelt. – Durch Biegung werden nicht nur die Gelenke beweglicher, indem
die Gelenkbänder (...) nachgiebiger gemacht werden, sondern vor allem werden
die dabei betheiligten Muskeln in ihrer wechselseitigen Wirksamkeit geübt und

ausgeglichen, indem die Beuger das Übergewicht über die Strecker erhalten. –
Die Seitenbiegung des Halses geht Hand in Hand mit der Beugung des inneren
Hinterfußes, seine Aufrichtung und (...) Stellung mit der Beugung der gesamten
Hinterhand durch Belastung. – Je vollkommener die Wirbelsäule die nöthige
Richtung und Biegung anzunehmen vermag, umso feiner und sicherer vermag
der Reiter auf den einzelnen Hinterfuß einzuwirken. Die Bearbeitung der
Wirbelsäule und diejenige der Hinterschenkel hängen so innig mit einander
zusammen, daß sie getrennt gar nicht gedacht werden können. – Der
vernünftige Bereiter wird sich die Arbeit des Biegens in drei Epochen eintheilen
und von dieser Eintheilung nicht abweichen. Die erste davon ist die (...)
Seitenbiegung der Wirbelsäule und stärkere Belastung des inneren Hinterfußes
auf einem Hufschlage; die zweite die gesteigerte gleiche Aufgabe durch die
Richtung des Pferdes auf zwei Hufschläge und die dritte die Biegung beider
Hinterfüße vermittelst stärkerer Belastung".
H. Moser 1963: "*Ohne verwahrenden, führenden äußeren Unterschenkel
gibt es keine Längsbiegung*".
K. Albrecht 1983: "Nicht umsonst haben die alten Reitmeister der 'Biegung' den
wichtigsten Platz im täglichen Ausbildungsvorgang eingeräumt".

– BOISSEAU, Jeanne
französische Hippologin, Pferdeausbilderin, Meisterschülerin Nuño Oliveiras.
Autorin des Buches: "Notes sur l'Enseignement de Nuño Oliveira", das 1979
bei Crépin–Leblond in Paris und 1998 deutsch unter dem Titel "Notizen zum
Unterricht" bei Olms in Hildesheim erschienen ist. Meiner Ansicht nach, faßt
es die Lehre Meister Oliveiras geradezu genial zusammen.

– Brillanz, auch: Ausdruck, Lebendigkeit, vollkommene Losgelassenheit
Oeynhausen 1852: "Hat das Pferd von Natur eine brillante, erhabene Aktion,
so wird das Resultat (der Ausbildung zum Schul– oder Freizeitpferd) ein umso
schöneres sein".
Oliveira 1965: "Mit scharfen Sporen und strengen Gebissen wird man nie
erreichen, daß ein Pferd seine ganze Schönheit und Anmut (= Brillanz)
entfaltet. Je härter man ein Pferd bedrängt, desto stärker verkrampft man es.
Ja, man vernichtet geradezu seine Losgelassenheit und alle Leichtigkeit der
Ausführung, welche die Markenzeichen jeder richtigen Ausbildung sind".

– de la BROUE, Salomon, ca. 1552 – 1602
Saurel 1971: "der Vater der französischen Reitkunst"
Erster großer Reitmeister Frankreichs, Schüler zuerst lange Zeit Grisones, dann
kurz auch Pignatellis in Neapel. Autor der "Préceptes du Cavalerice", 1593.

– **Bücher** – die meiner Ansicht nach für kultivierte Freizeitreiter lohnendsten
Studienbücher:

Pluvinel:	"L'Instruction du Roy", deutsch: Olms, Hildesheim
La Guérinière:	"Ecole de Cavalerie" franz. & dtsch.: Olms, Hildesheim
Hünersdorf:	"Anleitung...." Olms, Hildesheim
Oeynhausen:	"Abrichtung v. Reiter & Pferd", Olms, Hildesheim
Steinbrecht:	"Gymnasium des Pferdes", Olms, Hildesheim
Graf Wrangel:	"Das Buch vom Pferde", Olms, Hildesheim
Bürger:	"Vollendete Reitkunst", Parey, Berlin 1959
J. Boisseau:	"Notes sur (...) N. Oliveira", Crépin–Leblond, Paris = "Notizen zum Unterricht", Olms, Hildesheim

– **Bügel**, auch: Steigbügel, Bügelhaltung, Bügellänge
Steinbrecht 1880: "Die alten Meister erkannten die Wichtigkeit des Bügels bei
den Hülfen dadurch an, daß sie ihre Schulpferde wohl ohne Sporen producirten
(...) nicht aber ohne Bügel". – Beim Bügelhalten "darf nicht mehr Gewicht
auf den Bügeln ruhen, als dasjenige des Schenkels und Fußes in ihrem
natürlichen (= lockeren, losgelassenen) Hang". – "Die ganze Kunst, den Bügel
sicher zu halten und richtig zu benutzen, liegt daher in dem weichen,
elastischen (= lockeren) Fußgelenk und der natürlichen (= offenen, losgelassenen) Richtung des Fußes überhaupt". – "Der Reiter, der sein Pferd im
Gleichgewicht reiten will, bedient sich immer eines längeren Bügelmaßes, weil
es nicht nur eine freiere Bewegung der Schenkel zuläßt, sondern auch den
ungezwungenen Hang derselben aus den Hüften begünstigt, so daß es die
Beherrschung der Hinterhand wesentlich erleichtert".
Plinzner 1888: "Im passiven Zustand soll der Fuß nur mit der Schwere des
Beines auf dem Bügel ruhen, dessen stärkeres Belasten in den Bereich
beabsichtigter Einwirkungen gehört" (= "Bügeltritt").
Stensbeck 1930: "... ein lang herunterhängender Schenkel wirkt beim Antrei-
ben des Pferdes viel stärker als ein hochgezogener und ist dem Pferde sympa-
thischer (...) als ein kurzer kneifender Schenkel".
Oliveira 1965: "Normalerweise regelt man die Bügellänge, wie folgt: am
frei und lang herabhängenden Schenkel ergibt die Höhe des Fußrückens oder
Ristes die Tiefe der Bügelsohle".

– **BÜRGER**, Udo
Berliner Tierarzt, als Reiter ein Schüler Felix Bürkners, Autor des Buches:
"Vollendete Reitkunst", das 1959 bei Parey in Berlin erschien und gegenwärtig
von Müller Rüschlikon angeboten wird.

C

- **Campagnepferd**, auch: Gelände- und / oder Kavalleriepferd
Definition (Albrecht): die "Stallmeister zurückliegender Epochen verstanden unter dem Begriff 'Campagnepferd' ein Tier mit einem Ausbildungsniveau, das etwa dem entsprach, was heute in den Dressurklassen 'L' und 'M' erwartet wird"; somit dem, welches auch die "Feld-, Wald- und Wiesenreiter" mit ihren Pferden anstreben sollten.

- **Campagne-Schule**
Steinbrecht 1880: "Die Grenze zwischen Campagne- und hoher Schule (...) bestimmt sich dadurch, daß bei ersterer die Richtung des Gleichgewichtes, d.h. die, wo Vorder- und Hinterschenkel gleichmäßig belastet sind (= horizontales Gleichgewicht), als Norm dient; bei letzterer dagegen die Schulen an Vollkommenheit zunehmen, je mehr der Schwerpunkt des (Pferde-) Körpers nach hinten gebracht wird, ohne dadurch die Freiheit der Hinterhand zu beeinträchtigen".

- **Cariera**, auch: Carrière, Karriere, das "Laufenlassen" der Freizeitpferde
Grisone 1550:   "das ist der schnellste gerade lauff". – "... so man dem Pferdt die Cariera gibt, besonders schnell auff ainander, entrüttets ihm den Kopf (...), mindert im die sterck, und solches je lenger je mehr".
Weyrother 1836: "Da das Pferd in diesem Gange sich ganz ausstreckt (...), soll in der Carriere keine plötzliche Parade Statt finden, sondern der Reiter muß einige Sprünge vor der Parade die Carriere mäßigen, so daß das Pferd in den Galopp übergeht, und dann erst pariren".

- **Cartujano** - berühmte andalusische Pferderasse
Fabre 1979:   "Seit dem 15. Jahrhundert beschäftigten sich die Mönche des Karthäuserklosters (= Cartuja) von Jerez de la Frontera im Süden Andalusiens mit der Reinzucht einer bereits für ihre Reinheit berühmten Blutlinie (des spanischen Geneten) und erhielten so eine Pferdefamilie, die heute noch einen großen Namen besitzt. Ihre Vertreter wurden 'Cartujanos' (= Karthäuser) genannt" (in "Plaisirs Equestres" 12/79).

- **Courbette**
La Guérinière: "Die Courbette ist eine Art Galopp-Sprung (an Ort und Stelle), in dem das Pferd sich vorne höher erhebt, sich länger aushält und sich stärker (auf die Hinterhand) übernimmt, als im Mézair...".

D

– **DAUMAS**, Eugène Melchior (1803 – 1871)
Arabisch sprechender französischer Kavallerie–General, der im Auftrag des
französischen Kriegsministeriums sechzehn Jahre lang in Nordafrika unter den
dort ansässigen Berber Stämmen weilte, um deren Pferde zu studieren. Autor
der Studie "Les Chevaux du Sahara", die 1851 in Paris und 1853 übersetzt
unter dem Titel "Die Pferde der Sahara" in Berlin erschien. Hiervon legte der
Olms–Verlag in Hildesheim 1988 einen Nachdruck vor.

– **DOCUMENTA HIPPOLOGICA**
Eine Sammlung der für Züchter, Reiter und Pferdeausbilder wichtigsten Basistexte der Alten Reitmeister in Faksimiledrucken der Olms Presse in Hildesheim.

– **Dominieren** (von Pferden)
Definition (SGS): Dominiert fühlen sich Pferde weder wenn sie erschreckt,
noch wenn sie mißhandelt werden, sondern ausschließlich dadurch, daß ihnen
ihr Erzieher, Ausbilder oder Reiter affektiv "pferdegemäß" die Herde und den
Herdenchef ersetzt und hierdurch ihr Vertrauen so rückhaltlos erwirbt, daß sie
sich in seiner Gegenwart stets sogleich entspannen und beruhigen können. Echtes
und wirkliches Dominieren ist daher nur Menschen möglich, die sich ein für
alle Male "auf die Seite der Pferde" geschlagen haben und deren Pferdeverständnis die Pferde und ihre Bedürfnisse von deren Standpunkt aus zu durchschauen versteht. Eines unter anderen äußeren Anzeichen echten Dominierens
ist die pferdegemäße Konsequenz, mit welcher der Ausbilder mit Pferden umzugehen pflegt, nach dem Motto Grisones:
Grisone 1550:   "Das Pferd soll stets in seiner lernung eine gewisshait haben
und also dardurch in seinem rechten wesen und gehorsam erhalten werden".

– **Dressur**
Definition (Saurel): "zielt (im Bereich der verschiedensten Tierarten) vor allem auf spektakuläre Effekte   (z.B. im Bereich des Pferdes) als Zirkusrei-
terei".
Henriquet 1972:   "Man dressiert Tiere mit vielerlei Mitteln; von den feinsten
bis zu den grausamsten: über psychischen und physische Druck, durch Kondi-
tionierung der Reflexe, durch Verwendung von (unnatürlichen) Hilfsmitteln usw.
Diese können sodann excellente (Zirkus–) Nummern vorführen, die vor allem
dem zur Ehre gereichen, der sie dazu abgerichtet hat. Leider lassen sich auch
Pferde in diesem Sinne 'dressieren' (...); ihre Vorführung wird stets die Stig-
mata der dabei angewandten (unnatürlichen Dressur–) Mittel bewahren".

Weyrother 1820: "Die Forderungen, die man an das dressierte Pferd unbedingt stellen muß, sind Vertrauen und Gehorsam. (...) Das Pferd kann erst dann vollkommen geneigt seyn zu gehorchen, wenn der Wille des Reiters ihm verständlich gemacht, und es zu folgen fähig ist. Dieses ist die Aufgabe für die Dressur (...)".

Steinbrecht 1880: "Die *richtige Dressur ist (...) eine naturgemäße Gymnastik für das Pferd, durch welche seine Kräfte gestählt, seine Glieder gelenk gemacht werden.* Durch dieselbe werden die kräftigen Theile zu Gunsten der schwächeren zu größerer Thätigkeit angehalten, die letzteren durch allmähliche Übungen gestärkt und verborgene Kräfte, die (...) vom Pferde zurückgehalten werden, hervorgerufen, wodurch endlich eine vollkommene Harmonie in der Zusammenwirkung der einzelnen Glieder mit ihren Kräften entsteht, die das Pferd befähigt, auf die leisesten Hülfen seines Reiters solche geregelten und schönen Bewegungen andauernd und zwanglos auszuführen, die es aus eigenem Antriebe (oft) nur (...) flüchtig zeigt". (...) Kurz, "der Zweck *der richtigen Dressur ist, durch systematisch geordnete gymnastische Übungen die Muskulatur des Pferdes zu befähigen, dem Skelette die für den Reitdienst erforderlichen Richtungen (= Stellungen & Gleichgewichtshaltungen) zu geben (...)".*

Josipovich 1923: "Das Ziel der Dressur ist, alle Steifheiten aus den Pferdegelenken wegzugymnastizieren, der Pferde Willigkeit und Wendigkeit zu entwickeln und vor allem die Leichtigkeit der Bewegungen in jenem Gleichgewicht, in dem sie viel mehr Ausdauer beweisen als nicht gymnastizierte Pferde" (zit. v. A. Monteilhet und N. Oliveira – Rückübers.: SGS).

Seunig 1949:   "Eine Dressur, deren Endergebnis nicht (...) konservierend (= Sehnen und Gelenke schonend, lebensverlängernd) ist, hat keine Daseinsberechtigung und unterbleibt besser ganz".

Oliveira 1972:   "Man kann ein Pferd nur als ausgebildet betrachten, das ohne Hast einer progressiven und methodischen Gymnastik unterzogen wurde, das ohne sich aufzulehnen 'mitmacht', weil es sich davon überzeugen konnte, daß man ihm lediglich Bewegungsfolgen und -haltungen nahelegt, die es keine Mühe kosten, und das deshalb aus Überzeugung und Freude mitarbeitet und nicht weil es verängstigt oder unterworfen wurde".

Albrecht 1983:   "Ein angelerntes (= dressiertes) Pferd wird sich immer von einem reell ausgebildeten (= gymnastizierten) unterscheiden". – Denn, "jede Stellung eines Pferdes, die nicht durch systematisches Gymnastizieren und Umformen erreicht worden ist, sondern in der ein Pferd mit Zwang gehalten werden muß, wird immer sofort aufgegeben werden, wenn dieser Zwang wegfällt"!

– **DREYHAUSEN**, Gustav von ... (20. Jahrhundert)
Reserve–Oberst der österreichischen Armee, als Reiter ein Schüler des Reiter-
generals Sigmund von Josipovich, Mitautor des hervorragenden Buches "Grundzüge der Reitkunst", Olms Presse, Hildesheim 1983.

– **Durchlässigkeit** (des Pferdes), auch: Permeabilität, Rittigkeit, Wendigkeit
Definition (Seunig): "Durchlässigkeit ist die Fähigkeit und Bereitschaft des
Pferdes, auf vortreibende, verhaltende und seitwärtstreibende Hilfen einzugehen
(...). Sie gipfelt im Aufgeben jeden, auch des kleinsten Widerstandes gegen die
Einwirkung des Reiters. – Ebenso wie die Losgelassenheit fast unmerklich aus
ihrer Vorstufe und Vorbedingung, der Zwanglosigkeit, entsteht, geht aus ihr
wieder mit Hilfe des Schwunges und der das Geraderichten bezweckenden seit-
lichen Biegearbeit die Durchlässigkeit hervor".

E

– **Ecole de Cavalerie**, dtsch.: "Reitkunst oder gründliche Anweisungen (...)"
Das für Freizeitreiter wichtigste Lehrbuch schlechthin von dem größten Pfer-
dekenner aller Zeiten; von François Robichon de la Guérinière. Es erschien
1733 in Paris und liegt bei der Olms Presse in Hildesheim sowohl als Faksimiledruck des französischen Originals als auch in einer deutschen Übersetzung
von D. Knöll, Marburg 1817, vor.

– **Baron von EISENBERG** (1685 – 1765)
Saurel 1971:   "Anglomane und großer Bewunderer Newcastles, symboli-
siert durch sein humanistisches Weltbürgertum den neuen Einfluß Westeuropas
auf das damalige Deutschland".
Dr. B. Schirg: "Baron von Eisenberg verbrachte seine Jugend bei Hofe in
Sachsen–Weimar, lernte und lehrte in vieler Herren Länder. Zunächst Ober-
bereiter beim Grafen Daun, Vizekönig von Neapel, zog es ihn später nach
Wien, während er – 1748 – bereits von England aus seine 'Wohleingerichtete
Reitschule oder Beschreibung der allerneusten Reitkunst' veröffentlicht hatte". –
Dieses Werk liegt als Faksimiledruck in der DOCUMENTA HIPPOLOGICA
der Olms Presse in Hildesheim (1974) vor.

F

– FABRE, Louis
Französischer Reiter, Pferdeausbilder und Reitlehrer, Generalsekretär der "Association Française du Cheval Andalou", Autor zahlreicher Artikel über iberische Pferde; vor allem in "Plaisirs Equestres" Crépin-Leblond, Paris.

– FIASCHI, Caesare (1523 – 1592)
Newcastle 1657: "... weiset auf die Music hin, als welche nemlich die rechte Richtschnur sey, wie einem Pferde mit der Stimme könne geholfen werden. Sein Buch 'Gloria del Cavallo' giebet genugsam zu erkennen, daß der, so es geschrieben, von großer Wissenschafft und Erfahrenheit sey".
Saurel 1971: "Lehrer Pignatellis", stammte aus Ferrara und der Umgebung der Familie d'Este.

– Fixierung des Pferdehalses, s.a. Impulsion, Aufrichtung
Steinbrecht 1880: "Die Stetigkeit des Halses, d.h. die richtige Stütze der einzelnen Halswirbel aufeinander und ihre Richtung (Stellung) zu einander, kann nur durch die ungeschwächte und wohlausgebildete Schiebkraft der Hinterhand; die Biegsamkeit desselben jedoch nur durch die Tragekraft der letzteren sicher gewonnen werden".

– Freizeitreiten
Definition (SGS): Im Unterschied zur kriegerischen, Jagd- und Berufsreiterei wurde in Südwesteuropa das Freizeitreiten seit ungefähr dem 12. Jh. n. Chr. nicht der Turniererfolge oder des eigenen Spasses oder Nervenkitzels wegen kultiviert, sondern vor allem, um den Pferden zu ihrer unverzichtbaren alltäglichen "pferdegemäßen Bewegung" (= Gymnastik) zu verhelfen, also um ihre Gesunderhaltung und Langlebigkeit, kurz, ihr körperliches, nervliches und psychisches Gleichgewicht zu fördern.
Henriquet 1968: "Ich erhalte die besseren Ergebnisse und mache größere Fortschritte (beim Reiten) dank auch nur geringster Verbesserungen meines Gleichgewichts und meiner Losgelassenheit, als durch auch noch so subtile Kombinierungen meiner Hilfen". – "Welches muß unser Ziel (beim Freizeit-) Reiten sein? (...) Vor allem, uns zu Pferd wohl zu fühlen; das beiderseitige Wohlgefühl ist das Erste und Wichtigste, was wir zu erreichen haben".
Oliveira 1979: "Reiten heißt nicht, vor Publikum nach Ansehen haschen (...); Reiten heißt der Dialog mit dem Pferd in der Abgeschiedenheit, heißt die Bemühung um gegenseitiges Sichverstehen und um Vollkommenheit" (J. Boisseau).

– Führen, auch: "Spazierenführen", franz.: "mener"
Definition (SGS): Erziehung und Vorbereitung des Jungpferdes für die "Arbeit an der Hand", das Longiert- und Angerittenwerden. (Vgl.: Kap. 8, Anhang IX und "Das Gymnasium des Freizeitpferdes", Hildesheim 1991.) Es geschieht stets im Kappzaum, an einer einfachen Longe, im Schritt.

– Fußfolge
v. Josipovich 1928: "Die Kenntnis der richtigen (und reinen) Fußfolge beim Pferde im Gange gehört zur reiterlichen Bildung (...). Die Leistungsfähigkeit eines Pferdes wird von (...) der Art, wie es seine Beine im Gange gebraucht, bedingt, das heißt, ein Pferd, das seine Beine richtig gebraucht, wird immer ausdauernder sein als ein Pferd mit der gleichen Körperbeschaffenheit, aber mit fehlerhaftem Gange. – Durch richtiges, (...) methodisches Reiten lassen sich die Fehler des Ganges in den meisten Fällen beheben oder mildern (...)".
v. Neindorff 1975: "Fußfolge im Schritt: hinten links – vorne rechts – hinten rechts – vorne links. Zu hören sind 4 Aufschläge. Das Pferd schreitet diagonal nacheinander.
Fußfolge im Trab: zugleich hinten links und vorne rechts – zugleich hinten rechts und vorne links. Zwischen dem Auffußen der diagonalen Beinpaare liegt ein Schwebemoment. Zu hören sind 2 Aufschläge (diagonal gleichzeitig).
Fußfolge im Galopp: Im Rechtsgalopp schwingt der rechte Vorderfuß weiter vor als der linke; im Linksgalopp schwingt der linke weiter vor. Beim Rechtsgalopp ist die Fußfolge: hinten links – hinten rechts + vorne links gleichzeitig (= "innere Diagonale") – vorne rechts. (...) Zu hören sind 3 Aufschläge, davon der mittlere stärker".

– Futter
Grisone 1550: "Es ist auch zu mercken daß die Spanier die Roß vor vilen kranckheiten zubewaren, ihnen grüne Gersten (und Futter-Esparsette) zu essen geben. Ist trefflich gut".
Eisenberg 1748: "Die meisten pflegen ihren Pferden des Tages fünf Futter zu geben, andre nur drey und theilen die Zeit nach des Tages Länge so ein, daß einerley Zeit zwischen jedem Futter ist".

– Futter-Esparsette, (Onobrychis viciaefolia, SCOP.)
Definition (SGS): ein luzerneartiges, rosablühendes Futterkraut mit einem, besonders für Pferde, vollständigen, ausgewogenen, hohen Nährwert; die "herba medica" der alten Griechen und Römer, "die allem vorbeugt und alles heilt". Futter-Esparsette wird heute nur noch von Kleinbauern (für Ziegen) in Südwesteuropa angebaut; franz.: "Sainfoin"; provenzalisch: "Esparsette".

G

– Galopp

La Guérinière 1730: "Eine Regel geschickter Reitmeister verlangt, daß man die Galopparbeit mit einem Pferd nie eher beginne, als bis es im Trab so durch‐gymnastiziert ist, daß es den Galopp von sich aus anbietet, ohne sich dabei weder auf die Hand zu legen, noch weglaufen zu wollen: man muß deshalb damit zuwarten, bis sein ganzer Körper biegsam geworden ist durch Schulter‐herein, bis er den Schenkeln auch im 'Kruppe an der Wand' (= Travers) ge‐horcht und bis er in der Piaffe leicht (Anlehnung = Zügelgewicht) geworden ist. (...) Wurde er derart gymnastiziert, so fällt es ihm daraufhin leicht, mit der Hinterhand korrekt in der Spur der Vorderhand zu galoppieren, so daß sich der Galopp von hinten nach vorne überträgt, was ein Gütezeichen des echten und schönen Galopps ist".

Hünersdorf 1798: "Hinten muß es sich setzen, vorne aber mit Leichtigkeit sich aufheben, und mit seinen Schenkeln spielen und sie frei hervorsetzen können, wenn der Galop schön, lebendig und gut seyn soll. Diese Eigenschaft muß das Pferd erst durch den zusammengenommenen, abgekürzten, vereinigten (= ver‐sammelten, taktreinen) Trab erlangt haben".

Seeger 1844: "Galopp (sollte) nie eher eingeübt werden (...), als bis das Pferd den Schritt und Trab in dem Grade der Vollkommenheit, dessen es überhaupt fähig ist, gehen kann".

Steinbrecht 1880: "Das Ideal eines versammelten Galoppes ist das, bei dem der Zuschauer den Eindruck bekommt, als wäre das Pferd vom lebhaftesten Eifer zum Vorwärtsgehen beseelt, während es doch nicht mehr Terrain gewinnt, als daß man im Schritte nebenherreiten kann". – Der "ideale versammelte Galopp, bei dem sozusagen jeder Sprung den folgenden schon in sich enthält, ist dann auch der Vater jenes freien Galoppes, bei dem der Reiter das einzige und herrliche Gefühl hat, daß die ganze Welt ihm gehört. *Das Nachgeben der Hand und das Vorgehen des Oberkörpers aus der (leicht) zurückgeneigten in die senkrechte Richtung (= Reithaltung) entledigen die Hanken von der überwiegenden Belastung, welche nun ihre Schiebkraft um so freudiger und energischer wirken lassen werden, dabei aber jeden Augenblick bereit sind, durch das Annehmen der Hand und das Zurückführen des Oberkörpers sich wieder beliebig belasten zu lassen*".

Oliveira 1968: "Je schöner der Schritt versammelt wurde, desto leichter fällt (dem Pferd) das Angaloppieren". – "Im Galopp setzt der Außenzügel die Hanken, während der Innenzügel den Hals erniedert und verlängert". – "Galoppieren Sie stets so, daß, wenn Sie mit der Zügelhand nachgeben, Ihr Pferd nie schneller wird".

– Galoppieren

Grisone 1550: "Schlusslich aber will ich dir nit bergen, so lang ein Roß nit ganz eben oder gerad und gerecht im Trab, in den Ringen (= auf den Zirkeln und Volten) und gerad füraus ist und zum thail noch nit guten Athem hat, soltu es mit nichten Galopieren noch sprengen. Aber nach dem du merckest das es dise ding alle wol verstehet, so magstu es wol freyer und frecher reitten".

La Guérinière 1730: Man muß das Pferd daran gewöhnen, "aus dem Galopp unmittelbar in den Schritt, wie aus dem Schritt unmittelbar in den Galopp überzugehen; das hat in einem einzigen Zwischentakt zu geschehen".

Oliveira 1979: "Man kann dem Pferd das Galoppieren im Gleichgewicht nicht dadurch beibringen, daß man es lange Zeit galoppiert, sondern allein durch häufiges Angaloppieren aus dem Schritt und dem Stehen" (J. Boisseau). "Um auch im Galopp die Biegsamkeit, die Geradheit und die Einung der Hinterhand mit der Vorderhand zu fördern, gibt es keine heilsamere Übung, als die des Schulterhereins längs der Wand im Galopp".

– Galoppwechsel, der "fliegende" ...

Steinbrecht 1880: "Ich rathe, die fliegenden Changements nicht zum Gegenstand besonderer Übung zu machen, sondern nur im Laufe der Arbeit die sich ergebenden Wechselungen mit zunehmender Gewandtheit und Sicherheit nach und nach behender auszuführen, wodurch dann mit der Zeit, da wo sie überhaupt angebracht sind, die fliegenden Changements sich mit Sicherheit ausbilden werden".

Oliveira 1980: "Anstatt dem Pferd mit Mühe einen Galoppwechsel zu entraufen, kümmern Sie Sich besser um die Reinheit des Galopps. Alles andere kommt dann von selbst". – "Ein fliegender Galoppwechsel ist nichts anderes als ein korrektes Angaloppieren... aus dem Galopp".

– Gang, Gänge

Definition (Seunig): Man versteht "unter Gang eines Pferdes, (...) die mehr oder minder gute und zweckentsprechende Art, seine Beine zu gebrauchen".

Steinbrecht 1880: "...der Gang giebt uns jederzeit den sichersten Maaßstab für die Richtigkeit unserer Arbeit. Solange in der Abkürzung der Gang gleichmäßig und kräftig bleibt, sind wir auf gutem Wege".

Plinzner 1888: "Zur Beurtheilung der Gänge gewöhne man sich an, nach den Hinterbeinen zu sehen. Dieselben sollen losgelassen pendelnd und dabei doch schwungvoll federnd arbeiten. Dabei müssen sie in jedem Tritte oder Sprunge so weit vortreten, daß man den Eindruck hat, es werde ein genügender Theil der Last von ihnen übernommen".

Stensbeck 1930: "Mit Vorbedacht betone und fordere ich immer wieder die

Notwendigkeit der Reinheit und Regelmäßigkeit der Gänge, weil sie eine erste Grundbedingung für die weitere Ausbildung des Pferdes sind (...). Im fleißigen Schritt sowohl als im Trabe wird ein gut ausgeglichenes (= in horizontalem Gleichgewicht), in natürlicher Haltung gehendes Pferd seine Hinterfüße genau in die Fußstapfen der Vorderfüße setzen. Es wird also durch Heranhalten der Hinterhand weder die Vorhand mehr belastet, noch der Rücken weggedrückt, was unfehlbar eintreten würde, falls die Hinterhand nicht genügend untersetzt, denn nur die richtig (= mit gebeugten Hanken) untertretende Hinterhand stützt den Rücken".

– Gebisse
Definition (SGS): Von allen Anfängen des westeuropäischen Reitens an, wurden Jungpferde stets mit Kappzäumen und Kandaren erst zusammen (= 4 Zügel) ausgebildet und später auf "blanke Stange" (= Kandare mit ungebrochener schwacher oder betonter Zungenfreiheit) geritten.
Eisenberg 1748: "Die Weite dieser Mundstücke soll vier Zoll und ein Viertel (11–12 cm) und die Höhe des Bogens oder Galgens (= der "Zungenfreiheit") anderthalb Zoll (= 4 cm) (...) seyn (...). Die Galgenmundstücke zäumen unter sich, wie die (...) zungenfreyn herbey (weil sie dem Unterkiefer aufliegen), die (...) Hohlbisse (= flach geschwungene, teils gebrochene Stangen mit nur schwacher Zungenfreiheit) aber über sich zäumen" (weil sie zudem die Zunge zusammendrücken und die Reaktion des Pferdekopfes nach vorne aufwärts provozieren).

– Gehorsam
Seeger 1844: "Die unbedingten Forderungen, die der Reiter an das *dressirte Pferd* machen muß, sind: Vertrauen und Gehorsam" (hier: Unterwürfigkeit – während die nur gymnastizierenden Reiter Südwesteuropas vom Pferd vor allem Vertrauen und Eigeninitiative bei der Mitarbeit erwarten).
Steinbrecht 1880: "Sind die Hinterfüße in der Gewalt des Reiters, d.h. kann er den Grad ihrer Belastung und Thätigkeit bestimmen, so ist das ganze Pferd gewonnen".

– Genet, der spanische
Definition (SGS): eigentlich "Gineta-Pferd", somit ein wendiges Krieger- und Duellanten-Pferd, das, wie der "Cartujano" (s. dsen), aus verschiedenen Nachfahren des Solutréepferdes (Asturconen, Berbern, Garraños) herangezüchtet wurde. Es stand im Typ zwischen dem Cartujano und dem Camargue-Pferd.

– Geradegehen, auch Geradegerichtetsein

Definition (Herold): "Unter Geradegehen versteht man die genaue Einstellung des Pferderückgrates auf die Linie, auf welcher das Pferd vorwärts geht, gleichviel, ob auf einem Kreis oder geradeaus".

La Guérinière 1730: "... der Bügeltritt ist die feinste aller Hilfen: die Reiterschenkel dienen dabei (lediglich) als Gegengewichte, um die Hanken geradezurichten & um das (ganze) Pferd zwischen den Waden geradegerichtet zu halten".

Oliveira 1975:   "Das Pferd geht gerade, wenn es die Kadenz (den genauen Takt seiner Bewegungen) einhält, wenn die Zügelanlehnung auf beiden Seiten genau dieselbe ist, und wenn es jederzeit ohne zu zögern von der Mittellinie nach links oder nach rechts auf eine Sechsmetervolte abbiegen kann".

Albrecht 1983:   "Nur das in sich geradegerichtete Pferd ist imstande, den Einwirkungen eines Reiters ohne unerwünschte Gegenmaßnahmen nachzukommen. Falsche Biegung, Ausfallen der Schulter oder eines Hinterfußes, sowie ungleiche Anlehnung sind die äußeren Symptome der letzteren (= der Maßnahmen des Pferdes gegen die Reiterhilfen), die jedoch sehr schnell und ohne besondere Vorwarnung einen gefährlichen psychischen Widerstand aufzubauen vermögen. (...) Nur durch ein gezieltes, mit viel Einfühlungsvermögen durchgeführtes Gymnastizieren und Biegsammachen wird diese wichtige Voraussetzung für jede weitere Aufbauarbeit in der Ausbildung geschaffen werden können". – "Das Geradegerichtetsein ist die Seele der Rittigkeit – die Schiefe die gefährliche Ausgangsbasis aller Widersetzlichkeiten".

– Gewichtshilfe

Steinbrecht 1880: "Sie wird zur selbständigen und dann zu der feinsten Hülfe, wenn das Gefühl des Pferdes nach und nach zu einem solchen Grade verfeinert ist, daß sie allein schon hinreicht, es zur vollen Entwicklung seiner Kraft und Geschicklichkeit zu veranlassen". – *"Die Wirkung dieser Hülfe wird in dem Grade erhöht, als man dabei momentan die Hüften senkt und den Rücken nachläßt, weil dadurch das Gewicht des Körpers vermehrt wird"* (= lockeres Abkippen des Beckens nach hinten). – "Das durchgebildete Pferd wird durch das stete, feine Gleichgewicht seines Reiters so empfänglich für die Hülfe der Gewichtsvermehrung, daß es fast schon dadurch allein in seinen Schulen (Übungen) zu erhalten ist, indem es in dem Bestreben, mit seinem Reiter im Gleichgewicht zu bleiben, unwillkürlich der Richtung folgen wird, die derselbe durch seine Haltung angiebt". – "Es versteht sich von selbst, daß bei allen diesen Gewichtshülfen Hand und Schenkel sich entsprechend zu betheiligen haben; je geringer aber die Mitwirkung derselben sein kann, um so größer ist die Vollkommenheit (der Ausbildung des Pferdes)".

Bürger 1959: "Wir können unser Gewicht dicht hinter dem gemeinsamen (Reiter-&-Pferd-) Schwerpunkt einwirken lassen. (Das Pferd) wird dann von sich aus die Gleichgewichtskorrektur anstreben, indem es durch Hankenbeugung, Senkung der Kruppe und Aufrichtung (...) unter den zurückverlegten Schwerpunkt tritt".

– Gineta –Gebiß, –Reitweise, –Sitz
Eisenberg 1748: Die Gineta "ist ein türkisches (= arabisches – SGS) Pferdegebiß, dessen Kinnkette von einem Stücke und wie ein großer Ring gemachet ist; wenn man ein Pferd damit aufzäumet, stecket man ihm das Kinn durch diesen Ring. Es ist ein hartes Gebiß".
d'Andrade 1979: "Die älteste Übung in der spanischen Gineta-Reitweise war das Speerwerfen, dessen Tragweite, dank der Schnelligkeit des Pferdes noch erhöht, den Feind selbst über die Entfernung hinweg erreichte, in der man sich den Lanzen der gegnerischen Infanterie ausgesetzt hätte. (...) Diese Übung ist somit der Ursprung des überraschenden schnellen Angaloppierens, des abrupten Anhaltens, der schnellen halben Pirouette und des Aufhebens der fehlgeworfenen Speere aus vollem Galopp" (in "Plaisirs Equestres" 12/79).
Henriquet 1979: "Die Überfälle und Reiterduelle wurden zur Alltäglichkeit. Diese rüden Konfrontationen führten in Spanien zur Entwicklung dessen, was man daraufhin die 'Gineta-Reitweise' nannte. Eher instinktiv als methodisch betrieben, nutzte diese die Wendigkeit und das natürliche Gleichgewicht der Pferde mittels strenger Gebisse, scharfer Sporen, hoher Sättel und kurzer Bügel" (in "Plaisirs Equestres", Crépin-Leblond, Paris 12/79).

– Gleichgewicht, auch: "reiterliches Glgew.", Selbsthaltung des Pferdes
Definition (Seunig): "Zum Unterschied vom natürlichen Gleichgewicht des (unbelastet) dahingehenden Pferdes nennt man das durch Mittel der Reitkunst erzielte, (... das) reiterliche Gleichgewicht".
Newcastle 1657: ...man kann Pferden im Gleichgewicht "den Zaum auf den Hals legen (...) und dannoch (...) wol versichert seyn, daß sie nit straucheln weil (...) sie auf den Hüfften wol versichert seyn".
Hünersdorf 1798: "Ein Pferd kann nicht leicht seyn, es muß denn zuvor ins Gleichgewicht gesetzt werden". – "Aus dem Gleichgewicht folgt Beweglichkeit und Leichtigkeit, und aus der Biegsamkeit entsteht Geschicklichkeit".
Seeger 1844: "Wo aber Gleichgewicht fehlt, geht selbst der gute Reiter der Vortheile verlustig, welche in der vielseitigeren Brauchbarkeit und längeren (Lebens-) Dauer des Pferdes bestehen".
Baucher 1846: "Das Gleichgewicht ist das Ziel, die Leichtigkeit der Lohn der Arbeit mit dem Pferd".

Oeynhausen 1852: "Die fortschiebende Kraft in der Bewegung geht vom Hintertheil aus, indem das Pferd in den Hinterbeinen sowohl fortschiebende als tragende Kräfte besitzt, die Vorderbeine dagegen nur zur Unterstützung der Last dienen. (...) Es ist daher Aufgabe der (Pferdeausbildung), die fortschiebenden mit den Tragkräften so in Einklang zu bringen, daß der Reiter nach Bedürfnis darüber verfügen kann. Durch die Last des Reiters, durch die (Einwirkungs-) Richtung derselben, durch gute und schlechte Hülfen wird eine fördernde oder störende Einwirkung auf Erlangung und Erhaltung des Gleichgewichts hervorgebracht. Pferde, denen es entweder von Natur sehr schwer wird, oder denen es der Reiter schwer macht, sich unter seiner Last (...) im Gleichgewicht zu tragen, legen sich in die Zügel" und auf die Schultern.

Steinbrecht 1880: "... die Hinterhand (ist) von Natur kräftiger gebaut, als die Vorhand, nicht nur direkt durch stärkere Knochen, Gelenk- und Muskel-Konstruktion, sondern auch indirekt durch die Fähigkeit, sich unter starker Belastung in ihren sprungfederartigen Gelenken beugen zu können. Diese Eigenschaft haben die Vorderfüße nicht und müssen daher vor allen plötzlichen, starken Belastungen, wie bei schlecht ausgeführten Wendungen und Paraden vorkommen, sorgfältig geschützt werden. Es ist daher auch das Bestreben aller Reiter (...) ihre Pferde auf's Hintertheil zu setzen und vorn zu erleichtern. (...) *Der verständige, mit ausgebildetem Reitergefühle begabte Bereiter wird es seinem Pferde bald abfühlen, wie viel er die Hinterhand zu belasten hat, um das Gleichgewicht desselben zu gewinnen, das sich dann durch eine schöne, natürliche Aufrichtung von Hals und Kopf, durch eine freie, elastische Bewegung des Vorderschenkels aus der Schulter, sowie durch eine kräftige, entschlossene Folge der Hinterhand ausdrückt. (...) Alles Talent und persönliche Geschicklichkeit kann die Erfahrung in dieser Kunst nicht ersetzen*".

v. Neindorff 1975: "Soll das Pferd seinen natürlichen Gang und Schwung behalten und (...) möglichst verbessern, ohne sich vorzeitig zu verbrauchen, so muß es

a) lernen, sich im gemeinsamen Gleichgewicht mit dem Reiter auszubalancieren und zwanglos zu bewegen,

b) Muskelkraft und Wendigkeit hierfür durch methodische und individuell aufgebaute Gymnastik erwerben,

c) den Willen des Reiters verstehen und zu befolgen lernen".

Oliveira 1980:   "Um ein Pferd ins Gleichgewicht zu reiten, muß es der Reiter vor allem entspannen, d.h. er darf es weder mit Hilfen bedrängen noch zusammenschrauben".

Albrecht 1983:   "Das körperliche Gleichgewicht (des Pferdes) bedingt sehr wesentlich auch das seelische"!

– GRISONE, Federigo (15?? – 1570)
Neapolitanischer Reitmeister, Verehrer und Übersetzer Xenophons, Autor des "Künstlichen Berichts (...) wie die Pferdt geschickt und vollkommen zu machen", der 1550 in Neapel, 1570 "verdeutscht" in Augsburg und 1972 als Faksimiledruck der Olms-Presse in Hildesheim erschienen ist.
Newcastle 1657: "Es gebühret doch dem Grizon das beste Lob, weil er der Erste gewesen, der die Feder ergriffen, und zu seiner Zeit schon ein so köstliches Buch an Tage gelegt hat".
Henriquet 1979: "Die ersten neapolitanischen Reitmeister versuchten mit den unglaublichsten Mitteln, das bewundernswerte (natürliche) Gleichgewicht des spanischen Geneten künstlich (auf ihre eigenen Pferde) zu übertragen" (in "Plaisirs Equestres" 12/79).

– GUERINIERE, François Robichon de la Guérinière, s. u. La Guérinière

– Gymnastizierung des Pferdes
Definition (Knaur): "planmäßige Körperübungen (...): vorbeugend, wollen elastisch und gesund erhalten (...)" (Knaurs Lexikon, München 1950).
Eisenberg 1748: "Ein Pferd biegsam und leicht zu machen, ist der Grund der ganzen Reitkunst".
Steinbrecht 1880: "... der Zweck (aller Pferdeausbildung) ist der, durch systematisch geordnete gymnastische Übungen die Muskulatur des Pferdes zu befähigen, dem Skelette die für den Reitdienst erforderlichen Richtungen (Stellungen, Haltungen) zu geben".
Seunig 1949: "Im Verlauf der gymnastischen Ausbildung (des Pferdes) wird der Reiter in seinen (...) Anforderungen von einer Genauigkeit sein müssen, die an Pedanterie grenzt; kleinlich wird er aber nie sein dürfen".
Solinski 1980: "Die pferdegemäße Gymnastik an der Longe erschließt dem Jungpferd die Tragekräfte seiner Hinterhand und vermittelt ihm so das losgelassene 'reiterliche Gleichgewicht', bereits bevor es erstmals geritten wird".

H

- **Haltung**, Pferdehaltung = Weidehaltung, auch Pferdewartung
Steinbrecht 1880: "Im freien Zustande (= bei Weidehaltung) versieht die Natur das Pferd mit der entsprechenden Bekleidung, so daß das Pferdegeschlecht nördlicher Länderstriche die härteste Kälte und das rauheste Wetter ohne allen Nachtheil erträgt".

- **Haltung des Pferdes**, auch Gleichgewicht, Stellung, Selbsthaltung usf.
Definition (Bürger): "... wenn der Zuschauer in Gang und Haltung keinen Unterschied wahrnimmt, gleich, ob der Reiter die Verbindung mit dem Pferdemaul hält, aufgibt und wieder annimmt; wenn das Pferd sich so trägt, wie es natürlicherweise am mutigsten und schönsten aussieht, dann ist das Pferd in Selbsthaltung".
Hünersdorf 1798: "Die gute Stellung (= Haltung, Selbsthaltung des Pferdes) ist dem Reiter, der seinem Gefühl nicht ganz trauen darf, immer das sicherste Merkmal von der richtigen Bewegung".
Weyrother 1820: "Alle Hülfen des Reiters müssen die (...) Stellung, die das Pferd der Natur gemäß beym Wenden annimmt, bezwecken".
Oeynhausen 1852: "*Die Stellung ist das Mittel; der Gang ist der Zweck!*".
Moser 1963:   "*Die Haltung ist etwas Sekundäres und soll sich im Verlauf der Ausbildung von selber entwickeln*". – "Die Haltung des Pferdes und die Anlehnung an den Zügel richtet sich nach den geforderten Tempi. In kurzen Gangarten soll sich das Pferd zusammenschieben lassen, sich hierbei aufrichten und in der Nachhand senken. Je mehr Versammlung verlangt wird, desto leichter soll die Anlehnung werden".
Oliveira 1968:   "Gib dem Pferd die Haltung und die Impulsion (die es für jede einzelne Übung braucht) und laß es gewähren!"

- **Haltung des Reiters**, auch: Position, Sitz
Weyrother 1820: "Der Reiter hat im Trabe besonders darauf zu achten, daß seine Haltung immer mehr ungezwungen sey, und ja kein Theil seines Körpers steif werde. – Die richtige Stellung des Oberleibes und das Gewicht der weich herabgelassenen Schenkel muß eigentlich das Gleichgewicht (= die "Balance") des Reiters erhalten".
v. Neindorff 1975: "... das Gesäß (ruht) in voller Breite mit *entspannten Muskeln* in der Mitte des Sattels. Der Reiter sitzt im Gleichgewicht, *losgelassen in die Bewegung des Pferdes eingehend* (...). Beide Hüften (...) vorgeschoben, liegen gleich hoch über dem Sattel und parallel zu den Hüften des Pferdes (...)".

Oliveira 1979:   "Die Hinterhand und die Vorderhand des Pferdes sind die beiden Schalen einer Waage, deren Zünglein der Oberkörper des Reiters darstellt. – Die akademische Haltung zu Pferd ist die einzige, welche die Unabhängigkeit der Hilfengebung und deren Feinheit garantiert; nämlich durch: herabgelassene Schultern, den zwischen den Pferdeohren hindurch gerichteten Nabel, den nie hinter die Senkrechte aus den Schultern zurückgenommenen Sitz, das auf den Vorderzwiesel (des Sattels) zielende Steißbein, tief gesenkte Schenkel bei vollkommen entspannten Muskeln, lockeren Gelenken, Waden mit Pferdeberührung und tiefhängenden Absätzen in der Senkrechte aus dem Nacken und den Schultern" (J. Boisseau).

Solinski 1980:   "Auf dem noch ruhig stehenden Pferd:
– schieben Sie Ihr Gesäß möglichst weit nach vorne, entspannen Sie Ihren Rücken bis Ihr oberer Beckenrand von selbst nach hinten kippt,
– entspannen Sie nun möglichst vollkommen sowohl Ihren Oberkörper als auch Ihr Gesäß und Ihre Schenkel,
– dabei müßten sich letztere (vor allem in den Hüftgelenken) öffnen, wodurch Ihre locker herabhängenden Waden den Pferdeleib berühren und "einzurahmen" beginnen werden,
– legen Sie die künftige äußere Wade zwanglos eine Handbreite weiter zurück und entspannen Sie Sich erneut, indem Sie
– Ihre Zügelhand vor dem Sattel auf den Mähnenkamm legen. (Ihr Pferd müßte inzwischen zwanglos leicht versammelt angetreten sein!)".

– **Hand**, die Hand des Reiters, die Zügelhand
Pluvinel 1615:   "Der Reuter wird dieses in acht nehmen, daß wann man das Pferd fürwarts, auff halben und ganzen Volten und zur Seiten thummeln will, *man sich der Faust (= Zügelhand) wenig gebrauche*, es sey dann das man diesselbe übersich halte" (= mit den Fingernägeln nach oben gedreht, leicht verwahrend einsetzt – SGS).

La Guérinière 1730: "... des Reiters Hand (...) sei leicht, sanft und ruhig". – "Es ist die leichte Hand, welche durch häufiges Nachgeben (dem Jungpferd) den Galopp vermittelt. Das Nachgeben der Hand, welches eine vortreffliche Hilfe bei allen möglichen Übungen darstellt, scheint so auch für Jagdpferde geradezu erfunden worden zu sein".

Hünersdorf 1798: "Die Haupteigenschaft aber (die ein Reiter zu besitzen hat) ist das feine richtige Gefühl in der Hand". – "Die drei Eigenschaften, die eine gute Hand haben soll, nemlich daß sie leicht, sanft und standhaft seyn soll (...) sind ohne einen vollkommen guten Sitz nicht zu erlangen. (...) Denn wenn der Körper keine Festigkeit hat, so ist es auch nicht möglich, daß die Hand ihren sichern Standort behaupten kann".

Steinbrecht 1880: "*Die Geschicklichkeit der Hand kann mit Recht als der Gradmesser der gesammten Geschicklichkeit des Reiters gelten, denn es ist eine ganz irrige Ansicht, wenn man glaubt, daß eine gute Hand eine vereinzelte gute Eigenschaft des Reiters sein könne; sie ist vielmehr das Resultat des vollkommenen Sitzes und des feinen Reitergefühls*".
Moser 1963:   "Durch die zurück (–haltende oder) –ziehende Hand setzt sich der Reiter seine eigene Kraft entgegen". – "Das Pferd drückt sofort gegen die harte, zurückziehende Hand, stößt mit seinen Hinterbeinen entsprechend mehr ab und legt sich so auf die Vorhand". – "*Wo die Hand überwiegt, kommt das Pferd hinten nicht vom Boden weg; eine solche Hand ertötet die Rückentätigkeit und die Tätigkeit der Hinterhand*". – Wo der Schenkel treibt, muß die Hand herauslassen; (...) Treiben und gleichzeitig Halten schraubt ein Pferd nur zusammen (...)".

– **Handhaltung**, auch Zügelführung
Pluvinel 1615:   "... nehmen Sie acht, wann sich das Pferd Rechts umwenden solle, wie man die Hand, damit man den Zaum hält, in die Höhe hebt und die Nägel an Fingern über sich (= nach oben) wendet...".
La Guérinière 1730: "*Unter dem Begriff 'Zügelhand' versteht man stets die linke Hand des Reiters*". – "Die Zügelhand (...) muß über der Mitte des Pferdehalses (...) auf der Höhe der Ellbogen, zwei Fingerbreiten (...) vor dem Vorderzwiesel des Sattels ruhig gehalten werden (...). Sie muß (die Zügel) somit vom Leib und von der Magengrube entfernt, die Fingernägel nach oben gedreht, der Körpermitte gegenüber (...) halten". – "*Nachgeben der Hand, das ist die Bewegung, welche die Zügelhand tiefer stellt, um den Druck des Gebisses auf den Unterkiefer zu mindern oder ganz aufzuheben*".
Eisenberg 1748:   Es "sind die verschiedenen Wendungen der Nägel der linken Hand des Reiters, welche dem Pferde zur Wendung, Avanciren und Stillhalten eine Fertigkeit geben. Wenn ein Pferd vor sich gehen soll, muß man die Nägel der Faust unterwärts drehen (= die Zügelhand flach auf den Mähnenkamm legen – SGS), und wenn es sich rechts wenden soll, muß man sie zur Seite aufwärts bewegen, und wenn es sich links wenden soll, muß die Hand mit den Nägeln (nach oben gedreht) ein wenig linkwärts gehalten werden; und will man ein Pferd still (= an–) halten, so muß die Hand (mit nach oben gedrehten Fingernägeln) erhoben (...) werden".
Oeynhausen 1852: "das Erheben der Hand bewirkt Verkürzung, das Sinkenlassen Verlängerung der Zügel".

Steinbrecht 1880: "Schließlich muß ich mich noch ganz entschieden gegen das Abrunden der Hand im Handgelenk (durch welches die Hand in Wirklichkeit von vorne nach hinten zieht) aussprechen, worauf manche Lehrer so streng halten; da es den beabsichtigten Zweck, nämlich Leichtigkeit oder Nachgiebigkeit der Hand (und des Pferdes), durchaus nicht erfüllt".

Oliveira 1978: "Ausschließlich die Ruhe der von der Rückentätigkeit des Pferdes nicht bewegten Zügelhand gestattet Zügelanlehnung allein über das Zügelgewicht".

– Hanke, Hanken, von franz.: "Hanches" = Hüften
La Guérinière 1730: "Die Hanken sind die beiden Seiten der Kruppe. Sie reichen von den beiden Knochen über den Flanken (zum Schweifansatz und) bis zu den Kniescheiben".
Eisenberg 1748: "Hanche du Cheval ist eigentlich der ganze Hintertheil des Pferdes, welches die Lenden und Hüften bis an die Knie in sich begreifet, auf welche sich ein Pferd neiget und auf die Hanke setzet" (vgl.: Hankenbeugung).

– Hankenbeugung
La Guérinière 1730: "Man sagt von einem Pferd, es sei 'auf den Hanken', wenn es seine Hüften (= den Beckenring) unter sich abkippt und beugt, indem es seine Hinterfüße und die Sprunggelenke vorwärts unter seine Masse schiebt, um auf den Hanken ein natürliches Gleichgewicht zu finden, welches das Übergewicht der Vorhand ausgleicht, die das schwächste Teil (des Pferdes) ist. Diesem Gleichgewicht (auf den Hanken) entspringt die Leichtigkeit (...)".
Baucher 1842: Die Hankenbeugung erlaubt dem Pferd, "sämtliche schönen Schwierigkeiten der Hohen Schule zu meistern" (Saurel).
Seeger 1844: "... ohne Hankenbeugung kein Gleichgewicht...". – "Die einzelnen Knochenverbindungen (= Gelenke) des Hintertheils sind dadurch einer größeren Beweglichkeit fähig, daß ihre Winkel verengert und erweitert werden können (...). Geschieht nun die Verengung dieser Winkel, so wird dadurch das Hintertheil des Pferdes tiefer gestellt (...). Nur mittelst dieser Biegsamkeit des Hintertheils kann die Vorhand auf–, und das Pferd in's Gleichgewicht gerichtet werden".
Oeynhausen 1852: "Übrigens ist die hohe Aktion, wo das Pferd nur Kniee und Hufe hoch von der Erde hebt, kein Haupterforderniss: sondern die Aufrichtung im Widerrist und dadurch hervorgebrachte, gegen das Becken sich senkende Richtung des Rückgrades, Biegung (= Beugung) des Hintertheils in den Hankengelenken sind Haupterfordernisse".

Zeichnung 47:   Die Hankenbeugung
ist eine Verengung aller Gelenkwinkel der Pferdehinterhand und wird stets aus
der gleichmäßigen Biegung des Pferdes von hinten nach vorne und entsprechender Mehrbelastung der Hinterfüße entwickelt. Beachtenswert auf diesem Bild
ist die vollkommene Ausgewogenheit der Schiebekräfte (Impulsion, Raumgriff)
und der Tragekräfte (Versammlung mit Hankenbeugung) des Pferdes. (Nach
einer Fotografie: Andrea Jänisch auf dem Paso Fino Hengst "Arrebol" in der
Passage – mit freundlicher Genehmigung.)

L'Hotte 1875: Allein die Hankenbeugung "schiebt die Sprunggelenke unter den Pferdekörper und verleiht diesem Leben und Brillanz" (Saurel).

Steinbrecht 1880: "Es gibt viele Bereiter und sehr viele Reiter, die wohl über Hankenbiegung zu sprechen wissen (...), ohne je eine richtige Hankenbeugung gefühlt zu haben (...). Alle diese Reiter kommen mit ihrer Arbeit nicht über die Beugung des Schenkels vom Sprunggelenke abwärts hinaus (= "Zusammen-kriechen" – SGS) und erreichen daher nur sehr mittelmäßige Resultate in der Richtung ihrer Pferde. Hunderte von Pferden mit kräftiger Hanke werden daher vor der Zeit verbraucht, weil die schönen Kräfte dieses Theiles unbenutzt ruhen, während sie zur Erleichterung der Vorderschenkel und zur Schonung der unteren Gelenke des Hinterschenkels bei der Belastung hätten verwendet werden müssen".

Oliveira 1979: Wenn das Pferd die Hanken beugt, "fühlt der Reiter den Pferdeschweif zwischen seinen Schenkeln nach vorne drängen und hoffentlich nie des Pferdes Kopf sich hinter der Hand verkriechen. (...) Die Bewegung des Pferderückens hat man (als Reiter) wahrzunehmen, als säße man auf einer Raubkatze" (J. Boisseau).

Albrecht 1983: "Zu wenig gymnastizierte Hinterhandgelenke *tragen nicht*, sondern *schieben* nur. Es kommt zu ungenügendem Untertreten und es fehlt das energische Abfußen".

– Harmonie (zwischen Pferd und Reiter)

Bürger 1959: "Das Pferd, auf dem man so bequem sitzt, daß man zu faul zum Leichttraben ist; das mit hängenden Zügeln im ausgesessenen Galopp nicht davonläuft; das sich zwischen Schenkel und Zügel führen läßt, sich aber genau so vertraut benimmt, wenn man es ohne Zügel aus dem Sitz vor dem Schenkel reitet; das ist in harmonischer Übereinstimmung mit seinem Reiter".

– HENRIQUET, Michel, geb. 1924

Großer französischer Freizeitreiter, Meisterschüler Nuño Oliveiras, Autor der Arbeiten: "A la Recherche de l'Equitation", Crépin-Leblond, Paris 1968 und "L'Equitation, un Art, une Passion", Seuil, Paris 1972 und zahlreicher Artikel in verschiedenen Reiterzeitschriften, vor allem in "Plaisirs Equestres" (Crépin-Leblond, Paris).

– HEROLD, Mauritius

Ehemaliger Oberbereiter der Spanischen Hofreitschule in Wien, Autor des Ar-tikels "Die Arbeit an der Longe" in "Theoretisch gewußt...", Verlag Schweizer Kavallerist, Pfäffikon/Zürich 1964.

- Hilfen, auch: die Hilfen des Reiters, die reiterlichen Hilfen

Definition (SGS): Sitz (Gewicht), Schenkel und Hand; die drei Einwirkungsmöglichkeiten des Reiters, deren gegenseitiges Sichabstimmen dem Pferd unter
dem Sattel helfen muß, sich in den jeweils vom Reiter nahegelegten Bewegungsfolgen und Haltungen selber zu gymnastizieren. Dabei dürfen die Hilfen
das Pferd weder verkrampfen noch es behindern.

La Guérinière 1730: "Die Hilfen bestehen aus den verschiedenen Bewegungen
(des tiefen Schwerpunktes des Reiters,) der Zügelhand, dem Zungenschnalzen
(...), der Oberschenkel, der Knie und der Waden, aus der leisen Berührung mit
dem Sporn und endlich aus der Art und Weise, den Bügel auszutreten (...).
Der Bügeltritt ist unter allen Hilfen die sanfteste". – "Man sagt von einem
Pferdemann, er verfüge über feine Hilfen, sobald seine Bewegungen (= Hilfen)
kaum mehr sichtbar sind und wenn er diese dennoch genau und ausgewogen
seinem Pferd zu übermitteln versteht; was man dann 'geheime Hilfen' nennt".

Baucher 1842: "Hand ohne Schenkel; Schenkel ohne Hand"! (Die Schenkelhilfen dürfen jenen der Hand niemals widersprechen; noch die der Hand
jenen der Schenkel.)

Seeger 1844: Der gute Reiter "bedient sich nicht mehr des gemeinen
Schenkelschlusses, sondern der (...) Anlehnung oder des Hanges der Schenkel,
von dem allein (...) alle Grade der Hülfen ausgehen können. *Die Individualität
des Pferdes, aber nicht die Willkür des Reiters, wird dann die Anwendung der
einen oder der anderen dieser Schenkelhülfen, und die (...) ebenso wichtige
Vertheilung seines Gewichts als Hülfe bestimmen. Die Präcision in der Anwendung der Hülfen hat ihren Höhepunkt erreicht, wenn diese nicht mehr vom
Reiter auszugehen scheinen und wirklich nur noch in den Bewegungen bestehen,
die durch den Gang des Pferdes ihm mitgetheilt werden.* Diese Vollkommenheit
kann nur den Reitern eigen sein, die das Beugen der Hinterbeine zur Haupt-
sache der Ausbildung machen, während diejenigen, die zuviel auf Biegungen
des Kopfes und Halses geben, nie dieses Ziel erreichen werden".

Steinbrecht 1880: "Unter Hülfen versteht man die Einwirkungen des Reiters
auf sein Pferd, durch welche er demselben seinen Willen zu erkennen giebt.
(Sie sind) also gleichsam die Sprache, durch welche er sich mit seinem Pferde
verständigt".

Plinzner 1888: "Ihrer Natur nach sind die Einwirkungen der Unterschenkel
vortreibend, diejenigen der Hände verhaltend, diejenigen des (Sitzes) regulirend
und unterstützend".

– Hilfszügel

Definition (SGS): Hilfszügel nennt man alle künstlichen Verschnürungen und Verschnallungen, welche die Vorhand des Pferdes, seinen Hals und Kopf direkt oder indirekt in einer bestimmten Haltung zu fixieren versuchen; befinde es sich an der Longe, unter dem Reiter oder zwischen den Pilaren. Für Reiter, die ihre Pferde pferdegemäß zu gymnastizieren trachten, sind Hilfszügel ebenso tabu, wie sie es für die wirklich großen unter den Alten Meistern waren. Zu den Hilfszügeln gehören alle Arten von Ausbindezügeln, Chambons, Gogues, Martingals, Schlaufzügeln, Tie-downs usf.

La Guérinière 1730: "Die Martingal ist ein Lederriemen, der mit dem einen Ende am Sattelgurt, mit dem anderen am Sperrhalfter befestigt ist (...) und den man aus jeder guten Pferdeausbildungsstätte verbannen sollte".

Steinbrecht 1880: "Alle todten Vorrichtungen und Hülfszügel, d.h. alle solche, die durch Festbinden und –schnallen eine gleichförmige Wirkung zeitigen, sind ohne Ausnahme mehr nachtheilig als nützlich, da sie sämmtlich verderbend auf das Maul des Pferdes wirken, denn die Eindrücke durch das Gebiß können nur durch die lebende und feinfühlende Hand des Reiters richtig abgewogen werden". – *"Während die gute Hand des Reiters jedes Abstoßen des Pferdes durch Nachgeben belohnt und die richtige Anlehnung durch stete, aber sanfte Führung der Zügel erleichtert, wird der todte Aufsatzzügel (= Hilfszügel) mit seiner Härte Fehler erzeugen, die später sehr schwer, wenn überhaupt je zu beseitigen sind".*

– Hinterhand, das hintere Drittel des Pferdekörpers: Kruppe und Hinterbeine
Steinbrecht 1880: Die Tragfähigkeit der Hinterhand "durch Beugsammachung der Hinterschenkel vollkommen auszubilden, ist der Hauptzweck der Reitkunst, und zwar theilweise deshalb, um mittelst derselben die von Natur schwächer construirten und stärker belasteten Vorderschenkel zu jeder Zeit und den Umständen gemäß richtig entlasten, schonen und vor allen gefährlichen Prellungen schützen zu können. Nur hierdurch allein ist es möglich, das Pferd bis in's hohe Alter hinein gesund und frisch auf seinen Beinen und zum Reitdienst angenehm und sicher zu erhalten". – "Die Hinterfüße (sind) die eigentlichen Faktoren der Fortbewegung. Von ihrer Kraftäußerung und Stärke hängt die Schnelligkeit, Gewandtheit und Ausdauer des Pferdes hauptsächlich ab. Die einzelnen Theile derselben sind so gegen einander gerichtet und durch Gelenke mit einander verbunden, daß sie sprungfederartig auf die zu tragende und zu bewegende Gewichtsmasse einwirken...".

- Hohe Schule

Ruy de Andrade: "Der Zweig der Reiterei, den man die Hohe Schule nennt, ist jener, den die Reiter des Nordens (künstlich) zu erreichen suchten, um das natürliche Reiten zu imitieren, welches uns unsere (iberischen Freizeit-) Pferde seit jeher gestattet haben" (M. Henriquet in "Pl. Eq." 12/79).

Gustav Rau 1938: "Die Hohe Schule soll keine Künstelei für sich sein, sondern das letzte Glied einer Kette, die in ihren Anfangsgraden das für jede Art der Verwendung richtig vorbereitete Gebrauchspferd ergibt" (Seunig 1943).

Seunig 1943:   "Die Hohe Schule – die wahre Schule, die nichts weiter als die höchste Entwicklung der Hankenbeugung des (sich am Zügel losgelassen anlehnenden) Pferdes anstrebt".

Oliveira 1965:   "Es sind die verschiedenen Übungen auf zwei Hufschlägen, kombiniert mit vollkommener Versammlung, auf welchen die gesamte Ausbildung des Pferdes und die Hohe Schule beruhen".

- HÜNERSDORF, Ludwig (1748 – 1813)

Deutscher Reitmeister, Verehrer und Übersetzer La Guérinières, Autor der "Anleitung zu der natürlichsten und leichtesten Art Pferde abzurichten" – Erste Auflage Marburg 1800, Faksimiledruck der Olms Presse, Hildesheim 1973, 2. Reprintauflage Hildesheim 1992.

- Hufschlag, Hufschlagfiguren

v. Neindorff 1975: "Die Wegspur der vier Hufe eines Pferdes in der Reitbahn heißt *Hufschlag*; der Erste Hufschlag verläuft direkt an der Bande, der Zweite Hufschlag einen Schritt daneben. Zu Übungszwecken und Prüfungen festgelegte gerade und gebogene Hufschlaglinien heißen *Hufschlagfiguren.*" – "Die in ihrem Verlauf festgelegten Hufschlaglinien der Reitbahn (auch Bahnfiguren oder Bodenpläne genannt) können gerade oder gebogene Linien sein. Gerade Linien (sind): Ganze Bahn, Halbe Bahn, Mittellinie, Lange und Kurze Seiten der Bahn, Diagonalen der Ganzen und der Halben Bahn (= Wechsellinien).

Gebogene Linien (sind): Der Zirkel, die Volte, Schlangenlinien an der Langen Seite und durch die Ganze Bahn; Kehrtwendungen in der Bewegung, die Acht, die Bahnecken".

Solinski 1980:   "Die Bedeutung der einzelnen Hufschlagfiguren bei der Pferdeausbildung wurde bereits von den Alten Berbern entdeckt und als "Clan-Geheimnis" überliefert. Ernsthaft pferdegemäß gymnastizierende Freizeitreiter halten Hufschlagfiguren stets genau ein und kommen so ihrerseits schnell hinter deren Bedeutung für die Pferde".

I

– Iberische Pferd, das...
F. d'Andrade 1979: "Sein (lokaler) Name hängt von seinem Ursprungsort ab; z.B. 'Andalusier', 'Estrememho' oder 'Castillan', wenn es aus Spanien, oder 'Lusitano', wenn es aus Portugal stammt. In Wirklichkeit stammen alle von der selben Urpferderasse ab (nämlich vom Solutréepferd) und vom selben ältesten bisher bekannten Reitpferd (...), vom jedenfalls wichtigsten für die Geschichte der Reitkunst in der zivilisierten Welt" (in "Pl. Eq." 12/79).
Henriquet 1979: "Das spanische Pferd war bis ins 19. Jahrhundert 'das Reit- pferd' schlechthin; für die höheren Schulen schien es geradezu wie geschaffen. Zu Beginn der Renaissance war es der eigentliche Erfinder der Reitkunst".

– Impulsion
Dieser lateinisch/französische Begriff wird in der Regel nur bedingt zutreffend mit "Schwung" übersetzt. Er umfaßt in Wirklichkeit wesentlich mehr als nur den behenden, mächtigen Raumgriff; nämlich vor allem auch den Vorwärts- willen und Bewegungsdrang des Pferdes.
Oliveira 1965: "Die Impulsion ist die psychische und körperliche Fähigkeit des Pferdes, den Wünschen seines Reiters unvermittelt sogleich Folge zu leisten, anzutreten und den Schwung seiner Bewegungen ungemindert und ohne weitere Hilfe beizubehalten". – "Je nachhaltiger man den Raumgriff und die Schnel- ligkeit der jeweiligen Gangart beschränkt, um so deutlicher muß die Impulsion zunehmen". – "Keine Impulsion ohne Kadenz (= Takt, Rhythmus), keine Kadenz ohne Impulsion!" – "Die Impulsion hat ihre Wurzel in der Mentalität (= Psyche, Psychologie) des Pferdes" (J. Boisseau).

– Innen und Außen beim Reiten
Steinbrecht 1880: "Die Biegung des Pferdes entscheidet stets, auf welcher Hand es sich befindet; ist es rechts gestellt und rechts gebogen, so ist seine rechte Seite die innere, mag sie auch der Bande der Bahn (in sogenannter "Conter-Stellung") zugewendet sein, und das Pferd sich links in derselben herumbewegen".

J

– JOSIPOVICH, Sigmund von ... (1869 – 1945)
Seunig 1949: "... mit besonderem Lehrgenie begnadeter österreichisch-ungarischer Reitergeneral. Ein wahrer Hohepriester der Kunst". Autor des Aufsatzes: "Die Reitkunst in ihrem Zusammenhange mit der praktischen Reiterei", Wien 1923, in: "Die Reitkunst im Bilde" von Ludwig Koch, Wien 1928, Nachdruck der Olms Presse, Hildesheim 1976/98.

– Jungpferd, das ...
Hünersdorf 1798: "Wenn wir aber das rohe Pferd (...) vor uns hinstellen, so finden wir, daß seine natürlichen Bewegungen uns (...) Schwierigkeiten in den Weg stellen, um es zum Reitpferd einzurichten. Denn eben der Theil (die Vorderhand – sic), der an diesem der leichteste seyn soll, ist (...) an dem rohen Pferd der schwerste. (...) Hieraus sind also ganz natürlich die ersten Regeln der Reitkunst entsprungen: daß das Übergewicht, das auf diesem Theile liegt, erst zurückgebracht und das Pferd ins Gleichgewicht gesetzt werden muß, ehe man etwas weiteres mit ihm unternehmen kann" (was pferdegemäß gymnastizierende Ausbilder durch Führen und Longieren erreichen).
Steinbrecht 1880: "Wenn das junge Pferd im Vorwärtsgehen weniger leicht falsche Biegungen annehmen wird, so wird es dagegen der Biegung überhaupt mehr Widerstand entgegensetzen können. Namentlich wird es sich den Hauptagenten desselben, den inneren Hinterfuß, frei zu halten suchen, um auf diesen gestützt, diejenigen Theile steifen zu können, deren Biegung ihm von Natur am schwersten fällt. Der Reiter richte daher auf diesen seine Hauptaufmerksamkeit, und nöthige ihn durch die Thätigkeit des inneren Schenkels (...) zum Vortreten (...). Hierdurch wird er richtig unter die Gewichtsmasse geschoben und gebeugt. Diese Regel, so einfach sie scheint, ist die Grundregel der ganzen Dressur bis zu ihrer höchsten Vollkommenheit. Sie bildet den richtigen Anfang des so hoch gerühmten 'Schulterherein', oder ist vielmehr das Grundprinzip desselben. Ohne sie ist weder der Gang noch die Biegsamkeit des Pferdes vollkommen auszubilden (...)".

– Jungpferdeerziehung
Definition (SGS): In großen, sich selbst überlassenen Herden auf entsprechend viel Weidefläche sind die besten Jungpferdeerzieher die Fohlenmütter und etwas später die Gruppen- (oder Familien-) und noch später die Herdenchefs. Wer als Mensch Jungpferde richtig erziehen und gymnastizieren möchte, muß dies zuvor in großen Herden selber beobachtet und von den Herdenoberen gelernt haben, denn Jungpferde müssen im Ausbilder unbedingt ein Mitpferd sehen.

La Guérinière: "Früher gab es (bei uns) Personen, die speziell dazu auser-
sehen waren, den Fohlen, die von den Züchtern abgegeben wurden und noch
wild waren, die ersten Erziehungsgrundlagen angedeihen zu lassen. Man nannte
sie 'Cavalcadours de Bardette' (sinngemäß etwa: Sattelpferde-Erzieher): man
wählte sie unter allen jenen (Bereitern) aus, die am meisten Geduld,
Geschicklichkeit, Kühnheit und schnelle Reflexe besaßen, denn die Vollkommenheit dieser Eigenschaften tut bereits zugerittenen Pferden weniger not
(als noch rohen Wildlingen). Sie gewöhnten die Jungpferde an die Nähe des
Menschen, daran, sich alle vier Hufe hochheben und sich (überall) berühren
zu lassen, an den ersten Zaum, den Sattel, den Schweifriemen, den Sattelgurt
usf. Sie gaben ihnen ihr Selbstvertrauen zurück und lehrten sie, beim Aufsitzen
ruhig stehen zu bleiben. Sie ließen sich dabei niemals auf Strenge oder Zwang
ein, ohne zuvor sämtliche sanften Mittel erschöpft zu haben. Durch diese
erfindungsreichen Geduldsbeweise machten sie jedes Jungpferd zutraulich und zu
einem Freund des Menschen, erhielten ihm seine Lebenslust und den Mut und
brachten es dazu, daß es sich den Anweisungen (der Menschen) gleichmütig
fügte. – Richtete man sich heute noch immer nach der Erziehungsweise dieser
früheren Pferdefreunde, so sähe man weniger lahme, in den Beinen (und im
Rücken) ruinierte, steife und bösartige Pferde".

– **Justesse**, (franz.) wörtlich: Genauigkeit, "Stimmigkeit", "Rundheit"
Definition (SGS): ein Schlüsselbegriff des "romanischen Reitens". Er umfaßt
wesentlich mehr als die deutschen Begriffe "geregeltes Gehen, Treten oder
Reiten"; nämlich gewiß auch die "Stimmigkeit" und "Geschmeidigkeit" der
Pferdebewegungen; darüber hinaus aber zudem die sichtbare Freude des Pferdes
am Mitmachen, die Tadellosigkeit seiner Haltung oder seines Gleichgewichts in
der Bewegung, wie die Synchronizität oder Genauigkeit der Diagonalisierung
seiner Hinter- und Vorderhandfußfolgen.
Natürlicherweise treten die meisten Jungpferde "juste"; allein der Mensch stört
beim Anreiten und Ausbilden oft ihr natürliches Gleichgewicht und nahezu
immer ihre Losgelassenheit so nachhaltig, daß er beide daraufhin – oft in jah-
relanger Arbeit – wiederzuerlangen versuchen muß. Diese "Wiedergewinnung"
des Gleichgewichtes und dessen Kontrolle nennt er daraufhin: die "Dressur des
Pferdes", obwohl er es von Anfang an auch hätte erhalten und gymnastizieren
können.
Oliveira 1979:   "Leichter ist es, Verspannungen und Verkrampfungen des
Jungpferdes gar nicht aufkommen zu lassen, als diese während der Ausbildung
zu beseitigen".

K

- **Kadenz**, auch Rhythmus oder Takt der Gänge
Definition (SGS): Regelmäßigkeit, "Rundheit" und "Justesse" (s. dse) der Bewegungsfolgen des Pferdes, an der Longe wie unter dem Sattel.
Eisenberg 1748: "Cadenz ist auf der Reitschule eine Gleichheit, die ein Pferd in allen seinen Bewegungen beobachten muß, wenn es zugeritten ist".
Seunig 1943: "Die Kadenz, der getragene Takt der Tritte, kann bei einem gut gerittenen Pferde, in der Piaffe ebenso wie auch in der Passage, vom Reiter geregelt werden."
Oliveira 1965: "Keine Impulsion ohne Kadenz; keine Kadenz ohne Impulsion" (s. dse.).

- **Kandare**, auch: Stange, Bride
La Guérinière: "Wir ziehen hier nur jene Kandaren in Betracht, die das Pferdemaul nicht verletzen können, denn (...) die einfachsten und sanftesten Gebisse genügen, indem sie dem Pferd das Maul intakt erhalten, durchaus, um den ganzen Gehorsam zu erlangen, den eine erfahrene, gute Hand (vom Pferd) erwarten darf. *Die Güte der Hand muß in jedem Fall die Schärfe der Kandare überwiegen...*".
Seeger 1844: "Das Gebiß einer Stange muß der Zunge freien Spielraum lassen, da durch ihre Beweglichkeit das Maul des Pferdes frisch bleibt, demnach ist der Galgen (...), auch die Zungenfreiheit genannt, durchaus nothwendig. (...) Die Höhe der Zungenfreiheit richtet sich nach der Dicke der Zunge".
Seunig 1949: "Nach dem Gesetze vom 'Wege des Angriffspunktes der Kraft zur Last' (...) sind *lange* Anzüge in ihrer Wirkung *langsamer* als die kürzeren, *allmählich wachsend* und nie plötzlich, und erfüllen somit selbsttätig eine an *jede Art von Hilfen zu stellende Forderung.* – Diese Erkenntnis, sowie der Umstand, daß die Alten (Meister ...) ihre Pferde vorher gründlich mit dem Kappzaum (s. ds.) arbeiteten, lassen ihr Reiten auf Ritter– und Museumskandaren in wesentlich milderem Licht erscheinen".
Solinski 1975: "Wählen Sie stets eine Stange mit Zungenfreiheit in der genau ausgemessenen Breite des Pferdemaules, *mit möglichst kurzem Oberbaum und nicht zu langem Unterbaum*".

- **Kappzaum**, franz.: Caveçon
Definition (v. Eisenberg): "... eine Art von einem Nasenbande, entweder von Eisen, Leder oder geflochtenen Stricken, welches man um die Nase eines Pferdes legt".

La Guérinière 1730: "Monsieur de la Broue sagt, 'der Kappzaum sei erfunden worden, um (Jungpferde) zurückzuhalten, aufzurichten, vorne leicht zu machen, sie das Wenden zu lehren und das Anhalten, ihnen den Kopf und die Kruppe richtig zu stellen, ohne ihr Maul, noch die Kinnkettengrube in Gefahr zu bringen und auch, um ihnen die Schultern, die Schenkel und die Vorderfüße zu erleichtern und zu schonen und um ausgebildeter Pferde Fehler zu korrigieren'. Ein Pferd, das ohne Kappzaum ausgebildet wurde, wird niemals jene angenehme Anlehnung besitzen, welche gute Pferde haben müssen und die gleichmäßig, sanft und bestimmt zu sein hat. (...) Ich halte den Kappzaum für vortrefflich in den Händen eines Pferdemannes, der damit umzugehen gelernt hat; aber ich glaube auch, daß es gefährlich ist, (Anfänger und) Reitschüler damit umgehen zu lassen (...)".

Eisenberg 1748: "Wer (...) den Kappen-Zaum verachtet oder überall verwirft, derselbige kennet den Nutzen nicht recht, den er thut".

Weyrother 1820: "Der erste Zaum (des Jungpferdes) ist wohl der sogenannte Kappzaum (...)".

Steinbrecht 1880: "Die alten Meister bedienten sich (...) zur ersten Bearbeitung des rohen Pferdes nicht der Trense, sondern des Kappzaums. Dieses Instrument hat nicht nur den Vortheil, daß es das Maul vollkommen intakt läßt, sondern auch den noch größeren, daß dadurch die unbedingte Nachgiebigkeit des Genicks in viel sicherer Weise begründet werden kann, als mit der Trense (...) und *wir können dieselben Vortheile von diesem außerordentlichen Instrumente ziehen, wenn wir es nur unseren jetzigen edelen Pferden entsprechend anzuwenden wissen*".

Oliveira 1965: "Die Arbeit an der Hand kann im Kappzaum ohne Pilaren bis zur Levade erfolgen. Wird sie mit Sanftheit vorgenommen, so wird die Brillanz des Pferdes dieselbe sein".

- **Knieschluß**, auch Oberschenkelschluß

Plinzner 1888: "Auch der Schluß mit den Knien beeinträchtigt (...) zweifellos das gute Gehen des Pferdes, denn da er die Anspannung gewisser Muskeln voraussetzt, schädigt er die Weichheit (= Losgelassenheit) des Reiters und damit auch des Pferdes".

- **KOCH,** Ludwig

Seunig 1943: Wiener Maler und Kunstprofessor, "der als ausübender Reiter so wenig bedeutend war, als er als Künstler, Denker und Hippologe hervorragte (...)". Autor des Werkes "Die Reitkunst im Bilde", Wien 1923, Nachdruck der Olms-Presse (Documenta Hippologica), Hildesheim 1976.

- Konterlektionen (wozu auch "Schenkelweichen - Kopf an der Wand" und Konter-Schulterherein gehören)

La Guérinière: "Ein Mißverständnis, welches diese Lektion verursacht, ist darauf zurückzuführen, daß das Pferd, anstatt seinen Innenschenkel über oder vor den Außenschenkel zu setzen, oft hinter letzteren tritt, weil es befürchtet, sein Standbein anzuschlagen und mit dem Eisen zu verletzen (...)".

Steinbrecht 1880: "Mangelhaft oder falsch geübt, werden (...) Contre-Lektionen geeignet sein, das Pferd um so schneller auf die Schultern und in Unordnung zu bringen".

Solinski 1975: "Kein konsequent richtig gymnastiziertes Pferd bietet jemals eine Konterlektion von sich aus an. Deswegen verzichten Freizeitreiter, die 'auf der Seite ihrer Pferde stehen' darauf, ihnen mehr als Renvers-Übungen abzuverlangen".

- Kopfhaltung (des Pferdes)

Seeger 1844: "Im Allgemeinen ist die Stellung gut zu nennen, in welcher das Pferd sich am besten im Gleichgewicht und im Gehorsam des Reiters befindet (...). - Senkrecht kann selten ein Pferd den Kopf tragen, ohne die rechte Stellung des Halses zu verlieren (...)".

Oeynhausen 1852: "Ich halte als Grundregel für die Kopfstellung diejenige für die beste, in welcher das Pferd seine Gänge rein und frei gehen, in der es sich willig und ungezwungen im reinen Tempo wenden, seinen Gang ohne Stockung verkürzen und verlängern (...) kann. Die Stellung des Kopfes und die Richtung des Halses, die das Pferd zu allem diesem befähigen, ändern sich in den verschiedenen stufenweisen Fortschritten der (Ausbildung in demselben Maße) wie das Pferd an Biegsamkeit und Kraft zunimmt. Sie (jederzeit) richtig zu ermitteln, ist Sache des Gefühls des Reiters (...). - *Die Stellung ist das Mittel, der Gang ist der Zweck!*".

Steinbrecht 1880: "Ist der Reiter erst im Stande, die Hinterfüße unter die Gewichtsmasse zu schieben und dort festzuhalten, so kann er auch den Hals immer mehr aufrichten und dadurch seine Biegungen vervollkommnen, bis er zuletzt zu der reinen Genick- und Ganaschenbiegung gelangt".

Oliveira 1965: "Pferde mit kurzem und dickem Hals können in vertikaler Kopfhaltung keine leichte Anlehnung finden. Deshalb müssen wir ihren Nasen erlauben, sich vor der Senkrechten aus dem Nacken zu plazieren".

– Korrektur verdorbener Pferde
Dreyhausen 1935: "Die Korrektur verdorbener Pferde muß immer den wirklichen Grund des Fehlers zu erkennen und zu beheben verstehen, sonst bleibt sie ein wertloses Herumtasten und geht nicht über Versuche, Äußerlichkeiten mit unzureichenden Mitteln abzustellen, hinaus". – "Verlangt schon das einfache Reiten eines Pferdes Geduld und Sachkenntnis, und steigen die Anforderungen in dieser Hinsicht bei der Ausbildung des jungen Pferdes, so ist der höchste Grad darin zur Korrektur verdorbener Pferde notwendig".

– Kreuz (des Reiters), auch Kreuzanspannen, Kreuzanziehen
Definition 1978: "Kreuzanspannen ist kein Vorgang des Spannens, sondern einer des Kippens, und zwar wird das Kreuzbein nach hinten gekippt (...)" (Dr. med. Schusdziarra in "Gymnasium des Reiters", Parey, Berlin 1978).
Steinbrecht 1880: "Die Wirkung dieser Hülfe (nämlich des *losgelassenen Abkippen des Beckens* nach hinten) wird in dem Grade erhöht, als *man dabei (...) die Hüften senkt und den Rücken nachläßt*, weil dadurch das Gewicht des Körpers vermehrt wird".
Plinzner 1888: "Die Verbindung des Reiters mit dem Pferde kann nur dann eine völlig passiv weiche und schmiegsame sein, wenn derselbe *nirgends einen Zwang anwendet, um seinem Körper beabsichtigte oder befohlene, also willkürliche Formen zu geben*".
Dreyhausen 1935: "... das starre Kreuz ist geneigt, Pferde hinter die Hand zu bringen, weil es ihre Rückentätigkeit unterbindet; es teilt das Pferd in zwei von einander (...) getrennte Teile – der Rücken ist durchgedrückt, die Hinterbeine treten um mehr oder weniger wahrnehmbare Zeitmomente später als die Vorderbeine" (= das Pferd wirft seinen Schwerpunkt nach vorne und "fällt auseinander").

– Kunst, hier: Reitkunst
Oliveira 1975: "Die Reitkunst gehört zur Kultur der einzelnen Völker. Aber jede Kunst verdient ihren Namen nur, wenn sie sich nie mit Mittelmäßigkeiten abfindet". – Giuseppe Verdi schrieb: "... was in der Kunst zählt, ist die Lauterkeit; nicht das So-tun-als-ob". – "In sämtlichen Künsten muß man die Technik bis ins letzte Detail beherrschen. Erst dann geht der Künstler ans Werk, indem er die Technik transzendiert... aus purer Liebe zum Pferd".

L

- **LA GUERINIERE**, François Robichon de ... (1688 - 1751)
Französischer Reitmeister, Autor der berühmten "Ecole de Cavalerie", die 1733 in Paris, 1974 französisch und 1999 deutsch bei Olms in Hildesheim neu erschien. (Vgl.: "Reiter, Reiten, Reiterei", Olms Hildesheim 1993)
Lagarenne 1905: "Niemand hat auf die französische Reitpädagogik auch nur entfernt soviel Einfluß ausgeübt wie La Guérinière". - "Der Reiter, der sich heute bemüht, den Ratschlägen der 'Ecole de Cavalerie' Schritt für Schritt zu folgen, läuft keinerlei Risiko, vom richtigen Weg abzuweichen und erhält an dessen Ende hervorragende Ergebnisse" (Saurel).
Seunig 1943: "... Er schuf die wissenschaftliche Grundlage der Reitkunst, auf der wir noch heute weiterbauen".
Henriquet 1968: "Der Oberbereiter der Reitschule in den Tuilerien, Verfechter des natürlichen pferdegemäßen Reitens, bleibt bis heute die unbestritten größte Persönlichkeit in der Geschichte der Reitkunst. Seine Methodik beruht auf dem Verzicht jeglicher Kraftanwendung, auf der Lockerung der Hanken und der Pferdeschultern, auf extremer Leichtigkeit, auf steter Unterhaltung der Impulsion und dies alles mit dem Ziel eleganter Losgelassenheit des Pferdes".
Saurel 1971: "Der Vater der romanischen Reitweise". - "Der Vordenker der französischen Reitkunst und jener der ganzen Welt".

- **Légèreté, Leichtigkeit**, auch: ideale Anlehnung, Durchlässigkeit
Hünersdorf 1798: "Unseren Grundsätzen zufolge müssen wir (...) die Leichtigkeit des Mauls nicht im Maul selbst, sondern in der Stellung (= Haltung, Selbsthaltung) des ganzen Pferdes suchen".
Oliveira 1965: "Die Leichtigkeit ist eine Konsequenz aus der Versammlung und der Impulsion" (s. dse). - "Ein Manko an Lebendigkeit ist stets mit einem Manko an Leichtigkeit verbunden". - "... die Leichtigkeit charakterisiert sich durch den steten Einsatz der Hinterhand in sämtlichen Gangarten und in allen deren Variationen und durch die Losgelassenheit des Pferderückens, die uns erlaubt, bereits am Anfang der Ausbildung mit dem Versammeln zu beginnen".

- **Leichttraben**, auch: Englischtraben
Seeger 1844: "Der Einwurf, daß jungen Pferden die Last (des Reiters) zu beschwerlich und nachtheilig wird, verdient gar keine Beachtung, vorausgesetzt, daß nicht Krüppel dressiert werden sollen, und kein übergroßes Mißverhältnis zwischen (den Gewichten von) Reiter und Pferd stattfindet; dann wird auch bei richtiger Vertheilung des Gewichts auf die Extremitäten den Pferden kein Nachtheil erwachsen", wenn sie ausgesessen getrabt werden!

– **LEITAO**, Dr. Manuel ...
Portugiesischer Hippologe und Fachautor zahlreicher Artikel in portugiesischen und französischen Pferdemagazinen und –büchern. Ehemaliger Direktor des staatlichen Gestüts von Alter do Chao.

– **Levade**
Definition (SGS): Figur der höheren und der Hohen Schule; der höchste Ausdruck des "Gleichgewichts auf den Hanken", nicht zu verwechseln mit bloßem "Steigen" des Pferdes.
Oliveira 1965: "Die Winkelung zwischen dem Pferdekörper und dem Boden beträgt zwischen 30 und 45°. – Die Vorderhufe sind in den Vorderknien angezogen, so daß das Röhrbein möglichst nahe dem Vorarm anliegt". – "Erst wenn das Pferd eine gute Piaffe mit verstärkter Hankenbeugung tritt, ist es bereit, in der Levade oder Pesade ausgebildet zu werden". – "Ich bin der Meinung, daß man bei der Ausbildung im Kappzaum an der Hand bis zur Levade auf Pilaren verzichten kann".

– **Lippizaner**
Josipovich 1923: "Dieses Pferd, obwohl es nicht den Idealen eines richtigen Reitpferdes entspricht, eignet sich für die klassische Schule infolge seiner angeborenen Eigenschaften ganz besonders gut. Die hohe Aktion im Trabe, das wunderbare Temperament, der gute Halsansatz, die stahlharten, reinen und gut eingefügten Beine, die hohe Intelligenz dieses Pferdes lassen die sonst vorhandenen Mängel seines Baues vollkommen entschuldigen".

– **Loben**, des Pferdes
Definition (SGS): Neben dem "Nachgeben" die wichtigste Hilfe schlechthin der pferdegemäß gymnastizierenden Ausbildung von jungen und von verdorbenen Pferden.

– **LOEHNEYSEN**, Engelhardt von ... (um 1580)
Erster deutscher Reitmeister, Autor des Buches "Della Cavalleria – Über die Reutterei" das 1609 in Remlingen und 1977 als Faksimiledruck der Olms Presse in Hildesheim erschien.

– **Longe**, früher auch "Linie" oder "Leine"
La Guérinière 1730: "Die Longe ist ein langes Seil (...) an dessen einem Ende eine Schnalle angebracht ist, welche man am mittleren Ring des Kappzaumes befestigt. Sie ist ein vorzügliches Instrument, um Jungpferde mit Hilfe einer Bahn- oder Fahrpeitsche an die (Arbeit auf der) Zirkelbahn zu gewöhnen".

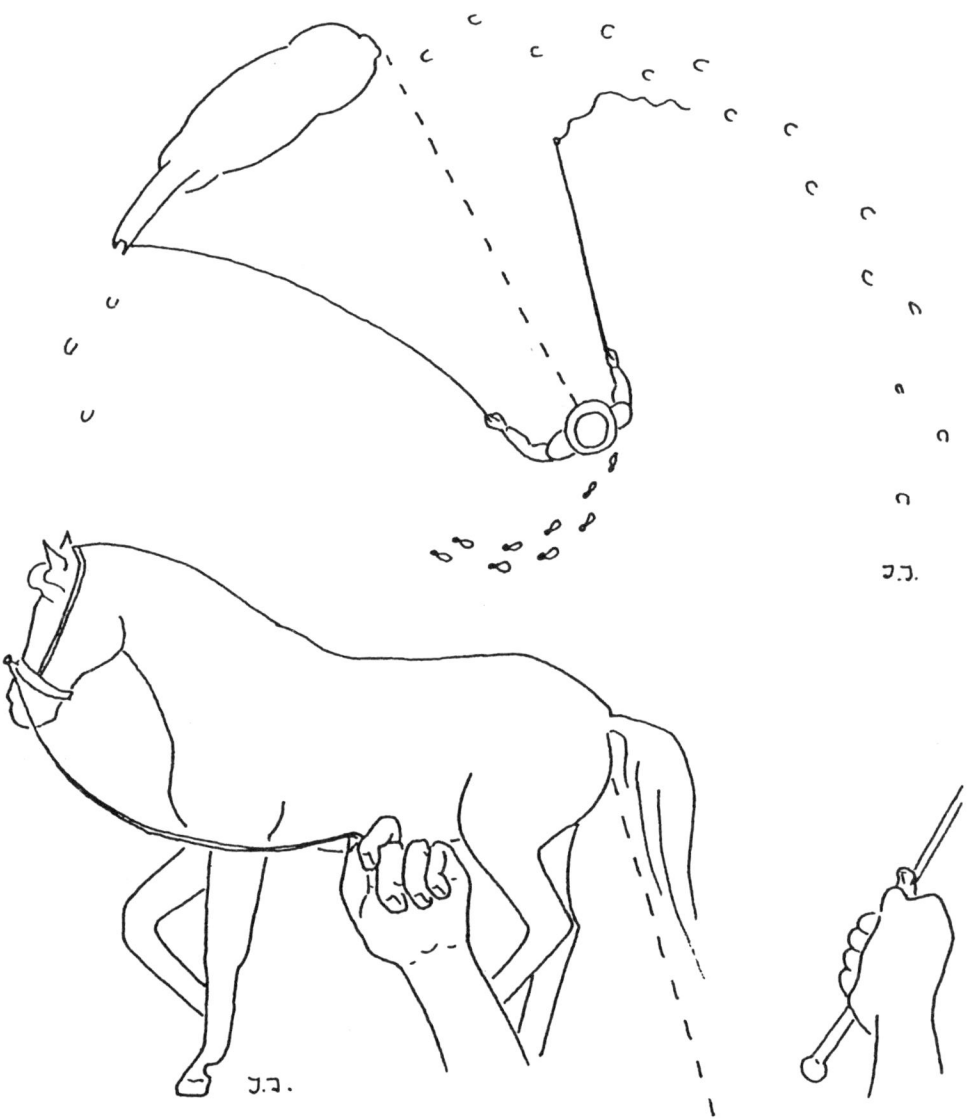

Zeichnung 48: Bei gymnastizierendem Longieren versammelt sich das Pferd zwischen der (die Hinterhand am Ausfallen hindernden) Geraden aus dem Nabel des Longenführers und der (unbedingt leicht durchhängenden) Longe und läßt sich vor allem durch den Mitgehrhythmus "treiben".

- Longenarbeit

Pluvinel 1615:   Mittels Longenarbeit kann ich ein Pferd "dazu bringen (...) wozu ich will, und ist nicht vonnöthen, daß ich den Leib, die Schenkel oder Füße plage, sondern ist genug, daß ich sein Gemüt (= Psyche) übe".

La Guérinière 1730: "Die am Kappzaum auf der Pferdenase verschnallte Longe und die Bahnpeitsche sind die ersten und einzigen Instrumente, deren man sich auf weichem Boden bedienen muß, um jungen Pferden, die noch nicht ange- ritten oder bereits verritten wurden, das Traben beizubringen und um ihnen ihre Steifheiten, Verspannungen und Flausen auszutreiben". – "*Sobald sich das Pferd verkrampft, versteift oder auf einer Hand (mehr) Widerstand bekundet (als auf der anderen), muß man mit ihm auf den (Longen-) Zirkel zurückkommen*".

Hünersdorf 1798: "Ist das Pferd noch zu jung, zu roh und zu schwach, um geritten zu werden, so ist es demselben am zuträglichsten, daß man es eine Zeit lang an der Linie laufen läßt. Man kann es hier schon vertraulich machen und ihm den ersten Grad von Gehorsam geben, der bey dem Anreiten sehr gut zu statten kommt. Dem jungen Pferd wird also (der) Kapzaum (...) aufgelegt (...). In den mittleren Ring des Kapzaums wird die Linie eingeschnallt. (...) Das Pferd wird so lange im Schritte herumgeführt bis es sich die Rundung des Platzes gemerkt hat. (...) Einem eigensinnigen und (...) bereits verdorbenen Pferde, ist das Laufen, eine Zeit lang, an der Linie ebenfals sehr zuträglich. Man kann es hierdurch oft der ersten übelen Behandlung wieder vergessen machen".

Steinbrecht 1880: "Die Anzüge der Leine dürfen nie plötzlich und direkt dem Centrum (= Zirkelmittelpunkt) zugerichtet sein, sondern müssen stets mehr oder weniger vorwärts ziehend wirken, damit das Pferd nie plötzlich und gewaltsam in seiner Richtung gestört wird. – Nach diesem Grundsatze benutze man das Verkleinern des Cirkels als Mittel, die übereilten Gänge zu mäßigen und das Erweitern desselben, um verhaltene Gangarten räumiger und aktiver zu machen".

Dreyhausen 1935: "Ein wichtiges Hilfsmittel zur Ausbildung junger und zur Korrektur verdorbener Pferde ist das Longieren; nichts ist aber mehr geeignet, dem Pferde Schaden an den Knochen, Sehnen und Gelenken zuzufügen und es zu verderben, als wenn es ungeschickt und falsch angewendet wird".

Oliveira 1965:   "Die Longenarbeit kann schöne Fortschritte bei der Aus- bildung und Vertrauen zeitigen; aber sie darf lediglich von erfahrenen Reitern eingesetzt werden, die über sehr viel Taktgefühl verfügen".

Solinski 1975:   "Wer beim Longieren die von den Alten Berbern entdeckten '7 Anlehnungen' präzis beachtet, läuft kaum je Gefahr, seinem Pferd mit der Arbeit an der Hand zu schaden" (vgl.: Anhang IX).

– Losgelassenheit

Definition (Seunig): "Losgelassenheit ist eine höhere Stufe der Zwanglosigkeit", sowohl seitens des Pferdes als auch seitens des Reiters.

Steinbrecht 1880: *"Die erste Grundbedingung aber (...) ist die, daß alles Steife, Gezwungene und Pedantische aus der Reitkunst verbannt und das Vorurtheil beseitigt wird, als müsse der Mensch zu Pferde ein ganz anderer, sich selbst fremder in Haltung und Richtung des Körpers sein, und als müsse das Schulpferd wie in den spanischen Bock gespannt einherschreiten, während für beide die Reitkunst eine Gymnastik ist, durch welche sie die höchste Ausbildung körperlicher Kraft und Gewandtheit erreichen und darthun können".*

Dreyhausen 1935: "Vielleicht könnte man die wirkliche (...) Losgelassenheit (...) als eine glückliche Mischung von Vertrauen und Schwung (oder: Impulsion – s. die.) bezeichnen. Das Vertrauen bringt das Pferd zur Hingabe an die Hilfen des Reiters, der Schwung führt es in die Haltung, die wir brauchen und sichert den Gehorsam".

Moser 1963: "Der Zwanglosigkeit oder Losgelassenheit kommt fraglos die Priorität zu, sie ist die Grundlage jeglicher Weiterbildung. (...) Ohne Losgelassenheit gibt es keine nachherige Durchlässigkeit, keine geregelten Gangarten und keinen genügenden Gehorsam". – "Wo die Losgelassenheit (des Pferdes) fehlt, ist der Weg vorne, d.h. im Genick nicht frei, auch nicht frei für die notwendige Tätigkeit der Hinterpartie, des Motors, und nicht frei für den schwingenden Rücken. In diesem Zustand versagen alle diskret dosierten Reiterhilfen, weil die vorhandenen Spannungen im Pferd das Erkennen und Fühlen der Hilfen unterbinden".

– Lusitano

Das portugiesische Reitpferd; wie der spanische Andalusier ein Nachfahre des Solutréepferdes.

F. de Andrade: "Das lusitanische (= portugiesische) Pferd verkörpert nichts anderes als einen Zweig des ehemaligen 'spanischen Pferdes', das bereits am Anfang der geschichtlichen Zeit berühmt war. (...) Dieses Pferd (...) entwickelte sich mit der Zeit dank verschiedener Kreuzungen und vor allem durch die funktionelle Auslese in den Gineta-Kämpfen. – Nachdem das spanische Pferd in ganz Europa zum 'Pferd der Könige' geworden war, übermittelten vor allem die Franzosen (La Broue und Pluvinel) die spanischen Reitkonzepte, welche die Italiener in die Reitakademien Neapels übernommen hatten (...) und nannten die spanischen Pferde, die sich am besten für Pferdegymnastik eigneten, 'spanische Geneten'. (...) Der heutige 'Andalusier' ist kein echter Genet mehr. Der Lusitano ist indessen zweifellos der letzte wahre 'Spanische Genet'" (in "Plaisirs Equestres" 12/79).

M

– **MARIALVA**, Don Pedro José d'Alcantara & Menezes, 4. Marquis de Marialva (1713 – 1799)
d'Andrade 1790: "Es gibt Reiter, die Pferde gut zu reiten verstehen, welche
andere ausgebildet haben, und es gibt Reiter, die die Gabe, das Verständnis und
das Können besitzen, Pferde von Grund auf nach allen Regeln der Kunst anzureiten und auszubilden, indem sie sie methodisch durch sämtliche notwendigen
Übungen bis zur Vollkommenheit gymnastizieren. Unter deren allerbesten war
es General Pedro de Alcantara & Menezes, der die Gabe, die Erfahrung und
das Können besaß, welche der Vollkommenheit am nächsten kamen" (cit.
Monteilhet, cit. D. de Bragance).
Leitao 1979:   "Von 1770 bis 1799 zählte der Marquis de Marialva zu den
größten Reitern Europas (...). Seine Berühmtheit reichte weit über die Grenzen
Portugals hinaus, um bis auf den heutigen Tag nichts von ihrem Glanz zu verlieren; seine Reitweise heißt noch immer 'Reitkunst à la Marialva'" (in "Plaisirs Equestres" 12/79).

– **Meister**, die Alten Meister der Reitkunst
Henriquet 1968:   Die Alten Meister der Reitkunst "erhielten die Versammlung
allein dadurch, daß sie die Hinterhufe unter die Pferdemasse holten und das
Pferd die Hanken beugen ließen, was sie lediglich durch die Gymnastizierung
der Gelenke in Seitengängen bei stetem Impulsionsfluß zu vervollkommnen
trachteten".

– **MIRANDA**, Joaquim Gonçalves de ...
Fabre 1979:   "1910 eröffnete er die Reitschule (in Lissabon), in der er
später seine Kunst an seinen Patensohn, Nuño Oliveira, weitergab. (...) Er war
der große Spezialist des Passage–Reitens und bildete sogar ein Maultier bis in
die Passage aus".
Oliveira 1980:   "Er zog jene Passage vor, in der das Pferd seinen hoch er-
hobenen Diagonal zwischen den einzelnen Tritten möglichst lange regungslos
hielt".

– **Mitteltrab**, auch: Trabverstärkung, früher: "ausgedehnter Trab"
Definition (Seunig): "Der Mitteltrab ist keine Gebrauchsgangart. Das charakteristische Merkmal des Mitteltrabs sind seine weitausgreifenden, schwungvollen
Bewegungen, durch welche die Vorhand aber *nicht vermehrt belastet* wird, da
sie abwechselnd (...) ebensosehr schiebend den Raumgriff, als tragend die Haltung fördern".

Hünersdorf 1798: "Der ausgedehnte Trab bringt das Pferd nicht genug von der Erde, giebt ihm nicht die rechte Biegsamkeit der Gelenke; der (abgekürzte und versammelte) Trab (...) thut dieses erst".

Plinzner 1900: "Eine praktische Verbesserung der freien Gänge ist nur durch eine (Ver-) Sammlung (bei der die Energie und Schwunghaftigkeit des Pferdes nicht nur nicht vermindert, sondern gesteigert wird – sic) herbeizuführen, da dieselbe den Pferden die Fähigkeit verleiht, auch bei vermehrtem Einsetzen der Schubkraft die Trag- und Federkraft entsprechend mitwirken zu lassen, wodurch die freien Gänge elastischer und für Reiter und Pferd angenehmer werden".

Oliveira 1965: Jede Bewegungsverstärkung "ist eine Sitzverschiebung nach vorne und in die Tiefe, aber nie eine Aufgabe der Zügelanlehnung. (...) Lassen Sie Ihr Gesäß (dabei) tiefer und nach vorne gleiten, ohne Ihre Schultern nach hinten zu bringen". – Bei freieren Bewegungsfolgen "muß das Pferd den Hals ein wenig verlängern können, dabei aber unbedingt rund bleiben".

– MONTAIGNE, Michel de ... (1533 – 1592)
Französischer Zeitgenosse der ersten großen Reitmeister in Neapel und in Frankreich, "Erfinder" der nach seinem Werk so benannten literarischen Gattung des Essays.

Stackelberg 1964: "... insofern ein Vollender des Humanismus, als seine humanistische Bildung nicht mehr gelehrter Ballast und totes Wissen, sondern lebendiger Bestandteil seiner Persönlichkeit ist" (Fischer Lexikon, Literatur 1, Fischer, Frankfurt a .M. 1964).

Solinski 1993: "Für Pferdefreunde ist sein Vorgehen beim Lösen von Alltagsproblemen insofern von Bedeutung, als es uns lehrt, wie man Probleme erkennt, aufgreift, eventuell bei früheren Autoren Lösungsvorschläge findet, diese gegen die eigene Auffassung und Erfahrung abwägt; Lösungen, die einem dabei einfallen, prüft, um schließlich die beste, unbekümmert durch des Nachbarn Meinung, konsequent, aber mit gesundem Menschenverstand, zu verwirklichen". – Leider hat Michel de Montaigne nur in einem einzigen Kapitel seiner Essays auch zu Pferden und Reitfragen Stellung genommen; nämlich im XLVIII: "Von den Handpferden" (in der ausgezeichneten deutschen Übersetzung von Tietz und Ausgabe des Diogenes Verlags, Zürich 1992).

– MONTEILHET, André
Französischer Hippologe, Reitexperte und Chronist, Autor des Werkes: "Les Maîtres de l'Oeuvre équestre", Editions Le Livre de Paris, Paris 1979.

– MOSER, Hans
Major der Schweizer Kavallerie, als Reiter Gewinner der Goldmedaille im "Großen Dressurpreis" der Olympischen Reiterspiele 1948. – Von ihm stammt die Umformung der Reiterregel General L'Hottes: "calme, droit, en avant" (= "ruhig, geradegerichtet, vorwärts") zum pferdegemäßeren Grundsatz: "zwanglos, geregelt, ruhig". Hans Moser schrieb u.a. die geradezu genialen "Winke für Ausbilder und Teilnehmer an Dressurprüfungen" (in "Theoretisch gewußt..." Verlag Schweizer Kavallerist, Zürich 1964).
Solinski 1980:   "... einer der am 'französischsten' und 'zivilsten' reitenden Militär–Dressurreiter schlechthin; hierin ein naher Verwandter im Geist von B. von Oeynhausen" (vgl.: "Reiter Reiten Reiterei", Hildesheim 1983/93/97).

– Muskeln, die wichtigsten Muskeln des Pferdes
Seunig 1949:   "Die am stärksten (= kräftigsten) entwickelten Muskelgruppen sind diejenigen, (welche) die Hinterschenkel und das Becken umschliessen. Hier ist auch der Ursprung der bewegenden Kraft, der Motor des Pferdes, *und hier* – bei den Hanken – *hat auch die reiterliche Einwirkung einzusetzen*".

N

– Nachgeben
Definition (SGS): die wichtigste Schenkel–, Sitz–, Gewichts– und Zügelhilfe schlechthin.
Xenophon –385:   "Wenn man das Pferd aber versammelt und es dadurch den Nacken hebt, so muß man ihm dann mit dem Zügelanzug sogleich leichter werden".
La Guérinière 1730: Das Nachgeben der Hand "ist die Bewegung, die man macht, indem man die Zügelhand sinken läßt, um dem Pferd entweder den Druck des Gebisses auf den Unterkiefer zu erleichtern oder es sogar dessen zu entledigen. Erwähnt sei noch, daß man unter 'Zügelhand' stets die linke Hand des Reiters versteht". – "Das Nachgeben (der Schenkel, des Sitzes, des Gewichts und der Hand) muß jedem Nachgeben des Pferdes augenblicklich folgen (ja, darf dieses oft nicht einmal abwarten!); so wird der schlechten Gewohnheit mancher Pferde vorgebeugt, sich auf dem Gebiß abzustützen".

Baucher 1842: "Das Nachgeben der Hand hilft dem Pferd, sein Gleichgewicht auch ohne Gebißstütze (zu finden und) beizubehalten". – "Das Nachgeben der Schenkel geschieht dadurch, daß diese sich lockern (oder: öffnen, länger werden und die Absätze tiefer sinken) (...). Selbstverständlich gehört mit zur Regelmäßigkeit dieser Übung, daß das Pferd deswegen weder seine Haltung, noch den Rhythmus oder Takt seines Ganges verändert. Daraufhin gelangt man zum gleichzeitigen Nachgeben der Schenkel und der Hand. Das Pferd, das nun ganz ohne Hilfen auskommt, muß nicht desto weniger, wie in obigem Fall, sowohl den gleichen Gangrhythmus als auch die gleiche Körperhaltung beibehalten und das sowohl im Schritt als auch im Trab und im Galopp".

Oeynhausen 1852: "Durch Nachgeben zur rechten Zeit (auch der Schenkel-, Sitz- und Gewichtshilfen; nicht nur der Zügelhand), wird der gute Wille erhalten und das Pferd geschont und nach und nach geschickt gemacht, denn *nur das Gehorchen Können führt zum Gehorchen Wollen*" (kursiv von B. von Oeynhausen).

Oliveira 1979: Beim Nachgeben mit der Hand "lockert der Reiter seine, um die Zügel geschlossenen Finger und das Pferd hat die gleiche Gangart, die selbe Haltung und den gleichen Gangrhythmus beizubehalten". – "In der Reitkunst kommt jeder Vorwand gelegen, um nachzugeben". – " Das Nachgeben mit der Hand ist stets gleichzeitig eine Prüfung des erreichten Versammlungsgrades und eine Belohnung für das Pferd" (Jeanne Boisseau).

- Neapolitaner (Pferde)

La Guérinière 1730: "Die Neapolitaner sind zum größten Teil widerspenstig und demzufolge schwierig (zu Schul- und Freizeitpferden) auszubilden. (...) Ein Gespann neapolitanischer Pferde, die richtig ausgesucht und richtig eingefahren wurden, besitzt dennoch hohen Wert".

- von NEINDORFF, Baron Egon von ...

Mit General Albrecht zusammen einziger lebender Reitmeister deutscher Sprache von internationalem Renommee. Schüler von Richard L. Wätjen, der seinerseits 11 Jahre lang an der Spanischen Hofreitschule in Wien gelernt hatte. Leiter des Reitinstituts Egon von Neindorff in Karlsruhe, wo auch die "Abende der höheren Reitkunst" stattfinden. Autor mehrerer Bücher und Artikel zum Reiten; u.a. der "Kleinen Reit- und Fahrlehre" (Franckh'sche Verlagshandlung, Stuttgart 1975), der die Zitate in dieser Arbeit entnommen sind. Mitherausgeber der "Documenta Hippologica" im Olms-Verlag in Hildesheim.

– **NEWCASTLE**, William Cavendish, Herzog von Newcastle (1592 – 1676)
Englischer Reitmeister, der vor allem in Antwerpen lehrte; Erfinder der
Schlaufzügel (franz.: "rênes allemandes" = "deutsche Zügel"!!!) und der Aus-
bindeexzesse damit. Autor des dennoch lesenswerten Werkes "Nouvelle Méthode
pour dresser les Chevaux", London 1667, von dessen deutsch–französischer
Ausgabe die Olms Presse in Hildesheim einen Faksimiledruck herausgegeben
hat. (Für weitere Informationen vgl.: "Reiter Reiten Reiterei", Olms, Hildesheim 1983/93/97.)

O

– **von OEYNHAUSEN**, Börries, Freiherr von Oeynhausen (1812 – 1875)
Deutscher Reitmeister, geboren in Hersrode, Schüler von E.F. Ayrer in Göt-
tingen und von Max von Weyrother an der Spanischen Hofreitschule in Wien.
Seunig 1943:   "Schöpfer des in vieler Hinsicht auch heute noch vorbild-
lichen altösterreichischen 'Abrichtungsreglements'. Von 1850 – 1856 Komman-
dant des k.u.k. Militär–Central–Equitations–Instituts in Wien. Wird der Gruppe
der 'Neueren Meister' zugezählt".
Solinski 1980:   "Börries von Oeynhausen bildet mit Gustav Steinbrecht,
Otto Lörke und dem Schweizer Major Hans Moser zusammen die kleine Gruppe
der wohl gefühlvollsten militärischen Dressurreiter deutscher Zunge". (Vgl.:
"Reiter Reiten Reiterei", 2. Teil, Olms Presse, Hildesheim 1983/93/97)
Autor des "Leitfadens zur Abrichtung von Reiter und Pferd", Wien 1852, und
von "Gang des Pferdes und Sitz des Reiters", Wien 1869. Beide Arbeiten
liegen als Faksimiledrucke bei der Olms Presse in Hildesheim vor.

– **OLIVEIRA**, Mestre Nuño ... (1926 – 1989)
International berühmtester Reitmeister der Iberischen Halbinsel im 20. Jahrhundert.
Col. P. Durand: Bei Meister Oliveiras Umgang mit Pferden "geht es nicht
um fotogenes Reiten, sondern um die Achtung der mentalen (= psychischen)
und körperlichen Integrität des Pferdes, um die Impulsion und um den Kult der
Leichtigkeit; also um drei Faktoren, deren harmonisches Zusammenspiel zum
(reiterlichen) Gleichgewicht, somit zum guten Reiten führen" (Lieutenant-
Colonel Pierre Durand, Ecuyer en Chef – Chefbereiter – in Saumur).

Henriquet 1968: "Nuño Oliveira zeigte sich jahrelang vom Baucherismus beeindruckt und beeinflußt. Er bildete eine gewisse Anzahl Pferde nach Baucher aus und Fotografien beweisen, daß er dessen 'Gleichgewicht der ersten Art' vollkommen zu erhalten wußte. Später ließ er Baucher zugunsten immer schlichteren und natürlicheren Reitens weit hinter sich zurück. (...) Die reiterliche 'Abstammung' Oliveiras erweist sich so letztlich als der Tradition und der Philosophie La Guérinières wesentlich näher verwandt, als der Ideologie Bauchers". – Auf Jungpferden übte der Meister "von Anfang an vor allem das Nachgeben der Hand und der Schenkel in munterer Vorwärtsbewegung, regelte die Gänge mittels Biegungen auf Zirkeln und Volten und sorgte für Ruhe und Rhythmus, ohne den Kräften des Pferdes jemals auch nur den leisesten Widerstand entgegenzusetzen. So gewöhnte er das Pferd daran, das Reitergewicht zu tragen, indem es seine Muskeln entspannte, bis es sich schließlich an einem Seidenfaden führen ließ".

In deutscher Sprache liegt das Gesamtwerk Meister Oliveiras komplett vor; nämlich: 1.) "Klassische Grundsätze der Kunst, Pferde auszubilden", 2.) "Junge Pferde – Junge Reiter", 3.) "Notizen zum Unterricht", festgehalten von Jeanne Boisseau, 4.) "Gedanken über die Reitkunst", 5.) "Ratschläge eines alten Reiters an junge Reiter", 6.) "Erinnerungen eines portugiesischen Reiters". (Ausführlichere Angaben zu Meister Oliveira finden sich in "Reiter Reiten Reiterei", 3. Teil, Hildesheim 1983/93/97.) Alle diese Arbeiten erscheinen bei der Olms Presse in Hildesheim.

P

– **Parade** = deutsche Übersetzung des franz. Begriffs "Arrêt"

Definition (Seunig): "Noch M. v. Weyrother und Steinbrechts Lehrer Seeger (haben die Auffassung vertreten), daß nämlich 'halbe Parade' (halber Arrêt) die beugende Belastung *eines* Hinterbeines durch die gleichseitige Gewichts- und Zügelhilfe bedeute, während die 'ganze Parade' (ganzer Arrêt) durch gleichzeitige verstärkte Beugung *beider Hinterbeine* daraus hervorgehe. Die Paraden, ganze oder halbe, waren mithin in erster Linie Hilfsmittel zur Vervollkommnung der Dressur und erst in zweiter Linie Einwirkungen, die ein Anhalten oder eine Verkürzung des Tempos zum Ziele hatten".

La Guérinière 1730: "Um einen Arrêt richtig auszuführen, muß man das Pferd zuerst etwas aufmuntern. Während man dann fühlt, daß es schneller werden will, als es seine bisherige Kadenz erlaubt, muß man durch das Anlegen der Waden, das (entspannte) Senken der Schultern und das Schließen der Zügelhand, dem Pferd helfen, den Arrêt korrekt auszuführen (...). Die Vorteile, die ein korrekt ausgeführter Arrêt zeitigt, sind, daß er des Pferdes Kräfte unter dessen Masse versammelt, daß er den Reiter dessen Maul, Kopf und Hanken versichert und, daß er es leicht in der Hand und an den Schenkeln werden läßt". – "Der Arrêt taugt somit nur für Pferde, die gute (= kurze, starke) Lenden und genügend Kraft in den Hanken und in den Sprunggelenken haben, um den Hilfen hierzu Folge zu leisten". – "Der halben Parade gehen (wie der ganzen Schenkel- und Sitz-) Hilfen voraus, auf welche hin die Zügelhand verwahrt, indem sie die Fingernägel nach oben dreht, ohne das Pferd dadurch anzuhalten, noch mehr zu bewirken, als es etwas aufzurichten".

Hünersdorf 1798: "Will der Reiter also einen guten Arrêt geben, so muß er vor allen Dingen einen vollkommen guten Sitz, eine stäte (= ruhige) gute Hand und ein feines richtiges Gefühl im Gesäß haben. Er muß genau empfinden können, wann das Pferd genug versammelt ist, um es zu arrêtieren".

Weyrother 1820: "Es kann überhaupt nicht oft genug bemerkt werden, daß der Reiter in jeder Bewegung das Pferd anhalte und wieder nachgebe, und nie die Hand mit dem angezogenen Zügel anstehen lasse, weil es sonst sehr leicht hart im Maul wird, und dann alle Folgsamkeit auf den Zügel verliert".

Steinbrecht 1880: "Die ganze Parade ist um so vollkommener, je mehr das Pferd in derselben *die ganze Last auf die wohl untergeschobenen und gebogenen (= gebeugten) Hinterschenkel aufnimmt,* während es dabei in vollkommen aufgerichteter und herbeigezäumter Stellung von Hals und Kopf *in leichter Anlehnung* am Zügel steht, und je länger es der Reiter in dieser gesammelten Stellung auszuhalten vermag, nachdem es den Zustand der Ruhe gefunden. (...) Die Parade wird sich um so mehr der vollkommenen nähern, je sorgfältiger das Pferd in gebogenen Lektionen (= Plié, Schulterherein, Kruppeherein, Travers, Renvers – SGS) vorbereitet war, und je feiner der Reiter das Verhältnis der verwahrenden und vortreibenden Hülfen in derselben abzuwägen versteht, damit Hankenbeugung, Aufrichtung und Beizäumung in voller Harmonie mit einander seien. Dem Reiter giebt das Gefühl der (leichten) Anlehnung den untrüglichen Maaßstab für die Güte seiner Parade, denn triebe er die Hinterschenkel zu viel unter, so wird er nicht im Stande sein, das Pferd in der Beizäumung zu erhalten; that er es zu wenig, so wird es nicht die genügende Aufrichtung nehmen, und wird die Hand theilweise mit den Gewichten der Vorhand belasten. (...) Schließlich muß ich mich noch ganz entschieden gegen das Abrunden der Hand im Handgelenk aussprechen, worauf manche Lehrer so streng halten, da es den beabsichtigten Zweck, nämlich Leichtigkeit oder Nachgiebigkeit der Hand, durchaus nicht erfüllt".

Plinzner 1888:   Das Wesentliche bei Paraden ist, "daß dieselben in einer die Gliedmaßen des Pferdes nicht schädigenden Weise ausgeführt werden. Dies ist mit Sicherheit nur dadurch zu erreichen, daß die Pferde gewöhnt werden, derart zu parieren, *daß im Moment des Anhaltens nicht ein Annehmen, sondern ein Nachgeben der Zügel stattfindet*".

Moser 1963:   "Für die Parade muß die Nachhand (...) genügend herangeholt werden, wobei sich diese senken soll, um vermehrte Last aufzunehmen. (...) Das Pferd darf in den halben und ganzen Paraden nicht auf die Vorhand fallen oder versuchen, sich auf der Reiterhand abzustützen. Die Horizontale (des Pferderückens) darf unter keinen Umständen so aufgegeben werden, daß sie nach vorne neigt, sondern vielmehr nach hinten tief, durch Senkung der Nachhand und durch Beugung der Hinterhandgelenke".

Albrecht 1983:   "Die Parade ist nichts anderes, als ein Moment höchster Versammlung, und sie soll *nicht durch ein Zurückreißen der Vorhand, sondern durch das Herantreten der Hinterhand erfolgen*".

– **Paß**, auch: Paßgang

Definition (SGS): Gleichseitige, anstatt diagonalisierte, Bewegungsart mancher Pferde (vor allem vieler Renntraber, Isländer, Paso Finos etc.). Zeigt sich der Paß gebrochen, so nennt man ihn auch Zelt, Tölt, Rack, Walk etc.

Newcastle 1657: "Der Antritt oder Paß macht eine irrige und vermischte Bewegung, dannenhero ich solche gäntzlich (...) von der Reitschul verbanne".

La Guérinière 1730: "Der Paß ist eine weniger hoch abhufende, aber weiter ausgreifende Gangart, als der Schritt, in der das Pferd nur zwei Bewegungen; je eine auf jeder Seite macht (...). Ein paßgehendes Pferd hat keine Ausdauer und es ist geradezu ein Zeichen der Schwäche, wenn (ein sonst normal sich bewegendes Pferd) paßzugehen beginnt. (...) Pferde mit schlechten Lenden (= Senkrücken), die man zudem auf die Schultern wirft oder deren Beine ruiniert sind, nehmen gewöhnlich diese Gangart an".

Eisenberg 1748: "Ich habe unter den Englischen Pferden fürtreffliche Zelter gesehen, welche einen natürlichen Zelt gegangen ohne zu traben. (...) Es ist zwar wahr, daß sie dann und wann stolpern, sonderheitlich wann sie eilen, deßwegen sie insgemein ihre Beine übel zurichten".

– **Passage**, manchmal auch "spanischer Trab" oder "spanischer Tritt"

Pluvinel 1615:   "Der Schlüssel aller fürnehmsten Reuterkünsten ist das Passagiren nach deß Reuters Verstand und Willkühr (...) es sey vor oder rückwarts oder zur Seiten (...). Dann wann das Pferd nicht recht im Tritt und mit dem Kopff, Leib und Schenckeln passagiren kan, so ist es unmöglich, daß man es recht und nach Gebühr tummeln möge".

La Guérinière: "Die Passage (...) ist ein gemessener und kadenzierter Trab,
(bei dem) das Pferd je einen Vorderfuß und einen Hinterfuß, diagonal, wie im
normalen Trab, jedoch wesentlich länger und höher über dem Boden in der Luft
bewahrt. (Es muß dabei) kürzer, erhabener und gemessener (treten), als im
üblichen Trab (...). Die Passage ist die erste Gangart (der "höheren Schule"),
in der es vor allem um Genauigkeit und Regelmäßigkeit geht. (...) Man muß
ein Pferd lange auf zweispurigen Volten (= seitwärts) passagieren, bevor man
es im Galopp in der gleichen Haltung arbeiten darf. Erst wenn man es
vollkommen locker und losgelassen fühlt, wird es von sich aus den fleißigen
abgekürzten Galopp aus der Hinterhand anbieten, welcher den eigentlichen Vol-
tengalopp darstellt".
Eisenberg 1748: "Die Schule des Passagirens ist, daß man in einer geraden
Linien in einem Spanischen Schritte (= halbe Tritte) anfange, wozu man anfänglich nur das Nase-Band (= Kappzaum) gebrauchet (...). Darauf wird es
sich gantz hochtrabend stellen".
Steinbrecht 1880: "Die Passage kann mit einer gewissen Berechtigung eine
trabartige Schule über der Erde genannt werden. - Was die Richtung (= Körperhaltung) des Pferdes in der Passage anbelangt, so ist es offenbar, daß in
dem Maaße, als dieselbe verkürzt (wurde), die Tragkraft der Nachhand also
mehr, die Schiebkraft weniger in Anspruch genommen wird, daß in diesem
Maaße die Vorhand erhabener, die Kruppe gesenkter, die Hinterschenkel in
ihren Gelenken mehr gebogen und unter die Last geschoben sein müssen,
während, je freier die Passage ist, je mehr also die Schiebkraft, je weniger die
Tragkraft wirkt, desto mehr dem Skelette die Richtung des Gleichgewichtes angewiesen wird. (...) Beim Beginne der Passage-Übungen auf dem Cirkel darf
man sich nicht wundern, wenn fast jedes Pferd dabei zunächst mehr oder
weniger Unsicherheit zeigt, weil hier das Fehlen der Bande, sowie die gebo-
genere Richtung des Cirkels die Aufgabe erschweren. (...) Im Übrigen ist auch
diese Aufgabe (...) Sache einer ruhigen Übung und wird (...) dann außeror-
dentlich dazu beitragen, die Sicherheit des Ganges zu erhöhen".
Stensbeck 1930: "Eine schöne Passage ist etwas Herrliches. Der Reiter sitzt
so ruhig im Sattel, als wenn er angewachsen wäre, weil das Pferd ihn bei den
wunderbar wiegenden und doch energisch federnden Tritten gar nicht wirft.
(...) Der Reiter ebenso losgelassen, ruhig, ohne Anstrengung, ohne Hin- und
Herwerfen im Sattel, (...) nur natürlich elegant einsitzend - das ist schön und
richtig! (... Aber:) Diesen Genuß hat man eben nur auf einem wirklich
(durchgymnastizierten) Pferde".
Oliveira 1979:   "Wenn das Pferd im Schultrab ein Maximum an Leichtigkeit
und Schwung erreicht, so findet es natürlicherweise (= von selbst) in die Passage" (J. Boisseau).

Zeichnung 49:   Passage (oben rechts) und Piaffe (unten links)
nach Fotografien: der Autor auf "Fumaioun" und Nuño Oliveira auf "Soante"

Oliveira 1979:   "Um eine gemessene, langsame Passage zu erhalten, in der das Pferd sich viel Zeit nimmt für die erhabenen Bewegungen zwischen dem Aufhufen der Diagonale, müssen sich alle Gelenke mühelos leicht und vollkommen beugen lassen". – "Verlangen Sie nie Übergänge von der Passage in die Piaffe, bevor das Pferd seiner Passage auf Zirkeln, Achten, Volten usw. nicht völlig sicher ist".

– Passage und Piaffe
La Guérinière 1730: "Die Tätigkeit des Pferdes ist in der Passage dieselbe wie in der Piaffe; das heißt daß wir, um uns ein genaues Bild sowohl der einen als auch der anderen Übung zu machen, die Piaffe als eine Passage an Ort und Stelle, ohne Vor– noch Rücktritt ansehen müssen, und die Passage als eine Piaffe, bei der das Pferd bei jeder Bewegung ungefähr einen Fuß (= 31 cm) vorwärts tritt".
Seeger 1844:   "Lehnt sich das Pferd in irgend einer Gangart fest auf die Zügelhand, (... so) wird die Übung des Piaffé das geeignete Mittel sein, die freigewordenen Kräfte wieder in das gehörige Verhältnis zu versetzen. – Nimmt hingegen das Pferd die so üble Gewohnheit des Sichverkriechens an, indem es sich gegen die Zügelanlehnung sträubt, (...) so wird die Passage die Ordnung wieder herzustellen vermögen".
Steinbrecht 1880: Der Unterschied zwischen Piaffe und Passage beruht darauf, "daß bei ersterer nur die Tragkraft, bei letzterer dagegen auch die Schiebekraft der Nachhand in geordnete Thätigkeit versetzt ist". – "Nachdem (...) unsere Arbeit in gebogenen Lektionen das Resultat ergeben, daß unser Pferd eine Parade (s. dort) mit vorherrschender Belastung der Hanken aus jeder der bisher geübten Gangarten in guter Haltung auszuführen (...) vermag, so dürfen wir annehmen, daß es auch für die schwierigeren Schulen mit vermehrter Beugung beider Hanken genügend vorbereitet ist. – Diese Schulen (= Übungen) zerfallen in die trabartigen und die sprungartigen; erstere sind das Piaffé und die Passage, letztere die sogenannten Schulsprünge". – "Beim Piaffé fällt der (lockere) Schenkel des Reiters an den Bauch des Pferdes in den Momenten des Niedersetzens (= Aufhufens); in der Passage in den Momenten des Erhebens (= Abhufens) des gleichseitigen Hinterfußes". – "(...) je geschickter und williger (...) durch sorgfältige Gymnastik die Nachhand geworden ist, jedes beliebige Gewicht aufzunehmen, respektiv vorwärts zu schieben, (...) desto genauer wird (der Reiter) im Stande sein, der Passage jedes ihm beliebige Tempo anzuweisen, dieselbe ganz nach seiner Wahl bis zum Piaffé zu verkürzen, respektiv bis zu einem freien schwebenden Trabe zu verstärken".

Steinbrecht 1880: "(...) ein in Passage oder Piaffé (...) schwebendes Pferd darf man wohl einer Goldwaage vergleichen, welche so genau gearbeitet ist, daß ihr Gleichgewicht durch das Gewicht eines Haares zu stören ist. Die einzige Möglichkeit, den Takt eines so subtilen Ganges nicht zu unterbrechen, liegt daher darin, daß sich der Reiter den Bewegungen des Pferdes auf das Vollkommenste (= mit vollkommener Lockerheit) anschmiegt (...). Aus diesem weichen Anschmiegen ergeben sich dann auch ganz von selbst die Hülfen, welche den Gang unterhalten (...). – Wie in allen anderen Gängen, so werden auch hier die Lektionen auf zwei Hufschlägen das nächste und sicherste Mittel abgeben, um die Hankenbeugung immer mehr zu vervollkommnen, und auf zwanglose Weise die Versammlung schließlich bis zum Piaffé zu steigern".

Stensbeck 1930: "Aus einer schönen Piaffe wird man jederzeit ohne Schwierigkeit durch einfaches Vorgehenlassen (...) die Passage entwickeln können. Aus einer schlechten Piaffe, die meist von ebenso kopflos schlechter Handarbeit herrührt, wird ein richtiges Vortreten zur Passage schwer zu erreichen sein, schon aus dem einfachen Grunde, weil man den Schwung (= Impulsion, vgl. dort) zu entwickeln vergessen hat. Und der gehört nun einmal im höchsten Grade dazu! Dann kann man auch das Tempo (= Kadenz, s. dort) bestimmen und ändern, ohne daß das Pferd aus seiner schönen Haltung fällt oder Fehler macht".

Oliveira 1979: "Um dem Pferd in der Passage, wie in der Piaffe, zu ermöglichen, seine ganze 'Brillanz' zu zeigen, muß die Leichtigkeit als eine Konstante erreicht sein und müssen die Schenkel des Reiters locker und tief hängen. Dann spitzt das Pferd seine Ohren, baut sich vorne auf, indem es seine Hinterfüße tief untersetzt und beugt und zeigt stolz, daß es sich in seinen Bewegungsfolgen wohl fühlt".

– Peser sur l'Etrier = Bügeltritt (s.a.: Schenkelhilfe, Gewichtshilfe)
Definition (SGS): die subtilste Verknüpfung der Schenkel- mit der Gewichtshilfe schlechthin; sie erfolgt durch ein- oder beidseitiges *Entspannen* der Sitz- und Schenkelmuskulatur, was von selbst zu einem leichten Austreten des einen oder beider Bügel führt.
La Guérinière 1730: "Die Hilfe des Bügeltritts ist die feinste aller Hilfen; die Schenkel dienen hierbei nur noch als Gegengewichte (zum Oberkörper), um die Kruppe gerade zu richten und um das Pferd zwischen den (tiefen) Absätzen geradegerichtet zu halten. Diese Hilfe verlangt vom Pferd höchste Aufmerksamkeit und Sensibilität, denn auf den leichtesten Druck hin, der durch das betontere Austreten eines einzigen oder beider Bügel entsteht, muß das Pferd der Absicht des Reiters sogleich Folge leisten".

PFERDE

– Pferd, das Pferd als Erzieher

Definition (SGS): Auf freier Wildbahn und in großen Herden auf weitläufigen Weiden erziehen in der Regel die Stuten ihre Fohlen so lange, wie diese noch nicht abgesetzt sind. Dann nehmen sich die männlichen Gruppenoberen ausschließlich des männlichen Nachwuchses an. Drei- bis fünfjährige Junghengste werden derweil vom Herdenchef nicht nur körperlich gymnastiziert und trainiert, sondern auch psychisch erzogen, welche beiden Aufgaben der Mensch zu übernehmen hat, sobald er sich einen Junghengst aus der Herde fängt. Bei der Erziehung des Pferdes durch den Menschen hat sich letzterer mindestens ebenso weit in den Junghengst einzufühlen, wie sich dieser der Erziehung anpaßt.

Newcastle 1657: "Bemühet euch, so viel möglich ist, euerer Eigenliebe zu entgehen, welche offtmals Ursach seyn wird, daß ihr, wann es euerem Pferd nicht nach Wunsch gelingen will, den Fehler offtmals dem Pferd zurechnet, da ihr doch selbsten daran schuldig seyd".

– Pferd, das Pferd *auf der Hand, "auf dem Zügel", "auf dem Gebiß"*

Newcastle 1657: "Wann ihr sehet, daß euer Pferd gelencke Schultern hat und empfindet, daß es sich gar zu sehr auf die Hand stützet (...), welches ein Zeichen wäre, daß ihr es nicht recht mit dem Zaum gearbeitet: so müsset ihr, solches wieder zu verbessern, es traben lassen und offt anhalten, indem ihr eueren Leib (etwas) zuruck haltet und euch des auswendigen Schenckels bedienet, damit ihr es auf die Hüfften bieget".

Eisenberg 1748: "Hartmäuligkeit (...) wird bey den Pferden von einigen für einen Hauptmangel gehalten (...). Die von Natur ein gutes Gewächs haben (d.h. Pferde von gutem Wuchs oder guter Morphologie), werden aber niemals hartmäulig, wenn sie nicht durch böse Zäumung oder eine ungeschickte plumpe Faust verderbet werden".

Oeynhausen 1852: "Pferde, denen es entweder von Natur sehr schwer wird, oder denen es der Reiter schwer macht, sich unter seiner Last im Gleichgewicht zu tragen, legen sich in die Zügel. (...) Man sagt dann: Das Pferd sucht einen fünften Fuß in der Hand des Reiters; dieses kann nur in natürlicher Mißbildung des Pferdes, in momentaner zu großer Anstrengung oder in mangelhafter Gymnastizierung begründet sein".

Oliveira 1975: "Die Deutschen behaupten, man müsse sich das Pferd in die Hand schieben, um ein bewegliches Pferdemaul zu erhalten. (Die Erfahrung zeigt jedoch,) daß nur wenige Pferde, sei es ihres Temperaments, ihrer Konstitution oder sogar anerzogener Fehler wegen, solches Vorgehen aushalten".

– Pferd, das Pferd *auf den Hanken, auf der Hinterhand*
Steinbrecht 1880: Die Tragfähigkeit der Hinterhand "durch Beugsammachung der Hinterschenkel vollkommen auszubilden, ist der Hauptzweck der Reitkunst, und zwar theilweise deshalb, um mittelst derselben die von Natur schwächer konstruirten und stärker belasteten Vorderschenkel zu jeder Zeit und den Umständen gemäß richtig entlasten, schonen und vor allen gefährlichen Prellungen schützen zu können. Nur hierdurch allein ist es möglich, das Pferd bis in's hohe Alter hinein gesund und frisch auf seinen Beinen und zum Reitdienst angenehm und sicher zu erhalten". – "Ich habe Pferden, die total auf den Vorderbeinen struppirt (= ruinirt), aber von Natur mit einer kräftigen Hinterhand begabt waren, durch Beugung ihrer Hanken eine so vollkommene Schulterfreiheit und Sicherheit des Ganges wiedergegeben, daß sie sich mit den besten und werthvollsten messen konnten. Unter den früheren Reitern dieser Pferde hatte die kräftige Hinterhand nur dazu beigetragen, das ganze Gewicht mit umso größerer Gewalt den Vorderfüßen zuzuschieben, so daß diese unter demselben in kurzer Zeit zu Grunde gingen".

– Pferd, das *"auseinandergefallene"* Pferd; auch: das Pferd auf der Vorhand
Seeger 1844:   Wenn das Pferd auseinanderfällt, "so unterstützt es nicht mehr gehörig seine ganze Schwere durch richtiges Untertreten seiner Hinterbeine; denn weil die vier Beine mehr auseinander kommen, muß dem Rücken des Pferdes, da seine Unterstützungspunkte sich weiter von einander entfernt haben, jede Last um so schwerer werden, und er daher leiden".

– Pferd, das *"durchlässige"*, bzw. "ausgebildete" Reitpferd
Definition (Seunig): "Durch leichteste Gewichtshilfen wird das durchlässige Pferd veranlaßt, nach Bedarf seinen Schwerpunkt mit dem des Reiters in Einklang zu bringen. Die *Harmonie* zwischen beiden ist also so weit gediehen, daß sie gleichsam *vom Pferd gesucht und gefunden wird"*.
Pluvinel 1615:   "Ich weiß auß langwüriger Erfahrung, daß man nicht sagen kan, es sey ein Pferd wol abgerichtet, wann es nicht so wol der Hand als bey den Fersen deß Reuters vollkömmlich gehorsamet".
La Guérinière 1730: "Monsieur de la Broue konnte ein durchlässiges Pferd nicht trefflicher definieren, als dadurch, daß er sagte, es sei dasjenige, das Losgelassenheit, Aufmerksamkeit und Regelmäßigkeit besitze; denn solange ein Pferd in seinem Körper nicht vollkommen locker ist, kann es dem Menschen nicht gehorchen (...); die Losgelassenheit des Körpers fördert die Aufmerksamkeit, weil das lockere Pferd keinerlei Mühe hat, seine Übungen in geregeltem Takt zu treten".

- **Pferd**, das *"ideale" Freizeit- oder Reitpferd*
Xenophon – 370: "Je breiter und kürzer die Lenden sind, desto leichter hebt das Pferd seine Vorhand und desto leichter schiebt es das Hinterteil unter (...). Die Hüften (= Hanken, Kruppe) aber müssen breit und fleischig (= gut bemuskelt) sein".
Grisone 1550:   "Zum brauch Adelicher zier, wird der (arabischen Pferderasse) der vorzug vor allen zugemessen: Lind in fürung, Adelich und artlich im gang, der Tritt klein und behendt, seinen Reuter der darob sitzt belustigent (...). Denen erfolgen am nechisten die Griechischen (Pferde) aus Thessalonien, und die Hispanische Jeneten (...), an welche doch der vleis der lernung mus gelegt werden. Zum Krieg und Streit in der beharrlichkeit und sterck, werden in Teutschen Landen jetziger zeit gelobt, die Friesischen Hengst, die Burgunder und Pommerische Roß". – "An einem (guten) Pferdt wird erfordert (...): Ein kurtzen Rugken der nit holl (= hohl) auch nit erhöhet (= festgehalten) noch ernidret (= Senkrücken) sey (...). Ein runden Arsch volkommen mit einer Rinnen in der mit (...). Wann ein Roß hertzhafft (= mutig, mit natürlicher Impulsion und Vorwärtsdrang begabt) und ring ist (= wendig, leichtrittig, in natürlichem Gleichgewicht), das hilfft im mehr dann die sterck".
La Guérinière 1730: "Kraft in den Lenden ist eines der wesentlichen Gütezeichen des Pferdes. Dazu müssen diese kurz und das Rückgrat fest, breit und regelmäßig gebaut sein". – "Je kürzer ein Pferd in den Lenden ist, desto (leichter) versammelt es seine Kräfte (unter seiner Masse)".
Eisenberg 1748: "Bidets nennen die Franzosen diejenigen Pferde, welche kurz und untersetzt sind und besser dauern (= mehr Ausdauer haben), als die großen Pferde, weil sie ihre Stärke in der Enge beisammen haben, weil sie auf der Jagd, Reisen und im Krieg wohl zu gebrauchen sind und ohne müde zu werden lange anhalten (= lange Märsche ertragen)".
Steinbrecht 1880: "Die allgemeine Klage über die Mangelhaftigkeit der Pferde ist zwar insofern richtig, als allerdings mehr schlechte wie gute gezüchtet werden, und wenn wir unter den guten nur solche verstehen, die schon geborene Reitpferde sind, so sind sie sogar sehr seltene Erscheinungen. (... Denn) das von Natur vollkommene Reitpferd (befindet sich) bereits im Gleichgewicht".

- **Pferd**, das *Jagdpferd, "Campagnepferd", Geländepferd, Springpferd*
La Guérinière 1730: "Ein Jagdpferd sollte nicht (...) zu kurz in seinem Gebäude sein, weil solchen Pferden gewöhnlich der lange Atem und das Springvermögen fehlt, welche gute Renner brauchen. (...) Die englischen Pferde besitzen diese Eigenschaften in höherem Maß als alle anderen in Europa".

– Pferde mit langen Lenden, auch: Jagd–, Renn–, Spring– und Wagenpferde
La Guérinière 1730: "Lange und (im Rücken) empfindliche Pferde verfügen gewöhnlich über schwache Lenden und daher sind auch ihre Arrêts (s. dort – d.h. das Ausfedern der Hinterhand beim Anhalten) schlecht, weil sie Mühe haben, ihre Kräfte (unter sich) zu versammeln und mit der Hinterhand zu übernehmen".

Steinbrecht 1880: "Im Allgemeinen ist die Tragfähigkeit eines Rückens desto geringer, je länger derselbe ist (...). Das Pferd mit langem Rücken wird sich daher weder für schwere Gewichte noch für die gesammelte Körperhaltung eignen, da es die für beide Anforderungen nöthige Annäherung der Hinterhand an die Vorhand wegen der zu großen Entfernung beider nicht bewerkstelligen kann. Es wird auch in seiner natürlichen Körperhaltung nicht im Stande sein, mit der Ausdauer und Entschiedenheit des wohl geschlossenen Pferdes seine Bewegungen auszuführen, da die gesamte Wirksamkeit der Muskeln mit von der Konstruktion des Skelettes abhängig ist". – "Der natürliche Bau des Rumpfes trägt wesentlich zur Erleichterung oder Erschwerung der Rippenbiegung bei. Ein langer Rücken erleichtert dieselbe, weil er nicht den Widerstand entgegensetzen kann, wie ein kurzer, er hat aber auch nicht die Spannkraft im (aufgewölbten) gebogenen Zustande, und wird daher eher zu falschen Biegungen neigen, als dieser".

Henriquet 1968: "Ich anerkenne, daß es nicht einfach ist, einem dieser (langen, hochblütigen Sport–) Pferde über die Schwierigkeiten (der höheren Schulen) hinweg zu helfen, ohne manchmal zu baucherisieren. Dennoch bleibt zu klären übrig, aus welchem Grund ein Reiter, der sich der Subtilität seiner Kunst bewußt ist, sich überhaupt mit einem Instrument (= Pferd) befaßt, das für einen ganz anderen Zweck in die Welt gesetzt und aufgezogen wurde".

– Pferde der höheren Schulen, auch: Schulpferde
Hünersdorf 1798: "An dem Schulpferde gefällt uns ein erhabener, abgekürzter, anhaltender (= gemessener) und taktmäßiger Tritt, welcher ihm durch die (Reit–) Kunst gegeben wird. (...) Eben so sind seine übrigen mancherlei Bewegungen meist abgekürzt, gedrungen und erhaben".

Oeynhausen 1852: "Ein gutes Schulpferd soll alle Gänge in der höchsten Reinheit und Taktmäßigkeit gehen, d.h. ein gleiches, reines, lebhaftes und gemessenes Tempo, verbunden mit der möglichst regelmäßigen Stellung von Hals und Kopf, haben; es soll alle Hülfen, sobald sie richtig gegeben werden, schnell und genau verstehen und sogleich befolgen, ohne dem Reiter durch Übereilung (= Hektik) zuvorkommen zu wollen".

Steinbrecht 1880: "Endlich sehen wir das Schulpferd mit untergeschobenen Hinterfüßen, gebogener Hanke und gesenkter Kroupe seine ebenso graziösen, als kräftigen Schulen auf und über der Erde ausführen. Der Reiter tummelt es darin mit sanft (und locker – SGS) zurückgeneigtem Oberkörper mit einer Sicherheit und Genauigkeit, als wären die vier Füße desselben seine eigenen. *In diesen Schulen liegt der Schwerpunkt des Pferdes senkrecht über seinen Hinterfüßen, und seine Wirbelsäule ist schräg von vorn nach hinten geneigt*".

– **Pferde mit überbauter Kruppe** (z.B. engl. Vollblut, Quarter-Horses etc.)
Seunig 1949:   Es liegt in der Natur der Sache, "daß vornehmlich das Abschieben die starke Seite solcher Pferde bleibt und die vermittels der nach vorn geneigten Wirbelsäule den Vorderbeinen zugeschobene Last immer eine starke Beanspruchung derselben bedeuten und überdies einem Sichheranformen in ein horizontaleres Gleichgewicht hinderlich sein wird".

– **Pferd**, das Soldaten-, Kriegs- oder Campagnepferd
Hünersdorf 1798: "An dem Campagnepferd wünschen wir, daß es seine Gänge zwar von der Erde und in einem gewissen Takte, aber dabei doch vorwärts und räumlich (= raumgreifend) verrichten, und dann, wann es nöthig ist, zu den Arrêts und den kurzen Wendungen sich augenblicklich versammeln könne. Unsere ganze Abrichtung (= Gymnastizierung) kann nichts anderes zum Zwecke haben, als dem Pferde diese Vortheile zu verschaffen".

– **Pferd**, das Pferd "am Zügel"
Plinzner 1888:   "Von demjenigen Pferde, welches sich in der 'unbedingten Beizäumung am Zügel' befindet, sagt man auch einfach: 'es steht am Zügel'. Befindet sich ein Pferd zwar im Zustande unbedingter Beizäumung, benutzt es aber den Zügel noch als Stütze für sein nach vorne drängendes Gewicht, so sagt man: 'es liegt auf dem Zügel'. Entzieht sich ein Pferd der Einwirkung des Gebisses durch übermäßige Beizäumung, so sagt man: 'es ist hinter dem Zügel'. Entzieht es sich dieser Einwirkung, indem es den Hals unten herausdrückt, und die Nase der Waagerechten nähert, so sagt man 'es geht über dem Zügel'. Das Pferd endlich, welches dem Drucke des Gebisses noch nicht willig nachgibt, sondern danach trachtet, durch Steifen des Genickes über den Zügel zu kommen, 'geht gegen den Zügel'. – Wenn ein Pferd 'am Zügel steht', so dürfen die Zügel nur soviel angenommen sein, als nöthig ist, um die Verbindung zwischen Hand und Maul jederzeit zu erhalten".
Seunig 1949:   "Ist nicht Ermüdung die Ursache von Verhaltenheit und Zurückkriechen hinter den Zügel (...), so ist das Pferd durch zu harte Einwirkung der Hand von dieser abgeschreckt (...) worden".

– **Piaffe**, auch: Piaffé, Piaffer (s.a. Passage und Piaffe)
La Guérinière 1730: "Wenn ein Pferd an Ort und Stelle passagiert ohne dabei vorwärts, rückwärts oder seitwärts zu treten, aber seine Vorderarme hoch hebt und in absoluter Losgelassenheit hoch anwinkelt; so nennt man dieses Treten dann 'Piaffe'".
Steinbrecht 1880: "Das Piaffé ist (...) eine trabartige Bewegung auf der Stelle mit erhabener Aktion und in getragener Kadence, bei welcher die Beine, sich in ihren Gelenken beugend, gerade auf- und abwärts arbeiten. (...) Beim ganz idealen Piaffé erhebt das Pferd den Vorderfuß so hoch, daß der Vorarm waagrecht steht, den Hinterfuß, daß der Huf desselben die halbe Schienbeinhöhe des ruhenden Fußes erreicht, während der Rumpf nur eine sanfte und doch kräftige Auf- und Abwärtsbewegung macht".
Stensbeck 1930: "Eine richtige Piaffe verlangt ein gut versammeltes Pferd, das seine Hinterhand senken und auch energisch gebrauchen muß. Es soll nach vorne an das Gebiß herantreten, die Vorderfüße heben und anziehen und den Eindruck hervorrufen, daß es vorwärts will (...). Die Hinterbeine müssen sich ebenfalls vom Boden abstoßen und nach vorn schwingen, nicht nur einfach auf derselben Stelle am Boden kleben bleiben, oder sich, kaum sichtbar, etwas lösen".
Oliveira 1979: "Die Piaffe muß vom Reiter stets als ein Mittel erhalten werden, um das Pferd in sich runder (= "zur Kugel") zu machen (...)". – Jede gute Piaffe "muß stets eine Gewichtsübernahme der Pferdehinterhand darstellen". – "Wenn Sie eine Piaffe reiten, vergessen Sie nie den Satz: 'Gib dem Pferd die Haltung und laß es gewähren'! Fühlen Sie, daß das Pferd ganz bei der Sache ist, so geben Sie sogleich nach, indem Sie sowohl die Hände als auch die Schenkel öffnen".
Albrecht 1983: "Man verhindere auf jeden Fall jede Aktivität der Hinterhand mit ungebogenen (= nicht gebeugten) Gelenken! Ohne entsprechende Senkung der Wirbelsäule, einem sichtbar vermehrten Treten mit gebogenen (= gebeugten) Gelenken kommt keine korrekte Piaffe zustande".

– **PIGNATELLI**, Giovanni (ca. 1540 – 1600)
Pferdefreundlichster italienischer Reitmeister der Renaissance, Schüler Grisones (? – W. Seunig) und/oder Fiaschis (– E. Saurel), Lehrer der späteren französischen Reitmeister La Broue und Pluvinel und vielleicht des Deutschen von der Aue oder dessen Lehrers. Leiter der berühmtesten Reitakademie in Neapel.

- Pilaren

Definition (SGS): Zwei Säulen, meistens auf der Mittellinie der Reitbahn im Boden verankert, zwischen denen Pferde im Kappzaum angeschnallt und vom Boden und/oder vom Sattel aus "bearbeitet" werden. Wie das sogenannte "Fahren vom Boden aus" zwischen der Doppellonge, bei dem alle den Pferdekopf erreichenden "Hilfen" ebenfalls ausschließlich von vorne nach hinten wirken, ist auch die *Pilarenarbeit für echte Freizeitreiter tabu!*

Seeger 1844:   "Es kann nicht erwartet werden, daß Dressur–Maschinen (...), das Longiren ausgenommen, empfohlen werden sollen (...); das Biegen (...) kann durch sie nicht erreicht werden, da es ohne Reiter nicht möglich ist".

Seunig 1943:   "Leblose Werkzeuge, wie Ausbindezügel und Pilaren, und seien sie auch in der Hand eines Meisters, werden niemals auch nur annähernd den Reiter ersetzen können".

- Pirouette

Definition (SGS): Hinterhandwendung mit Biegung des Pferdes in Bewegungs- richtung, bei der die Hinterhufe, korrekt diagonalisiert, in Bewegung bleiben; und das sowohl im Schritt und Trab als auch "passagiert" und im Galopp.

La Guérinière 1730: "Eine Pirouette ist nichts anderes als eine Volte in des Pferdes eigener Länge: die Hanken treten in deren Mitte, während die Schultern einen Kreis (um die Hinterhand herum) beschreiben".

Steinbrecht 1880: "Diese Wendungen auf der Nachhand, welche, enger und enger werdend, schließlich in der Pirouette gipfeln, sind das schöne Resultat einer systematischen und gediegenen (...) Arbeit".

Stensbeck 1930:   "Das Pferd soll nicht so schnell als möglich herumgeworfen werden, sondern es soll auf dem kleinsten möglichen Kreise hinten untergesetzt (...) mit der Vorhand um die Hinterhand herumgaloppieren".

Oliveira 1965:   "Ich bin der Ansicht, daß das Pferd, wenn es an Ort und Stelle zu galoppieren versteht (= Redopp – SGS), wesentlich weniger Schwie- rigkeiten hat, auf die Übung der Pirouette einzugehen. Zur Vorbereitung hierauf ist es notwendig, dem Pferd die Ausführung der Pirouette in stark versammel- tem Schritt beizubringen".

Albrecht 1983:   "Obwohl die Pirouette aus dem 'Schulgalopp' entwickelt wird, bleibt der damit verbundene, jedoch keineswegs als falsch anzulastende 'Vierschlag' dem menschlichen Auge kaum erkennbar. Er wird sich jedoch in einem deutlichen Setzen auf die Nachhand und in einem Leichterwerden der Vorhand (...) demonstrieren".

- **"Plaisirs Equestres"**,
Französisches Reiter- und Pferde-Magazin mit themengebundenen Spezialnummern, welchem die vorliegende Arbeit viele Anregungen, Informationen und Zitate verdankt. Verlag: Crépin-Leblond & Cie, F 75006 Paris.

- **PLINZNER, Paul (1852 - 1921)**
Deutscher Reitmeister, Schüler Gustav Steinbrechts, Herausgeber dessen "Gymnasium des Pferdes", Autor des "Systems der Reiter-Ausbildung" und des "Systems der Pferdegymnastik", die beide in einem Band als Faksimilédrucke der Olms Presse in Hildesheim erschienen sind.

- **PLUVINEL, Antoine de Pluvinel de la Baume (1555 - 1620)**
Erster echt pferdefreundlicher französischer Reitmeister, Schüler Pignatellis in Neapel, Reitlehrer dreier Könige in Paris; von Henri III., Henri IV. und Louis XIII., Autor des Monumental-Werkes "Neu-auffgerichtete Reut-Kunst" (franz.: "L'Instruction du Roy"), das als Faksimilédruck der deutsch-französischen Ausgabe von 1670 bei der Olms Presse in Hildesheim erschienen ist.
Newcastle 1657: "Pluvinel und sehr viel von den fürnehmsten Meistern der Reit-Kunst halten es für billig und wol gethan, wann man ein Pferd immerzu streichelt und liebkost und also ihren geleisteten Gehorsam mit der Hand oder Stimm freundlich belohnet (...) so offt sie recht getan und Pluvinel saget weiter, man müsse gegen die Pferde mit Liebkosungen verschwenderisch, mit Straffen aber geitzig seyn".
Seunig 1943: Ein "Vorläufer in tierpsychologischen Erkenntnissen".

- **Pottok**, das Pferd des Baskenlandes
Sehr alte südwestfranzösische Kleinpferderasse, die mit jener der nordspanischen Garraños verwandt ist. Beide Rassen sind Nachfahren des kleineren und schwereren Typs des Solutréepferdes.

- **Portugiesische Schule der Reitkunst**, die ...
Fabre 1985: ... wurde 1979 von Dr. Guilherme Borba, "dem zweifellos feinsten Schüler Mestre Nuño Oliveiras", gegründet und seither geführt. "Was die Reitkunst anbelangt, fühlt sich die Schule vor allem den Prinzipien verpflichtet, die bis ins 18. Jahrhundert sowohl in Portugal (von Marialva) als auch in Frankreich (von La Guérinière) erarbeitet wurden (...)" (in: "Plaisirs Equestres" 12/85).

– **Przwalski-Pferd**, auch: Przewalski-Pferd
Urpferderasse; Nachfahren des Ferus-Pferdes, das in den Gebieten östlich des
Altai und in der Mongolei lebte. Fälschlich wird oft angenommen, alle
modernen Warmblutrassen stammten vom Przwalski-Pferd ab; in Wirklichkeit
stammen mindestens die südwesteuropäischen Pferde von einem anderen Ferus-
Nachkommen ab; vom Solutréepferd, was deren so anders geartete Morphologie
und Psychologie erklärt.

– **Psychologie**, die Psychologie des Pferdes (s.a. Artikel im 2. Teil)
Albrecht 1983:   "... die von dieser Wissenschaft übernommenen Gesetze
fußen einfach auf der Beachtung der wichtigsten Artverhaltensregeln, wie man
sie in der Herde festzustellen vermag und die dem Menschen alle Auskünfte für
sein eigenes Verhalten dem Pferd gegenüber liefern".

Q

– **Quadratpferde** (Widerristhöhe = Gesamtlänge Bug bis Sitzbeinhöcker)
Xenophon –370: "Wenn jedoch einige glauben, daß ein Pferd, welches
biegsame Hanken besitzt, auch den Körper aufrichten könne, so stimmt das
nicht ohne weiteres. Vielmehr ist dazu auch eine kurze und starke Lende erforderlich. Ein solches Pferd wird die Hinterhand weit unter (...) setzen können".

R

– **Rasse**, Pferderasse
Definition (Wrangel): "Rasse nennt man eine von einer unbestimmten Anzahl
Tiere gebildete Gruppe, die durch Zusammenleben unter gleichartigen Verhält-
nissen und durch die natürliche Vererbungskraft gleichartige charakteristische
Eigenschaften erworben hat, die beibehalten werden, so lange sich nicht der
Einfluß neuer Verhältnisse und fremder Blutmischung auf dieselben geltend
macht".

– **Rechteckpferd** (Widerristhöhe kleiner als die Gesamtlänge des Rumpfes)
Seunig 1949:   Wer bei Pferden Wert auf große Mechanik legt, wird diese
"nur bei einem (...) Rechteckpferde (...) mit langem Rücken finden".

- Redopp, auch: Terre-à-terre-Galopp
Newcastle 1657: Eine Art Galopp mit "nur zween Tacte; 1. und 2.; pa – ta;
wie in Carobetten; nur mit diesem Unterschied, daß der Redop mehr
untenwärts herkommet" (= aus tieferer Hankenbeugung).
Steinbrecht 1880: Von einem fehlerhaften Galopp "unterscheidet sich der
Redopp sehr erheblich durch das energische, trillerartige Unterspringen der
Nachhand, während die Vorhand sanft niedergelassen wird, gleichsam, als
wollten die Vorderfüße den Boden kaum berühren. Er ist eine Gangart, deren
nur bevorzugte Pferde-Individuen fähig sind. Bei diesen entwickelt er sich aus
dem Travers- und Renvers-Galoppe ohne besonderes darauf hinzielendes Da-
zuthun des Reiters".

- Reflexe des Pferdes
Bürger 1959:   "Das Wildpferd hat sich früher genau so benommen wie
Großwild. Die Gefahren sehen, stutzen, erkennen und überlegt ganz nach den
Erfordernissen handeln; nämlich als harmlos nicht beachten, als gefährlich um-
gehen, als sehr gefährlich fliehen, als unüberwindbar angreifen".

- Reiten
Definition (Oliveira): "Das Reiten ist eine Schule der Selbstverleugnung und
der Bescheidenheit".
Newcastle 1657: "Einige Leute meinen gut predigen und vernünffteln zu können, durch von sich selbst eingeflossene Weisheit! Aber mit dem Reiten hat es
diese Bewandnus nicht, dann dazu gehört ein unermüdeter Fleiß, scharffe
Aufsicht und stetige Übung, damit man endlich fähig seye, ein Pferd in allen
Schulen wol zu leiten, (...) und auch theils vermuthlichen Fehlern vorzukom-
men".
Hünersdorf 1798: "Die Kunst ist also: das Pferd erstlich in den Stand zu
setzen, daß es uns folgen kann, und dann uns ihm verständlich zu machen, auf
was für eine Art es dieses thun soll. Durch unsere beständige Unterhaltung mit
ihm, und durch den richtigen Gebrauch und Anwendung unserer Hülfen,
nemlich: daß wir sie nie anders, als wie, und wann sie nöthig sind, geben,
lernt es alle unsere Bewegungen kennen, und lernt sie so genau verstehen, daß
unsere vorige starke Hülfen (...), sich bis zu ganz geringen kaum fühlbaren
Zeichen verlieren, durch welche sich das Pferd nun selbst bestimmt".
Steinbrecht 1880: Es ist unglaublich, "wie viel Unverstand gerade in dieser
schönen Kunst zu Tage tritt, weil jeder unfähige oder leichtsinnige Mensch, der
in anderen Fächern kein Fortkommen sieht, sein Glück als Bereiter versucht.
Ohne jede wissenschaftliche Erkenntniss seiner Aufgabe, oft selbst ohne die
nöthige körperliche Befähigung dazu, beginnt er nun, das edelste Geschöpf

unserer Thierwelt (...), wie der Tischler das Holz, nach der Schablone zu bearbeiten, und ruht nicht eher, bis er es entweder total zerbrochen, oder dasselbe sein Meister und Herr geworden ist. Anstatt die natürlichen Bewegungen des jungen Pferdes durch Sitz und Hülfen zu fördern, stört und hemmt er sie durch seine eigene steife und falsche Haltung (...) und durch die Härte und Unzeitigkeit seiner Hülfen; so unterdrückt er nach und nach alle Fähigkeiten des Pferdes, und wenn er es zum Krüppel gemacht (hat), wird es der natürlich schlechten Beschaffenheit desselben zugeschoben. (...) Mancher alter Bereiter ist ehrlich genug, einzugestehen, daß er erst ein vernünftiger und feiner Reiter geworden, seit er den größeren Theil seiner Körperkräfte verloren, und daß er seitdem von seinem Pferde alles das in ruhiger, sicherer Weise erlangt, was er früher nur durch harte Kämpfe erreichen zu können glaubte". – "Nur das unausgesetzte, aufmerksamste Studium der Natur des Pferdes und eine bedeutende Verfeinerung des Gefühles vermögen nach langen, arbeitsvollen Jahren das sichere und untrügliche Urtheil zu geben, welches dazu gehört, um die Unebenheiten auf dem Wege der Dressur vorherzusehen und zu vermeiden. (...) Merke Dir wohl, Fortschritte macht Dein Pferd nur, wenn Du auf gutem Fuß mit ihm stehst. (...) Übellaunigkeit und verbissenes, ungeduldiges Wesen machen jeden wirklichen Fortschritt (bei der Gymnastizierung) unmöglich".

Henriquet 1972: "Das Reiten, das gleichzeitig eine Sportart, eine Wissenschaft und eine Kunst darstellt, läßt sich schließlich nur nach seiner Ausführung beurteilen, welche sich gewisser Mittel und Wege bedient, die ihrerseits den Ausdruck vor allem einer Philosophie darstellen".

v. Neindorff 1994: "Reiten – im wahrsten Sinne des Wortes – läßt sich nicht durch Techniken ersetzen; – auch nicht in der materiellen Computerzeit. Die naturorientierte Ausbildung, die sich dem Lebewesen Pferd anpaßt, ist zwar schwer und kostet viel Zeit und Geduld, ist aber der notwendige Mittelweg zwischen Unterwerfung und 'ganz weicher Welle'. – Statt daß man dankbar die Erfahrung der Alten Meister übernimmt, glaubt man schlauer als sie zu sein. Auch bei den phantastischen (Pferde-) Modellen, die heute gezüchtet werden, bleibt der Weg, wenn er wirklich zum Ziele führen soll, der gleiche" (Meister Egon von Neindorff in einem Privatbrief an den Autor).

– Reitenlernen

Pluvinel 1615: "... das beste Mittel beneben der rechten Postur (= Sitz und Haltung), so ich von einem Reuter erfordere, dieses sey, daß man ihn erstlich auff ein abgerichtetes Pferd setze, damit er der Dinge Erkänntnuss schöpfe und desto besser urtheilen könne, was ein unerfahren Pferd unter ihm thut".

– **Reiter** – gute Reiter, schlechte Reiter

Oeynhausen 1852: "Ein methodischer Reiter (...) ist nämlich ein solcher, der mit richtiger Beurtheilung der Naturgaben des Pferdes und des Zweckes, wozu es dienen soll, das Pferd mittels stufenweiser Bearbeitung, auf richtige Grundsätze (...) basirt (...), auf einen (...) höchstmöglichen Grad von Ausbildung bringt, ohne es nicht allein in seinen Gliedern nicht zu verderben, sondern zu stärken und zu vervollkommnen".

Steinbrecht 1880: "Der Reiter, der das Pferd und die Reitkunst wirklich liebt, sei (...) bemüht, sich durch Belehrung und namentlich durch Selbstübung eine sichere Beurtheilung des rohen Pferdes vermittelst des Auges und des Gefühles anzueignen, damit er sich nicht im Alter (...) den Vorwurf machen muß, manch gutes Material ruinirt (...) zu haben".

Stensbeck 1930: Ein Reitanfänger wird zu einem "richtigen Reiter, (wenn er) nicht nur merkt, daß sein Pferd dies und das tut oder nicht tut, sondern (wenn er) auch selbst die Ursache herausfindet, warum dieselbe Hilfe bei einem Pferd wirksam und erfolgreich ist, während sie bei einem andern vorläufig noch einen absoluten Versager zur Folge hat (... und wenn er) auch in schwierigen Situationen, ganz auf sich selbst angewiesen, den richtigen Weg (findet), um sich selbst zu helfen".

"St." 1963: "Ein schlechter Reiter ist wie ein Musiker, der falsch spielt, ohne es zu merken" (aus: "Theoretisch gewußt..." Verlag Schweizer Kavallerist, Zürich 1964).

Oliveira 1965: "Ein guter Reiter ist ein solcher, der die Empfehlung (Beudants) in die Tat umsetzt: 'Oft verlangen, sich mit wenig zufriedengeben, oft nachgeben und viel loben'". – "Nur ein lockerer Reiter kann ein Pferd locker reiten. Solches Zusammenspiel ist das Ideal". – Reiter, die sich auf dem Weg zur Reitkunst befinden, "besitzen stets einen vollkommenen (= lockeren, offenen) Sitz und vollkommen ausgebildeten Reitertakt".

– **Reitkunst**

La Guérinière 1730: "Das Reiten ist die einzige Kunst, die auszuüben man anscheinend nur zu reiten braucht. Alles Reiten jedoch, das nicht auf unumstößlichen Grundsätzen beruht und nicht nach methodischen Prinzipien erfolgt, ist nichts anderes, als ein sinnentleerter Brauch".

Hünersdorf 1798: "Wir arbeiten nach zween Hauptgrundsätzen, worauf sich das ganze System der Reitkunst, nemlich alle Lectionen und Regeln gründen. Dies ist *Gleichgewicht und Biegsamkeit.* Aus dem Gleichgewicht folgt Beweglichkeit und Leichtigkeit, und aus der Biegsamkeit entsteht Geschicklichkeit".

Oliveira 1965:   "Wenn man als Reiter weder fühlt, ob das Pferd heute lok-
kerer oder steifer geht, noch merkt, welche Ursache einer Verkrampfung zugrunde liegt, darf man nicht den Anspruch erheben, der Reitkunst zu huldigen.
Dann entbehrt auch der Wille, das Pferd zu dieser oder jener Bewegungsfolge
zu zwingen, jeglichen Sinnes und jeglichen Wertes".

Henriquet 1972: "Kunst ist nur Kunst solange, wie sie der Natur nie widerspricht; echte Kunst läßt sich stets von der Natur inspirieren, um die
Lebendigkeit alles Natürlichen zu vervollkommnen und zu feiern. Die Reitkunst
ist der üblichen Reiterei gegenüber das, was der Tanz der bloßen Körperer-
tüchtigung gegenüber darstellt. (...) (Mit dem Pferd zusammen) rekonstruiert
der Bereiter, dank rationeller Erkenntnisse und tiefer Erfahrungen, das vollkommene Gleichgewicht und die natürlichen Bewegungsfolgen des schwerelosen
triumphierenden Hengstes (auf freier Wildbahn)".

Albrecht 1983:   "Die Reitkunst setzt sich aus vielen Mosaiksteinchen
zusammen, die in ihrer Bedeutung und Wichtigkeit alle ungefähr einen gleich-
hohen Rang haben. Verzichtet man daher bewußt oder unbewußt auf Teile
davon, so wirft man Erkenntnisse, die sich erst in Jahrhunderten zu einem
wertvollen Ganzen fügen ließen, (einfach) über Bord".

– Reitmethoden

La Guérinière 1730: "Wenn man dem Pferd erste Biegsamkeit durch den Trab
auf einem Hufschlag, auf der Geraden wie auf dem Zirkel verliehen hat; wenn
man es mittels des Schulterherein gebogen und ihm beigebracht hat, (dabei)
seinen jeweils inneren Vorderfuß vor den äußeren zu setzen; wenn man es
mittels der 'Kruppe an der Wand' (= Travers) den Schenkeln verfügbar
gemacht hat (...); nach all dem, sage ich, daß es immer erhabener, mit so
hohen Gesten tritt wie es seine Veranlagung und die Gewichtsübernahme seiner
Hinterhand überhaupt zulassen. (In diesem Sinne) ist die Passage der erste
Gang, bei dem es vor allem auf Genauigkeit ankommt".

Steinbrecht 1880: "Die Alten Meister, die Zeit und Mittel zu (...) gründlicher
Arbeit hatten, kannten als Zäumung des gerittenen Pferdes nur die Kandare mit
ihren beiden Zügeln, die sie mit dem kleinen Finger theilten. Zur
vorbereitenden Bearbeitung des rohen Pferdes bedienten sie sich des Kappzaumes. Wir Heutigen haben dadurch, daß wir unserem Kandarenzaum (...) die
Unterlegtrense mit ihren beiden Zügeln beifügten, von vorne herein eingestan-
den, daß wir unsere Pferde nicht in dieser Perfektion ausarbeiten wollen oder
können, um sie mit den Kandarenzügeln in der linken Hand allein unter allen
Umständen beherrschen zu können. Wenn wir dies aber eingestehen, so verlangen wir geradezu Verkehrtes, wenn wir unsere nur kampagnemäßig gerittenen
Pferde (...) führen wollen, wie jene ihre Schulpferde".

350

– Reitschule
Newcastle 1657: "Die Ursache, warum Leute die Reitschul also verwerffen, ist allein diese, daß sie nichts davon verstehen, und doch für geschickte und verständige Leute wollen gehalten werden, indem sie von Sachen urtheilen, die weit über ihren Verstand hinaus langen. – Ich rathe euch so wol zu eurem Nutzen, als zu eurer Person Sicherheit, alle eure Pferde, es sey (...) auf der Reit-Schul oder sonst (wo), wol auszubilden; dann ihr werdet finden, daß ohne dies weder Freude noch Dienst von einem Pferd zu hoffen sey".
La Guérinière 1730: "Die Erkenntnis der Natur eines Pferdes ist der erste Schritt auf dem Weg zum Reiten und jeder Pferdemensch muß sich deren Studium unterziehen. Diese Erkenntnis erwirbt sich aber ausschließlich dank langer Erfahrung (im Umgang mit Pferden) und lehrt uns dann die guten Eigenschaften des Tieres zu fördern und die schlechten zu korrigieren".

– Reittheorie und –praxis
La Guérinière 1730: "Die Reittheorie lehrt uns (unsere Pferde) nach richtigen Grundsätzen und methodischen Prinzipien auszubilden; diese dürfen sich aber niemals an der Natur (des Pferdes) vergehen wollen, sondern müssen im Gegenteil helfen, letztere zu vervollkommnen. – Die Praxis erlaubt uns, das, was uns die Theorie gelehrt hat, (auf unsere Pferde) umzusetzen; hierzu muß man (vor allem) die Pferde verstehen, kühn und kräftig sein und viel Geduld aufbringen. Dies sind die hauptsächlichen Tugenden, die einen Reiter zu einem echten Homme de Cheval (= zu einem Pferdemenschen) machen".
Oliveira 1965: "Allein dank durchdachter, sanfter Methoden, welche auf jegliche brutale Maßnahme verzichten, erhält man vom Pferd sein Gleichgewicht und seine Mitarbeit geschenkt".

– Renvers, s.a. Travers – Renvers
Definition (SGS): Traversiert man ein Pferd in der Reitbahn über die Diagonale, so wird dieselbe Übung nach dem Kreuzen der Mittellinie "Renvers" genannt, weil die "Innenseite" des Pferdes nun der Außenseite der Bahn zugewandt ist.
Steinbrecht 1880: "Der Reiter richte (...) im Renvers seine Hauptaufmerksamkeit auf die innere Linie der Vorhand, daß er dieselbe stets in gleicher Entfernung parallel laufend mit der Bande erhalte, und richte die Hinterhand mit seinen Schenkeln (und seinem tiefen Sitz – SGS) entsprechend gegen die Schultern".

– Robustpferde, auch: Kompaktpferde
Definition (SGS): Kleinpferde (nicht Ponies) zwischen 140 – 155 cm Stockmaß (früher franz.: "Bidets"). Weiß man, daß die Urpferde – wie die Zebras heute noch – ausschließlich Quadratpferde oder Beinahe–Quadratpferde waren, daß somit erst der Mensch das Pferd zum (modernen Sport- und Wagen-) Rechteckpferd umgeformt hat, so kann nicht erstaunen, daß die meisten noch mehr oder weniger "naturbelassenen" Pferderassen eher kurze oder quadratische Tiere, d.h. eine Annäherung an den ursprünglichen "Prototyp des Reitpferdes", hervorbringen, für den allein die Regeln der Reitkunst seit dem 16. Jahrhundert entwickelt wurden. Die Kürze und Breite der Lenden und die relative Kleinheit dieser Pferde stellen Gütezeichen ihrer Rassereinheit dar.
Seeger 1844:   "Pferde mit kräftigen Hanken (...) ruinieren beim Reiten mit natürlicher Richtung (= "am langen Zügel", auseinandergefallen, nicht versammelt) ihre Vorderschenkel früher, nicht wegen der etwa vorhandenen Schwäche dieser Theile, sondern weil sie mit ihrem kräftigen Hintertheil gewaltsamer ihre Vorhand überlasten; diese Pferde bedürfen daher jedenfalls einer (besonders eingehenden, methodischen, also "geregelten" (Seeger) Gymnastizierung)".

– Rücken und Rückentätigkeit des Pferdes
Definition (Steinbrecht): "Unter Rücken sind hier die Lendenwirbel verstanden, die man in der Reitersprache auch wohl 'Nierenpartie' nennt (...). Im Allgemeinen ist die Tragfähigkeit eines Rückens desto geringer, je länger derselbe ist (...). Das Pferd mit langem Rücken wird sich daher weder für schwere Gewichte noch für die versammelte Körperhaltung eignen (...)". Ein Pferd mit kurzem Rücken "wird unter schweren Gewichten unermüdlich sein, es wird in einer gewissen natürlichen Haltung gehen, da es an und für sich schon beisammen (= versammelt) ist (...). Es ist nicht leicht, eine von Natur ungünstig gebaute Nierenpartie richtig zu belasten, und dadurch so zu richten, daß sie die Verbindung zwischen Vor- und Hinterhand in möglichster Vollkommenheit herstellt".
Plinzner 1888:   "Der richtig aufgewölbte Rücken bildet eine feste und dabei doch elastisch federnde Verbindung zwischen Vorhand und Nachhand, und ist deshalb die Grundbedingung für gleichmäßige, kräftige und elastische (= lockere, losgelassene) Bewegungen unter dem Reiter".
Seunig 1943:   "Nicht richtig (...) wird der Rücken funktionieren, wenn die Hinterbeine beim Abfußen hinten weit hinausbleiben und infolge ihres zu langen Ausharrens am Boden matt pendelnd nachschleppen".

Albrecht 1983: "Das oberste Ziel jedes Reiters sollte also sein, sein Pferd zur 'willigen Hergabe seines Rückens' zu bringen. Ein Ziel, das man sich nicht zu früh stecken darf, das aber schließlich die beste Gewähr dafür bietet, daß das Pferd ein genügendes Selbstvertrauen gewonnen hat".

– Rückwärtsrichten

Pluvinel 1615: "Man soll nimmer zulassen, daß das Pferd freywillig (d.h. von sich aus) rückwarts gehe (...). Aber im rückwarts gehen muß man dem Pferd zu jederzeit mit der Faust (sanfft) helfen (...) ohne auff den Hüfften ein solches Gegengewicht mit dem Leib, wie in den andern Bewegungen deß Pferds, machen (= keine Gewichtsverlagerung nach hinten)".

La Guérinière 1730: "Um ein Pferd richtig rückwärts zu richten, muß man es bei jedem einzelnen Schritt, den es rückwärts macht, bereit halten, unvermittelt wieder vorwärts zu gehen; denn es ist ein großer Fehler, Pferde hastig rückwärtsrichten zu wollen. (...) Auch muß es stets geradeaus rückwärts gehen, nicht seitwärts, denn es muß dabei ja unbedingt beide Hanken gleichmäßig unter sich beugen und entsprechend belasten".

Hünersdorf 1798: "Wir finden an dem Pferde eine natürliche Abneigung vor allem Rückwärtsgehen".

Steinbrecht 1880: "Wenn ich mich nicht veranlaßt gesehen habe, auf die Lektionen (des Rückwärtsrichtens) näher einzugehen, so geschah es, weil ich dieselben weniger für Gegenstände besonderer Übung, als vielmehr als Prüfsteine der erlangten Biegsamkeit der Hanken (= Hankenbeugung) betrachte (...). Ich wende das Zurücktreten als Dressurmittel gar nicht an, weil es eben nicht naturgemäß ist; lehre es aber den Pferden, weil sie es für den praktischen Gebrauch unter Umständen nöthig haben".

Seunig 1949: "Fest steht, daß das Pferd durch verfrühtes Üben des Rückwärtstretens eine ganze Musterkarte von Schlichen, Pfiffen und Kniffen lernt, ja, auf solche direkt aufmerksam gemacht wird. Durch sie kann es sich dann unschwer den noch nicht vollständig durchkommenden (...) Hilfen entziehen".

Moser 1963: "Das Pferd darf sich nicht mit vorgestemmten Vorderbeinen zurückstoßen oder zurückgezogen werden; die Lende darf nicht hochgespannt werden und die Hinterbeine weit hinter sich gestellt. Vielmehr *soll sich das Pferd bei leicht gesenkter Kruppe, mit elastischem Rücken, die Hinterbeine unter (die Masse) gestellt, wie in einer richtigen Parade, auf seinen Hinterfüßen zurücknehmen*".

Oliveira 1965: "Es ist nicht nötig, den Pferden das Rückwärtstreten beizubringen. Wenn das Pferd im Gleichgewicht, leicht und losgelassen ist, so ist es jederzeit fähig, auf leiseste Zeichen der Hand hin, rückwärts zu treten".

S

– Sattel

Definition (SGS): Seit nahezu jeher gibt es zwei Sattelformen:

1.) den hinten und vorne hochgezwieselten "Hohlsattel" für Pferde, die vorwiegend auf kurzer Basis, somit versammelt mit hoher Wendigkeit arbeiten, und

2.) den "englisch" genannten "Flachsattel" für Sportpferde, die vorwiegend auf langer Basis, Renngalopp oder über Sprünge gehen müssen.

Der Westernsattel stellt diesbezüglich einen Kompromiß dar, zeigt er sich doch vom Hohlsattel inspiriert, obgleich unter ihm vorwiegend Arbeit auf langer Basis geleistet wird.

La Guérinière 1730: "Der Stierkämpfersattel (= Selle à piquer) ist jener, dessen man sich (...) für die Ausbildung junger Pferde bedient. (...) Der Königssattel (Selle à la Royale) ist der gebräuchlichste sowohl für den Krieg als auch für das Geländereiten. Seine Zwiesel sind etwas weniger hoch als jene des Stierkämpfersattels. Der englische und der Flachsattel sind Sättel, deren man sich auf der Jagd bedient. (...) Um sich für den Reiter bequem zu erweisen, muß der Sattel diesen 'nahe ans Pferd' setzen".

– SAUREL, Etienne

Französischer Hippologe, Reithistoriker und Reittheoretiker, Autor der Werke:

1.) "Pratique de l'Equitation d'après les Maîtres français", Verlag: Flammarion, Paris 1964

2.) "Le Cheval, Equitation et Sports hippiques", Libr. Larousse, Paris 1966

3.) "Histoire de l'Equitation", Editions Stock, Paris 1971, und vieler Artikel vor allem in "Plaisirs Equestres".

– Schenkelhang

Plinzner 1900: "Von dem die Grundlage des Sitzes bildenden Becken aus *öffnen* sich die Oberschenkel so weit, als es die Rippenwölbung des Pferdes erfordert, an welche sich die Beine ungezwungen und weich anschmiegen sollen. Jedes willkürliche Zurückrichten der Knie, Herumdrehen der Fußspitzen nach innen (= Knieschluß, Oberschenkelschluß) und Herunterdrücken der Hacken, (...) beeinflußt die Weichheit des Sitzes und deshalb die Gefühlsfähigkeit in der nachtheiligsten Weise. Es ist allerdings sowohl für die Sicherheit des Sitzes als auch für die Möglichkeit guter Einwirkungen erforderlich, *daß das Bein im passiven Zustande lange am Pferdeleibe herunterhänge* (...). Im passiven Zustande soll der Fuß nur mit der Schwere des Beines auf dem Bügel ruhen, dessen stärkeres Belasten in den Bereich beabsichtigter Einwirkungen gehört".

– Schenkelhilfe

Pluvinel 1615:   Ein "Pferd, welches sich zur Seiten nit tummeln läßt, (kan) keine gute Volten machen, es geschehe dann ohngefehr: aber welches sich also tummeln läßt, im fall es in den Volten gieng und sich zu weit hinaus begebe, wird der eussere (Schenkel) wieder eintreiben: wann es aber den Gang zu eng nemen solte, wird der innere machen, daß es denselben erweitere".

La Guérinière 1730: "Die Schenkel des Reiters enthalten fünf Hilfen, d.h. fünf Einwirkungsmöglichkeiten: nämlich jene der Oberschenkel, jene der Knie, jene der Waden, jene des leichten Streifens mit dem Sporn und jene des Bügeltrittes. Die Oberschenkelhilfe kommt dadurch zur Wirkung, daß man beide Oberschenkel kurz schließt, um ein Pferd vorwärts zu drücken, oder dadurch daß man nur den äußeren schließt, um das Pferd dem inneren Schenkel zuzuschieben, oder dadurch daß man nur den inneren schließt, um das Pferd davon abzuhalten, nach innen zu drücken. – Halten wir fest, daß kitzlige Pferde, die ihre Kräfte aus Unwilligkeit zurückhalten, leichter mit Kniedrücken vorwärts zu bringen sind, als mit Sporenhilfen (...). Der Wadendruck, der dadurch ausgeübt wird, daß man die Waden vorsichtig dem Pferdeleib anschmiegt, bedeutet dem Pferd, welches den Kniedruck übersehen hat, daß der Sporn droht (...). Diese (Waden–) Hilfe ist beim Versammeln des Pferdes eine der wirksamsten schlechthin".

Eisenberg 1748:   "'Porter les jambes à la Genette', wird gesagt, wenn der Reiter die Knie am Sattel auswärts führet, daß die Sporen einwärts an des Pferdes Leibe stehen, welches von den französischen Bereitern für eine Unvollkommenheit, bey den Spaniern aber für eine Zierde gehalten wird".

Hünersdorf 1798: "Ohne eine genaue Kenntnis der Schenkel (–einwirkung auf das Pferd) ist keine ordentliche Führung möglich, und der Zaum thut die gehörige Wirkung nicht. Durch sie wird das Hintertheil mit dem Vordertheil vereinigt gehalten (...) und stellt es immer so, daß es seinen Antheil von Gewicht auf sich behalten muß, und das Vordertheil unterstützen kann. Hierdurch wird Gleichgewicht, Beweglichkeit und Biegsamkeit, folglich Leichtigkeit im Maul, unterhalten".

Weyrother 1820: "Schon der Reitz den der Druck des Schenkels auf die Bauchmuskeln des Pferdes macht, kann das Vorsetzen des Hinterbeines verursachen".

Seeger 1844:   "Die Schenkelhülfen können nur zweierlei bezwecken wollen; entweder dienen sie zum Versammeln, um ein verkürztes Tempo zu erzielen, oder zum Vortreiben, um das Tempo zu dehnen".

Seeger 1844:   "Auf den abwechselnd verstärkten Schenkeldruck werden sich die Bauchmuskeln schneller und mehr zusammenziehen, und die Hinterbeine beschleunigt gegen die Directionslinie des Schwerpunktes untertreten. Durch das Zusammenziehen concentriren sich die Kräfte des Pferdes, und dies ist es, welches man mit dem Namen Versammeln bezeichnet".

Steinbrecht 1880: Der Schenkel "veranlaßt das Pferd, die Hinterfüße vorzusetzen, während das ausgehaltene Gewicht (...) durch Belastung beugend auf die Gelenke der Hinterschenkel wirken soll".

Plinzner 1900:   Der Druck "beider Waden hat, zumal bei entsprechender Mitwirkung des Gesäßes und Oberkörpers, seiner Natur nach eine gewissermaßen schiebende Wirkung, weshalb wir ihn auch die 'schiebende Schenkelhülfe' nennen".

Oliveira 1965:   Setzen Sie die Schenkelhilfe mit der steten Sorge ein, sie *von hinten nach vorne* und nie umgekehrt einwirken zu lassen. Das ist sehr wichtig! Wenn man nämlich die Schenkel von hinten nach vorne einsetzt, so schiebt das Gesäß mit (...). – Mit dem Einsatz des Schenkels ist nicht unbedingt nur der Einsatz der Wade gemeint, denn der Reiterschenkel beginnt ja im Hüftgelenk. Häufig reicht aus, daß die Hüft(gelenke) sich öffnen, das heißt, daß der Reiter tiefer sitzt".

– Schiebe- und Tragekräfte der Pferdehinterhand
Oeynhausen 1852: "Die fortschiebende Kraft in der Bewegung (s.a. Impulsion, Schwung) geht vom Hintertheil aus, indem das Pferd in den Hinterbeinen sowohl fortschiebende als tragende Kräfte besitzt, die Vorderbeine dagegen nur zur Unterstützung der Last dienen. Sind die fortschiebenden Kräfte vorherrschend und eilt das Pferd zu sehr (...), so wird dadurch dem Vordertheil zu viel und zu plötzlich Last zugewiesen; es ist daher Aufgabe der (Pferdegymnastik), die fortschiebenden mit den Tragkräften so in Einklang zu bringen, daß der Reiter (...) eine fördernde Einwirkung auf Erlangung und Erhaltung des Gleichgewichts (hervorzubringen vermag)".

– "Schmieden", franz.: "forger"
Eisenberg 1748: "Forger, wird von einem Pferde gesaget, das mit den Hinterfüßen zu weit vorgreifet und die Vordereisen schläget. Dieses geschiehet gemeiniglich aus Schwachheit der (Pferde-) Schenkel oder wenn man es allzusehr auf den Schultern gehen läßt und nicht genug zusammen nimmt (d.h. versammelt)".

– Schritt, die Grundgangart des Pferdes
La Guérinière 1730: "Um (dem Pferd) einen guten, raumgreifenden Schritt zu vermitteln (...), müssen wir es ins Gelände ausreiten, denn der Raum in der Reitbahn ist zu eng begrenzt". – "Jungpferde, die man eben zu traben beginnt, muß man in gemächlichem, nicht zu kurzem Schritt reiten, um ihr Selbstvertrauen, ihre Konzentration und ihr Erinnerungsvermögen zu fördern. Um ihre Schulterfreiheit im Schritt zu erhalten, muß man sie indessen häufig geradeaus reiten, indem man bald nach rechts, bald nach links, auf eine neue Gerade abwendet, die mehr oder weniger lang sein muß, je nach dem, ob sich das Pferd dabei zurückhält oder langweilt".
Eisenberg 1748: "Der Schulschritt ist in Abrichtung der Pferde die nothwendigste Lection, wodurch alle andre Schulen ihre größte Vollkommenheit und Zierde erhalten müssen; dagegen ist sie auch die schwerste, und von manchen Pferden gar nicht zu erhalten. Denn alle Pferde, so nur einen gemeinen, langen, niedrigen Schritt an sich haben, die werden auch keinen vollkommenen Trab und kurzen Galop an sich nehmen (...), weil es ihnen an Fertigkeit, Gemächlichkeit und Sicherheit mangelt, welche allein im Schulschritte zu finden sind".
Oliveira 1965: "Der Schritt ist die Gangart, die uns erlaubt, der Psyche des Pferdes vielerlei Dinge nahezubringen, (die es im Trab oder Galopp nicht so leicht akzeptieren würde)". – "Der Schulschritt ist die Vervollkommnung des natürlichen Schrittes sowohl, was seine Kadenz, als auch, was sein Gleichgewicht betrifft".

– Schul- & Campagnereiterei
Hünersdorf 1798: "Bedenken wir nun, daß das Schulpferd, um auf der Croupe zu bleiben, sehr kurz und zusammengehalten (= versammelt) werden muß, daß wir aber mit dem Campagne- oder Militärpferd vorwärts müssen, und erinnern uns hierbei der (Bewegungsabläufe) des Hintertheils, so sehen wir sehr leicht ein, daß ein räumlicher Gang und auf der Croupe seyn, nicht miteinander bestehen kann".
Steinbrecht 1880: "Der Trainer bildet beim Rennpferd nur die Schiebkraft der Hinterfüße (...) aus, und kann dies nicht ohne Nachtheil für die Vorderfüße (...). Der Campagnereiter, der sich das Gleichgewicht seines Pferdes als Ziel gestellt, braucht die Tragkraft der Hinterfüße nur bis zu dem Grade auszubilden, daß sie das Übergewicht, das auf den Schultern liegt, übernehmen; der Schulreiter hingegen bildet Schieb- und Tragekräfte gleichmäßig zur möglichsten Vollkommenheit aus und giebt dadurch seinem Pferde die höchste körperliche Entwicklung".

– Schulen auf und über der Erde
Oeynhausen 1852: "Man theilt die Schulen (= gymnastischen Übungen der Pferde in einer Reitbahn) ein in solche *auf* und *über* der Erde. Zu den ersteren zählt man: den Schulschritt und Schultrab, Schulterherein, Passade (hier: Kruppeherein), Renvers und Travers. Ferner das Piaffieren. – Es gibt Schulpferde, welche im Piaffierschritt vorwärts und rückwärts gehen können. Letzteres taktvoll und rein (= korrekt diagonalisiert) ausgeführt, ist sehr selten und sehr schwer". – Die Passage "ist ein höchst abgemessener, taktmäßiger Trab, wobei das Pferd die beiden diagonalen Füße möglichst lange schwebend aushält und (...) hoch hebt. Die Galopade ist ein im höchsten Grade versammelter Galopp auf einfachem Hufschlag". Es gibt sodann den "Pliégalopp (= Schulterhereingalopp), Renvers– und Traversgalopp und den Redopp".
"Schulen über der Erde und Schulsprünge nennt man, wo das Pferd mit vermehrter Biegung der Hanken die Schwerpunktslinie so weit nach hinten verlegt, daß es das Vordertheil auf einige Zeit ganz schwebend in der Luft tragen kann. (...) Ich habe die Überzeugung gewonnen, daß sie mit Ausnahme der Pirouette den wahren Gehorsam des Pferdes im Freien nicht vervollkommnen" (noch seine gymnastischen Fähigkeiten).

– Schulreiten, auch: das klassische oder traditionelle Freizeitreiten
Oeynhausen 1852: "Was ist also eigentlich Schulreiterei? (...) Sie ist die Kunst, das Pferd dem Willen des Reiters gehorsam und ergeben, den Reiter selbst aber so geschickt zu machen, alle dem Pferde (natürlicherweise) möglichen Bewegungen vorzubereiten (und) auszuführen (...). – Die Feinde des Schulreitens pflegen zu sagen: wozu nützt eine Sache, die man ja doch im praktischen Leben nicht anwenden kann? Diese Leute verwechseln das Mittel mit dem Zweck; denn man reitet nicht die Schulen, um sie zu reiten, sondern sie sind das Mittel, um im Schüler Lust und Liebe zur Kunst zu wecken (... und) besonders sein Gefühl als Reiter auszubilden".
Steinbrecht 1880: "Es ist eben das Charakteristische der echten Reitkunst, und unterscheidet die wahre, klassische Schule von dem Zerrbilde, welches der Cirkus dem Publikum zeigt, daß (...) die wahre Schule nichts anderes will, als die natürlichen Gaben des Pferdes auf's Höchstmögliche auszubilden (...). In der richtigen Erkenntnis, daß die Nachhand des Pferdes der Motor aller seiner Leistungen ist, hat die Schule keinen anderen Endzweck, als diesen Motor zu kräftigen (... d.h.) die Nachhand beugsam und federkräftig zu machen".
Oliveira 1965: "Nur ein geduldiger Reiter mit sanften und diskreten Hilfen ist fähig, ein vollkommen ausgebildetes Pferd auch gut zu reiten. Gewinnt der Zuschauer indessen den Eindruck, er sei um das, was sich als Hohe Schule ausgibt, bemüht, so ist deren Wert null und nichtig".

– Schulschritt und Schultrab

Oeynhausen 1836: "... zählt man zu den *Schulen auf der Erde*. Beide unterscheiden sich vom Campagneschritt und –trab durch ihre Abgemessenheit, Erhabenheit, Taktmäßigkeit (= Kadenz) und dadurch beurkundete höhere Biegsamkeit (= Biege– und Beugefähigkeit) des Pferdes. Zur Vollkommenheit des Schultrabes ist ein Haupterfordernis, daß auch die Hinterfüße stets im reinen Gang (= korrekt diagonalisiert) mitfolgen".

– Schulterfreiheit

Steinbrecht 1880: "Schulterfreiheit (...) d.h. die regelmäßige, erhabene und leichte Bewegung (... der) Vorderschenkel beim Erheben, Vorgreifen und Niedersetzen derselben in den einzelnen Gangarten ist das Resultat der wohl begründeten Aufrichtung (...). Die Schulterfreiheit ist daher nicht in den Schulterblättern oder den Vorderschenkeln überhaupt, sondern (...) immer mehr oder weniger in der Hinterhand zu suchen, da die Vorhand eine sichere Stütze nur auf dieser finden kann. (...) Die Schulterfreiheit kann (wie die Aufrichtung) nur in der Hinterhand gefunden werden".

– Schulterherein, bei schwächerer Abstellung auch: Plié

La Guérinière 1730: "Hat ein Pferd gelernt, auf beiden Händen frei zu traben und dies sowohl auf den Geraden als auch auf dem Zirkel, geht es auf den selben Hufschlägen auch ruhigen und regelmäßigen Schritt und ist es gewohnt, den Arrêts und halben Arrêts (Paraden, s. dort) nachzugeben und den Kopf leicht nach innen gestellt zu tragen, so muß man es in einem gemächlichen, aber nur wenig verkürzten Schritt derart der Wand entlang führen, daß die Hanken auf dem Hufschlag gehen, die Schultern aber einen inneren Hufschlag treten. Der Hufschlag der Hanken muß der an der Wand sein, jener der Schultern aber eineinhalb bis zwei Fuß (= 45–62 cm) von der Wand entfernt verlaufen; wobei das Pferd auf der Hand gebogen ist, auf der es geht.

Das heißt, anstatt das Pferd auf der langen Seite der Wand entlang gerade gehen zu lassen, muß man ihm die Schultern und den Kopf etwas nach innen, der Bahnmitte zu richten, als ob man zu dieser abbiegen wollte; hat es dann die gerundete Haltung zum Wenden angenommen, so muß man es darin jedoch weiter der Wand entlang geradeaus vorwärts reiten, indem man es mit dem inneren Schenkel und der inneren Hand leicht unterstützt. Diese Übung kann das Pferd nur ausführen, so es dabei mit dem inneren Vorderfuß vor den äußeren ausgreift und mit dem inneren Hinterfuß vor den äußeren tritt (...).

Diese Übung (= Schulterherein) zeitigt soviele gute Ergebnisse auf einmal, daß ich sie für die erste und wichtigste aller Lektionen halte, die man einem Pferd beibringen kann, um es vollkommen geschmeidig zu machen und um ihm die vollkommene Freiheit des Gebrauchs aller seiner Teile wiederzugeben (...)".

Hünersdorf 1798: "Diese Lection ist die einzige, wo es so gebogen seyn und einen anderen Weg sehen muß, als den es geht".

Oeynhausen 1836: "Diese Schule ist ganz besonders geeignet, das Pferd sehr biegsam zu machen (...), erfordert jedoch von Seite des Reiters eine außerordentliche Sicherheit und Übereinstimmung im Gefühle aller Hülfen".

Steinbrecht 1880: "Es ist (...) sehr fehlerhaft, wenn man Reiter beim Beginne der Schulterherein-Lektion ihre Pferde mit dem inneren Sporne gewaltsam seitwärts treiben sieht, weil sie glauben, das Weichen auf den Sporn und das Übertreten sei der Zweck der Übung. Derartige Experimente bringen das ungesammelte Pferd nur noch mehr auf die Schultern". - "In der Haltung des Reiters, welche ihm das korrekte Plié (= leichtes Schulterherein) naturgemäß anweiset, ergiebt sich auch ganz von selbst die vorherrschende Wirkung des inneren Schenkels und äußeren Zügels in einem Grade, daß man sagen kann, das wohl gebogene Pferd vermag der Reiter allein mit diesen Hülfen im richtigen Schulterherein zu erhalten, während die Gegenhülfen nur parat gehalten zu werden brauchen. (...) In dem wahren Schulterherein zeigt sich die höchste mögliche Rippenbiegung und Beugung des inneren Hinterfußes ohne Beeinträchtigung der richtigen Vorwärtsbewegung".

Stensbeck 1930: "Schulterherein ist der wertvollste Seitengang, nicht nur für die Durcharbeit eines Pferdes, sondern ist auch immer wieder als Korrekturmittel anzuwenden, wenn das Pferd sich steift, nicht an das Gebiß will, nicht ordentlich von hinten herantreten mag, laurig die Schenkelhilfen mißachten will, oder sich sogar sträubt und gegen den Schenkel wirft. - Für ein Pferd, das Schulterherein gut und geläufig gehen kann, sind die anderen Seitengänge nur noch Übungssache, nur darf man bei allen den Grundsatz nie vergessen; 'vorwärts - seitwärts!', niemals mehr seitwärts als vorwärts!".

Moser 1963: "Der innere Schenkel, sehr nahe dem Gurt liegend, wirkt seitwärts-vorwärtstreibend, verlangt den fleißigen Gang; der äußere, sehr deutlich zurückgelegt, verhütet ein Ausfallen der Nachhand und sorgt für gutes Vortreten des äußeren Hinterfußes. (...) Hauptfehler: der Reiter (...) reitet irrtümlicherweise Schenkelweichen, drückt die Nachhand hinaus, statt die Vorhand hereinzuführen. Das Pferd fällt auf die äußere Schulter, dadurch auf die Vorhand".

Oliveira 1965:   "Die Schulterherein-Lektion ist das Aspirin des Reitens; sie heilt alles!" – "Schulterherein ist ein korrektes Durch-die-Ecke-Treten, welches bis zum Ende der langen Bahnseite beibehalten wird!" – "Die Bahnecke, die Volte und Schulterherein bilden zusammen eine Trilogie! Bei letzterem geht es nicht so sehr darum, das Pferd seitwärts, sondern vor allem gebogen treten zu lassen!" – "In gutem Schulterherein schiebt vor allem die Hinterhand, statt bloß hinter einem geknickten (= vom Reiter über- oder verbogenen) Hals herzuhinken!" – "Im Schulterherein lassen Sie Ihren Körper Ihrem äußeren Ellbogen begegnen".

– Schwerpunkt des Pferdes unter dem Reiter
Weyrother 1820: "Je tiefer der Schwerpunct liegt, oder je kürzer die Directions-Linie (= Lotlinie) im Verhältnisse des Durchmessers der Basis ist, desto stabiler ist der Körper".
Seeger 1844:   "Beim normalen Baue des Pferdes kann man (...) den Schwerpunct (...) zwischen der elften und zwölften Rippe, also unter dem vierzehnten Rückenwirbel annehmen".
Steinbrecht 1880: "Der Sitz des Reiters muß (...) *unterstützend mitwirken, indem er die Hülfen von Hand und Schenkel erleichtert und fördert. (...) Ich meine den Sitz mit verstärkter Gewichtsvertheilung nach Innen, bei welchem durch das Vorrichten der inneren Hüfte der äußere Schenkel mehr zurück-, der innere mehr vorgeschoben wird.* Dieser Sitz erleichtert nicht nur die richtige Lage der Schenkel, sondern ist auch eine Aufforderung für das Pferd, seinen Schwerpunkt ebenfalls mehr nach Innen zu verlegen, um mit dem des Reiters in Übereinstimmung zu kommen".

– Schwung = eine der Äußerungen der Impulsion (s. dse.)
Seunig 1949:   "Schwung entsteht aus dem kraftvollen Schub und der im weiteren Verlaufe der systematischen Arbeit erlangten Beugsamkeit der Gelenke der Hinterhand, woraus sich ein federndes Abstoßen der Hinterbeine vom Boden (...) ergibt (...). Daß zur vollen Entfaltung des Schwunges auch das elastische Mitschwingen des Rückens gehört, sei ausdrücklich betont".

– SEEGER, Louis (1794 – 1865)
Deutscher Reitmeister, Lehrer und Schwiegervater von Gustav Steinbrecht, Autor des Buches: "System der Reitkunst", Berlin 1844; Faksimiledruck der Olms Presse, Hildesheim 1981, 2. Nachdruckauflage Hildesheim 1999.

– Seitengänge

Definition (SGS): Vorwärts-seitwärts-Bewegungen des Pferdes in allen Gangarten, bei welchen dieses – außer im Schulterherein – jeweils in Bewegungsrichtung gebogen geht. Zu den gymnastisch wirksamsten Seitengängen gehören Schulterherein, Kruppeherein, Travers und Renvers.

Steinbrecht 1880: "Schon mit der Biegung des Pferdes (auf *einem* Hufschlag) tritt eine Mäßigung der Schiebekraft ein, da der mehr belastete innere Hinterfuß dabei mehr tragend als schiebend wirkt, während dem äußeren noch seine volle Schiebkraft verbleibt. Bei den Lektionen auf zwei Hufschlägen (...) muß daher auch die (Ver-) Sammlung des Pferdes, d.h. die Belastung beider Hinterfüße beginnen, was bei dem inneren durch die Biegung, bei dem äußeren durch (das Verwahren) des äußeren Zügels erreicht wird. Beide Zwecke dieser Arbeit, Biegung und Sammlung, ergänzen sich daher gegenseitig und müssen gleichmäßig zueinander abgewogen werden. – Das Traversartige im Schulterherein und das Schulterhereinartige im Travers, die fließenden Übergänge von traversartigen zu Schulterherein-Einwirkungen und umgekehrt, sind es, welche die gebogen-gerade Richtung (= Stellung) des Pferdes sicher begründen, und durch sie die wahre (Ver-) Sammlung vorbereitend herbeiführen. – Es ist (...) eine irrige Anschauung, wenn man glaubt, daß das Übertreten an sich die Glieder des Pferdes gewandt machen könne; die richtigen Seitengänge machen das Pferd gewandt, weil sie eine stärkere Biegung der Wirbelsäule und (Beugung) der Hinterhand erfordern, wobei die Seitwärtsbewegung eine natürliche Folge, aber mehr Nebensache ist".

Oliveira 1965: "Seitengänge haben Wert nur, wenn das Pferd dabei über die notwendige Impulsion, Kadenz (s. dort) und Leichtigkeit verfügt. – Um die Impulsion ungeschmälert zu erhalten, fällt die Hauptrolle in den Seitengängen dem Innenschenkel des Reiters zu".

– "Selbsthaltung" des Pferdes

Steinbrecht 1880: "Das Entscheidende für die Beurtheilung der Ausbildungsstufe, auf der sich das Pferd befindet, dürfte wohl immer der Grad der Selbständigkeit (= Selbsthaltung) sein, in der das Pferd *am* Zügel zu gehen vermag. In dem Worte "*am* Zügel" kann die Präposition "am" nicht wörtlich genug aufgefaßt werden; geht das Pferd nämlich *am Zügel* , nicht mehr *auf* dem Zügel, so ist es auch selbständig (= in Selbsthaltung), also auch im Gleichgewichte".

Josipovich 1928: "Das Pferd muß zuerst die Selbsthaltung (...) durch methodisch-gymnastische Ausbildungsvorgänge (...) gewinnen (...) bevor die (Ver-) Sammlung zum Zwecke der Hankenbeugung beginnen darf".

– **SEUNIG**, Waldemar Seunig–Stroblhof (1887 – 1976)
Berufs–Kavallerieoffizier dreier Heere, Schüler General Josipovichs in Wien,
Autor des Reiter–Standardwerkes: "Von der Koppel bis zur Kapriole", Berlin
1943, Nachdruck: Olms Presse, Hildesheim 1996.

– Sitz, der Reitsitz
La Guérinière 1730: "Man muß sich genau in die Mitte des Sattels setzen und
(...) das Gesäß nach vorne schieben, damit man nicht zu nahe am Hinterzwiesel sitzt (= Raum für das Abkippen des Beckens nach hinten bleibt); man
muß die Lendenpartie beugen (= nach hinten abkippen und mit dem Oberkörper
belasten) und mit ihr geschmeidig die Bewegungen des Pferdes ausfedern. (...)
Der Kopf muß gerade und ungezwungen über den Schultern getragen werden,
der Blick zwischen den Pferdeohren hindurch (auf den Weg vor dem Pferd)
gerichtet; die Schultern losgelassen und ein wenig zurückgenommen; denn
würde man Kopf und Schultern nach vorne bringen, so würde das Gesäß aus
dem Sattel gehoben, was nicht nur ein schlechtes Bild abgibt, sondern das
Pferd zudem auf die Schultern wirft (...).
Was die Schenkel anbelangt (...) so sollten sie aus dem Knie heraus gerade und
locker nahe dem Pferd herabhängen (...) dabei sollten die Oberschenkel und
Kniekehlen nach innen gewandt sein, *so daß die Unterseite des Oberschenkels
sozusagen am Sattelblatt klebt* (...). Der Absatz sollte etwas tiefer hängen als
die Fußspitze, aber nicht allzu sehr, weil sonst das Bein steif wird. Er sollte
etwas einwärts gedreht sein (= die Fußspitzen nach außen gerichtet = offene
Oberschenkel und Knie = "offener Sitz" nach Steinbrecht). (...) *Eigentlich sind
es nicht die Unterschenkel, die zu Pferd gedreht werden müssen, sondern die
Oberschenkel aus der Hüfte heraus* (...). Nur indem man nach und nach
dazulernt, erlangt man jene Sicherheit, die aus dem Gleichgewicht (= Balance
des Reiters) herrührt und nicht aus dem eisernen Knieschluß, den man den
Roßtäuschern für ihre halsbrecherischen Kunststückchen überlassen sollte. –
Allmählich und ohne sich dessen bewußt zu werden, findet der Reiter so zu
einem sicheren und aufrechten Sitz ohne jede Steifheit noch Verkrampfung;
seine Haltung wird locker und gewandt, ohne nachlässig oder affektiert zu sein,
und er wird sich vor allem niemals nach vorne neigen, was der größte aller
Fehler ist". (Übersetzung von Claudia Stevens und Riek Walther, vgl.: Anhang
VI: "Wie ritt F. R. de la Guérinière?")
Hünersdorf 1798: Der ganze Körper des Reiters "muß schmeidig (= entspannt,
locker, losgelassen) bleiben, nachgeben und widerstehen. Macht er sich steif,
so (... wird er vom) Sattel weggeprellt, verliert das Gefühl und ist außer
Stand, feine und richtige Hülfen zu geben".

Steinbrecht 1880: "Einen normalen Sitz zu Pferde, wenn man darunter eine auch nur für die Mehrzahl der Fälle richtige Körperhaltung verstehen will, giebt es gar nicht, denn der Reiter sitzt nur dann richtig zu Pferde, wenn der Schwerpunkt, oder vielmehr die Schwerlinie (= das Lot aus seinem Schwerpunkt) mit der des Pferdes zusammenfällt. Nur dann ist er mit seinem Pferde in vollkommener Harmonie und gleichsam eins mit ihm geworden. Da aber der Schwerpunkt des Pferdes nach seiner verschiedenen Haltung und Richtung sehr verschieden verlegt werden kann, so muß sich danach auch die Richtung des Reiters jedes Mal ändern. (...) Der sogenannte normale Sitz wird dann erst zum schönen und eleganten, wenn das in's richtige Gleichgewicht gerichtete Pferd seinen Reiter selbst darin versetzt". – "Selbst auf die Gefahr hin, den Leser zu ermüden, komme ich daher immer wieder darauf zurück, *in der Haltung des Reiters alles Steife und Gezwungene zu vermeiden (...). – Ein zu stark angezogener Rücken krümmt die Wirbelsäule nach vorn (= Hohlkreuz) zu ebenso, wie ein zu sehr nachgelassener dies nach hinten thut (...)*. Um den starken Einwirkungen, die durch die Bewegungen des Pferdes auf seinen Sitz ausgeübt werden, widerstehen oder vielmehr sie aufheben zu können, *muß der Reiter biegsam in den Hüften sein* (= sein Becken zwanglos nach hinten kippen), und aus denselben den Oberkörper leicht und gewandt drehen und wenden können". – "Wie schon einmal erwähnt, muß sich das Pferd in seinem Rippengewölbe und Flanken erweitern, wenn es sich in der gesammelten Richtung (= Versammlung) befindet (...) *Um nun diese Ausdehnung nicht nur nicht zu behindern, sondern vielmehr möglichst zu befördern, muß der Reiter beim Sammeln des Pferdes und in den Schulen mit stark untergeschobener Nachhand seine Oberschenkel und Knie künstlich öffnen, d.h. vom Pferde entfernen, damit er durch den Druck derselben (...) die gewünschte Verkürzung und Erweiterung nicht störe*. Den falschen Sitz mit geöffneten Schenkeln sehen wir leider durch schwache Reiter (mit zu kurzen Bügeln – SGS) genugsam vertreten (...). *Der richtige geöffnete Sitz dagegen ist eine feine Hülfe, welche eine vollkommene Balance voraussetzt, da dem Reiter nur die Stütze auf dem Gesäß und der Bügeltritt verbleiben. (...) Selbst bei geringeren Graden der Sammlung und in freieren Gangarten wird dieser Sitz (...) den Bewegungen (des Pferdes) eine Leichtigkeit und Elasticität geben, als wäre es mit Flügeln begabt. (...) Reiter mit steifer Haltung und stetem Schenkelschluß lernen diesen höchsten Genuß der Reitkunst niemals kennen, denn sie hindern durch beides den Grad der Sammlung, den das Pferd zu solcher Entwickelung seiner Federkraft nöthig hat"*.

Stensbeck 1930: "... Der Rücken bleibt ganz natürlich (= losgelassen) gerade, die Hüften vorgeschoben (...) alles zwanglos"!

Josipovich 1930: "Das sicherste Erkennungszeichen dafür, ob ein Reiter Talent zum Reiten besitzt, ist ein guter Sitz. In ihm drückt sich das Gefühl und das Verständnis des Reiters für den Zusammenhang zwischen (seiner Haltung zu Pferd und dem) Gehvermögen beim Pferde aus. – Der schwingende, aber doch ruhigen Halt gewährende Rücken sowohl des Pferdes wie auch des Reiters gibt den Gliedmaßen gleichzeitig die notwendige Sicherheit gleichwie die Freiheit der Bewegungen. Dieser Zustand, der sich beim Reiter also im Sitze auswirkt, sichert ihm auch eine ruhige präzise Führung, während er sich beim Pferde in der Durchlässigkeit äußert".

Dreyhausen 1935: "Die wichtigsten (Reit-) Hilfen (schlechthin) sind wohl die durch den Sitz des Reiters ausgeübten, der bekanntlich vortreibend, aber auch verhaltend (= verwahrend) wirken kann. – Ein weicher Sitz (= passiver, entspannter Reitsitz in der Bewegung, ohne Schiebeeffekt, noch angezogenes Kreuz – SGS) macht ein weiches, bei genügend Vorwärtsreiten und Schwungerzeugen auch ein weich und fleißig tretendes Pferd". – Neigt oder kippt man sein Becken – nicht den Oberkörper! – nach hinten, so werden "einerseits die Angriffspunkte des Reitergewichtes in der Sitzfläche etwas weiter nach rückwärts verlegt, andererseits (wird) infolge der gegen die Sitzknochen (= Schambeinäste) etwas nach rückwärts gehaltenen Hüften (= bei tatsächlich abgekipptem Becken) durch jene und das Steißbein ein gewisser Schub von rückwärts nach vorne (...) hervorgebracht. Durch die Rückverlegung (seines Schwerpunktes) bekommt der Reiter einen größeren Teil der Masse des Pferdes vor sich und seine Einwirkung, ferner wird das im Gange befindliche, mit den Hinterbeinen die Last aufnehmende, (unter-) tretende Pferd veranlaßt, die Winkel seiner Hinterhand infolge der Mehrbelastung mehr zu biegen (= zu beugen), etwaige Widerstände dort und in seiner Lendenpartie aufzugeben, daher raumgreifender zu treten (und) den Rücken herzugeben".

Oliveira 1965: "Die Vorhand und die Nachhand des Pferdes sind die beiden Schalen einer Waage und der Oberkörper des Reiters deren Züuglein. – Die wichtigste Reithaltung ist nicht die des Oberkörpers, sondern jene der Körperteile, die von der Mitte des Rückens abwärts bis in die Kniekehlen reichen. – Der Reiter, der nicht völlig losgelassen in die Bewegungen seines Pferdes einzugehen vermag, sitzt nicht *im Pferd* und verfügt daher auch nicht über jene Unabhängigkeit der Hilfen, die eine conditio sine qua non für eine gute Reiterhand darstellt. – Allein ein durch und durch entspannter Reiter kann ein Pferd durch und durch entspannen. Solches Zusammenspiel ist ein Idealfall. – Man soll Reitschüler nie anweisen, ihre Schultern zurückzunehmen oder zurückzuhalten, denn sie könnten sich Verspannungen im Oberkörper angewöhnen. Hingegen muß man ihnen sagen, sie sollen ihren Gürtel (hinten) tiefer bringen und insgesamt locker weiter nach vorne rücken".

Solinski 1980: "Der südwesteuropäische Bereiter–Sitz ist durch zwangloses Abkippen des oberen Beckenrandes nach hinten–unten gekennzeichnet und garantiert dem Gesäß die größtmögliche Auflagefläche und Bequemlichkeit im Sattel. *Durch vollkommenes Entspannen sowohl der gesamten Rücken– als auch der Bauchmuskulatur, verlegt er den Schwerpunkt des Reiters weiter zurück und tiefer und spricht so vor allem die Tragekräfte der Pferdehinterhand an. Durch etwas Übung kann er mühelos stunden– und tagelang beibehalten werden und wurde deswegen zum "normalen" Gebrauchssitz sowohl der französischen als auch der iberischen Kampfstierhirten, Wanderreiter, Pferdeausbilder und Freizeitreiter, die alle nur ausgesessen und mit einhändiger Zügelführung reiten*".

Albrecht 1983: "Diese 'schulgerechte Haltung' des Reiters *verlangt einen Sitz, bei dem soviel wie möglich 'Anlehnungspunkte' im Sattel sind. Dazu zählen die beiden entspannten Hinterbacken und das Steißbein.* – Nicht angepreßte Schenkel und Knie, sondern ein schmiegsamer, die Bewegung des Pferdes durch Stabilität und Ruhe des Oberkörpers unterstützender Sitz machen diesen nicht nur 'schön', sondern vor allem 'wirksam'".

– **Spanische Hofreitschule**, die ... in Wien
Josipovich 1923: "Streng nach den Grundsätzen alter und neuerer Meister der (...) Hohen Schule ausübend, ist es ihr gelungen, diese seit dem Bestande des Institutes trotz mannigfacher Versuchungen, die die wahre Kunst durch gewagte Modernisierungsbestrebungen oder durch Einführung von Reklamereitkunststücken zu profanieren drohten, bis zum heutigen Tage (...) rein zu erhalten".

– **Spanischer Tritt**, auch: spanischer Schritt, respektiv spanischer Trab
Stensbeck 1930: "Scheußlich ist natürlich die Gangart, die viele auch mit 'Passage' bezeichnen, die das Pferd mit (steif) hochgereckten Vorderbeinen geht, ohne jede Verbindung mit der Hinterhand und ohne jeden Schwung. Bei dieser Gangart fürchtet man, daß das Pferd sich im Kreuz wehtun könnte, sie wird aber im Zirkus oft gezeigt und ist eine Freude der Galerie".

– **Sporen**, auch: der Sporn
Grisone 1550: "Unsere Alten (= Altvordern) haben kainem Ross die sporen geben, so lange bis den Kopff gerad trug und alle Ordnung wol verstundt die dazumal zu gebrauchen: Also das inn fünff, sechs, siben Jaren".
Oliveira 1965: "Ich habe wesentlich befriedigendere Ergebnisse erzielt, seit ich (anstatt Rädchensporen) nur noch stumpfe Sporen benütze".

– STEINBRECHT, Gustav (1808 – 1885)
Größter deutscher Reitmeister aller Zeiten. Oberst W. Seunig zählte ihn zu den zehn Reitgenies der Welt. Ich (SGS) zögere zu entscheiden, ob er, wie sein Vorgänger Börries von Oeynhausen und Nuño Oliveira, der ihn verehrte, nicht den pferdegemäß gymnastizierenden Großmeistern des Freizeitreitens zuzurechnen ist, obgleich er die gymnastizierenden Maßnahmen in seinem Basiswerk "Das Gymnasium des Pferdes" häufig als "Dressur"-Maßnahmen ausgibt. Das "Gymnasium des Pferdes", mit La Guérinières "Ecole de Cavalerie" und Meister Oliveiras Gesamtwerk zusammen, wohl das bedeutendste Standardwerk zum Reiten und zur Pferdeausbildung schlechthin, erschien 1886 in Potsdam und in 5. Nachdruckauflage bei der Olms Presse in Hildesheim 1999. (Ausführlichere Angaben über und zu Steinbrecht sind in "Reiter Reiten Reiterei", Olms Hildesheim 1983/93/97 zu finden.)

– STENSBECK, Oscar Maria (1858 – 1939)
Deutscher Pferdeausbilder und Reitlehrer, "der letzte Kavalier" der deutschen Reiterei (Clemens Laar), Ausbilder des Ostpreußen "Gimpel", der als Siebzehnjähriger 1936 mit der deutschen Dressurequipe bei der Olympiade in Berlin Gold errang. Autor der Arbeit "Reiten – Eine Anleitung, es zu lernen und selbst ein Pferd bis zur Vollendung auszubilden", die 1930 in Berlin erschien und 1983 von der Olms Presse in Hildesheim mit Beiträgen von Dreyhausen und Walzer unter dem Titel "Grundzüge der Reitkunst" neu aufgelegt wurde. (2. Nachdruckauflage 1996)

T

– Takt, auch: Reitertakt
Definition (SGS): Das reiterliche Feingefühl sowohl den körperlichen Bewegungen als auch den psychischen Regungen des Pferdes gegenüber, das nur durch das Zusammenleben mit Pferden und lediglich in ausgesessenen Reitweisen nach und nach vervollkommnet werden kann.
Seeger 1844:   "Die Meinung, 'ein guter Reiter könne seines Pferdes Gedanken errathen', ist in so fern richtig, als der Wille des Pferdes je nach der Energie desselben gewisse Muskelbewegungen in ihm veranlaßt, deren Wirkungen stets dieselben sind, dem aufmerksamen Reiter theils sichtbar, theils fühlbar werden, und woraus er, in Bezug auf die nächsten willkürlichen Handlungen seines Pferdes eine richtige Folgerung ziehen kann (...). Die Hauptschwierigkeit der Dressur: den rechten Zeitpunkt für die Anwendung der Hülfen (...) zu treffen, ist behoben, wenn man, außer mit dem Gesäß, auch durch die Schenkel, die verschiedenen Bewegungen der Hinterbeine des Pferdes fühlt".

Steinbrecht 1880: "Alle Dressur (und alle Pferdegymnastik –SGS) beruht auf der richtigen Zusammenwirkung vortreibender und verhaltender Hülfen (...). Das jedem Pferde angemessene Verhältnis der Hülfen herauszufinden ist eben die Hauptaufgabe des Reitertaktes (...). Dieser Reitertakt, welcher lediglich durch lange, unablässige Übung zur höchsten Feinheit entwickelt werden kann, wird nur erworben auf der Grundlage eines weichen, anschmiegenden Sitzes, in welchem gleichsam jeder Nerv seine Fühlfäden ausstreckt".

Oliveira 1979:   "Es gibt den Reitertakt der Zügelhand, den Takt der Schenkel, den Takt des Sitzes und den Takt der Einfühlung. – Unter einem Reiter, der über Sensibilität und Reitertakt verfügt, ermüdet das Pferd nicht, denn der Takt wird nie zulassen, daß des Pferdes augenblickliche Fähigkeiten überfordert werden. – Das Erklettern der Stufenleiter des Reitens erfordert viel reittechnisches Wissen. Wer indessen über keinen Reitertakt verfügt, dessen Wissen bleibt nutzlos und steril. Denn wie will er den einzigen richtigen Augenblick für welche Art des Einsatzes welcher Hilfenkombination erfühlen? – Ausschließlich der Mensch, der das Pferd *liebt*, der es *versteht* und der (sein tiefstes Wesen) *erfühlt*, kann Reitertakt erlangen".

– **Teufelskreis**, der T... des Umganges mit Pferden

La Guérinière 1730: "Sämtliche Wissenschaften und alle Künste beruhen auf Grundsätzen und Regeln, dank derer man erfährt, wie man sich ihrer bis zur Vollkommenheit zu bedienen hat. Das Reiten ist die einzige Kunst, zu deren Vervollkommnung man angeblich nur zu reiten braucht. Dennoch (gilt auch hier, daß alles) Ausüben ohne richtige Grundsätze (noch entsprechender Erfahrung) zu nichts anderem führt, als in einen Teufelskreis, dessen einzige Auswirkung eine erzwungene und unwiederholbare Vorstellung und gefälschtes Brillieren zeitigt, das (nur) Laien zu blenden vermag, die sich mehr von der Unterwürfigkeit des Pferdes beeindruckt zeigen, als vom Können dessen, der es reitet. Diesem Umstand verdanken wir die so kleine Anzahl gut ausgebildeter Pferde und das geringe Können, welches heute die meisten unter jenen vorweisen, die sich (trotzdem weiterhin stolz) Freizeitreiter (= Hommes de cheval) nennen".

– **Trab**

Definition (Newcastle): "Der Trab ist des Galopps wahrhafftiger Grund".

Grisone 1550:   "Den Trab geben, das ist im Trab reitten oder thumlen (...), worauff der grundt aller volgenden lehr und zucht der Pferdt beruht. (...) und mit dem allein keme es in alle volkommenhait".

La Guérinière 1730: "Der Trab ist zweifellos die Grundlage sämtlicher Übungen, welche darauf abzielen, ein Pferd geschickt und leichttritt zu machen".
Eisenberg 1748:   "Man muß wissen, daß der Trab das Fundament der Reitkunst ist, daß alles darauf ankommet und folgendlich ein Pferd, welches nicht wohl im Traben unterrichtet ist, untüchtig ist".
d'Aure 1870:   "Erst seit sehr kurzer Zeit zählt der verstärkte Trab mit zu den Gängen des Reitpferdes. Davor wurde dieser stets als lediglich den Kutschpferden gemäß betrachtet" (Zitat von M. Henriquet).
Decarpentry 1949: "Der Schultrab macht das Pferd biegsam, locker, leicht und versetzt es in vollkommenes Gleichgewicht" (Zitat von Meister Oliveira).
Oliveira 1979:   "Der Schultrab ist der Prüfstein der Ausbildung des Reitpferdes. (...) Im Schultrab gewinnt die Gestik des Pferdes ebenso viel an Höhe wie sie an Raumgriff verliert". – Versammelter Trab und Mitteltrab: "gleiche Kopfhöhe; im Mitteltrab darf lediglich die Nase etwas weniger senkrecht gestellt sein, als im versammelten Trab" (J. Boisseau).

– Travers

Definition (SGS): Ein Seitengang des Pferdes vorwärts–seitwärts, bei welchem das Pferd in Bewegungsrichtung gebogen geht und mit seinen äußeren Hufen vor– und über die inneren hinweg tritt. Ist ein Pferd im Travers über die Mittellinie der Bahn getreten und wendet es nun seine hohlgebogene innere Seite der Bahnbegrenzung zu, so spricht man nicht mehr von Travers, sondern von Renvers als Konterlektion des Travers. Travers und Renvers werden vor allem im Schulschritt, Schultrab und Schulgalopp geübt und gehören dann mit zu den wirkungsvollsten gymnastischen Übungen des Pferdes schlechthin.
Steinbrecht 1880: "Bei Besprechung dieser Lektion wiederhole ich von vorneherein, daß sie nur aus dem Schulterherein hervorgehen kann, daß also das richtige Travers ein richtiges Schulterherein in sich schließen muß. (...) Die Richtung (= Stellung) der Hinterhand auf die innere Linie bedingt bei allen Wendungen auf gebogenen Linien ein entsprechendes Verhalten derselben gegen die Vorhand, damit beide im gleichen Takte der Bewegung ihre an Weite verschiedenen Wege gleichzeitig zurücklegen. Diese Beschränkung der Hinterhand bewirken die Schenkel, besonders der innere (...). Dahingegen muß die Vorhand auf ihrem weiteren Wege in der Bewegung gefördert werden (...) durch Entlastung auf Kosten der Hinterhand. In dem Grade dieser Entlastung wird sie beweglicher werden und deshalb auch geräumiger treten können (...). Von dem Grade der (Ver–) Sammlung hängt daher auch in dieser Lektion die Vollkommenheit derselben ab, indem dadurch nicht nur, wie im Schulterherein, die Aktion erhöht und damit das Überschreiten (= Übertreten) erleichtert, sondern auch die Hinterhand mehr fixiert und die Vorhand wendsamer wird".

U

– Unarten und Widersetzlichkeiten der Pferde

La Guérinière 1730: "Der Ursprung der meisten Unarten der Pferde liegt nicht etwa in deren Natur begründet; man verlangt nur häufig Dinge, deren sie einfach (noch) nicht fähig sind, indem man (ihre Ausbildung) zu beschleunigen und ihnen viel zu früh viel zu schwierige Aufgaben zu stellen sucht. Dieser Mißbrauch ihres guten Willens läßt sie sich gegen alle Übungen auflehnen, verbraucht und ermüdet ihre Sehnen und Nerven, aus deren Federkräfte sie ihre Geschmeidigkeit bezogen haben und wenn man sie dann (fertig) ausgebildet glaubt, erweisen sie sich lediglich als bereits unwiderruflich ruiniert: sie zeigen sich (bloß) ihrer Kräfte zum Aufbegehren beraubt und 'gehorchen' deshalb unwillig und ohne jegliche Freude an der Zusammenarbeit. – Ein anderer Grund für Widersetzlichkeiten ist der: man reitet die Pferde viel zu früh an und da die Arbeit, die man ihnen abverlangt, ihre Kräfte übersteigt und sie noch nicht weit genug gymnastisch ausgebildet sind (...) überfordert man (die Fähigkeiten ihrer) Lenden, schwächt ihre Sprunggelenke und ruiniert sie so für alle Zeiten. Das richtige Alter, um ein Pferd auszubilden, ist das sechste, siebte oder achte Jahr, je nach dem Klima, in dem es geboren wurde".

– Untertreten

Seunig 1943: "Für den Grad des Untertretens ist bei richtig gehendem Pferde die Schwerpunktslinie Pferd–Reiter allein maßgebend. – In den freien, gestreckten Gängen (...) kann (diese) Forderung erst erfüllt sein, wenn der Hinterfuß (...) im Schritt und Trab einige Hufbreiten vor der Spur des entsprechenden Vorderhufes zur Erde kommt. – Ebensogut aber 'untertritt' das in hoher Versammlung befindliche Pferd, wenn es den tragend gebeugten Hinterfuß, nachdem er rechtzeitig lebhaft vom Boden abgefedert ist, schon einige Hufbreiten vor Erreichung der Vorderhufspur niedersetzt" (denn in der Versammlung befindet sich die Schwerlinie weiter hinten).

V

– Verkrampfungen des Pferdes

Albrecht 1983: "Der Grund für einen gestörten Gang (der stets eine Folge von Verkrampfungen seitens des Pferdes darstellt) ist fast immer ein Zuviel an reiterlicher Einwirkung (... oder die Konsequenz falscher und im falschen Augenblick angewandter Hilfen; insbesondere eines falschen Sitzes). Jede reiterliche Forderung, die auf ein nicht dafür vorbereitetes Pferd trifft (die es somit überrascht und erschreckt), erzeugt in diesem einen Widerwillen. Dieser kann sich äußern als Ungehorsam, Auflehnung, Widerstand (= Versteifungen, Verkrampfungen) oder Aggression. Wer die Anzeichen dafür falsch oder nicht zur rechten Zeit deutet, aktiviert den in jedem Pferd schlummernden Abwehrwillen und legt damit vielleicht sogar den Grundstock zu einem für den Reitgebrauch nur noch bedingt brauchbaren Pferd".

– Verkrampfungen des Reiters
Moser 1963:   "Verkrampfte (oder auch schlaffe – sic) Muskeln stören das richtige Fühlen und hemmen die Bewegungen des Pferdes". – "Als größte Fehler zeigen sich die Verkrampfungen im Sitz, verbunden mit dem teils mißverstandenen, teils zu wenig durchdachten Wesen des Vorwärtsreitens und der Art der Versammlung. Dort, wo infolge ungenügend ausgebildetem und durchgeübtem Sitz der Reiter sich am Zügel anhängt und hinten nicht entsprechend 'durchkommt', ist jegliche Selbsthaltung (des Pferdes) völlig in Frage gestellt".

– Versammlung, auch: Sammlung, Arbeit auf kurzer Basis, Hankenbeugung
Xenophon –370: "Wenn man das Pferd (...) versammelt und es dadurch den Nacken hebt, so muß man ihm dann mit dem Zügelanzug sogleich leichter werden".
La Guérinière 1730: "Ein Pferd versammeln oder es versammelt halten, heißt ihm den Raumgriff seines Ganges beschränken (...) um es auf die Hanken zu bringen; was sich dadurch erreichen läßt, daß man seine Hanken mit den Waden beugt und die Vorhand mit der verwahrenden Zügelhand sanft etwas zurückhält, um es darauf vorzubereiten, sich den eigentlichen Hilfen der Schenkel und der Hand anzuvertrauen".
Eisenberg 1748:   "... ensemble (= versammelt) ist ein Pferd, das wohl beysammen und untergebracht ist (= unter seinen Schwerpunkt tritt), auch wenn es gehet mit den Hinterschenkeln den vorderen nahe kömmt; so daß der Vordertheil leicht wird und das Pferd nicht auf den Schultern, sondern auf den Hüften (gehet). Dieses ist sicher und bequem".
Hünersdorf 1798: "Unsre sämmtliche Bemühungen haben (...) keinen andern Hauptzweck, als das Pferd nach und nach zu versammeln, es vorne aufzurichten und leicht in der Hand zu machen".
Steinbrecht 1880: "...das Sammeln des Pferdes muß (...) von hinten her beginnen, indem der Reiter (...) die Hinterfüße zu lebhaften und entschlossenen Vorwärtsbewegungen animirt (...). Die Hand darf (beim Versammeln), auch wenn sie sich auf passives Aushalten (= Verwahren) beschränkt, nicht einseitig zurückhalten, sondern muß die Gleichmäßigkeit des Ganges *durch rechtzeitiges,*

abwechselndes Nachgeben befördern und die richtige Folge der Hinterfüße durch geschickte Führung erleichtern, indem sie durch entsprechende Biegungen das Ausweichen (= Ausfallen) der Hinterfüße hindert und bei einer schiefen Richtung (= Stellung) des Pferdes die Vorhand der Linie der Hinterhand zu-wendet (= stets die Vorhand vor die Hinterhand zurück führt). Auch durch den Sitz muß der Reiter bei diesen Übungen Gang und gerade Richtung des Pferdes fördern". – "Ein zu frühzeitiges Zurückwirken mit der Hand vereitelt den Zweck der ganzen (versammelnden) Übung, denn es ist unumgänglich noth-wendig, daß man längere Zeit hindurch (...) bei der Bearbeitung des jungen Pferdes jeden Gedanken an Versammlung (zugunsten der Biegearbeit – SGS) grundsätzlich zurückweiset (...) in allen Gängen. Nur wenn die Schiebkraft voll und ganz entwickelt ist, kann sie dem späteren Zurückverlegen der Last sicher Stand halten; ist sie es nicht, so fehlt den rückwärtigen Einwirkungen der Ge-genhalt. Durch zu frühzeitiges Versammeln entstehen entweder entnervte oder ungezogene Pferde. Der Trieb nach vorwärts ist die Grundlage aller (Ausbil-dung) und kann nicht sicher genug begründet werden".

Stensbeck 1930: "Im langsamen Tempo darf das Pferd nicht etwa matt treten; es muß im Gegenteil mehr Energie einsetzen, um ein längeres federndes Verbleiben (der Hufe) in der Luft zu erreichen".

Dreyhausen 1935: "Als schulmäßige Versammlung möchte ich (...) den Zustand des Pferdes bezeichnen, in dem es mit der größten ihm möglichen und von der Gangart des Pferdes geforderten (Beugung) der Hinterbeine mit schwingendem (= hergegebenem) Rücken, aufgerichtetem Halse, nachgelassenem Genick, zugleich vollkommen losgelassen, auf die geringsten Hilfen gehorsam, mit der größten ihm möglichen Energie (= Impulsion) an den Zügel herantritt. – Aus der richtigen Versammlung entwickeln sich alle Lektionen; Seitengänge, Wen-dungen, Paraden, leicht von selbst; sie dienen wohl dazu, die Biegsamkeit des Pferdes zu vermehren und seine Ausbildung zu verbessern und zu verfeinern, können aber nicht umgekehrt die Versammlung herbeiführen, wenn das Pferd nicht dazu vorbereitet und fähig ist; sie sind Folgen, aber nicht Ursachen. – Erst die notwendige Versammlung, dann die Lektion, die ihrerseits wieder die Sammlung erhöht".

Bürger 1959: "Vorn halten, hinten treiben, schraubt zusammen, engt ein, gibt aber keine Versammlung"!

Moser 1963: "Treiben und gleichzeitig Halten schraubt ein Pferd nur zu-sammen".

Oliveira 1965: In der Versammlung "muß sich die Hals- und Kopfhaltung des Pferdes proportional nach dem Grad der Hankenbeugung richten und umge-kehrt proportional nach dem Tempo, welches das Pferd geht".

Henriquet 1968:   Die alten Meister "erreichten die Versammlung vor allem durch die Hankenbeugung, welche sie dem Pferd mittels vielen verschiedenen gymnastischen Übungen und solchen in Seitengängen nahebrachten (...). Am Anfang war das Pferd dabei frei und versammelte sich erst nach und nach, jedoch ohne daß aus der extrem leichten Verbindung zwischen dem Pferdemaul und der Reiterhand je ein 'Zügelanzug' geworden wäre. – Die falschen Vorstellungen, die heute über das Wesen der Versammlung umgehen, verdanken wir den Bildern von zusammengeschraubten Pferden, deren Versammlung durch Zwang, anstatt dank klassischen Gymnastizierens erreicht wurde".

– **Volte**, die Volte

Definition (SGS): Mehr oder weniger kleine Kreisbahnen, auf welchen Jungpferden zuerst an der Hand (beim sogenannten "Führen") und später unter dem Sattel erste Längsbiegungen nahegebracht werden. Volten haben stets vollkommen rund zu sein. Ihre Größe richtet sich jeweils nach den derzeitigen Biegungsmöglichkeiten des Pferdes, das hier mit dem Außenhinterhuf nie ausfallen darf.

Pluvinel 1615:   "Es sind die gute und rechtrunde Volten, welche das Pferd breit, mittelmäßig und eng, nach dess Reuters Belieben machen soll".

La Guérinière 1730: "Zu Beginn der Voltenarbeit darf man nicht allzu viel Genauigkeit verlangen; denn es könnte geschehen, daß das ungeduldige Pferd unruhig und in Unordnung geraten, und das eher faule Pferd (...) immer zäher gehen und den Mut verlieren würde".

Stensbeck 1930:   "Eine richtige Volte löst sich im Kreis von der Wand los und endet genau an demselben Punkt, von dem sie ausgegangen ist. Sehr interessant ist dabei für bessere Reiter (...) die Doppelvolte (, bei der) das Pferd beim zweiten Mal in dieselben Fußstapfen tritt wie beim ersten, also beide Volten genau dieselbe Größe und denselben Weg haben".

Oliveira 1965:   "Die häufige Übung der 'Halben Volte in Kruppeherein' ist sowohl an der Hand als auch später unter dem Sattel ein vorzügliches Mittel, um des Pferdes Gleichgewicht und Leichtigkeit zu fördern. Das Pferd darf dabei aber nie rückwärts gehen, noch darf seine Kruppe nach außen ausfallen".

– Voraussetzungen des Umganges mit Pferden und des Reitens
Eisenberg 1748:
"1.) Daß der Reiter der Pferde Natur, Vermögen, gute und böse Eigenschaften mit Fleiße erforschet.
2.) Daß er nach ihrer Art, Gestalt, Alter und Geschicklichkeit zu verfahren weiß und den Pferden nur solche Schulen (= Übungen) zumuthet, dazu sie geartet sind.
3.) Daß er die Zeichen, Farben und Extremitäten betrachtet.
4.) Dabey soll er auch auf die innerlichen Zeichen des Gemüths, das Ebenmaaß des Kopfes, Halses, die Leibesgestalt, Stärcke des Rückens, Geschicklichkeit der Schenkel, den Athem (= Ausdauer) und Humor (= Temperament) sehen, u.a.m.".
Seeger 1844:   "Das Urtheil über den Werth eines Reiters gründete sich stets weniger auf die Haltung desselben zu Pferde, als vielmehr auf die Geschicklichkeit, wie er dasselbe zu führen vermochte, und immer wird das größte Lob für ihn sein, wenn man sagt, daß er eine 'gute Hand' besitze".
Seunig 1943:   "Beim Reiter sucht man die Tierfremdheit zu bekämpfen, d.h. Verständnis für das Innenleben des Pferdes zu wecken, weil sich die Überzeugung Bahn brach, daß der seelische Kontakt von Reiter und Pferd die Ausbildung vereinfachen und abkürzen kann (...). Eine weitere Folge dieses freundschaftlichen Verhältnisses (...) ist längeres Leistungsfähig- und Frischbleiben der Pferde".
Solinski 1990:   "Begegnen wir unseren Pferden nicht mit unserer berechnenden, Absichten und Ziele verfolgenden Alltagsgehirnhälfte, für deren Ansinnen sie keinerlei Verständnis haben. Erschließen wir ihnen und uns stattdessen jene andere Gehirnhälfte, die noch mit der Natur und allen Tieren verbunden und vertraut ist und die intuitiv, spontan, unvoreingenommen und umfassend Pferde von innen heraus zu verstehen vermag".

– Vorhand, auch: Vorderhand
Steinbrecht 1880: "Der Vorderschenkel (des Pferdes) ist ja nur eine Stütze des Körpers, die nicht selbständig zur Fortbewegung mitwirkt, sondern den Impuls dazu vom Hinterschenkel erhalten muß. Der Reiter kann daher zur Kräftigung und Ausbildung dieses Theiles nur durch möglichste Entlastung wirken, d.h. er muß ihn dadurch schonen und die Freiheit und Leichtigkeit seiner Bewegung fördern, daß er so viel von den ihm von Natur zugetheilten Gewichten nach hinten verlegt, als die Tragfähigkeit des Hintertheiles zuläßt. Diese Tragfähigkeit durch Beugsammachung der Hinterschenkel vollkommen auszubilden, ist der Hauptzweck der Reitkunst".

W

– Wartung des Pferdes
Xenophon –370: "Wie man beim Pferd für das richtige Futter und regel-
mäßiges Körpertraining (= Bewegung) sorgen muß, damit die Gesundheit
erhalten bleibt, so muß man auch aus dem gleichen Grund auf eine geregelte
Fußpflege achten. Feuchte und glatte Stände schaden auch guten Hufen! – Das
Waschen (...) möchte ich nicht empfehlen. (...) die tägliche Befeuchtung
schadet den Hufen! – Niemals ein Pferd im Zorn behandeln ist (...) die beste
Lehre und Gewohnheit"!

– Wendungen des Pferdes
Hünersdorf 1798: "Wenn ein Pferd so weit gebracht ist, daß es sich gerade
aus mit Leichtigkeit aufrecht erhalten kann (= sich nicht mehr "in die Kurve
legt") und bis zu einem gewissen Grad zusammennehmen (= leicht versammeln) läßt, so ist nun unsere Absicht: ihm den Körper zu biegen und es zu allerlei Stellungen und zum Wenden geschmeidig, gelenk und geschickt zu machen. (...) Wie konnte ich ihnen aber etwas von Wendungen sagen, ehe sie ihr
Pferd zu versammeln wußten, und das Vordertheil gehörig erleichtert hatten?"
Seeger 1844:   "Dem Reiter ist sehr anzurathen, sich die Linie, die er beim
Wenden reiten will, vorerst mit dem Auge vorzuzeichnen; dies ist durchaus
nothwendig wenn er seinem Pferde eine bestimmte Richtung geben will".
Steinbrecht 1880: "Biegsamkeit ist die Quelle der Gewandtheit des Pferdes.
Wendungen, die seine Gewandtheit ausbilden, bewirken dies nur durch seine
Biegsammachung. Es handelt sich aber hierbei nicht allein um die Seitenbiegung
der Wirbelsäule, sondern mehr noch um die Beugsamkeit der Hinterschenkel.
Nur diese allein kann das Pferd unter dem Reiter zu schnellen und sicheren
Wendungen befähigen, denn nur durch ihre stets prompte Stütze kann es die
Vorhand ohne Gefahr für die Gesundheit seiner Gliedmaßen leicht drehen und
wenden. – Nach der Lage des Schwerpunktes beim Wenden müssen wir (...)
Wendungen auf der *Vorhand*, auf der *Nachhand* und *im Gleichgewichte* unter-
scheiden. Bei den ersteren liegt der Schwerpunkt vorn, die Vorderfüße bilden
die Stütze, um die sich die (...) Hinterhand wie um eine Axe (...) wendet
(...). Bei der Wendung im Gleichgewichte liegt der Schwerpunkt in der Mitte;
die Vorhand ist daher durch die Hinterhand genugsam gestützt und erleichtert
(...), wobei die Schwerpunktslinie gleichsam die Axe der Drehung bildet (...).
Bei der Wendung auf der Hanke liegt der Schwerpunkt nach hinten, die (...)
Hinterschenkel bilden die Axe, um die sich die ganz entlastete Vorhand mit (um
so mehr) Leichtigkeit drehen kann".

- **WEYROTHER**, Maximilian, Ritter von Weyrother (gest. 1833)
Österreichischer Reitmeister, leitender Oberbereiter der Spanischen Hofreitschule in Wien von 1814 bis 1833, Lehrer Oeynhausens und Seegers, Autor
der "Bruchstücke aus den hinterlassenen Schriften", die 1836 in Wien erschienen und als Faksimiledruck dem "Leitfaden zur Abrichtung von Reiter und
Pferd" von B. von Oeynhausen in der Neuausgabe der Olms Presse, Hildesheim
1977, beigebunden sind.

- **Widersetzlichkeiten und Widerstände des Pferdes**
Definition (SGS): Verspannungen und hektische Bewegungsfolgen des Pferdes,
deren Ursachen in der Regel im verkrampften Sitz, falscher Hilfengebung im
falschen Augenblick und falscher Zügelführung (= von vorne nach hinten) des
Reiters wurzeln. Bewährtes Gegenmittel: von hinten nach vorne reiten!
La Guérinière 1730: "Sehen wir doch nicht gleich in jedem Fehler, den ein
Pferd begeht, einen Ausdruck (allein) seiner Widersetzlichkeit; denn dieser
stammt die meiste Zeit aus seinem Unvermögen, zu verstehen, was wir von
ihm wollen, oder aus einer (noch vorliegenden) Schwäche".
Oeynhausen 1852: "Alle Widersetzungen, die das Pferd unternimmt, rühren
entweder aus Furcht vor dem Menschen, oder aus Unkenntniss dessen her, was
der Mensch von ihm verlangt, oder aus Unvermögen, das zu leisten, was
entweder zu früh, zu viel oder wohl auch zu oft (von ihm) verlangt wird. –
Man muß unter Widersetzlichkeiten nicht gleich Bocken, Durchgehen,
Umkehren, Ausschlagen u. dgl. verstehen, sondern Widersetzlichkeiten in dem
hier gemeinten Sinne sind schon Verbiegungen, Ziehen und Bohren in die Zügel, den Rücken steif machen (= festhalten), hinter der Hand bleiben u.s.w.,
die endlich bei schlechtem unzweckmäßigem Benehmen des Reiters in gänzliche
Versagung des Gehorsams ausarten, bei zweck- und zeitgemäßem Benehmen
sich bessern und endlich verschwinden. – Nach meiner Meinung ist es eine
größere Kunst und beurkundet den Meister am besten: Widersetzlichkeiten nicht
aufkommen zu lassen, als sie hervorzurufen und dann zu bekämpfen".
Steinbrecht 1880: "Wirklich eingewurzelte Untugenden des Maules, welche die
richtige Anlehnung hindern oder stören, sind fast ausnahmslos durch den
Bereiter selbst verschuldet. (...) Die alten Meister in ihrer praktischen
Gediegenheit beugten diesem Übelstande dadurch gründlich vor, daß sie
vermittelst des Kappzaumes das empfindliche Maul des jungen Pferdes ganz
unberührt ließen (...) und so war es mit Hülfe dieses Instrumentes möglich, die
Pferde gründlich für die reine, unvermischte Wirkung des Stangengebisses vorzubereiten".

- **WRANGEL**, Carl Gustav, Graf von Wrangel
Autor des Monumentalwerkes "Das Buch vom Pferde", das in zwei Bänden auf
1585 Seiten alles behandelt, was auch nur entfernt mit Pferden, deren Rassen,
Zucht, Aufzucht, Fütterung, Wartung und Behandlung zu tun hat. 1927/28 erschien es in sechster Auflage in Stuttgart und 1994 in vierter Nachdruckauflage
bei der Olms Presse in Hildesheim.

X

- **XENOPHON** (430 – 354 v. Chr.)
Griechischer Historiker, Politiker, Philosoph, Ökonom, Schriftsteller, Hippologe
und Reiteroberst. Er wird oft als der "Vater der Reitkunst" bezeichnet, war
aber in Wirklichkeit wohl eher deren erster Kommentator und wurde dadurch
zum Begründer des militärischen Einsatzes von Reiter und Pferd. Autor der
Bücher "Über das Reiten" und "Der Reiteroberst". (Ausführlichere Angaben
über Xenophon und seinen Umgang mit Pferden finden sich in "Reiter Reiten
Reiterei", Olms, Hildesheim 1997)

Z

- **Zäumung**, die Z... des Pferdes
Definition (Stensbeck): "Die *Trense*, die aus zwei stählernen Balken besteht,
welche in der Mitte durch ein Gelenk verbunden sind, übt ihre Wirkung auf
(die Zunge und) den Unterkiefer des Pferdes in dem Maße aus, als der Reiter
(leicht oder stark – sic) an den Zügeln zieht (weiche oder harte Hand hat –
sic). – Die *Kandare* besteht aus einem Balken ohne mittleres Glied, sie ist nur
mit einer kleinen Ausbuchtung in der Mitte als Platz für die Zunge versehen.
(...) Durch Anziehen der Zügel wirken die Seitenstangen wie ein Hebel (...).
Daß man mit den Anzügen nicht grob sein darf, erhellt wohl hieraus zur
Genüge. Dafür hat man die Annehmlichkeit, daß man mit einer Hand das Pferd
in schöner leichter Haltung reiten kann, und die rechte Hand sozusagen für
jeden beliebigen anderen Dienst frei wird".
Newcastle 1657: "Für Schulpferde (kann) nimmermehr nichts anständigeres
seyn (...) als allgemeine, gerade Stangen (= Kandaren). (...) Neben diesem
Zaum ist ein guter Caveçon (= Kappzaum) höchstnöthig, welcher nur dem
andern Zaum zu Hülffe genommen und nicht (wie manche thun – sic) so gar
allein gebraucht werden soll".

Eisenberg 1748: "Pferde, die von Natur ein gutes Gewächs (= Gebäude) haben, werden niemals hartmäulig, wenn sie nicht durch böse Zäumung oder eine ungeschickte plumpe Faust verderbet werden".

Hünersdorf 1798: "... der Kappzaum war sehr gut, dem Pferde den Kopf und den Hals in die Höhe (...) zu arbeiten; allein, den Kopf wieder herbei zu bringen (...) kann nur durch die Stange (= Kandare) geschehen".

Seeger 1844: "... auch Pferde, die fast von Natur schon unter ihrem Reiter im Gleichgewicht gehen, (werden) sich mit der Stange führen lassen, wenn sie nur zuvor in den nöthigen Gehorsam für die Schenkelhülfen gebracht worden sind".

Oeynhausen 1852: "Durch die Stange bekömmt man das Pferd mehr in die Hand (...). Es bleibt indess eine auf die Erfahrung gegründete Wahrheit, daß eine ungebildete Hand selbst den gelindesten Mundstücken eine starke Wirkung gibt, so wie eine geübte und gebildete Hand selbst mit den schärfsten Mundstücken ein reizbares Pferd, ohne ihm wehe zu thun, führen kann".

Steinbrecht 1880: "In geschickter Hand wird jede Zäumung nicht nur unschädlich, sondern auch wirksam, weshalb eine ängstliche Auswahl derselben nicht nöthig ist; dennoch wird im Anfange die einfachste die beste sein, da sie das junge Pferd am wenigsten irritieren kann".

Stensbeck 1930: "Sehr viel reitet man heute mit (Kandare und Unterlegtrense und) geteilten Zügeln, d.h. in jeder Hand einen Kandaren- und einen Trensenzügel (wie es in Dressurprüfungen verlangt wird – SGS), doch braucht man hierzu weder ein gut gerittenes Pferd, noch selbst ein guter Reiter zu sein".

Oliveira 1965: "Ein großer Irrtum besteht darin, (Jungpferden) die erste Übung mit der Trense nahezulegen".

– Zirkel

Definition (SGS): In der Reitbahn ein regelmäßiger Kreis vom Durchmesser der Bahnbreite.

La Guérinière 1730: "Obgleich die Schulter herein und Croupe an der Mauer vortrefliche Lectionen sind, dem Pferde die Gelenkigkeit, Biegung und schöne Gestalt zu geben, worin es gehen muß, um mit Anstand und Leichtigkeit zu arbeiten, so darf man deswegen die Übungen im Trab auf gerader Linie und auf den Zirkeln nicht auf die Seite setzen. Sie sind der erste Grund, zu welchem man immer wieder zurückkehren muß, um das Pferd in einer herzhaften angehaltenen Bewegung der Schultern zu unterhalten und zu bestätigen" (Zitat und Übersetzung von Ludwig Hünersdorf 1798).

- **Zügel**, das Pferd am, auf, hinter, über und am langen Zügel
Definition (Plinzner): "Von demjenigen Pferde, welches sich in der (...) 'Beizäumung am Zügel' befindet (auch: 'sein Maul hergibt'), sagt man auch einfach: 'es steht (oder: geht) am Zügel'. Wenn ein Pferd *am Zügel geht*, so dürfen die Zügel nur soviel (anstehen), als nöthig ist, um die Verbindung zwischen
Hand und Maul (...) zu erhalten.
Befindet sich ein Pferd zwar im Zustande (der ...) Beizäumung, benutzt es
aber den Zügel noch als Stütze für sein nach vorne drängendes Gewicht, so
sagt man: 'es liegt *auf dem Zügel* (oder: auf der Hand).
Entzieht sich ein Pferd der Einwirkung des Gebisses durch übermäßige Beizäumung, so sagt man: 'es ist *hinter dem Zügel* (oder: hinter der Hand).
Entzieht es sich dieser Einwirkung, indem es den Hals unten herausdrückt und
die Nase der Waagrechten nähert, so sagt man: 'es geht *über dem Zügel* (oder:
über der Hand).
Das Pferd endlich, welches dem Druck des Gebisses noch nicht willig
nachgibt, sondern danach trachtet, durch Steifen des Genickes über den Zügel
zu kommen 'geht *gegen den Zügel* (oder: gegen die Hand)".
Stensbeck 1930:   "Der Schritt *am langen Zügel* ist nur zum Ausruhen des
Pferdes, damit es seinen Hals dehnen kann und sich frei fühlt. Sonst soll man
im Schritt vorwärts reiten, das heißt, das Pferd soll an das Gebiß herantreten
und fleißige lange Tritte machen. (...) Ein langer Hals mit steifen Hinterbeinen
struppiert (= verbraucht, ruiniert) das Pferd schneller".
Seunig 1943:   "Bei jungen Pferden, die der annehmenden Zügelhilfe noch
nicht folgen können (...), leistet der 'öffnende Zügel' gute Dienste. Durch das
(...) Seitwärtsführen einer Hand mit nach aufwärts gekehrten Fingernägeln wird
dem Pferd das Eingehen in die Wendung erleichtert und die Gefahr des Fallens
auf die äußere Schulter verringert".

- **Zügelführung**, auch: Handhaltung
Xenophon –370: "Man soll die Zügel nie hart anziehen, so daß sich das
Pferd dagegen wehrt; aber auch nicht unbestimmt, so daß es nichts fühlt".
Pluvinel 1615:   "Sehet (...) wie er den Zaum in der lincken Faust, den
Daumen oben drüber hält, den kleinen Finger unten zwischen beyde Zügel (...).
Mit der rechten Hand hebt er das Ende dess Zügels (...) empor, auff diese
Weise den Zaum in der andern Hand die rechte Länge zu geben. Diesem nach
sehe Euere Majestät wie er die Faust am Zaum schleusst (= schließt) und
solche an ihren Ort legt, drey zwerg Finger hoch über dem Sattelknopff, etwas
vorwarts (...)".

La Guérinière 1730: "Der erste Zügeleffekt ist das Nachgeben zum An- und Vorwärtsreiten und wird dadurch eingeleitet, daß man die Hand tiefer stellt, indem man die Fingernägel der Zügelfaust nach unten dreht.
Die zweite Zügelwirkung, die eine verwahrende ist, kommt dadurch zustande, daß die Fingernägel nach oben gedreht und die Zügelhand (... etwas) angehoben wird. Diese Hilfe wird eingesetzt, um ein Pferd anzuhalten, zu versammeln oder rückwärts zu richten (...): dabei müssen die Schultern (des Reiters) etwas zurückgehalten werden, bevor die Zügel zu wirken beginnen, auf daß das Pferd auf den Hanken anhalte oder rückwärts gehe.
Der dritte Effekt der Hand ist der, mit dem wir nach rechts wenden, indem wir die Zügelhand mit nach oben gedrehten Fingernägeln (nach vorne und) auf diese Seite führen (...).
Der vierte Effekt ist der, mit dem wir nach links abwenden, indem wir die Zügelhand, die Fingernägel nach unten gedreht, (nach vorne und) auf diese Seite führen.
Es ist eine große Kunst, die verschiedenen Zügeleinwirkungen der Natur des jeweiligen Pferdemaules anzupassen, ohne jemals Zwang auszuüben, noch die Verbindung zwischen ihm und der Reiterhand ganz aufzugeben. Das bedeutet, daß die Hand, die nachgegeben hat – man nennt sie die 'leichte Hand' – nun leicht verwahrend zu wirken beginnt, indem sie sich an Ort und Stelle um die Zügel schließt, bis sie eben gerade den (leichten) Druck des Gebisses zu fühlen beginnt. Man nennt sie nun 'die sanfte Hand'. Schließt man die Finger der Zügelfaust fester, nämlich so, daß man den Druck des Gebisses im Pferdemaul deutlicher wahrnimmt, so reitet man mit 'fester Hand'.
Auf jeden deutlichen Zügeldruck hin, muß die Hand sogleich sanfter werden, bevor sie wieder 'leicht' wird; denn es ist unbedingt notwendig, daß die sanfte Hand der festen stets vorausgeht und dieser immer auch folgt (um das Pferd in seiner Anlehnung an die Hand nicht zu überraschen). Die Hand darf nämlich nie unvermittelt nachgeben, noch die Zügel unvermittelt 'fest'-halten; man würde damit nur das Pferdemaul ruinieren".
Eisenberg 1748: "Die Zaumführung zu Pferde geschiehet mit der linken Hand, so daß der Goldfinger beständig zwischen beyden Zügeln ist, der kleine Finger unter sich und der Daumen über sich stehet (= aufrechte Faust, die Normalhaltung der Zügelfaust) (...). – Man muß die Zügel allezeit gleichmäßig lang in Händen haben, und die Hände über sich (mit nach oben gedrehten Fingernägeln) halten. Indem man also die Hand herum drehet (...), wird der Zügel schon angezogen (= etwas verkürzt). – Ein junges Pferd mit einem Kappen-Zaum und einem rechten Zaum zugleich in einen besseren Trab zu bringen, muß man mehr den Kappen-Zaum brauchen als den rechten".

Hünersdorf 1798: "Wenn also einer seine Hand so zu stellen weiß, daß sie bald den einen bald den andern, bald beyde Zügel zugleich nach ihrem Maaß wirken lassen kann, ohne die Hand aus ihrem Standpunkt schieben zu dürfen; so wird ein jeder gestehen müssen, daß diese Stellung gut sey. (...) die drey Eigenschaften, die eine gute Hand haben soll, nemlich daß sie leicht, sanft und standhaft seyn soll (...) sind ohne einen vollkommen guten Sitz nicht zu erlangen".

Weyrother 1820: "Es kann überhaupt nicht oft genug bemerkt werden, daß der Reiter in jeder Bewegung das Pferd anhalte (= ihm Anlehnung gewähre) und wieder nachgebe, und nie die Hand mit dem angezogenen Zügel anstehen lasse".

Seeger 1844: "Es ist ein ebenso großer als allgemein gewordener Miß-brauch, daß man sowohl mit beiden Stangen- und Trensenzügeln in gleicher Anlehnung, als auch, daß man das Pferd mit einem Trensen- und einem Stangenzügel in jeder Hand arbeitet".

Oeynhausen 1852: "So lange das Thier gut geführet und vernünftigen Befehlen unterworfen wird, hat das Mundstück in einem ausgebildeten Maule eine gelinde Anlehnung und die Faust des Reiters trägt nichts als das Gewicht der Zügel, und die geringste Bewegung (der Zügelhand) reicht zu, dem Pferde einen Wink zu geben, auf den es in guter Ordnung gehorchen kann".

Baucher 1864: "Die Hand wird in ihrer natürlichen Stellung die Zügel nur in der Weise halten, daß sie über jene und das Pferdemaul die Auswirkung der Impulsion ermessen kann".

Steinbrecht 1880: "Da der äußere Zügel hauptsächlich die nöthige Aufrichtung der Vorhand zu erhalten hat, so ist es sehr fehlerhaft, mit allein wirkendem inneren Zügel führen oder wenden zu wollen. – Nach physikalischen Gesetzen müßte die Schnelligkeit und Sicherheit der Mitteilung durch die Zügel um so größer sein, je straffer dieselben angespannt wären. Da aber ihre Wirkung auf einen empfindlichen organischen Theil erfolgt, so wird, wenn der Druck des Gebisses zu sehr gesteigert wird, das Pferd sich dem dadurch erzeugten Schmerz entweder entziehen, oder die Empfindung wird aufgehoben, indem die Nerven des gedrückten Theiles in ihren Funktionen unterbrochen werden. Im ersteren Falle ist das Pferd hinter den Zügeln (...). Im zweiten Falle hat es das Maul verloren oder ein todtes Maul. Es benutzt dann die Hand des Reiters als einen Stützpunkt für das Gewicht seiner Vorhand, gleichsam als fünften Fuß. Beide Fehler heben die Wirkung der Zügel zum Führen auf, und beide werden durch Härte der Hand erzeugt".

Oliveira 1979:   "Der innere Zügel stellt und biegt; der äußere Zügel rahmt ein und setzt (das Pferd) auf die Hanken. - Der Reiter, der im Namen der Leichtigkeit die Zügel wegwirft (= die Anlehnung aufgibt), reitet nicht, sondern geht spazieren. Jener, der (mit den Sporen) sticht und (an den Zügeln) reißt, ist nichts als ein Barbar".
Albrecht 1983:   "Die Zügelhand (bei 2:2-Führung eben beide Hände - sic) soll sich (...) möglichst passiv verhalten. Das Pferd holt sich durch die mit dem Treten verbundene Körperbewegung die notwendigen versammelnden Arrets selbst ab".

- Zügelführung mit einer Hand; normalerweise mit der Linken
Steinbrecht 1880: "Wenn beim Reiten gewöhnlich nur von einer Zügelhand gesprochen wird, so ist natürlich die linke Hand damit gemeint (...). Die Führung des Pferdes mit der linken Hand allein setzt aber ein vollkommen durchgearbeitetes Pferd voraus, das auf die Kandare allein Folge zu leisten vermag. Die alten Meister (bis etwa in die Zeit Louis Seegers, 1850 - SGS) kannten (...) nur die Kandare (...). Zur vorbereitenden Bearbeitung des rohen Pferdes bedienten sie sich des Kappzaumes. - Wer ein richtiges Verständnis von der Wirkungssphäre der Zügel und Schenkel besitzt, und wer auf der Basis dieses Verständnisses sein Pferd dahin gebracht hat, in jeder beliebigen Biegung auf den Druck des Schenkels sich am Zügel (anzulehnen), dem wird die *Führung des Pferdes mit einer Hand* nachher keine Schwierigkeiten bereiten, deren Manipulationen ihm wie von selbst zufallen werden".
Stensbeck 1930:   Bei einhändiger Kandarenzügelführung liegt die linke Hand "hinter dem Rücken des Pferdehalses (= auf dem Mähnenkamm direkt vor dem Widerrist), weil sie von beiden Seiten die Kandarenzügel führt und die Wendungen einfach durch leichte Drehungen der Hand (...) nach rechts und links ausführt. Man nennt dies auf blanker Stange oder Kandare reiten, und es ist dazu ein (gut) gerittenes Pferd nötig". Man hat dann "die Annehmlichkeit, daß man mit einer Hand das Pferd in schöner leichter Haltung reiten kann, und die rechte Hand sozusagen für jeden beliebigen anderen Dienst frei wird. *Sehr viel reitet man heute mit geteilten Zügeln, d.h. in jeder Hand einen (... Zügel), doch braucht man hierzu weder ein gut gerittenes Pferd, noch selbst ein guter Reiter zu sein*".
Albrecht 1983:   "Würde man heute Teile des Dressurwettbewerbes 'mit einer Hand geritten' verlangen, so würden für jedermann schnell die Ausbildungs- mängel (bei Pferd und Reiter! - sic) deutlich werden. (...) Die (Zügel-) Führung mit einer Hand hatte ihren festen und sinnvollen Platz in (der Reitkunst). Die Notwendigkeit, stets eine Hand freihaben zu müssen, verlangte eine (Pferde-) Ausbildung, die dies ermöglichte. Viele Übungen, wie z.B. die

Seitengänge, dienten in sehr wesentlichem Maße dazu, das Pferd dafür vorzubereiten. Sitz und Schenkel mußten imstande sein, die fehlende zweite Hand zu ersetzen. Die Zügelhand wurde zu dem, was sie sein sollte; zum Instrument, mit dessen Hilfe das Pferd nur auf die Reiterwünsche aufmerksam gemacht werden sollte!"

– die Zügelhilfe, das Verwahren und die treibenden Hilfen
Baucher 1842: "... wie nur könnte der Reiter, der gleichzeitig treibende und verwahrende Hilfen einsetzt; nämlich Schenkel und Hand, übersehen, daß seine Schenkel (...) der Hand widersprechen und umgekehrt; daß diese (= die Hand) die Präzision der Impulsion zerstört, welche die Schenkel dem Pferd vermittelt haben? (...) *Hand ohne Schenkel – Schenkel ohne Hand!* "
Steinbrecht 1880: "Wie der Reiter durch seine Führung (= mittels Sitz und Zügel – SGS) die Arbeit der Schenkel zu unterstützen hat, so müssen Schenkel und Sitz wiederum der Hand unter Umständen zu Hülfe kommen. (...) Es geht hieraus hervor, daß die vortreibenden und verhaltenden Hülfen nicht genau in denselben Momenten anzubringen sind, sondern, daß die ersteren den letzteren stets um eine Idee vorausgehen müssen. Erstere müssen erfolgen, wenn sich der Hinterfuß hebt, letztere, bevor er sich niedersetzt. (...) Der innere Schenkel unterstützt den inneren Zügel beim Biegen dadurch, daß er die Rippen biegt, und den inneren Hinterfuß gehörig unter die Last vorgeschoben erhält; der äußere Schenkel unterstützt den äußeren Zügel bei der Aufrichtung, indem er den äußeren Hinterfuß fixiert, oder am Ausfallen hindert. Beide Schenkel erhalten die (Zügel-) Anlehnung, indem sie das Pferd (...) zwischen die Zügel richten (= führen)".
Moser 1963: "Bei gleichzeitigem Vorwärtstreiben und Festhalten setzt sich der Reiter seine eigene Kraft entgegen: beide Kräfte, die des Reiters und die des Pferdes, prallen hier ziellos aufeinander und zermürben sich gegenseitig".

– Zureiten, auch: Anreiten, Bereiten, Einreiten des Jungpferdes
Xenophon –370: "Wie man das Jungpferd erziehen soll, brauche ich nicht erst zu beschreiben (...). Viel wichtiger scheint es mir (...) für den Jüngling, (...) sich um die Erlernung der Reitkunst (...) zu bemühen, als den Bereiter und Abrichter ungerittener Jungpferde abzugeben. (...) Wer nun so wie ich über das Abrichten der Fohlen denkt, wird es sicher aus dem Haus geben".
La Guérinière 1730: "Obgleich die Schulterherein-Übung und jene des Kruppeherein, die zusammen gehören, ausgezeichnet sind (...), darf man deswegen doch niemals auf die Trablektionen auf der Geraden wie auf dem Zirkel verzichten; denn diese festigen die Grundlagen, auf welche stets zurückzukommen

ist, um das Pferd in seinen lebhaften und entschlossenen Schulter- und Hinterhandbewegungen zu unterhalten und zu fördern".

Eisenberg 1748: "Zureiten heißt der erste Anfang, den man mit einem jungen
Pferde auf der Reitbahne vornimmt. Dieses geschiehet (...), daß man es an der
Leine (= Longe) ledig laufen läßt, damit es thätig wird (...). - Mettre un
Cheval, dieß Wort überhaupt genommen heißt ein Pferd richten und geschickt
machen, daß es vorne leicht wird und sich wohl zusammen nimmt, zum
Exempel: dies Pferd setzet sich nicht wohl (auf seine Hanken), daher es leicht
stürzen kan".

Hünersdorf 1798: "Die Kunst ist also: das Pferd erstlich in den Stand zu
setzen, daß es uns folgen kann, und dann uns ihm verständlich zu machen, auf
was für eine Art es dies thun soll. Durch unsere beständige Unterhaltung mit
ihm, und durch den richtigen Gebrauch und Anwendung unserer Hülfen,
nemlich: daß wir sie nie anders, als wie und wann sie nöthig sind, geben, lernt
es all unsere Bewegungen kennen, und lernt sie so genau verstehen, daß unsere
vorigen starken Hülfen (...) sich bis zu ganz geringen, kaum fühlbaren Zeichen
verlieren, durch welche sich das Pferd nun selbst bestimmt".

Steinbrecht 1880: "Beim Beginn der (Einreit-) Arbeit (...) thue (man) dem
jungen Thiere so wenig wie möglich Zwang an. Man longiere es zunächst, und
lege ihm zu diesem Zwecke einen (...) weichgepolsterten Kappzaum auf. (...)
Es ist eine sehr verbreitete, aber ganz falsche Ansicht, daß das junge Pferd,
dessen Gefühl noch nicht ausgebildet ist, und das weder Zügel noch Schenkel
kennt, für die ersten Übungen keines feinen Reiters bedürfe, sondern durch den
ersten, besten Reitknecht, der genug Sitz hat, um sich nicht abwerfen zu
lassen, aus dem Gröbsten herausgearbeitet werden könne (...). (Aber) jeder
Pferdebesitzer (sollte) sein junges Pferd von vorneherein einem gebildeten,
kunstgerechten Bereiter übergeben. Dieser wird es nicht nur in Tagen spielend
dazu bringen, wozu der rohe Reitknecht Monate gebraucht, sondern er wird
auch durch seine Gewandtheit, sich in die natürlichen Bewegungen des Pferdes
zu schicken und seine Einwirkungen auf dasselbe stets den Umständen gemäß
richtig abzuwägen, das junge Thier vor allen übelen Eindrücken auf Gemüth
und Charakter bewahren, während der mechanische Reiter durch seine Härte
und Gefühllosigkeit nicht nur jede Bewegung unendlich erschwert, sondern auch
sehr oft den Keim zu all'den Widersetzlichkeiten legt, die später so schwer zu
beseitigen und deshalb so sehr gefürchtet sind".

Plinzner 1888: "Die Ausbildung der (jungen) Pferde ist von so entscheiden-
dem Einfluß auf ihre Leistungen (...), daß die Auswahl des geeigneten Perso-
nals (= Be- oder Zureiter) für diesen Dienst von unendlicher Wichtigkeit ist.
Die Pferde-Dressur ist eine Sache, zu der ganz unbedingt Talent gehört (...).
Es ist wohl möglich, jeden geistig und körperlich von der Natur nicht ganz

vernachlässigten Menschen zu einem leidlichen Reiter auf durchgearbeitetem Pferde, nicht aber, ihn zu einem Zureiter von Pferden zu machen".

Oliveira 1965:   "Aller Umgang mit einem Jungpferd hat sich vornehmlich an dessen Psyche zu richten: nur so wird dieser zu einer Vorbereitung auf die Körpergymnastik. – Dabei lautet eines der wichtigsten Grundprinzipien: niemals einer Vorwärtsbewegung (des jungen Pferdes) Widerstand entgegen setzen!"

NACHWORT

Wie aus obiger Zitatensammlung hervorgeht, beruht alles wirklich pferdegemäße (= Pferde gymnastizierende, anstatt dressierende) Reiten auf nicht viel
mehr als auf folgenden Grundlagen:

1.) auf echt pferdegemäßer Herdenhaltung (auf großen Weiden), Pferdewartung und alltäglicher Bewegung der Pferde (vgl.: "Das Gymnasium des
Freizeitpferdes", Olms, Hildesheim 1991/96),

2.) auf menschlicher Einfühlung ins Pferd, welche ihrerseits im "Sehen", Erkennen, Voraussehen, Erfahren und Verstehen des Pferdes ("von innen heraus"); somit in der eher "empfangenden" als in der absichtsvoll "aushecken-
den" Gehirnhälfte (und im Bauch) wurzelt (vgl.: 1. Teil dieser Arbeit),

3.) auf einem absolut locker losgelassenen Reitsitz (ohne Oberschenkel- noch
Knieschluß), mit (durch Entspannung sämtlicher Reitmuskeln) zwanglos locker
nach hinten-unten abgekipptem Becken, präzis in der Mitte oder Achse sowohl
des Sattels als auch des Pferdes,

4.) auf von außen unsichtbaren lockeren Schwerpunktsverschiebungen des Reiters durch präzis dosierte, feinste Ent- und Belastungen der einen oder anderen
(= rechts-links) oder beider Gesäßhälften nach hinten oder vorne (ohne dabei
das abgekippte Becken jemals aufzurichten), ausschließlich dank lockeren
Schwerpunkt-Verwahrens mit den losgelassenen Lenden (vgl.: "Reiter Reiten
Reiterei", Olms, Hildesheim 1983/93/97),

5.) auf dem lockeren Ausbalancieren somit auch des Reitsitzes dank losgelassener, lang herab*hängender* Schenkel, auf deren natürlicher, leicht diagonali-
sierter ruhiger Lage *am Pferd* (Innenschenkel am Gurt = aktiv; Außenschenkel
hinter dem Gurt = passiv) und deren diskreten Hilfen ausschließlich durch
Öffnung (= Drehung der Oberschenkel im Hüftgelenk) und sanften Bügeltrit-
ten,

6.) auf passiver, bis höchstens verwahrender, einhändiger Zügelführung, bei
welcher die passive Zügelhand locker auf dem Mähnenkamm des Pferdes ruht
und nur aktiv durch einfache Drehungen der Zügelfaust (Fingernägel nach
oben) wird, um sogleich wieder (nach vorne-unten) nachzugeben (vgl.: "Das
Gymnasium des Freizeitpferdes", Olms, Hildesheim 1991/96),

7.) auf absolutem Verzichten auf jeglichen Zwang, wie auf jede beabsichtigte
oder unbeabsichtigte Behinderung des Pferdes (z.B. durch einen falschen Sitz –
d.h. auf den Sitzbeinhöckern und Oberschenkeln anstatt auf den Sitzbeinkufen
und dem Steißbein –; durch Oberschenkel- und Knieschluß – z.B. bei zu
kurzen Bügeln und im "Klammersitz" –; durch grobe Zügelanzüge und "Festhalten" oder durch das Reiten mit "weggeworfenen Zügeln" – z.B. im sogenannten "Leichten Sitz").

Zu den Zitaten und deren Autoren!

Die ältesten Zitate dieser Sammlung stammen aus der Kartei, die ich vor zweiundfünfzig Jahren, zur Zeit meiner ersten Reitstunden, anzulegen begann. Ein Dutzend Jahre später, während meiner Gardian- und Zureiterlehre in der Camargue, reduzierte ich den Umfang des Zitatenschatzes auf etwa die Hälfte. Denn mir war klar geworden, daß ausschließlich Erkenntnisse und Lehrsätze ein fortwährendes Studium verdienen, die eine Direktübersetzung lebendiger, praktischer Erfahrungen zu Pferd und nicht nur Klügeleien der Autoren darstellen. Allein erstere kann man daraufhin im Sattel selber ausprobieren und nachvollziehen, so daß sie schließlich zu eigenen reiterlichen Erfahrungen werden.

Im Verlauf der Jahre und der Vorbereitung auf einige Prüfungen hin lernte ich allmählich, die Reaktionen der Pferde bei der Anwendung der verschiedenen Ausbildungsmethoden immer genauer zu verstehen und entsprechend zu werten.

Zur Zeit der Arbeit an "Reiter Reiten Reiterei" fiel es mir daher leicht, ein weiteres Mal die Spreu vom Weizen zu trennen und zu versuchen, die bedeutendsten Zitate meiner Kartei in ihren praktischen Zusammenhang zurück zu versetzen. Trotzdem lasen manche Freizeitreiter über die entscheidendsten Erkenntnisse hinweg oder mißdeuteten sie bewußt, um damit "ein eigenes System der Pferdeausbildung" zu erfinden. Allein im Lager der Dressurreiter wirbelten die Lehrsätze der Alten Meister, angeblich als "Geheimtip", soviel Staub auf, daß ich mich in der vorliegenden Arbeit gezwungen sah, einerseits geschichtlich weiter auszuholen, andererseits ausschließlich Zitate vorzulegen, die ich zu Pferd überprüft und als definitiv "pferdegemäß" anerkannt habe.

Wurde in diesem neuen - nun wohl endgültigen - Kompendium Gustav Steinbrechts Aussagen mehr Platz eingeräumt als beispielsweise jenen La Guérinières oder Nuño Oliveiras, nach denen ich selber nach wie vor verfahre, so vor allem aus folgenden Gründen:

1.) Gustav Steinbrecht, den auch Meister Oliveira zu jenen Pferdeausbildern zählte, die weltweit über die tiefsten Einsichten in Pferde, deren Bewegungen und deren Gymnastizierung verfügten, wird seit dem 2. Weltkrieg in seinem Vaterland ebenso mißachtet wie La Guérinière im heutigen Frankreich und Marialva in Portugal. Bevor seine so genauen und umfassenden Lehrsätze der Vergessenheit anheimfallen, sei an die wichtigsten nochmals kurz erinnert.

2.) An Treffen von Freizeitreitern und -pferden im deutschen Sprachraum fällt immer wieder auf, daß man sich im großen ganzen zwar durchaus um den einzelnen Pferderassen entsprechende Reitweisen bemüht, hierbei aber allzu leicht entweder mitteleuropäischer Kraftmeierei oder aber der internationalen Quodlibet-Reiterei verfällt. Wäre es daher zum Wohl der Pferde nicht angezeigt, vom So-tun-als-ob, vom "welschen" oder "exotischen" Reiten, das man doch nicht beherrscht, endlich Abschied zu nehmen und dafür zur einzigen pferdegemäßen deutschen Pferdeausbildungs- und Reitweise, nämlich zu der Gustav Steinbrechts, zurückzukehren?

3.) Das "Gymnasium des Pferdes" von Gustav Steinbrecht ist vielen Reitern nach eigener Aussage zu weitschweifig, zu ausführlich, zu anspruchsvoll zu lesen, obwohl anerkannt wird, daß es die Antworten auf genau die Fragen enthält, welche sich jedem Pferdeausbilder alltäglich neu stellen. – Mit auch deshalb fühlte ich mich verpflichtet, seinen wichtigsten Erkenntnissen den Vorrang in meinem Kompendium einzuräumen, das ich nun allen jenen Reitern widme, die sich ein für alle Male "auf die Seite der Pferde" geschlagen haben. Sollten sie dabei auf Schwierigkeiten des Sehens, Erfahrens und Verstehens stoßen und/oder sich Probleme bei der Erziehung, Gymnastizierung und Ausbildung ihres Pferdes ergeben, so zeige ich ihnen hier in Malibaud gerne (nach Voranmeldung) mit und auf meinen Pferden, wie einfach und leicht sich solche – auch nach Gustav Steinbrecht – beilegen lassen.

Mas du Malibaud
F 30430 BARJAC
(Südfrankreich)
Sadko G. Solinski

Nuno Oliveira
Sämtliche Schriften

6 Bände. Übersetzung aus dem Französischen von Bertold Schirg.
Hildesheim 1997-2000. (Documenta Hippologica). Gebunden.
ISBN 3-487-08335-3   je Band DM 39,80
Jetzt komplett lieferbar

Band 1:
Klassische Grundsätze der Kunst Pferde auszubilden
2. Aufl. Hildesheim 1999. 172 Seiten mit 16 farb. Fotos,
18 s.w. Fotos und 19 Zeichnungen.
ISBN 3-487-08355-8   DM 39,80

Band 2:
Junge Pferde - Junge Reiter
Hildesheim 1997. 112 Seiten mit 19 farb. Fotos
und 4 s.w. Abbildungen.
ISBN 3-487-08356-6   DM 39,80

Band 3:
Notizen zum Unterricht von Nuno Oliveira
Festgehalten von *Jeanne Boisseau*. Hildesheim 1998.
140 Seiten mit 16 zweifarb. und 28 s.w. Fotos.
ISBN 3-487-08381-7   DM 39,80

Band 4:
Gedanken über die Reitkunst
Hildesheim 1999. 217 Seiten mit
15 zweifarb. und 68 s.w. Fotos.
ISBN 3-487-08383-3   DM 39,80

Band 5:
Ratschläge eines alten Reiters an junge Reiter
Hildesheim 1999. 130 Seiten mit 39 s.w. Fotos.
ISBN 3-487-08384-1   DM 39,80

Band 6:
Erinnerungen eines portugiesischen Reiters
Hildesheim 2000. 130 Seiten mit 65 Abb.
ISBN 3-487-08382-5   DM 39,80

Olms Presse

BÜCHER ZUM PFERD

Eine Auswahl lieferbarer Titel:

ALBRECHT, KURT,
Dogmen der Reitkunst
Hildesheim 1996. 128 S. mit 4 Abb.
(DOCUMENTA HIPPOLOGICA.)
ISBN 3-487-08368-X   DM 19.80

ALBRECHT, KURT, Meilensteine
auf dem Weg zur Hohen Schule
4. Aufl. Hildesheim 1999. II/148 S.
und 7 Abildungen.
(DOCUMENTA HIPPOLOGICA.)
ISBN 3-487-08253-5   DM 24.80

BAUCHER, FRANCOIS,
Methoden der Reitkunst nach neuen
Grundsätzen
Stockerau 1884. 2. Reprint: Hildesheim
1998. X/124 S. mit 14 Abb.
(DOCUMENTA HIPPOLOGICA.)
ISBN 3-487-08160-1   DM 34.80

CAVENDISH, WILLIAM, DUKE
OF NEWCASTLE, Des Weltbe-
rühmten Hertzog Wilhelms von
Newcastle Neu-eröffnete Reit-Bahn /
Nouvelle Méthode pour dresser les
chevaux
Nürnberg 1700. 2. Reprint: Hildesheim
1994. [23]/301 S., 83 Tafeln u. 8 Abb.
Leinen.
(DOCUMENTA HIPPOLOGICA.)
ISBN 3-487-08052-4   DM 298.--

DAUMAS, EUGÉNE, Die Pferde der
Sahara
2 Bde. in 1 Band. Berlin 1853-54.
2. Reprint: Hildesheim 1988. XII/342
S. Leinen.
(DOCUMENTA HIPPOLOGICA.)
ISBN 3-487-08135-0   DM 78,--

GRISONE, FEDERIGO,
Künstlicher Bericht Und allerzier-
lichste Beschreybung... a.Wie die
Streitbarn Pferdt...zum Ernst und
Ritterlicher Kurtzweil geschickt und
vollkommen zumachen
Augsburg 1570. Reprint: Hildesheim
1972. IV/298 S. mit 1 Titelholzschnitt
und 88 Holzschnitten. Leinen.
(DOCUMENTA HIPPOLOGICA.)
ISBN 3-487-08041-9   DM 98.--

GUERINIERE, FRANÇOIS RO-
BICHON DE LA,
Ecole de Cavalerie
Mit Kupfertafeln und Radierungen von
J. Audran, J.P. Lebas, N. Tardieu u.a.
nach Ch. Parrocel. Paris 1733. 2. Re-
print: Hildesheim 1996. 4 Bl., 276 S., 4
Bl. mit 13 Kupfern, 1 Frontispiz, 15
Kupfertafeln und Radierungen.
(DOCUMENTA HIPPOLOGICA.)
ISBN 3-487-08086-9   DM 118.--

GUERINIERE, FRANÇOIS RO-
BICHON DE LA,
Reitkunst oder gründliche An-
weisung zur Kenntniß der Pferde,
deren Erziehung, Unterhaltung,
Abrichtung, nach ihrem verschiede-
nen Gebrauch und Bestimmung
Übersetzt von J. Daniel Knoell. Mar-
burg 1817. 4. Reprint: Hildesheim
1999. XXX/332/26 S. mit 24 Tafeln.
(DOCUMENTA HIPPOLOGICA.)
ISBN 3-487-08288-8   DM 88. --

Beigebunden ist: PIERRE DURAND,
Prinzipien französischer Reitkunst.
Übersetzt von R. Hebel und B. Schirg

OLMS PRESSE

HEINZE, THEODOR,
Pferd und Reiter
oder die Reitkunst in ihrem ganzen
Umfange. 3. Aufl. Leipzig und Berlin
1873. Reprint: Hildesheim 2000.
IV/XIII/512 Seiten mit 118 Abb.
(DOCUMENTA HIPPOLOGICA.)
ISBN 3-487-08419-8   DM 88,--

HÜNERSDORF, LUDWIG, Anleitung zu der natürlichsten und leichtesten Art Pferde abzurichten
Marburg 1800. 2. Reprint: Hildesheim
1992. XXVIII/550 S. mit 2 Abb.
(DOCUMENTA HIPPOLOGICA.)
ISBN 3-487-08058-3   DM 98--

KLATTE,C.; Die Schnelldressur des
Remonte-Pferdes nach psychologi-
schen und taktischen Grundsätzen
Berlin 1829. Reprint: Hildesheim 1997.
XVI/170 S. Leinen. *Beigebunden ist*:
Troschke, E. Freiherr von, Der Gang
der Dressur des Remontepferdes.
Nachdruck der Ausgabe Münster 1877.
268 S. mit Holzschnitten.
(DOCUMENTA HIPPOLOGICA.)
ISBN 3-487-08387-6   DM 88,--

KOCH, LUDWIG,
Die Reitkunst im Bilde
2. Aufl. Wien 1928. 3. Reprint: Hildes-
heim 1998. VI/337 S. mit zahlr. Abb.
(DOCUMENTA HIPPOLOGICA.)
ISBN 3-487-08125-3   DM 78.--

[LÖHNEYSEN, GEORG ENGEL-
HARD], Della Cavalleria
Gruendtlicher Bericht von allem, was
zu der Reutterei gehoerig.... 2 Tle. in 1
Band. Remlingen 1609-10. Reprint:
Hildesheim 1977. VI/768 S. mit 332
Kupfertafeln.
(DOCUMENTA HIPPOLOGICA.)
ISBN 3-487-08088-5   DM 298,--

MONTETON, OTTO VON,
Über die Reitkunst
Stendal 1877/1879. Reprint: Hildes-
heim 1995. 2 Bde. in 1 Band. 726 S.
(DOCUMENTA HIPPOLOGICA.)
ISBN 3-487-08346-9   DM 118,--

OETTINGEN, BURCHARD VON,
Die Zucht des edlen Pferdes in Theo-
rie und Praxis/
Das Vollblutpferd
Berlin 1908 - 1920. 2. Reprint: Hildes-
heim 1997. 630 S. mit 1 Tafel. Leinen.
(DOCUMENTA HIPPOLOGICA.)
ISBN 3-487-08252-7   DM 128,--

OEYNHAUSEN, B. VON, Gang des
Pferdes und Sitz des Reiters
Wien 1869. Reprint: Hildesheim 1992.
142 S. u. 52 Tafeln.
(DOCUMENTA HIPPOLOGICA.)
ISBN 3-487-08329-9   DM 68.--

OEYNHAUSEN, B. VON, Leitfaden
zur Abrichtung von Reiter und Pferd
3. unveränderte Aufl. Wien 1852. Reprint: Hildesheim 1977. XII/145 S. und
Falttafel.
(DOCUMENTA HIPPOLOGICA.)
ISBN 3-487-08151-2   DM 35.80
Beigebunden ist: WEYROTHER,
MAX RITTER VON, Bruchstücke aus
den hinterlassenen Schriften. Wien
1836. VI/100 S.

PLINZNER, PAUL,
System der Reiter-Ausbildung
Den Offizieren der deutschen Reiterei
gewet. Berlin 1900. 2. Reprint: Hildes-
heim 1997. X/113 S.
(DOCUMENTA HIPPOLOGICA.)
ISBN 3-487-08195-4   DM 37.80
Beigebunden ist: PLINZNER, PAUL,
System der Pferdegymnastik. Potsdam
1888. XV/112 S.

OLMS PRESSE

PLUVINEL, ANTOINE DE
Neu-auffgerichte Reut-Kunst/
L'Instruction du Roy en l'Exercise
de monter à Cheval
Hildesheim 1989. Faksimiledruck der
Ausgabe Frankfurt a. M. 1670. 210 S.
und 56 Falttafeln. Kunstleder. Deutsch-
französischer Paralleltext.
(DOCUMENTA HIPPOLOGICA.)
ISBN 3-487-08005-2   DM 198,--

SCHMIDT, ADOLPH,
Neue Reiterpredigten
2. Aufl. München 1909. Reprint: Hildesheim 1999. 360 S. mit 4 Tafeln und
zahlreichen Abbildungen.
(DOCUMENTA HIPPOLOGICA.)
ISBN 3-487-08377-9   DM 68,--

SEEGER, LOUIS,
System der Reitkunst
Berlin 1844. 2. Reprint: Hildesheim
1999. XXIV/446 S. und 1 Tafel.
(DOCUMENTA HIPPOLOGICA.)
ISBN 3-487-08089-3   DM 98.--

SEUNIG, WALDEMAR,
Von der Koppel bis zur Kapriole
Berlin 1943. Reprint: Hildesheim 1996.
368 S. mit 64 Fotos.
(DOCUMENTA HIPPOLOGICA.)
ISBN 3-487-08348-5   DM 49.80

SOLINSKI, SADKO G.,
Das Gymnasium des Freizeitpferdes
Der Weg zu pferdegemäßem Reiten.
2. Aufl. Hildesheim 1996. VI/200 S.
mit 75 Einzelzeichnungen von Josephine Jacksch.
ISBN 3-487-08315-9   DM 29.80

SOLINSKI, SADKO G.,
Reiter, Reiten, Reiterei
3 Tle. in 1 Band. Die Grundlagen pferdegemäßen Reitens. Mit einem Vorwort von H. Preuschoft. 3. Aufl. Hildesheim 1997. VI/290 S. mit XXIV
Abb. ISBN 3-487-08248-9   DM 29.80

STEINBRECHT, GUSTAV,
Das Gymnasium des Pferdes
Bearbeitet, herausgegeben und vervoll-
ständigt von *Paul Plinzner*. Potsdam
1886. 5. Reprint: Hildesheim 1999.
VI/269 S.
(DOCUMENTA HIPPOLOGICA.)
ISBN 3-487-08051-6   DM 39,80

STENSBECK, O.M. - G.v. DREY-
HAUSEN - J. WALZER,
Grundzüge der Reitkunst
Berlin 1935 / Wien 1951 / Berlin 1927.
2. Reprint: Hildesheim 1997. 238 S.
und 23 Abb.
(DOCUMENTA HIPPOLOGICA.)
ISBN 3-487-08247-0   DM 39.80

WRANGEL, GRAF CARL
GUSTAV, **Das Buch vom Pferde**
Ein Handbuch für jeden Besitzer und
Liebhaber von Pferden. 6. vollst. neu
bearb. und verm. Aufl. von F.W. Kurt
Plessing. 2 Bände. Stuttgart 1927.
4. Reprint: Hildesheim 1994.
XXVII/1588 S. mit 1060 Abb. und 20
Taf.. Kunstleder mit Schutzumschlag.
(DOCUMENTA HIPPOLOGICA.)
ISBN 3-487-08102-4   DM 198. --

Bitte fordern Sie unsere Sonderprospekte an !

OLMS PRESSE

Hagentorwall 7, D- 31134 Hildesheim, Tel. 05121/15010, Fax 150150